Konföderation Great Glass Town

Rosses Land Great Glass Town Sneakys Land

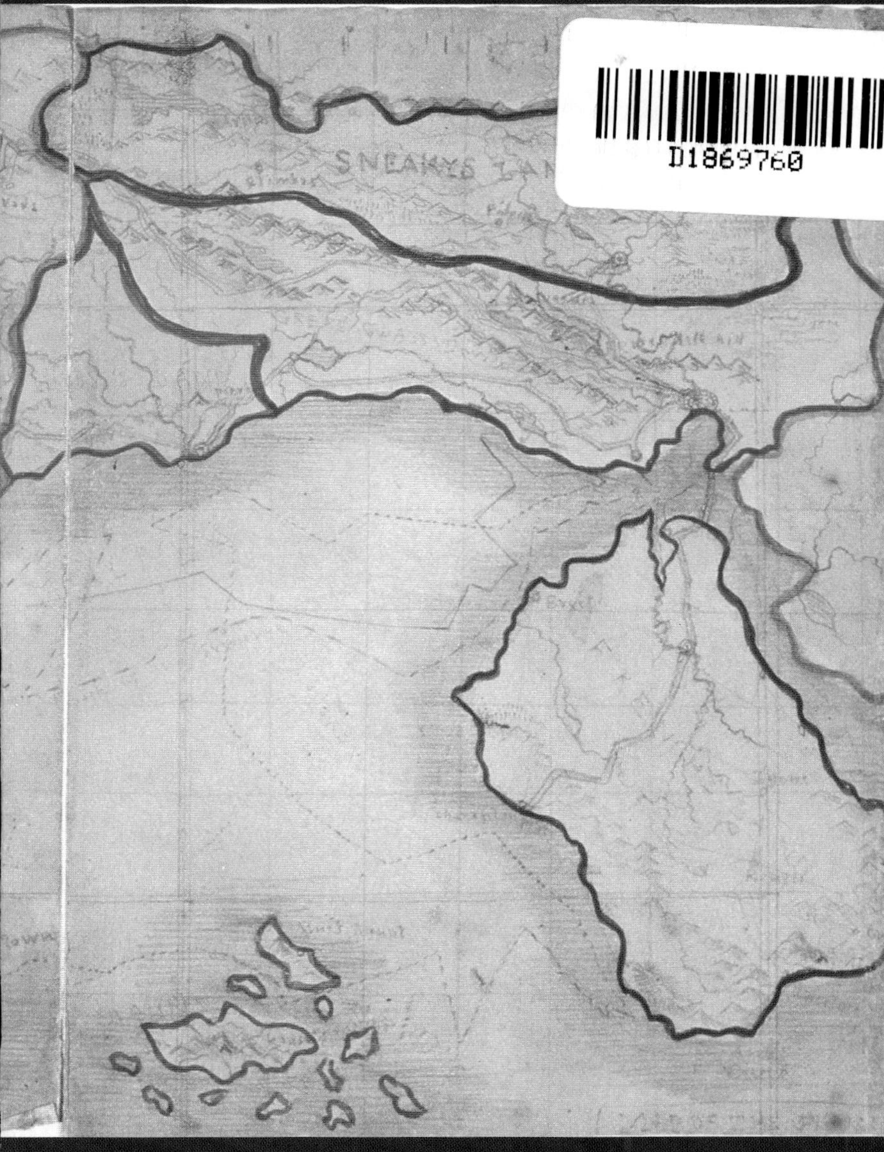

Frenchy Land

Charlotte Branwell
Emily Anne
Brontë
Angria & Gondal

*Herausgegeben
von Elsemarie Maletzke
Aus dem Englischen
von Hans J. Schütz
Mit zahlreichen Abbildungen*

Frankfurter Verlagsanstalt

Erste Auflage 1987

Umschlagentwurf Peter Anders
Satz: VA Peter Großhaus, Wetzlar
Druck und Einband
Franz Spiegel Buch GmbH, Ulm-Jungingen
Gestaltung und Produktion
Ralf-Ingo Steimer, Nördlingen
Printed in Germany

INHALTSVERZEICHNIS

ANGRIA

GONDAL

ANHANG

Für

SABINE MALETZKE

ANGRIA – *Emigration ins göttliche Land der Gedanken*

RÜCKBLICK

Wir woben ein Netz in der Kinderzeit,
Ein Netz aus sonnigem Schein,
Eine Kindheitsquelle gruben wir,
Ein Wasser klar und rein.

Jung pflanzten wir ein Senfkorn ein,
Brachen das Mandelreis noch grün;
Wir sind nun erwachsen geworden, doch sie –
Verdorrten sie mitten im Blühn?

Sind sie erstickt und zu Tode ermattet,
Wurde zu Asche, was Feuer schien?
Denn das Leben ist dunkel umschattet
Und seine Freuden ziehn schnell dahin.

Charlotte Brontë, 1835

In einer Juninacht des Jahres 1826 begannen die vier kleinen Kinder des Reverend Brontë im Pfarrhaus von Haworth das Netz eines längeren Gedankenspiels zu weben. Charlotte (zehn Jahre alt), Branwell (neun), Emily (sieben) und Anne (sechs) schickten zwölf Holzsoldaten auf eine imaginäre Reise und erzählten einander deren wunderbare Abenteuer. Damit war ein Senfkorn der Phantasie gepflanzt, wie es in der Literaturgeschichte kein zweites Mal ausgetrieben hat. Die Traumreiche Angria und Gondal, die Schwestern und Bruder aus dem Spiel ihrer zwölf »Jungen Männer« schufen, waren der Schauplatz ihrer Wunscherfüllung und die poetische Emigration für vier hochbegabte, von einer rastlosen Phantasie getriebene Kinder, denen die Realität in ihrem kurzen Leben wenig Erfreuliches zu bieten gehabt hatte. In ihrer Kopfwelt voll orientalischer Pracht mit ihren gläsernen Städten und brennenden Wüsten, ihren Edelmännern, schwarzen Schuften und traumhaft schönen Frauen, herrschen sie als allmächtige Schutzgeister. Bald hat jedes einen Lieblingshelden, einen Staatsgründer. Es geht stürmisch voran. Eine Administration wird gebraucht, ein Parlament, eine Kultur. Es entstehen Karten und Chroniken, Biographien und Erzählungen, eine Zeitschrift mit Klatsch und Anzeigen. Es sind Nachrichten aus dem »göttlichen, stillen, unsichtbaren Land der Gedanken«, das ihr Leben auf eine nahezu schizophrene Weise teilt in einen Alltag voller Enttäuschungen und eine Anderswelt gleich unter der Oberfläche, in der sie mit den »Höchsten der Erhabenen« wandeln und ihren Zorn und ihre Sinnlichkeit drastisch, witzig und sentimental ausleben. Charlotte bleibt 16 Jahre lang in dem süßen Traum gefangen, Branwell und Emily bis zu ihrem Tod. Nur Anne kann das »Netz aus sonnigem Schein« abwerfen.

Noch heute ist ein Teil dieser Jugendschriften weder entziffert noch befriedigend ediert. Das liegt zum Teil an der kaum lesbaren Winzschrift, mit der Charlotte und Branwell Hunderte von gekniffften und zertrennten Papierbögen (3 × 5 cm) bedeckten (zunächst um die Bücher dem Puppenformat der Protagonisten anzupassen, später aus wohlüberlegter Geheimniskrämerei), zum zweiten an den Gaunereien eines frühen Herausgebers dieser Schriften, die die Brontë-Forschung bis zum heutigen Tag entrüsten und von denen noch die Rede sein wird.

Der Reverend Brontë, ein großer, leicht exzentrischer Ire, hatte das Pfarrhaus, in dem diese Gedankenspiele gediehen, 1820 mit seiner zarten, kränklichen Frau Maria bezogen, die ihm in acht Ehejahren sechs Kinder geboren hatte. Als sie im September darauf stirbt, ist die Älteste, Maria, gerade sieben, die Jüngste, Anne, noch kein Jahr alt.

Haworth, ein steingraues Weberdorf auf einem Hochmoor in Yorkshire gelegen, hält keine passenden Spielkameraden für die Pfarrerskinder bereit. Kein Edelmann und kein Großbürger hat je den Wunsch verspürt, sich auf diesen stürmischen Höhen

Das Pfarrhaus zur Zeit der Brontës

niederzulassen. Ihr Heim ist auf drei Seiten vom Friedhof umgeben, aber die Heide, die gleich hinter dem Pfarrhaus beginnt, bedeutet für die Kinder Freiheit und Wonne. Vater Brontë läßt sie – ungewöhnlich in diesen rigorosen Zeiten – gewähren.

Während der Krankheit der Mutter kommt Tante Branwell aus Cornwall angereist, um dem Schwager den Haushalt zu führen und die Mädchen im Nähen und Sticken zu unterweisen. Der Vater gibt ihnen jeden Tag ein paar »Lektionen« und überläßt ihnen ansonsten unzensiert seinen Bücherschrank. Shakespeare, Byron, Milton und Scott stehen da in merkwürdiger Nachbarschaft mit den Predigten John Wesleys und Brontës eigenen Erbauungsschriften. *Blackwood's Magazine* mit seinen Reisebeschreibungen, Erzählungen und Kunstkritiken gehört ebenso zur Lieblingslektüre wie die Gesellschaftsmagazine, aus denen die Mädchen ihre Mode-Informationen beziehen und die im höfischen Geglitzer der Traumwelt ihr Spiegelbild finden. Die Bibel und der konservative *Leeds Intelligencer* werden täglich studiert. Alle Brontës sind große Patrioten und eiserne Torys. Wenn Papa das Streifband von der Zeitung reißt, stehen die Kinder dabei und warten auf Nachrichten aus dem Parlament. In der Küche schließlich herrscht Tabby, Köchin und Kindermädchen in Personalunion, die den kindlichen Phantasie-Fundus mit Schauergeschichten aus dem Moor nährt.

Das häusliche Glück zerbricht, als die vier älteren Mädchen – nur der Junge Branwell und die vierjährige Anne bleiben zu Hause – auf ein Internat für Klerikertöchter geschickt werden. Die beiden Ältesten, Maria und Elizabeth, sollten ihr erstes Schuljahr, in dem eine Typhusepidemie ausbricht, nicht überleben. Charlotte rächt sich noch 20 Jahre später in ihrem Roman »Jane Eyre« an diesem frommen Institut. Sie schreibt vom ekelhaften Essen, vom Waschwasser, das in den Schüsseln gefroren ist, und von ihrer geliebten, zerstreuten, klugen großen Schwester Maria, der dort das Herz gebrochen wird. Branwell spielt derweilen allein zu Hause. Er ist Vaters Augenstern. Keine Schule scheint dem Reverend gut genug für das aufgeweckte, leicht erregbare Bürschlein, das seine irischen roten Haare und sein keltisches Temperament geerbt hat. Er unterrichtet ihn selber und vermittelt ihm nicht nur die Liebe zur Antike, zu Poesie, Musik und Malerei, sondern auch sein Interesse am Militär. In seiner »Geschichte der Jungen Männer« erzählt Branwell von mehreren Sätzen Holzsoldaten und türkischen Musikern, die der Vater oder er selbst gekauft hatten. Die meisten von ihnen »verschwanden und ließen nicht einmal ein Wrack zurück«. Dann kehren Charlotte und Emily aus dem Internat zurück, und kurz vor seinem neunten Geburtstag bringt der Reverend die Schachtel mit den »Zwölf« aus Leeds mit. Ihre Uniform »bestand aus einer hohen Mütze mit verschiedenen hieroglyphenartigen Zeichen darauf, deren Bedeutung heute unbekannt ist. Ihr Mantel, eher eine Jacke, glich dem der Matrosen; seine Farbe war ein helles Scharlachrot. Dazu trugen sie dünne Hosen von derselben Farbe, aber ihre Schuhe waren der sonderbarste Teil ihrer Tracht. Dieser Schuh – denn jeder trug nur einen einzigen – war wie ein runder, flacher Kuchen mit zwei Löchern in der Mitte, in denen ihre Füße wie in einem Schaft steckten.« Über die Fortbewegungsart dieser zwölf Gründerväter, so erzählt Branwell, sei manch ein dickes Buch geschrieben worden, ohne daß das Rätsel zuverlässig gelöst werden konnte. Eine Interpretation gehe dahin, daß dieser Kuchen aus einer Art Gummi bestand, das der Darinsteckende beliebig dehnen konnte. Sie hätten eine passable Art der Fortbewegung entwickelt, »auf die sie nicht schlecht stolz waren«. In einer rührenden Fußnote gibt der Autor dann selbst Aufklärung. Es handele sich tatsächlich um die Original-Uniform seiner Soldaten, und der komische Schuh sei »der kleine Ständer, den jeder Soldat hatte, damit er nicht umfiel«.

Untereinander sprechen die Zwölf in einer Art Geheimsprache, die Branwell nachahmt, indem er sich beim Sprechen die Nase zuhält. So ruft der schwer getroffene Soldat Stumps »Revaunge moy daut!« (Revenge my death – Rächt meinen Tod).

Geschützt und geleitet werden die Zwölf von vier allmächtigen »Dschinnen«, von denen die Brontë-Kinder in den Märchen aus 1001 Nacht gelesen haben, den Groß-Schutzgeistern Tallii, Brannii, Emmii und Annii, die als Dei ex machina immer dann eingreifen, wenn dem erwählten Lieblingshelden Unheil droht, und die, wenn es die Dramaturgie verlangt, die Verstorbenen wiederbeleben. Nach Branwells Beschreibung sind sie »riesige, schreckliche Ungeheuer«. Ihr Kopf rührt an die Wolken, ihre Nüstern sprühen Feuer und Rauch.

Daß es bei dem Spiel dieser »unheimlich begabten, spitzfindigen: spinnfitzigen, merkwürdigsten Kinder« (Arno Schmidt) oft hoch herging, bezeugt wiederum Branwell. Vom Reverend Brontë wissen wir, daß er – selbst ein hochgewachsener, würdiger Schutzgeist mit blitzenden Brillengläsern und einer kinnhoch gewickelten Seidenkrawatte – ab und zu aus seinem Studierzimmer hinaufgestiegen kam, um einen Streit über die Vorzüglichkeit der Lieblingshelden zu schlichten.

»Ross und Bravey mochten die Rede des Königs nicht«, schreibt Branwell, »und sie erhoben sich beide zugleich um ihn in äußerst überzeugender Art zu tadeln. Ihre Argumente wurden noch gewichtiger, als sie ihren Monarchen mit ›Krummbein‹, ›Stummel‹ oder ›Hohlkopf‹ und dergleichen königlichen und respektvollen Beinamen belegten. Daraufhin erhob sich Crashey (Papa?) protestierend, und sie, da sie nicht wagten, ihm zu widersprechen, zogen sich wie zwei schmollende Kinder in eine Ecke zurück und begannen laut zu weinen. Die übrigen, eher loyalen Untertanen wandten sich nun gegen die ›Schmoller‹ in den heftigsten Schmähungen, die ihnen zur Verfügung standen. Aber der Ärger war damit noch nicht zu Ende, denn als Parry sich auf den Boden legte, um zu ruhen, setzte sich Tracky ganz ohne weitere Umstände auf ihn, worauf Parry aufsprang und ihn trat. Nun mischte sich der Groß-Schutzgeist Tallii ein, verteidigte Tracky, und der Groß-Schutzgeist Emmii hob ihren Liebling Parry auf.«

Noch andere Gedankenspiele werden verfolgt. Das Spiel von den »Inselbewohnern« oder »Unsere Gefährten«, das Aesops Fabeln zur Anregung hatte. Darin heißt Branwells Hauptfigur »Angeber«, Charlottes Held ist »Heumann«, Emilys »Clown« und Annes »Jäger«. Sie sind alle »zehn Meilen groß, bis auf Clown, der nur vier Meilen maß«.

Im Spiel der »Inselbewohner« sind »der kleine König« und »die drei kleinen Königinnen« Schutzgeister über ein großes Eiland mit dem »Palast der Unterweisung«, in dem tausend Kinder unter einem harschen Regiment leben. Die Schule verfügt über eine ausgedehnte Kerkeranlage, die mit Folterinstrumenten ausgestattet ist und aus der »die lautesten Schreie von keinem Bewohner der Oberwelt gehört werden konnten«. Charlotte informiert ihre Leser, daß sie die Schlüssel zum Kerker und Emily die zu den Zellen verwahrten. Branwell wiederum besitzt einen schwarzen Stock, mit dem er den Kindern »gnadenlos« auf die Köpfe haut.

In der Geschichte der »Inselbewohner« verbindet sich die politische Situation Englands schwerelos mit der häuslichen der Brontës. Wegen der »katholischen Frage« weilt der Herzog von Wellington in London, und Klein-König und -Königinnen reisen ebenfalls dorthin. Währenddessen bricht in der Schule (Irland?) ein Aufstand los, und der Herzog eilt per Fesselballon herbei, um die Ordnung auf der Insel wiederherzustellen. In einer anderen Szene begegnet er den Königinnen in Gestalt von drei alten Waschfrauen im Wald, wo sie auf einer Rasenbank sitzen und eifrig stricken, »derweil ihre Zungen in ständiger Bewegung waren«. Klein-König, der zu ihren Füßen liegt und Veilchen pflückt, springt beim Anblick des Herzogs auf und verbeugt sich knicksend wie eine Bachstelze.

All diese Varianten werden jedoch schließlich aufgegeben oder münden ein in die große Saga um Glasstown, die Stadt, die die Zwölf mit Hilfe der Schutzgeister erbaut und gegen die feindlichen Aschantis gehalten haben. Um 1830 ist ihr Staat an der Westküste von Afrika fest etabliert. Allein der Herzog von Wellington bringt 30000 Veteranen von seinem Feldzug gegen Napoleon aus Europa mit, die schönsten und fähigsten Männer, die sich offenbar ganz ohne Frauen zu einer herrlichen Rasse fortpflanzen. Branwells Landkarte zeigt fünf Bundesländer, jedes mit einer Hauptstadt Glasstown. In Wellingtonsland herrscht natürlich der Herzog unter dem Protektorat von Charlotte, ostwärts davon liegt Emilys Parrysland mit William Edward Parry als König, danach Annes Rossland unter Ross, begrenzt vom Kernland mit der Hauptstadt Great Glasstown. Nordöstlich von ihr schließt sich Branwells Sneachisland an, in dem Alexander Sneachie (oder Sneaky) regiert. Zusammen mit Monkeys und Stumps Insel bilden sie die Glasstown-Konföderation. Jenseits ihrer Grenzen drohen die feindlichen Aschantis, die in den gewagtesten Koalitionen mit Arabern und Franzosen – von der Insel Frenchiesland unter Buonaparte – die Bundesstaaten zu überrennen trachten. Nach einem erfolgreichen Feldzug gegen diese Alliierten fordert Wellingtons Sohn, der Marquis von Douro, ein eigenes Königreich, eine grüne Provinz im Osten: Angria, die letzte und glänzendste Perle in der Kette der Konföderation.

Im Laufe dieser Ereignisse nehmen die Kinder Abstand von den hölzernen Vorbildern und schlüpfen selbst in die Rollen

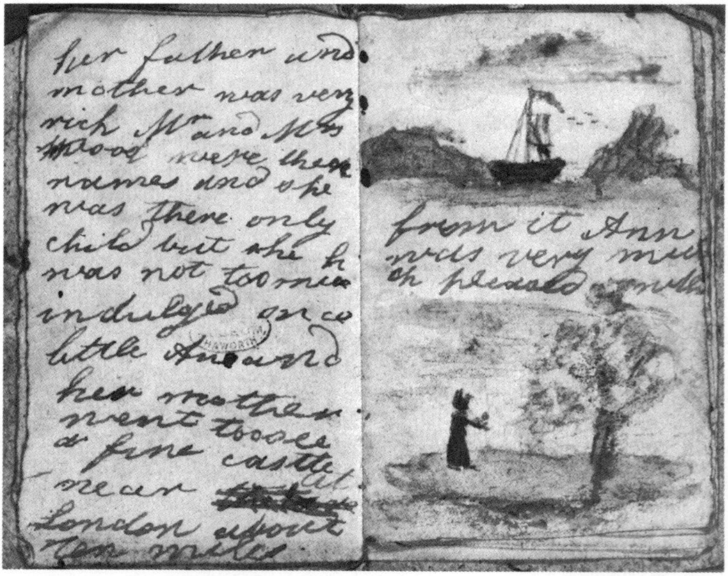

»Es war einmal ein kleines Mädchen namens Ane...« beginnt das erste Buch der zehnjährigen Charlotte für ihre jüngste Schwester; die farbig illustrierte Geschichte einer Reise.

der Protagonisten. Unter wechselnden Pseudonymen beginnen Charlotte (Charles Wellesley, Captain Tree, Charles Townshend) und Branwell (Young Soult, Sergeant Bud, Henry Hastings) die Geschichte ihres Traumreichs zu schreiben.

Emily und Anne, offenbar noch zu klein, um schriftlich ihren Anteil am Spiel niederzulegen, sind dennoch Teil des großen Geschehens. Für Emily schreibt Charlotte eine Reportage über einen Besuch bei Parry, »für Anne« sind viele Bilder der beiden Älteren gezeichnet. Charlottes erstes Werk ist ein winziges illustriertes, in ein Stück Tapete gebundenes Büchlein für die sechsjährige Schwester, das die Geschichte einer Reise erzählt und beginnt: »Es war einmal ein kleines Mädchen namens Ane...« 1829 ist die Schriftstellerei schon in vollem Gang. Die beiden Älteren dokumentieren den Beginn des Gedankenspiels, Branwell in der »Geschichte der Jungen Männer von ihrer ersten Ansiedlung bis zum heutigen Tag – erzählt von Captain John Bud, dem größten Prosa-Schreiber unter ihnen« und Charlotte in der »Geschichte des Jahres«. In Details weichen ihre Reiseberichte beträchtlich voneinander ab. Während Charlotte mehr Gewicht auf das Wunderbare und Geheimnisvolle der Vorgänge legt, beschreibt Branwell die bedrohlichen Aspekte. Die beiden treten damit in ein für sie ergötzliches Spiel zwischen Wettbewerb und Ergänzung ein, in dem Charlotte mit den Jahren Branwell überflügeln sollte. In keinem ihrer späteren Romane wagte sie so ungeniert zu schreiben wie unter ihrem Pseudonym Charles Townshend für das Dreiergespann zu Hause. (»Unfein« fand schon die zeitgenössische Kritik die Andeutung eines illegitimen Verhältnisses in »Jane Eyre«. Was hätte sie wohl zu der offenen Mätressenwirtschaft in Angria gesagt?) Und während sie lernte, Charaktere zu entwickeln, variierte der Bruder nur immer wieder dieselben Themen. Das erste Büchlein des Neunjährigen hieß »Mein Schlachtenbuch«; es blieb sein Lieblingsthema. Sei es aus »Rache« oder »Gerechtigkeit«, Branwell ließ keine Gelegenheit aus, Städte in Schutt und Asche zu legen, Frauen und Kinder hinzumetzeln, das Blut durch die Straßen strömen zu lassen und ganze Armeen zu massakrieren. Was bei einem kleinen Jungen als das Ausleben einer heftigen Phantasie und das Andichten gegen mindestens ein ebenso gewitztes Weiblein mit Amüsement wahrgenommen werden kann, liest sich bei einem 20jährigen, der bei seiner Familie schon im Verdacht einer gescheiterten Existenz steht, weitaus peinlicher. »Angeber« hieß der frühe Bösewicht, der in »Eine Geschichte von der Rebellion meiner Gefährten« mit zehntausend Fußsoldaten und elftausend Reitern »Klein-Branwell« den Krieg erklärt. Er sollte ihn leider im Laufe der Jahre verlieren. Sein letztes unvollendetes Romanmanuskript »And the Weary are at Rest«, dröhnt noch immer fort in schauriger Angeberei und leerer Blasphemie wie der Abgesang auf ein vergeudetes, ausgebranntes Talent.

Charlotte hat diesen Zug zum Lächerlichen und Bombastischen in ihrem Bruder früh erkannt und ihn als Captain Bud, Young Soult oder Patrick Benjamin Wiggins liebevoll geneckt, ohne zu ahnen, wie furchtbar recht sie bezüglich Nervenkrisen und Trunksucht behalten sollte.

Im Januar 1831 wird sie 14jährig auf die Internatsschule Roe Head geschickt. In einer Bestandsaufnahme listet die junge Autorin 22 Bände auf, die sie bis dahin geschrieben hat, Erzählungen, Dramen, Gedichte und sechs Nummern der »Zeitschrift der Jungen Männer«, deren Herausgabe sie vom Bruder übernommen hatte. Alle sind verlegt bei Captain Tree, Biblio-Street, Verdopolis, wie Glasstown nun genannt wird. In ihrer Abwesenheit führt Branwell Regie in den Gedankenspielen, aber seine eher uninspirierte Geschäftsleitung langweilt Emily und Anne, und sie gründen ihr eigenes Reich: Gondal – eine Insel im Nordpazifik, von ihrer Topographie her eher Yorkshire als Afrika. Im Gegensatz zu der Angria-Saga, die auf Hunderten von Manuskriptseiten dokumentiert ist, liegt die Geschichte Gondals im dunkeln. Daß zumindest in den späteren Jahren auch hierfür Chroniken bestanden, weiß man aus den Anspielungen in den Geburtstagsbriefen, die sich die Schwestern gegenseitig schrieben. Mit 27 Jahren verfaßt Emily z.B. »ein Werk über den Ersten Krieg« und Anne »ein paar Artikel darüber und ein Buch von Henry Sophona«. Die Brontë-Forscherin Fannie E. Ratchford hat aus diesen Schnipseln, einer handgeschriebenen Namensliste in einem von Annes Schulbüchern und den Gedichten der beiden die Geschichte dieses Traumreichs rekonstruiert. Darüber mehr in der Einleitung zu den Gondal-Gedichten. (S. 340) Die Trennung ist klar und endgültig. Zwar beklagt Branwell in einer editorischen Notiz in der »Zeitschrift der

Jungen Männer« den Abfall der Co-Autorinnen, aber Emily und Anne hatten sich bereits in ihrer eigenen Welt eingerichtet, die fortan ihr Leben bestimmen sollte und der Emily bis zu ihrem Tod im 30. Lebensjahr treu bleibt. Aus dem Spiel der »Inselbewohner« nehmen sie das größte Eiland und den »Palast der Unterweisung« mit, zu dessen Zellen Emily ja die Schlüssel besitzt und auf den beide offenbar ein Urheberrecht haben.

Branwell hält derweil die Verbindung zu der verbannten Charlotte aufrecht, die in Roe Head an Heimweh nach Haworth und Angria leidet. Trotz ihrer unscheinbaren, mausigen Erscheinung, ihrer starken Kurzsichtigkeit und ihrer lebenslang unüberwindlichen Schüchternheit wird sie in dem kleinen Kreis der Schülerinnen bald die beste, und sie gewinnt zwei Freundinnen, Ellen Nussey und Mary Taylor, denen sie sehr zugetan ist, ohne ihnen jemals einen Blick in ihren »hellen, lieben Traum« zu gewähren. Nur Mary steht einmal kurz davor, ins Vertrauen gezogen zu werden. Sie schildert es Charlottes Biographin Elizabeth Gaskell 25 Jahre später:

»Sie hatte die Gewohnheit in Druckbuchstaben zu schreiben, und sagte, das habe sie durch das Schreiben für ihre ›Zeitung‹

Die Manuskripte über Angria wurden in winziger Schrift verfaßt; die meisten Büchlein sind nicht größer als 4 × 5,5 cm und wurden in Packpapier oder Tapete eingenäht.

gelernt. Sie brachten einmal im Monat eine ›Zeitung‹ heraus, der sie nach Möglichkeit das Aussehen geben wollten, als sei sie gedruckt. Niemand außer ihr selbst, ihrem Bruder und ihren zwei Schwestern schrieb oder las darin. Sie versprach, mir einige dieser Zeitungen zu zeigen, nahm aber später wieder davon Abstand und war niemals mehr dazu zu überreden, es zu tun ... Diese Angewohnheit, sich interessante Dinge auszudenken, welche die meisten Kinder annehmen, deren wirkliches Leben ereignislos verläuft, war in ihr sehr ausgeprägt. Die ganze Familie pflegte sich Geschichten auszudenken und Charaktere und Ereignisse zu erfinden. Ich sagte ihr zuweilen, sie kämen mir vor wie Kartoffeln, die in einem dunklen Keller keimten. Sie sagte traurig: ›Ja, ich weiß, so sind wir.‹«

18 Monate später kehrt Charlotte nach Haworth zurück und nimmt mit ungebrochenem Enthusiasmus das Angria-Spiel wieder auf. Nach außen hin gehen die drei folgenden Jahre, ehe sie als Lehrerin nach Roe Head zurückkehrt, ereignislos vorüber. »Morgens zwischen neun und halb zwölf unterrichte ich meine Schwestern und zeichne; dann gehen wir bis zum Dinner spazieren. Nach dem Dinner nähe ich bis zur Teestunde, und nach dem Tee schreibe oder lese ich, handarbeite oder zeichne, je nachdem ...«, schreibt Charlotte an Ellen Nussey. Was sie nicht erwähnt, ist die beinahe fieberhafte Aktivität, die sie nach dem Tee entfaltet, wenn sie zusammengefaltete Papierbögen in ihrer winzigen Schrift ohne Punkt und Komma mit ihren Geschichten bedeckt: 19000 Worte allein für »Das Geheimnis« und »Lily Hart«, die sie in wenigen Tagen herunterskribbelt. Oft schließt sie dabei die Augen, um die Bilder, die aus ihrem Unterbewußtsein aufsteigen, von der Außenwelt abzuschirmen. Als sie mit 19 Jahren nach Roe Head geht, um dort zu unterrichten, umstehen die jungen Mädchen staunend die ungnädige Lehrerin (»Kälber!«), die ihre Anwesenheit ignoriert und mit geschlossenen Augen vor sich hinschreibt.

Der Einstieg in ihre Geschichten gleicht dabei oft einer Reise ins Blaue. Unstrukturiert fließt die Handlung dahin, und wenn der Erzähler genug von seinem Thema hat, fliegt die Türe zu oder er fällt hinterrücks aus dem Fenster. »Es ist, lieber Leser, ein besonderes Vergnügen, sich hinzusetzen und zu schreiben – ohne überhaupt ein Thema zu haben. Da liegt vor mir nun ein Packen leeres Papier, das ich mit meiner Schrift zu bedecken gedenke, und nicht ein einziges Wort habe ich für diesen Fall vorbereitet, keine Szene, kein Ereignis – und dennoch bin ich weit davon entfernt, mich unbehaglich zu fühlen, vielmehr geht es mir wie bei vielen Gelegenheiten, wenn ich mit meiner Reisetasche und zwei Hemden, vier Taschentüchern, einem Paar Strümpfe und einem Anzug darin die Edwardston-Kutsche bestieg und mit ihr ohne Zweck und Ziel davonrasselte, in einen aufgehenden Junimorgen hinein, nach Osten, Westen, Norden oder Süden, ganz wie das Schicksal und der Kutscher es bestimmten.« Aber so unbeschwert wie diese Einleitung zu »Julia« sind ihre Tage in Roe Head nicht. Zwar begleitet Emily sie als Schülerin, aber sie kehrt nach drei Monaten heimwehkrank nach Haworth zurück. Anne kommt an ihrer Stelle, doch die alte Vertrautheit will sich nicht einstellen. Charlotte fühlt, wie »verboten« ihre Phantasien sind, von denen sie sich dennoch nicht losreißen kann. Ellen Nussey, von eher schlichtem Gemüt, fromm und freundlich, wird ihre Beichtschwester, ohne daß die Freundin in ihren Briefen auch nur einmal ihre Gewissensnot deutlich erklärte: »Wenn du meine Gedanken kenntest«, schreibt Charlotte, »die Träume, die mich beschäftigen und die glühende Phantasie, die mich zuzeiten verzehrt und die mir die Gesellschaft, so wie sie ist, gräßlich abgeschmackt erscheinen lassen, würdest du mich bedauern oder, ich fürchte, verachten.« Ellen empfiehlt gegen die unerklärlichen manischen Zustände das Auswendiglernen von Psalmen, aber damit ist Charlotte nicht geholfen. Was sie als leibhaftige Vision aus ihrer »Unterwelt« verfolgt, ist ihr eigenes Geschöpf, der Herzog von Zamorna, die erstaunlichste Figur, die je einer viktorianischen Pfarrerstochter eingefallen ist. Mit 14 Jahren hatte sie ihn als Arthur, Marquis von Douro, den ältesten Sohn des Herzogs von Wellington in ihre Schriften eingeführt, einen milden, romantischen, künstlerisch begabten jungen Edelmann, und ihn zunächst einmal mit Marian Hume verheiratet, einer schneeglöckchenzarten, aber ziemlich langweiligen Jungfrau, die mit der Entwicklung, die Arthur nimmt, nicht Schritt halten kann. Mit erwachendem Sinn der jungen Autorin für Erotik und daraus resultierenden Schwierigkeiten gewinnt Zamorna, wie er nun in der Regel heißt, an Unwiderstehlichkeit: herrisch, leidenschaftlich, zynisch und schön wie Satan. Marian stirbt an gebrochenem Herzen, verdrängt von der hellen, lieblichen Mary Percy, Tochter des Piraten Rogue, der Schuft, der es im Laufe seiner Karriere zum Premierminister von Angria bringt, zum Vicomte Ellrington und Graf von Northangerland. Als Schwiegervater von Zamorna bildet er eine Zentralfigur in diesem Beziehungs-Dreieck von Liebe und Haß-Liebe, in dem genug Konfliktstoff lagert, um Mary an den Rand des Todes und Angria in eine Revolution zu führen.

Initiator dieser Katastrophen ist in der Regel Branwell, der mit wachsender Begeisterung die Föderation regiert, während Charlotte sich in Roe Head grämt: »Ich wüßte gern, ob Branwell die Herzogin nun wirklich umgebracht hat. Ist sie tot? Ist sie begraben? Liegt sie allein in der kalten Erde in dieser düsteren Nacht mit der schweren Grabplatte über ihrer Brust... Ich hoffe so sehr, daß sie noch lebt.«

Zwar hatte Branwell Mary tatsächlich sterben lassen, aber der Groß-Schutzgeist Charlotte erweckt sie in ihren Geschichten wieder zum Leben und gibt sie Zamorna zurück. Die junge Autorin, die erotische Liebe nicht aus eigenem Erleben kennt, sondern ihre Vorstellungen weitgehend nach Leben und Werk von Lord Byron geformt hatte, zeigt darin eine überraschende Einsicht in die Machtspiele, die Männer und Frauen aller Generationen miteinander treiben. In einer Geschichte schleicht Zamorna, im Kopf einen feurigen Liebesplan formulierend, nachts die Treppe hinauf, als die Ehefrau ihn abfängt. Woher und wohin? »Ich habe Kopfschmerzen, Mary. – Tatsächlich, Adrian, wo?« Die Szene endet dennoch in häuslichem Glück, denn Zamorna, für den all die Lieblichkeiten, die sich nach ihm sehnen, letztlich austauschbar bleiben, richtet sein Begehren mühelos von der Unschuld, die er zu verführen gedachte, auf den Schatz, der zu Hause auf dem Sofa wartet. »Zuweilen war es ihm köstlich, ihre tiefe Vergötterung zu erfüllen und zu besänftigen – und für diesen wohlwollenden Dienst war er nun gerade in Stimmung.«

In welcher Stimmung sich Charlotte im Exil befindet, belegt ihr Roe-Head-Tagebuch. Die köstlichen Tagträume, denen sie sich als Kind hingegeben hat, scheinen ihrer Regie zu entgleiten. Die Trance überrollt sie, wann immer sie die Zügel locker läßt. An den langen Tagen – »nichts als Unterricht, Unterricht, Unterricht« – sieht sie ihrer Zukunft tapfer ins Auge. Was sollte aus einer mittellosen, wenig hübschen Pfarrerstochter wie ihr schon werden: eine weitere Gouvernante oder Schullehrerin, der einzige respektable Beruf, den das frühe 19. Jahrhundert unverheirateten Frauen bieten konnte. In den raren Stunden der Freizeit kann sie der Versuchung, sich aufs Bett und in die Arme ihrer Phantasie zu werfen, nicht widerstehen. »All ihre tiefen Gefühle vereinigten sich in einem einzigen Begehren. Die aufgestaute Flut hielt inne auf dem höchsten Punkt des Wasserfalls. Daneben wogte Ried, wuchsen Blumen und Weidenbäume, aber welche Rute, welche Blüte konnte den Sturz aufhalten, der bevorstand?« Soweit Mary in »Die Rückkehr Zamornas«, soweit Charlotte im Schlafsaal von Roe Head.

Von ihren Geschwistern ist nur noch Emily in der Lage, sich von Zuständen dieser Art davontragen zu lassen: »Ja, Traumgesichte komm, du meine Zauberliebe! / Küß sanft die pochenden Schläfen mir; / Beug über mein einsames Lager dich / Und bring mir Wonne und bring mir Frieden.« Aber im Gegensatz zu Charlotte, die Freundschaft, Liebe und Anerkennung in der Außenwelt sucht, ist Emily völlig autark. Sie begehrt keine Gesellschaft außerhalb ihrer Familie. Die Flottheiten der Kuraten ihres Vaters können ihr nicht imponieren; sie wird von ihnen »der Major« genannt. Die junge Frau, die einige der schönsten

Liebesgedichte englischer Sprache für ihre Gondal-Figuren geschrieben hat (und ein so aufregendes, im 19. Jahrhundert zutiefst schockierendes Buch wie die »Sturmhöhe«), hat sich allem Anschein nach nie nach einem Mann gesehnt und war auch ihren Schwestern gegenüber oft verschlossen und abweisend. Von Anne, der nächsten und liebsten Gefährtin ihrer Kinder- und Jungmädchenjahre, entfremdete sie sich, weil sie deren religiösen Ernst und die Suche nach einem vergebenden Gott nicht verstand. »Emily und Anne waren in ihrer Verschwisterung anzuschauen wie die Bildnisse von Kraft und Demut. In ihren jüngeren Tagen sah man sie, wann immer die Umstände es zuließen, Arm in Arm«, schreibt Ellen Nussey über die beiden. Aber Anne hatte gelernt, die Realität zu bestehen und als Gouvernante die Kinder des englischen Landadels in Schach zu halten, während Emily zu Hause in ihrer Welt namens Gondal geblieben war. Der »Bote der Hoffnung«, den sie in ihren Visionen sah, kam nicht aus einem christlichen Himmel. Es mutet vielmehr an, als habe Emily ihre eigene Religion gelebt, ihren privaten Gott im Einssein mit der Natur gesucht. In ihren Gedichten – den »persönlichen«, wie denen aus Gondal – ist oft von mystischen Erfahrungen die Rede, ihrem Schwinden und der Sehnsucht nach ihnen, aber niemals gibt Emily preis, was ihr »Gott der Gesichte«, dem sie ihre Poesie und ihr Leben verschrieb, offenbarte.

Ich komme, wenn die Trauer am tiefsten
Im dunklen Gemach dich erfüllt,
Wenn die Freudenfeuer des Tages verraucht,
Das Lächeln des Frohsinns verbraucht,
Von Abendkühle frostig umhüllt.
Ich komme, wenn die wahren Gedanken
Sich offenbaren, ohne ein Wort,
Und heimlich brech ich die Schranken,
Magst zwischen Leid und Lust du schwanken,
Und trag deine Seele fort.

Dies ist die Stunde, hab' acht,
Da deine schwere Zeit bricht an;
Spürt deine Seele nicht, wie unvermutet
Fremde Empfindung sie überflutet,
Ahnungen einer stärkeren Macht?
Herolde sind's, sie gehn mir voran!

Es ist immer riskant, die Stimme der Autorin durch den Mund ihrer literarischen Geschöpfe vernehmen zu wollen. Emily hat sowohl in ihren Gedichten als auch in der »Sturmhöhe« dialektische Positionen eingenommen, Gefühls-Situationen beschrieben, die als Puzzlesteine nicht in ihre Biographie passen. Sie feiert die Erde als den Ort unsterblichen Glücks – und sehnt auch den Tod als eine Befreiung aus dem irdischen Gefängnis herbei. Sie war ein gespaltenes Wesen und ein autonomer Geist. Ihren schlimmen Helden Heathcliff läßt sie in der »Sturmhöhe« sagen: »Ich bin schon fast in *meinem* Himmel angelangt, und der von anderen bedeutet mir nichts, und es gelüstet mich auch nicht im geringsten danach.«

Anne fühlte sich von einer solchen Haltung abgestoßen. Als Kind war sie der wilderen, fixeren Emily bewundernd gefolgt. Auch als junge Frau spielte sie in den Ferien zu Hause mit ihr in Gondal, aber oft scheint es, als habe sie es nur noch Emily zu Gefallen getan. Emilys Brief zu ihrem 27. Geburtstag am 30. Juli 1845 spricht noch ganz von dem Vergnügen der beiden, die zusammen eine kleine Reise nach York unternommen hatten. »Im Laufe unseres Ausflugs waren wir Ronald Macalgin, Juliet Augusteena, Rosabella Esmaldan, Ella und Julian Egremont, Catharine Navarre und Cordelia Fitzaphnold, die aus dem Palast der Unterweisung entfliehen, um sich den Königlichen anzuschließen, die von den siegreichen Republikanern gerade hart bedrängt werden. Die Gondals sind wie eh und je noch auf dem Höhepunkt ihres Ruhms ... Wir haben vor, so lange an den Schurken festzuhalten, wie sie uns Spaß machen, was sie zum Glück im Augenblick gerade tun.«

Anne aber schreibt am Tag darauf: »...wir haben nicht viel mit ihnen gespielt. Die Gondals sind sowieso nicht in einem Zustand, in dem sich gut mit ihnen spielen ließe.« Es ist wohl eher Anne selbst, die genug von dem Gedankenspiel hat. Das Gouvernantenleben hat sie »sehr unangenehme Erfahrungen mit der menschlichen Natur, die ich mir nicht hätte träumen lassen« gelehrt. Trost und Erlösung sucht sie in der Religion, aber »was meine Seele liebte, begehrte und hochhielt, wurde verachtet, angezweifelt und geringgeschätzt«.

In den letzten Jahren vor ihrem und Emilys Tod breitet sich manchmal ein bedrückendes Schweigen zwischen den Schwestern aus. Charlotte hatte Emilys Gedichte aufgestöbert und drängte auf eine Veröffentlichung. Emily war außer sich über ihre Indiskretion und trug sie der Älteren trotz des gewährten Einverständnisses noch lange nach. Anne fühlte sich von ihr unverstanden und abgewiesen. In einem Gedicht vom 11. Mai 1846 schreibt sie: »Jede fühlte, daß unser aller Glück zerstört war / und betrauert den Wandel – aber jede für sich.«

Sie lernte, »ein kälteres Herz« in ihrer Brust zu tragen und ihre Gedanken für sich zu behalten. »Die Bäume, die eins an der Wurzel waren / sie mögen Blätter und Äste noch verschränken / doch ihre Stämme stehen allein.«

Allein standen auch Charlotte und Branwell. Der junge Mann, in Angria Berater und Architekt von Königen, hatte den Zusammenprall mit der Realität nicht heil überstanden. Von einer Reise nach London, die der 18jährige unternommen hatte, um sich auf der Königlichen Kunstakademie einzuschreiben, kehrte er ohne Geld und ohne Erklärung nach wenigen Tagen zurück. Ein Studio in Bradford, das er als Portraitmaler eröffnete, mußte er mangels Nachfrage bald wieder aufgeben. Bewerbungen als Redakteur wurden nicht beantwortet, Posten bei der Eisenbahn und als Hauslehrer waren kurzlebig und endeten im Desaster. Eine Liebesgeschichte mit der Frau seines Brotherrn, die er sich möglicherweise nur eingebildet hatte, besiegelte seinen Untergang. Er verkam in Suff und Opium, das er sich in Penny-Portionen beim Drogisten besorgte. Es hieß, es stärke den Geist und beuge der Schwindsucht vor. Mit 31 Jahren war er tot.

Charlotte muß den Verfall der geliebten Autorität, des Groß-Schutzgeistes Brannii, fassungslos mit angesehen haben. Wie hart ihre Loyalität geprüft wurde, läßt sich aus einer ihrer letzten Angria-Geschichten, »Henry Hastings«, herauslesen. Hastings war der Dichter der angrianischen Nationalhymne, ein Soldat und unsteter Geist – und natürlich ein Pseudonym Branwells. Die Ortsnamen in der Geschichte sind noch ganz Angria, die Landschaft aber Yorkshire und die familiäre Situation die der Brontës. Auch die weibliche Hauptfigur Elizabeth weist über die Jugendschriften hinaus. Sie ist eine direkte Vorfahrin von Jane Eyre, unscheinbar, aber voller Glut und ebenso wie Mr. Rochesters betrogene Braut auf ihre Integrität bedacht. Charlotte nimmt mit 23 Jahren Abschied von Angria, aber noch drei Jahre später schreibt sie an Branwell aus dem Pensionat in Brüssel, das sie zusammen mit Emily besucht, in ihren Mußestunden kehre sie »so fanatisch wie eh und je« zu der alten Zauberszenerie zurück.

Als Autorin aber bezähmt Charlotte ihre Lust am allzu Üppigen und legt die frechen Federn von Charles Townshend ab. Ihr erster Roman, »The Professor«, den sie mit 30 Jahren für das große lesende Publikum schreibt, ist tatsächlich so erregend wie ein Montagmorgen. Erst nach dieser Katharsis der Nüchternheit findet sie im Verweben von Tag und Traum und mit der unmittelbaren Stimme der Frau zu dem Format von »Jane Eyre« und »Villette«.

Von entscheidendem Einfluß ist dabei ihr belgischer Lehrer, Constantin Heger, ein kurzer Mann mit einem kurzen Temperament, aber offenbar ein brillanter Pädagoge, der in seiner ebenso herrischen wie mitreißenden Art Charlottes Stärken herausfordert (Emily widersteht ihm): Ihren Hunger nach Wissen und Bildung, ihre Disziplin und Begeisterungsfähigkeit. Er liest mit ihr die antiken Klassiker und die französischen Romantiker, er formt ihren Stil und beschneidet ihre Vorliebe für Ausschmükkung und Wiederholung. Und er stellt in vollendeter Weise den Part in einer Konstellation dar, die Charlotte im Leben wie in der Literatur bevorzugt: Meister und Schülerin. Sie verliebt sich heftig und erbärmlich, denn Monsieur Heger erwidert ihre Neigung nicht und stellt auch, als Charlotte nach Haworth zurückkehrt, bald klüglich seine Korrespondenz ein.

Charlotte, erfahrene Tagträumerin die sie war, hat sich den Wunsch nach ihrem »maître« in zwei ihrer Romane erfüllt. In »The Professor« und in »Villette« finden Meister und Schülerin zueinander. Aber auch Angria hat sie nie ganz verlassen. Visionen, die sie als junges Mädchen »sah«, Charaktere und Konstellationen aus dem langen Gedankenspiel wiederholen sich in ihren späteren Werken: ein geläuterter Zamorna in Mr. Rochester, William und Edward Percy mit denselben Vornamen als die Brüder Crimsworth im »Professor«, und selbst Dr. Home in »Villette« scheint kein ganz entfernter Verwandter von Dr. Hume Badey zu sein.

Emily gelingt der Abschied von Gondal nie – und sie wünscht ihn auch nicht. Noch in der »Sturmhöhe«, ihrem einzigen Roman, den sie mit 28 Jahren schreibt, variiert sie ihre Gondal-Themen: die Liebe, die über den Tod hinausdauert, die Unzerstörbarkeit der Seele und die von ihren Leidenschaften umgetriebenen Figuren. Danach hat sie offenbar nicht viel mehr als ein Gedicht geschrieben. Ihr »Gott der Gesichte« schien sie verlassen zu haben, ihre Kraft war von dem häuslichen Terror des jungen Branwell aufgezehrt, der mit einem Messer in der Tasche herumlief und nachts seine Bettvorhänge in Brand steckte. Drei Monate nach seinem Tod erliegt sie, »die alte Stoikerin«, der Schwindsucht, deren rasendes Fortschreiten sie nicht wahrnehmen wollte.

Dennoch: wie kurz mein Tag auch sei,
Mir tut nur eines not:
Die Seele sei im Leben frei
Und mutig auch im Tod.

Ein halbes Jahr später stirbt Anne an der gleichen Krankheit in der Sommerfrische am Meer, von der sie sich eine kleine Verlängerung ihres Lebens erhofft hatte. Zurück bleibt Charlotte mit ihrem alten, tyrannischen Vater. Ihr wachsender Ruhm, ihre zögerlichen Kontakte zum literarischen Londoner Leben können ihre Einsamkeit kaum mildern. Mit 38 Jahren heiratet sie schließlich den Kuraten ihres Vaters, Arthur Bell Nicholls, einen phantasielosen, eifersüchtigen Pedanten mit einem Pferdegesicht – kein Mann, »den ich lieben muß und fürchten kann«, kein Zamorna, nicht einmal ein »maître«, aber ein treues Herz, das ihr ergeben ist. An seiner Seite erfüllt sie gehorsam die Pflichten einer viktorianischen Pfarrersfrau, die ihr für Briefe an die Freundinnen oder ihren neuen Roman »Emma« kaum Zeit lassen. Der »liebe Arthur« sieht solche Nebentätigkeiten auch gar nicht gerne. Von einem winterlichen Spaziergang übers Moor kommt sie mit einer schweren Erkältung nach Hause, von der sie sich nicht mehr erholt. 1855 stirbt Charlotte Brontë, die letzte der »taubengrauen Schwestern«, mit ihrem ungeborenen Kind an der Schwindsucht.

Noch im gleichen Jahr bittet der Reverend Brontë die Schriftstellerin Elizabeth Gaskell, eine Biographie seiner berühmten Tochter zu schreiben. Für die Autorin wird es ein Eiertanz zwischen Wahrheit, Legende und der Delikatesse, die sie noch Lebenden gegenüber glaubt wahren zu müssen. Als sie mit ihrem Manuskript schon weit gediehen ist, bekommt sie in Haworth eine Reihe kleiner Büchlein zu sehen, eingebunden in Tütenpapier oder Tapete, mit gezeichneten Titeln und Vorsatzblättern und in einer Schrift, die sie nahezu außerstande ist zu entziffern. Für ihre Leser transkribiert sie einige Textproben und druckt die erste Seite von »Das Geheimnis« im Faksimile ab.

Damit treten die Jugendschriften wieder in den Hintergrund des literarischen Interesses, das sich um die Mitte des 19. Jahrhunderts auf die Romane der Brontës und ihr Leben, das den Zeitgenossen selbst wie eine Erdichtung scheint, konzentriert. Charlottes Witwer, der nach dem Tod des alten Reverend nach Irland übersiedelt, nimmt auch das Bündel Manuskripte mit und verwahrt es zusammen mit Emilys und Annes Geburtstagsnotizen, Briefen, Zeichnungen und einem Portrait der drei in einer Schublade. Dort werden sie 1895 von dem literarischen Schatzgräber Clement Shorter im Auftrag des Sammlers T. J. Wise aufgestöbert, der fünf Jahre zuvor bereits bei Ellen Nussey in Sachen Brontë-Briefe fündig geworden war. Shorter kauft dem alten Mann nicht nur die Büchlein, sondern auch das Copyright für sämtliche Jugendschriften ab. Sowohl Nussey als auch Nicholls verspricht Wise, das Material letztlich einem Museum zu vermachen. Er tut nichts dergleichen, sondern beginnt im großen Stil einen schwunghaften Handel mit den kleinen Manuskripten, die er auseinandertrennt, um sie einzeln gewinnbringend verkaufen zu können. Er lernt auch, Charlottes Unterschrift und ihre tifteligen Buchstaben zu fälschen, und bindet Manuskriptseiten aus Branwells Feder mit den wertvolleren von Charlotte zusammen. Kurzum, er verursacht ein heilloses, für ihn aber äußerst profitables Inferno.

Es mutet wie ein kapitaler Scherz des Schicksals an, daß dieser prachtvolle Mann von 1926 bis 27 als Präsident und fast 40 Jahre lang als Vizepräsident der Brontë-Society amtierte, einer literarisch-wissenschaftlichen Gesellschaft, die seit ihrer Gründung 1893 bestrebt ist, die in alle Welt verstreuten Brontë-Relikte und -Manuskripte unter dem Dach ihres Museums in Haworth zu versammeln. Ausgerechnet Wise, der alles in seiner Macht Stehende getan hatte, um eine Gesamtausgabe der Jugendschriften zu verhindern, unternahm 1936 eine solche – zusammen mit Alexander Symington, einem ehemaligen Kurator der Society, der sich im Zwist von ihr getrennt hatte und nach dessen Weggang verschiedene Exponate in Haworth vermißt wurden. – Ein Herausgeberpaar von nahezu Percy'scher Schwärze, dessen Bübereien erst Jahre später ans Tageslicht kamen. Unermeßlich ist die Geduldsarbeit, die Literaturwissenschaftlerinnen seitdem im Ordnen und Transkribieren der Geschichten aus Angria geleistet haben. Das Netz aus sonnigem Schein, der große poetische Tagtraum beginnt sich langsam zu entwirren.

Elsemarie Maletzke

DIE GESCHICHTE DES JAHRES

Am 12. März 1829, kurz vor ihrem 14. Geburtstag, beginnt Charlotte mit der Niederschrift des langen Gedankenspiels, das die Geschwister Brontë seit Jahren beschäftigt und beglückt. Ihr Vater sieht seine Anfänge bereits im Jahr 1824, als seine Älteste, Maria, damals elf Jahre alt, mit den Kleineren Rollenspiele zu selbst erfundenen Geschichten inszenierte. Diese Art kindlichen Zeitvertreibs entspricht ihren sonderbaren Naturen eher als die Vergnügungen der Dorfkinder. Auf einer Teegesellschaft der Kirchengemeinde fallen sie durch Schüchternheit und die Unkenntnis so populärer Vorgänge wie »Such den Schuh« oder »Wir dreh'n uns um den Stachelbeerbusch« auf. Als Schülerin meidet Charlotte die Ballspiele der anderen Mädchen, weil sie weder die Regeln kennt noch wegen ihrer starken Kurzsichtigkeit den Ball sehen kann.

Die Regeln ihres Spiels um die »Jungen Männer«, das beim Auspacken von Branwells Holzsoldaten 1826 begonnen hatte, bestimmen die Kinder nun ganz allein. Ein Jahr nach Charlotte zeichnet ihr Bruder den Lauf der Ereignisse nach. In seiner Chronik sind es 13 Helden, die auf der »Invincible« ins Ungewisse segeln, und außer Arthur Wellesley, der als zwölfjähriger Trompeter mit von der Partie ist, tragen seine Besatzungsmitglieder andere Namen als die von Charlotte. Sneaky (Petzer), Naughty (Frecher), Bady (Böser), Crackey (Knacks) und der bedauernswerte, zu kurz geratene Stumps (Stummel) beziehen sich offenbar auf den ersten Eindruck, den die Figuren am Morgen ihres Erscheinens auf die Kinder machten. Schließlich sind es Branwells Leute, nicht Charlottes, die im Spiel der »Jungen Männer« obsiegen. Sneaky, Stumps, Ross, Parry, Monkey und Buonaparte oder Frenchy erscheinen in der Geographie der Glasstown-Föderation als Namensgeber von Königreichen und Inseln.

Seiner Chronik hat Branwell eine kolorierte Landkarte beigefügt, in der Länder und Grenzen der afrikanischen Eroberung festgelegt sind. Eine ähnliche Karte von der Guinea-Küste war im Juni 1826 in der von allen Brontës hochgeschätzten literarischen Monatsschrift »Blackwood's Magazine« zusammen mit einem Expeditionsbericht des Majors Denham aus Zentralafrika erschienen und wurde von Branwell für seine Zwecke kopiert und abgewandelt. »Blackwood's Magazine« war lange Jahre geschmacksbildend für die jungen Brontës. Die Reisebeschreibungen der Entdecker Mungo Park, John Ross und William Edward Parry aus Afrika und der Arktis inspirierten die Soldaten zu eigenen Fahrten ins Innere des Traumkontinents, wo sie auf die Aschantis treffen, dargestellt von einem kleinen Kegelspiel. Die erste Zeitung, die Branwell für die Glasstown-Föderation ediert und schreibt, heißt »Branwell's Blackwood's Magazine«, und sie enthält, wie das große Vorbild, politische Leitartikel, Buchrezensionen, Kunstbetrachtungen und Erzählungen. Noch als 18jähriger ist es sein sehnlicher Wunsch, in der Nachfolge von James Hogg Mitarbeiter bei »Blackwood's« zu werden. Es war eine vergebliche Anfrage.

In ihrer Einleitung der »Geschichte der Jungen Männer« zählt Charlotte die Zeitungen auf, die außerdem im Haushalt zirkulieren. Was sie nicht erwähnt, sind die 30 Jahre alten »Ladies' Magazines« aus dem Besitz ihrer Mutter oder Tante, »die ich heimlich las, wenn ich eigentlich meine Aufgaben machen sollte«, und die »eines schwarzen Tages« vom Vater verbrannt wurden, weil sie »dumme Liebesgeschichten« enthielten. Es ist dies der einzige überlieferte Fall von Zensur durch den Reverend, der ansonsten, was die Lektüre angehender junger Damen betrifft, erstaunlich freizügig ist. Das neue, viktorianische Zeitalter mit seiner Prüderie und Sentimentalität dämmert erst herauf. »Blackwood's«, die Leib-Lektüre, versagt sich ihm vorläufig und druckt so »gewagte« Regency-Autoren wie James Hogg, Lockhart, de Quincy und Byron ab.

Lieblingsautor der Kinder ist Scott; »alle Romane, die später geschrieben wurden, sind wertlos«, belehrt Charlotte später ihre Schulfreundin Ellen. Von ähnlichem Einfluß wie die edlen schot-

tischen Ritter sind die Feen aus 1001 Nacht, die Märchen und Geschichten aus Vaters irischer Heimat und natürlich die Bibel. Ohne fromme Skrupel nimmt Charlotte sich den Allmächtigen selbst zum Vorbild für Schutzgeister und Dämonen, wie er in der Offenbarung des Johannes unter Posaunenschall erscheint, »seine Augen wie flammendes Feuer, seine Füße gleichen kostbarem Erz, das im Ofen glüht ... aus seinem Mund kommt ein Schwert, zweischneidig und scharf, und sein Aussehen strahlt wie die Sonne in ihrer Kraft.« (Kapitel 1, Verse 10 und 14)

Yorkshire und der Orient, britische Unternehmungslust und keltische Imagination finden auf diese Weise im Spiel der »Jungen Männer« nahtlos zusammen.

CHARLOTTE BRONTË

Die Geschichte des Jahres

Einmal lieh Papa meiner Schwester Maria ein Buch. Es war ein altes Geographie-Buch; sie schrieb auf sein Vorsatzblatt: »Papa lieh mir dieses Buch.« Dieses Buch ist einhundertundzwanzig Jahre alt; in diesem Augenblick liegt es vor mir. Während ich dies schreibe, bin ich in der Küche des Pfarrhauses von Haworth, Tabby, das Hausmädchen, wäscht das Frühstücksgeschirr ab, und Anne, meine jüngere Schwester (Maria war meine älteste), kniet auf einem Stuhl und guckt auf ein paar Kuchen, die Tabby für uns gebacken hat. Emily ist im Wohnzimmer und kehrt den Teppich. Papa und Branwell sind nach Keighley gegangen. Tante ist oben in ihrem Zimmer, und ich sitze am Tisch in der Küche, während ich dies schreibe. Keighley ist eine kleine Stadt, vier Meilen von hier entfernt. Papa und Branwell sind die Zeitung holen gegangen, den *Leeds Intelligencer*, ein höchst vortreffliches Tory-Blatt, herausgegeben von Mr. Wood und dem Besitzer, Mr. Henneman. Wir holen uns jede Woche zwei Zeitungen und lesen drei. Wir holen uns den *Leeds Intelligencer* und den *Leeds Mercury*, eine Zeitung der Whigs, herausgegeben von Mr. Baines, seinem Bruder, seinem Schwiegersohn und seinen beiden Söhnen, Edward und Talbot. Außerdem lesen wir den *John Bull*, eine fanatische Tory-Zeitung, sehr hitzig. Die leiht uns Dr. Driver, desgleichen das *Blackwood's Magazine*, die beste Zeitschrift, die es gibt. Der Herausgeber ist Mr. Christopher North, ein alter Mann von vierundsiebzig Jahren: der 1. April ist sein Geburtstag; seine Mitarbeiter sind Timothy Tickler, Morgan O'Doherty, Macrabin Mordecai, Mullion, Warnell und

James Hogg, ein Mann von überragenden Fähigkeiten, ein schottischer Schäfer. Unsere Spiele wurden begründet: *Junge Männer*, Juni 1826; *Unsere Gefährten*, Juli 1827; *Inselbewohner*, Dezember 1827. Dies sind unsere drei großen Spiele, die nicht geheimgehalten werden. Die Spiele, die Emily und ich im Bett spielen, wurden am 1. Dezember 1827 begründet; die anderen im März 1828. Bettspiele heißt, daß sie geheim sind; es sind sehr schöne Spiele. Alle unsere Spiele sind sehr eigenartig. Ich brauche nicht niederzuschreiben, was es mit ihnen auf sich hat, denn ich werde sie immer im Gedächtnis behalten. Auf das *Junge-Männer*-Spiel brachten uns ein paar hölzerne Soldaten, die Branwell hatte; *Unsere Gefährten* hatte seinen Ursprung in *Aesops Fabeln* und die *Inselbewohner* in verschiedenen Ereignissen, die sich zutrugen. Ich will den Ursprung unserer Spiele ein wenig ausführlicher beschreiben, wenn ich kann. Zuerst *Junge Männer.* Papa kaufte Branwell in Leeds ein paar Holzsoldaten; als Papa heimkam, war es Nacht, und wir waren im Bett, und so kam Branwell am nächsten Morgen mit einer Schachtel voller Soldaten an unsere Tür. Emily und ich sprangen aus dem Bett, ich schnappte mir einen davon und rief: »Das ist der Herzog von Wellington! Dieser soll der Herzog sein!« Als ich das gesagt hatte, nahm Emily sich ebenfalls einen heraus und sagte, er solle der ihre sein; als Anne herunterkam, sagte sie, einer solle ihr gehören. Mein Soldat war der hübscheste von allen und der größte und Zoll für Zoll vollkommen. Emilys schaute grabesdüster drein, und wir nannten ihn »Gravey«. Annes war ein komisches kleines Kerlchen, das ihr ziemlich ähnlich sah, und wir gaben ihm den Namen »Waiting boy«. Branwell suchte sich den seinen aus und nannte ihn »Bonaparte«.

(12. März 1829)

CHARLOTTE BRONTË

Eine romantische Erzählung

Geschrieben am 15. April 1829

Erstes Kapitel

Das Land der Schutzgeister

Es gibt eine Überlieferung, daß vor ein paar tausend Jahren zwölf Männer aus Britannien von riesenhafter Statur und zwölf Männer aus Gallien, die unablässig miteinander in Fehde lagen, in das Land der Schutzgeister hinüberkamen; und nachdem sie sich viele Jahre dort aufgehalten hatten, kehrten sie wieder nach Britannien und Gallien zurück. In den bewohnten Teilen des Schutzgeister-Landes finden sich nun keine Spuren von ihnen, obgleich man sich erzählt, daß dort, in jenem wilden, öden Land, der Wüste des Unheils, ein paar riesenhafte Skelette gefunden worden seien.

Doch ich habe ein Buch gelesen, das *Die Reisen von Kapitän Parnell* hieß und dem der folgende Auszug entstammt:

Nachmittags gegen vier Uhr sah ich im Osten eine dunkelrote Wolke aufsteigen, die allmählich größer wurde, bis sie den ganzen Himmel bedeckte. Während die Wolke sich ausbreitete, nahm der Wind zu und wurde zu einem schrecklichen Hurrikan. Der Wüstensand begann in Bewegung zu geraten und rollte wie die Wellen des Meeres. Sobald ich das sah, warf ich mich flach aufs Gesicht und hielt den Atem an, denn ich wußte, daß dies der Tornado oder Wirbelsturm war; in dieser Stellung verharrte ich drei Minuten; als diese Zeit verstrichen war, wagte ich es, den Blick zu heben. Der Wirbelsturm war vorüber und hatte *mir* keinen Schaden zugefügt, doch in der Nähe lag mein armes Kamel und war mausetot. Bei diesem Anblick konnte ich meine Tränen nicht zurückhalten; doch meine Aufmerksamkeit wurde rasch von einem anderen Gegenstand in Anspruch genommen.

Etwa hundert Schritte entfernt lag ein riesiges Skelett. Sogleich lief ich hin und betrachtete es gründlich. Während ich das langgestreckte geisterhafte Gebilde anstarrte, das auf dem Sand vor mir ausgestreckt lag, kam mir der Gedanke, es könne sich vielleicht um das Skelett eines jener alten Briten handeln, die, wie die Überlieferung es will, aus ihrem eigenen in dieses böse Land kamen und hier elend zugrunde gingen. Während ich diesen Gedankengang fortspann, bemerkte ich, daß die Gebeine mit einer langen Kette rostigen Eisens gefesselt waren. Plötzlich klirrte das Eisen, und die Knochen machten den mühsamen Versuch, sich zu erheben, doch ein riesiger Sandberg begrub das Skelett mit einem fürchterlichen Krachen unter sich, und als der Staub, der die Sonne verborgen und alles in Dunkelheit gehüllt hatte, sich verzogen hatte, war nicht mehr eine einzige Spur zu entdecken, die dem zukünftigen Reisenden hätte zeigen können, wo das Gerippe gelegen hatte.

Wenn aber nun dieser Bericht auf Wahrheit beruht – und ich sehe keinen Grund, daran zu zweifeln –, so meine ich, dürfen wir wohl daraus schließen, daß diese Skelette böse Geister sind, welche die Fee Maimoune in diesen Wüsten angekettet hat.

Es gibt noch zahlreiche andere Überlieferungen, doch sind sie alle so unklar, daß man ihnen kein Vertrauen schenken darf.

Zweites Kapitel

Die Entdeckungsreise

Im Jahr 1793 stach die *Invincible*, bestückt mit vierundsiebzig Kanonen, bei frischem Wind von England in See; ihre Besatzung bestand aus zwölf Männern, jeder von ihnen gesund, wohl bei Kräften und in bester Stimmung. Ihre Namen waren die folgenden:

Marcus O'Donell
Ferdinand Cortez
Felix de Rothesay
Eugene Cameron
Harold FitzGeorge
Henry Clinton
Francis Stewart
Ronald Traquair
Ernest Fortescue
Gustavus Dunaley
Frederick Brunswick
und
Arthur Wellesley

Wir stachen also, wie ich schon sagte, mit günstigem Wind am 1. März 1793 von England aus in See. Am 15. März sichteten wir Spanien. Am 16. ankerten wir, ergänzten unsere Vorräte und setzten am 20. erneut die Segel. Am 25. März, gegen Mittag, schrie Henry Clinton, der sich in den Wanten befand, er sehe das Ochsenauge.

Im Handumdrehen waren wir an Deck, und alle Augen starrten gespannt und furchterfüllt zu dem Berg hinüber, über dem wir den unheilvollen Wolkenfleck am Himmel sahen, der einen Sturm ankündigt. Sogleich wurden die Segel festgemacht, das Schiff in den Wind gedreht und das Beiboot bereitgemacht, falls wir in höchster Not von Bord gehen müßten.

Als nun alles getan war, kehrten wir in die Kajüte zurück, und jeder sah so ängstlich drein, wie man es sich nur denken kann, und war keinesfalls dazu aufgelegt, seinem Schicksal wie ein Mann ins Auge zu sehen. Einige von uns begannen zu greinen; doch wir warteten lange Zeit und hörten kein Geräusch des Windes, und die Größe der Wolke nahm nicht zu. Schließlich rief Marcus O'Donell: »Ich wünschte, es ginge entweder vorwärts oder zurück.«

Stewart tadelte ihn deswegen, und Ferdinand versetzte ihm einen Faustschlag aufs Ohr. O'Donell erwiderte die Freundlichkeit; aber gerade dann vernahmen wir das Geräusch des Windes, und Ronald brüllte auf:

»Die Wolke ist so groß wie ich!«

Brunswick zog Ronald vom Fenster weg und befahl ihm, sein Maul zu halten. Ronald weigerte sich und fing zu singen an.

Felix de Rothesay verschloß ihm den Mund mit der Hand. Harold FitzGeorge packte Rothesay von hinten bei der Kehle. Ernest Fortescue hielt O'Donell die Faust vors Gesicht, und Marcus streckte Ernest zu Boden. Cameron stieß Clinton in die entfernte Ecke der Kajüte; und Stewart schrie so laut auf sie ein, sich still zu verhalten, daß er von allen den größten Lärm machte.

Doch plötzlich wurden sie alle von einem wild aufzuckenden Blitz und lautem Donnergetöse zum Verstummen gebracht. Der Wind nahm zu, und die Planken unseres Schiffes ächzten. Ein zweiter Blitz, blendender und schrecklicher als der erste, zersplitterte unseren Hauptmast und riß das Focksegel weg; nun wurden die Blitze entsetzlich, und der Donner krachte fürchterlich.

Wie ein Sturzbach strömte der Regen herab, und die Sturmböen waren ohrenbetäubend und grauslich. Nun erzitterten die Herzen der tapfersten Männer, sogar der Schiffsarzt hatte Angst.

Endlich legte sich der Sturm, doch wir stellten fest, daß er uns gänzlich von unserem Kurs abgetrieben hatte und wir nicht wußten, wo wir uns befanden.

Am 30. rief G. Dunaley, der sich an Deck befand: »Land!« Darüber waren wir alle hocherfreut. Am 31. ankerten wir und stellten fest, daß es sich um die Insel Trinidad handelte.

Wir setzten unser Schiff wieder instand, nahmen einen Vorrat von Lebensmitteln und Wasser an Bord und stachen am 5. Mai wieder in See.

Es würde zu weit führen, alle unsere Abenteuer im südlichen Atlantik zu beschreiben. Es genügt zu sagen, daß wir nach vielen Stürmen, durch die wir ganz von unserem Kurs abgebracht wurden und nicht wußten, in welchem Teil der Welt wir waren, am Ende Land entdeckten.

Wir segelten geraume Zeit an der Küste entlang, um einen guten Landeplatz zu finden. Schließlich entdeckten wir einen. Am 2. Juni 1793 warfen wir Anker. Wir vertäuten unser arg zugerichtetes Schiff in einem kleinen Hafen und begaben uns ins Landesinnere. Zu unserer großen Überraschung fanden wir das Land wohlbestellt. Getreide einer absonderlichen Art gedieh im Überfluß, und es gab ausgedehnte Plantagen von Palmen und ebenfalls eine ungeheure Zahl von Mandelbäumen. Wir sahen auch viele Olivenbäume und Reis in großen Feldern. Diese Anzeichen, daß das Land bewohnt war, versetzten uns in größtes Erstaunen. Es schien Teil eines riesigen Kontinentes zu sein.

Nachdem wir etwa zwei Meilen marschiert waren, erblickten wir in einiger Entfernung zwanzig trefflich bewaffnete Männer. Wir machten uns sogleich zum Kampf bereit, denn jeder von uns war mit Pistole, Säbel und Bajonett bewaffnet. Wir standen ruhig da und warteten, und sie kamen näher. Als sie uns fast erreicht hatten, blieben sie ebenfalls stehen. Unsere Anwesenheit schien sie sehr zu überraschen, und wir hörten einen von ihnen sagen: »Welch seltsames Völkchen!«

Darauf sagte der Anführer: »Wer seid ihr?«

Wellesley erwiderte: »Ein Sturm hat uns an eure Gestade verschlagen, und wir erbitten Obdach.«

Sie sagten: »Das werdet ihr nicht finden.«

Wellesley: »Dann werden wir es uns verschaffen!«

Wir machten uns zum Kampf bereit; sie taten dasselbe.

Es war ein überaus hartes Gefecht, doch wir blieben Sieger: Wir töteten zehn unserer Gegner, nahmen den Anführer gefangen, verwundeten fünf, und die übrigen vier ergriffen die Flucht.

Der Anführer war pechschwarz und sehr großgewachsen; er hatte eine grimmige Miene, doch die schönsten Augen, die ich je sah. Wir fragten ihn nach seinem Namen, doch er wollte nicht sprechen. Wir fragten ihn nach dem Namen seines Landes, und er gab zur Antwort: »Aschanti«.

Am nächsten Morgen kam eine Abordnung von zwölf Männern zu unseren Zelten, die ein Lösegeld für ihren Anführer und überdies ein Friedensangebot von ihrem König brachten. Dies nahmen wir an, da es in unserer Lage von größtem Vorteil für uns war.

Unmittelbar nachdem der Friedensvertrag geschlossen war, begannen wir mit dem Bau einer Stadt. Sie sollte in der Mitte einer ausgedehnten Ebene liegen, die im Norden von hohen Bergen, im Süden vom Meer, im Osten von düsteren Wäldern und im Westen von öden Wüsten umschlossen wurde.

Ungefähr einen Monat nachdem wir mit der Arbeit an der Stadt begonnen hatten, widerfuhr uns folgendes Abenteuer:

Eines Abends, als wir alle in dem großen Zelt versammelt waren und die meisten von uns rings um das Feuer saßen, das in der Mitte flackerte, und auf den Sturm lauschten, der um unser Lager wütete, breitete sich ein tiefes Schweigen aus. Keiner von uns verspürte die Neigung zu sprechen, noch weniger zu lachen, und die Becher standen bis zum Rand mit Wein gefüllt auf dem runden Tisch. Inmitten des Schweigens hörten wir den Klang einer Trompete, der aus der Wüste zu kommen schien. Im nächsten Augenblick erdröhnte der Himmel von einem Donnerschlag, der die Erde in ihren Grundfesten zu erschüttern schien.

Inzwischen waren wir alle auf den Beinen, erfüllt von Schrekken, der sich bei einem zweiten furchtbaren Trompetenstoß in rasende Furcht verwandelte. Schreiend stürzten wir alle aus dem Zelt, doch es waren Schreie der Angst, nicht des Mutes; und dann bot sich uns ein Anblick, der so überirdisch majestätisch war, daß mir noch heute, nachdem seit dieser gräßlichen Nacht vierzig Jahre vergangen sind, bei der Erinnerung die Glieder zittern und Furcht mein Blut erstarren läßt.

Hoch hinauf in die Wolken ragte ein mächtiger und furchteinflößender Riese. In seiner rechten Hand hielt er eine Trompete, in seiner linken zwei Speere mit Flammenspitzen. Sein Schild ruhte auf einer Donnerwolke, die vor ihm wogte. Auf seine Stirn war geschrieben: »Der Dämon des Sturms«. Er schritt vorwärts über die schwarzen Wolken, die sich unter seinen Füßen ballten, ohne auf die grimmigen Blitze zu achten, die ihn umzuckten. Doch bald hörte es auf zu donnern, und die Blitze waren nicht mehr so schrecklich grell.

Die rauhe Stimme des Sturms wurde besänftigt, und ein sanfteres Licht als das Feuer der Elemente breitete sich über dem Antlitz des nun wolkenlosen Himmels aus. Der stille Mond leuchtete in der Mitte des Himmels, und die kleinen Sterne schienen sich ihres eigenen Glanzes zu erfreuen. Der Riese war zur Erde herabgestiegen, näherte sich dem Fleck, wo wir zitternd standen, beschrieb mit seinem flammenden Krummsäbel drei Kreise in der Luft, und dann hob er die Hand zum Schlag. Just in diesem Augenblick hörten wir eine laute Stimme sagen: »Dämon, ich gebiete dir: halt ein!«

Wir blickten uns um und gewahrten eine Gestalt, die so riesig war, daß der Dämon neben ihr wie ein jämmerlicher Zwerg wirkte. Sie warf uns einen freundlichen Blick zu und verschwand.

Drittes Kapitel
Die Wüste

Der Bau unserer Stadt ging prächtig voran. Die Halle der Gerechtigkeit war fertiggestellt, die Befestigungen waren vollendet, der Bau des Großen Gasthauses begonnen und der des Großen Turms beendet worden.

Eines Abends, als wir in der Halle der Gerechtigkeit versammelt waren und uns über unser Glück unterhielten, erhob plötzlich Arthur Wellesley seine Stimme, der zu jener Zeit ein einfacher Trompeter war: »Sieht nicht der König der Schwarzen unseren Wohlstand mit anderen Augen als wir? Wäre es nicht das Beste, unverzüglich Boten nach England zu senden und dort von der neuen Welt und ihren Reichtümern zu berichten, die wir entdeckt haben? Und glaubt ihr nicht auch, daß man uns ein Heer schicken würde?«

Sogleich erhob sich Francis Stewart und sagte: »Junger Mann, denk nach, bevor du sprichst! Wie sollen wir jemanden nach England schicken? Wo ist der Mann, der verwegen genug ist, den Atlantik noch einmal zu überqueren? Hast du den Sturm vergessen, der uns an die Küsten von Trinidad verschlug?«

Wellesley erwiderte: »Es geschah mit allem geziemenden Respekt, als ich es wagte, den Ansichten von Männern zu widersprechen, die älter und erfahrener sind als ich; und erst nach reiflicher Überlegung habe ich zu sagen gewagt, was ich soeben sagte. Ich erinnere mich sehr wohl an jenen Sturm, der uns zwang, bei Fremden Zuflucht zu suchen. Ich bin nicht so tollkühn, anzunehmen, wir selbst könnten in dem beschädigten und lecken Schiff, das wir besitzen, den Ozean überqueren oder ein zweites Mal darauf hoffen, die Gefahr abzuwenden, die auf uns zukommt, wie ich fürchte. Doch in welch kurzer Zeit haben wir die Stadt erbaut, in der wir jetzt sind! Wie lange hat es gedauert, die Große Halle zu errichten, in der wir uns versammelt haben? Ist es nicht eine übernatürliche Macht gewesen, welche diese Marmorsäulen und diese erhabene Kuppel erbaut hat? Wenn ihr die Stadt von diesem gotischen Fenster aus beschaut und seht, wie der Morgenstrahl die Zinnen der mächtigen Türme vergoldet, wenn ihr die Säulen der prächtigen Paläste erblickt, die in wenigen Monaten errichtet worden sind – könnt ihr dann noch zweifeln, daß bei ihrem Bau Zauber im Spiele war?«

Hier hielt er inne. Wir waren alle überzeugt, daß die Schutzgeister uns geholfen hatten, unsere Stadt zu erbauen. Er fuhr fort: »Nun also, wenn die Schutzgeister uns unsere Stadt erbaut haben, werden sie uns nicht ebenso dabei helfen, unsere Landsleute zu rufen, damit sie die Stadt gegen die Angriffe des Feindes verteidigen, die sie, die Geister, erbaut haben?«

Er hielt abermals inne, denn das Dach erzitterte, und die Halle war von Rauch erfüllt.

Der Boden öffnete sich, und wir hörten eine Stimme sagen: »Wenn die Sonne über den Wäldern des Ostens erscheint, sollt ihr alle am Rande der bösen Wüste sein. Wenn ihr es nicht tut, werde ich euch zu Staub zermahlen.«

Die Stimme erstarb, der Boden schloß sich, und der Rauch verzog sich. Uns blieb keine Zeit für lange Beratungen; die Wüste war zehn Meilen entfernt, und jetzt war es Mitternacht. Wir brachen unverzüglich auf, angeführt vom Herzog von York. Nach etwa vier Stunden erreichten wir die Wüste und machten halt.

Fern im Osten säumte der lange schwarze Streifen der düsteren Wälder den Horizont. Im Norden lagen die Jibbel Kumrii, die Berge des Mondes, wie ein dunstiger Gürtel um die Ebene von Dahomey; nach Süden hin schützte der Ozean die afrikanischen Küsten; vor uns, im Westen, lag die Wüste.

Innerhalb weniger Minuten sahen wir einen dichten Nebel aus dem Sand aufsteigen, der sich allmählich zusammenzog und die Gestalt eines Schutzgeistes annahm, größer als alle Riesen. Dieser kam auf uns zu und rief mit lauter Stimme:

»Folgt mir!«

Wir gehorchten und drangen in die Wüste vor. Nachdem wir eine lange Zeit marschiert waren, gebot uns der Schutzgeist gegen Mittag, einen Blick in die Runde zu werfen.

Wir befanden uns jetzt ungefähr in der Mitte der Wüste. Weit und breit war nichts zu sehen, außer riesigen Sandflächen unter einer brennenden Sonne und einem wolkenlosen Himmel. Wir waren sehr erschöpft und baten den Schutzgeist, uns eine kurze Rast zu gestatten, doch er gebot uns sogleich, weiterzuwandern. Also setzten wir unseren Marsch fort und legten eine beträchtliche Strecke zurück, bis die Sonne unterging und der bleiche Mond im Osten aufstieg. Auch ein paar Sterne waren nun verschwommen zu erkennen, doch noch immer war der Wüstensand glühend heiß, und unsere Füße waren stark geschwollen. Schließlich befahl der Schutzgeist, wir sollten anhalten und uns niederlegen. Rasch fielen wir in Schlaf.

Wir hatten ungefähr eine Stunde geschlafen, als der Schutzgeist uns weckte und weiterzumarschieren befahl.

Der Mond stand jetzt hoch und leuchtete hell in der Mitte des Himmels – viel heller, als er es je bei uns zulande tut. Der Nachtwind hatte den Sand der Wüste ein wenig abgekühlt, so daß uns das Gehen leichter fiel als zuvor; doch bald stieg Nebel auf, der die ganze Ebene verhüllte. Dahinter glaubten wir ein schwaches Licht ausmachen zu können. Auch den Klang von Musik vernahmen wir jetzt aus weiter Ferne.

Als der Nebel sich lichtete, verstärkte sich das Licht, bis es mit einer beinahe unerträglichen Helligkeit über uns hereinbrach. Aus der kahlen Wüste stieg ein diamantener Palast empor, getragen von Säulen aus Rubinen und Smaragden und von

Drucke nach den Bildern des populären Malers John Martin hingen im Arbeitszimmer von Pastor Brontë. »Belshatzars Königsmahl« wirkte mit seiner monumentalen Architektur offenbar inspirierend für die Gestaltung von Glasstown.

Lampen erleuchtet, deren Glanz die Augen nicht ertragen konnten. Der Schutzgeist führte uns in eine Halle aus Saphir, in der goldene Thronsitze standen. Darauf saßen die Prinzen der Schutzgeister. In der Mitte der Halle hing sonnengleich eine Lampe. Ringsum standen Geister und Feen, deren Gewänder aus Blattgold mit funkelnden Diamanten besetzt waren.

Sobald ihre Gebieter uns erblickten, sprangen sie auf, und einer von ihnen ergriff Arthur Wellesley und rief aus: »Das ist der Herzog von Wellington!«

Wellesley fragte, warum man ihn so nenne.

Der Schutzgeist gab zur Antwort: »Ein Fürst wird sich erheben, und er wird sein wie ein Stachel im Fleisch Englands und der Verwüster Europas. Furchtbar wird der Kampf sein zwischen diesem Heerführer und Dir! Er wird viele Jahre währen, und der Sieger wird Ehre und Ruhm für immer erringen. Doch das wird auch für den Besiegten gelten; und obgleich er in der Verbannung sterben wird, werden seine Landsleute seines Namens nie anders als mit Gefühlen der Begeisterung gedenken. Der Ruhm des Siegers wird bis in den letzten Winkel der Erde dringen; Könige und Kaiser werden ihn ehren; und Europa wird seinem Befreier zujubeln; und mögen Narren ihn auch zu seinen Lebzeiten beneiden, so wird er doch siegreich sein. Bei seinem Tode wird Ruhm ihn bedecken, und sein Name wird für ewige Zeiten im Gedächtnis bleiben!«

Als der Schutzgeist verstummte, hörten wir in der Ferne Musik, die näher und näher kam, bis sie inmitten der Halle zu erklingen schien. Da vereinigten alle Feen und Geister ihre Stimmen zu einem machtvollen Chor, der brausend zu der gewaltigen Kuppel und den prächtigen Säulen des Palastes der Geister aufstieg und hinabdrang bis in die tiefen Grüfte und Verliese; dann wurde der Gesang allmählich leiser, bis er schließlich ganz erstarb.

Während die Musik verhallte, löste sich der Palast langsam auf, dann verschwand er, und wir fanden uns allein mitten in der Wüste wieder. Die Sonne hatte gerade begonnen die Welt zu erleuchten, und der Mond war nur noch schwach zu sehen; doch hier unten gab es nichts als Sand, so weit das Auge reichte. Wir wußten nicht, welchen Weg wir einschlagen sollten und sahen uns bereits Hungers sterben; doch als wir uns genauer umschauten, fanden wir im Sand einige Datteln und Palmweinkrüge. Das genügte uns als Frühstück, und als wir anschließend abermals an unseren Weitermarsch dachten, wurde in der Wüste unvermittelt ein ausgetretener Pfad sichtbar, dem wir folgten.

Als die Sonne im Zenith stand, der Marsch uns erschöpft und die Hitze uns ausgelaugt hatte, tauchte ein Palmenhain auf, zu dem wir liefen; und nachdem wir uns in seinem Schatten eine Weile ausgeruht und uns mit Kokosmilch erfrischt hatten, setzten wir unseren Marsch fort; und in derselben Nacht durchschritten wir zu unserer unaussprechlichen Freude die Tore unserer schönen Stadt und schliefen im Schatten ihrer Dächer.

Viertes Kapitel
Nachrichten aus der Heimat

Am nächsten Morgen wurden wir durch den Klang von Trompeten und großer Kriegstrommeln geweckt; als wir den Blick auf die Berge richteten, sahen wir ein ungeheures Heer von Aschantis auf die Ebene niederfluten. Wir alle wurden in die größte Verwirrung gestürzt, ausgenommen Arthur Wellesley, der uns riet, die großen Kanonen bereitzumachen und die Mauern zu bemannen; er hatte keinen Zweifel, daß die Schutzgeister uns zur Hilfe kommen würden, falls wir den Feind mit Hilfe der Geschütze und Raketen nicht zurückschlagen konnten.

Diesem Rat folgten wir sogleich, während die Aschantis wie eine Sturmflut herankamen, alles zerstörten, die Palmen niederbrannten und die Reisfelder verwüsteten.

Als sie vor unsere Mauern kamen, stießen sie einen entsetzlichen gellenden Schrei aus, der ausdrücken sollte, daß wir vom Antlitz der Erde vertilgt werden würden und unsere Stadt ausgelöscht werden sollte; weil sie nämlich durch Zauber entstanden war, sollte sie auf dieselbe Weise wieder verschwinden. Unsere Antwort auf diese Unverschämtheit war ein donnernder Kugelhagel unserer Kanonen.

Zwei der Angreifer fielen tot zu Boden, die übrigen suchten ihr Heil in der Flucht und rannten mit unvorstellbarer Schnelligkeit zu den Bergen zurück, und wir schickten ihnen ein Triumphgeschrei nach.

Am Nachmittag kehrten sie zurück und baten in unterwürfigster Weise um ihre Toten. Wir erfüllten ihren Wunsch, und dafür erlaubten sie uns, der Beisetzung beizuwohnen, die ein paar Tage darauf stattfand.

Am 21. September kam Ronald in die Halle der Gerechtigkeit gelaufen, wo wir uns alle aufhielten, und rief, er habe ein Schiff aus England gesehen. Der Herzog von York sandte sogleich Arthur Wellesley zur Küste, um Näheres zu erfahren.

Als dieser dort ankam, war die Besatzung, die aus fünfzig Männern bestand, an Land gegangen. Wellesley nahm das Schiff in Augenschein und stellte fest, daß es fast völlig zerstört war. Die Männer, die er darüber befragte, schienen außerordentlich überrascht, ihn hier zu finden, und wunderten sich, wie er es fertigbrächte, in solch einem Land zu leben.

Er gebot ihnen, ihm zu folgen.

Als er sie in die Halle der Gerechtigkeit geführt hatte, ließ der Herzog von York sie ihre Geschichte erzählen.

Sie riefen: »Ein Sturm hat uns an eure Küste verschlagen, und wir bitten um Obdach.«

Der Herzog von York antwortete: »Liebe Landsleute, wir sind darüber sehr erfreut, daß es euch an unseren Teil der Küste verschlagen hat, und ihr sollt Obdach haben, soweit es in unseren Kräften steht.«

Also blieben sie ungefähr vierzehn Tage bei uns. Nach Ablauf dieser Zeit hatten die Schutzgeister ihr Schiff wieder instand gesetzt, und die Männer brachen nach England auf, begleitet von Arthur Wellesley.

Wir führten noch etwa zehn Jahre lang Krieg mit den Schwarzen, dann schlossen wir Frieden; in den folgenden zehn Jahren geschah nichts, was der Erwähnung wert wäre.

Am 16. Mai 1816 ließ sich in der Stadt eine Stimme vernehmen, die sagte: »Schickt einen Wachtposten auf den Turm, der nach Süden blickt, denn morgen wird ein Eroberer vor euren Toren erscheinen!«

Sofort entsandte der Herzog von York Henry Clinton auf den höchsten Turm der Stadt.

Gegen Mittag rief Clinton: »Ich sehe etwas in weiter Ferne auf dem Atlantik!«

Wir stiegen alle auf den Wachturm, und als wir zum Ozean schauten, konnten wir am Rand des Horizonts einen dunklen Fleck erkennen, der, als er sich der Küste näherte, deutlich als eine Flotte auszumachen war. Schließlich warf sie Anker, und die Besatzungen gingen von Bord.

Zuerst kamen zwölf Regimenter Reiterei, gefolgt von drei Regimentern Infanterie, darauf zahlreiche hohe Offiziere, die dem Stab eines Generals anzugehören schienen; und zum Schluß kam der General selbst, in dem viele von uns mit Sicherheit Arthur Wellesley wiederzuerkennen glaubten.

Nachdem er die Regimenter hatte antreten lassen, befahl er ihnen, sich in Marsch zu setzen, und wir sahen wie sie durch die Tore der Stadt marschierten.

Als sie am Turm angelangt waren, machten sie halt, und wir hörten den General mit Wellesleys Stimme sagen:

»Hill, Sie warten hier mit dem Heer, während ich zum Palast der Gerechtigkeit gehe, denn ich vermute, daß sie alle dort sind, falls sie noch unter den Lebenden weilen. Beresford, Sie werden mich begleiten.«

»Nein, nein, Arthur, wir sind hier, weil wir fast den Verstand verloren haben, aus Furcht, du könntest den Turm in Brand setzen und die Stadt plündern!« rief der Herzog von York, als wir unser Versteck verließen und hinabstiegen.

»Was? Ihr seid alle hier, und nicht einer von euch ist in der Schlacht gefallen oder im Hospital gestorben?« sagte Seine Gnaden, als er von seinem Pferd sprang und uns der Reihe nach die Hand schüttelte.

»Doch kommt, meine tapferen Gefährten, wir wollen zum

Großen Gasthaus gehen, und in Ferdinandos Halle wollen wir uns erzählen, was wir getan und erlitten haben, seit wir uns zuletzt gesehen haben.«

»Bitte, Euer Gnaden, in welchem Teil der Stadt soll das Heer Quartier beziehen?« fragte einer aus dem Stab.

»O, mach dir wegen des Heeres keine Sorgen, Murray; wir sind hier nicht bei den Spaniern. Das Heer soll mir folgen.«

»Das Heer soll Seiner Gnaden, dem Herzog von Wellington, folgen«, sagte Murray.

»Seine Gnaden, der Herzog von Wellington!« riefen wir in höchstem Maße überrascht.

»Ja – Seine Gnaden, der Herzog von Wellington«, sagte ein anderer Offizier. »Ich weiß nicht, wer ihr seid, aber unser edler General ist der Bezwinger Napoleons und der Befreier Europas.«

»Also lügen die Schutzgeister doch nicht immer«, sagte Marcus O'Donell, »ich bin froh darüber, denn ich war immer davon überzeugt, Herzog, daß Ihr ruhmreicher zu uns zurückkehren würdet, als Ihr es bei Eurem Fortgang wart.«

»In der Tat«, sagte Murray mit einem spöttischen Grinsen.

»Murray«, sagte der Herzog ernst, »ich werde Sie wegen Ihrer Frechheit zur Rechenschaft ziehen und nach dem Kriegsrecht bestrafen, wenn Sie sich nicht in aller Form bei diesem Gentleman entschuldigen.«

Sogleich trat Murray auf O'Donell zu und sagte: »Sir, ich bedaure meine törichte Frechheit und verspreche, Euch nicht noch einmal auf diese Weise zu kränken.«

»Sehr gut, Murray, sehr gut, fürwahr«, sagte der Herzog. »Nun reicht Euch die Hand und seid Freunde. Ich dulde keinen Bürgerkrieg.«

Währenddessen waren wir am Großen Gasthaus angekommen, das ein riesiges Gebäude und groß genug war, um zwanzigtausend Menschen zu beherbergen. Bald hatten wir in der Halle Platz genommen und lauschten den Worten von Beresford, der uns erzählte, wie Europa von einem Tyrannen befreit worden war, der mit eiserner Faust herrschte, und wie dieser gewaltige Sieg errungen worden war, den die gesamte zivilisierte Welt bejubelt hatte; er erzählte von den prächtigen Triumphzügen, die aus diesem ruhmreichen Anlaß stattgefunden hatten, und wie alle Herrscher Europas zur Feier dieses großartigen Ereignisses England die Ehre ihres Besuches hatten zuteil werden lassen.

Wir hätten ihm noch viel länger zuhören können, und er hätte noch viel mehr zu erzählen gehabt, doch der Klang der Mitternachtsglocke gemahnte uns daran, daß es Zeit war, sich zur Ruhe zu begeben.

Einige Tage darauf gab der Herzog von York seinem Wunsch Ausdruck, in sein Heimatland zurückzukehren, und eines der Schiffe, mit zwanzig Mann an Bord, wurde dazu bestimmt, ihn dorthin zu bringen.

Jetzt hielten sich in der Stadt fünfzehntausend Menschen auf, und wir kamen überein, einen König zu wählen. Darum wurde für den 14. Juni 1827 eine Versammlung des gesamten Volkes einberufen. An diesem Tage kamen alle im Palast der Gerechtigkeit zusammen. Um den Thron saßen Marcus O'Donell, F. Cortez, H. Clinton, G. Dunaley, Harold FitzGeorge und der Herzog von Wellington mit seinem Gefolge.

Jeder in der Versammlung fragte sich beklommen, wer wohl als König vorgeschlagen werden würde, denn niemand wußte etwas, und es gab nicht den kleinsten Hinweis. Schließlich wurde der große Eingang geschlossen, und Cortez verkündete, daß die ganze Nation versammelt sei.

Darauf erhob sich Stewart und sagte: »Ich schlage vor, daß der hochedle Feldmarschall Arthur, Herzog von Wellington, als eine befähigte und tugendhafte Persönlichkeit, den Thron dieses Reiches besteigen soll.«

Sogleich brach die Menge in einen gewaltigen Schrei aus, daß die Halle dröhnte: »Lang lebe unser erlauchter Herzog!« Nun erhob sich Wellington. Sofort wurde es totenstill ringsum.

Er sagte: »Soldaten, ich werde verteidigen, was ihr meiner Obhut anvertraut habt.«

Mit diesen Worten verneigte er sich vor der Versammlung, und umbraust von begeistertem Jubel, zog er sich zurück.

CHARAKTERBILDER DER BERÜHMTESTEN MÄNNER DER GEGENWART

In den drei Jahren ihrer Existenz waren die Spielzeugsoldaten ihrem hölzernen Chargieren entwachsen. Charlotte gibt ihnen nun unter einem ihrer Pseudonyme, Captain Tree, Eigenart und Fülle. Historische Figuren und gänzlich erdichtete Charaktere, Fact und Fiction werden dabei ganz nach ihren Vorstellungen miteinander verwoben. Während der Herzog von Wellington noch in etwa dem Bild entspricht, das sich die Öffentlichkeit von dem Helden von Waterloo machte, dienen seine beiden real existierenden Söhne vorwiegend als Muster für eine Konstellation, die die Autorin auch in späteren Werken immer wieder aufnahm: das rivalisierende Brüdergespann. Der eher durchschnittliche wahre Arthur Wellesley, Marquis von Douro, dessen Liebesaffaire mit Elizabeth Hume, der Tochter von Wellingtons Leibarzt, Charlotte zu einer leidenschaftslosen Ehe – Marian und Arthur – ausphantasierte, wächst sich in ihren Tagträumen zu einem ebenso zynischen wie in seiner erotischen Ausstrahlung unwiderstehlichen Helden aus. Charles Wellesley, sein kleiner Bruder, wird Charlottes bevorzugtes Pseudonym. Als vorlauter Knabe, mit seinem Kätzchen unter dem Arm und einem Vogel auf der Schulter, stellt er den Machenschaften der Erwachsenen nach; als spöttischer junger Mann überliefert er die zweifelhaften Abenteuer seines Bruders, als Charles Townsend distanziert er sich schließlich von seiner Familie.

Die Figur von Rogue war eine Erfindung Branwells, die sich im Laufe der Jahre zu seinem Alter ego entwickeln sollte. Rogue macht Karriere vom schlicht gewirkten Bösewicht und Piraten zum hochbegabten Intriganten, Premierminister von Angria, Schwiegervater des Königs und Graf von Northangerland. Noch seine späten Gedichte bietet Branwell unter dem Pseudonym Northangerland zur Veröffentlichung an, und in seinem Roman-

fragment »And the Weary are at Rest« agiert der finstere Graf nicht mehr in Afrika und nicht mehr als stattlicher Aristokrat mit schwarzem Backenbart, sondern als Branwells Ebenbild, der nicht über 1,60 Meter groß war und dessen rote Haare aussahen, »als käme er gerade aus einem Ginsterbusch gekrochen«.

In der Beschreibung von Captain Bud, Young Soult und Sergeant Bud stichelt die 14jährige Charlotte deutlich in Richtung ihres Bruders. Besonders »der Reimer«, ein Vertreter »Spontaner Poesie«, der in mehreren ihrer frühen Geschichten auftritt, ist eine Karikatur Branwells. 1830 belustigt sie sich in ihrem Drama »Der Dichterling« über sein eitles, schwärmerisches Wesen. Der Schriftsteller-Kollege, Captain Tree, wirft den Reimer nach Lektüre seiner fürchterlichen Knittelverse aus der Wohnung: »Oh, wie sehr ist unser nobler Beruf entehrt! Ich könnte vor Unglück weinen!« Die Autorin findet zu einem guten Ende, als Young Soult vom Tod freigesprochen wird und eine Art Literaturpreis erhält, wenn er schwört, nie wieder eine Zeile zu schreiben, wozu er sich, kaum überraschend, sofort bereitfindet.

CHARLOTTE BRONTË

Charakterbilder der berühmtesten Männer der Gegenwart von Captain Tree

Erstes Kapitel

Charakter und Erscheinung des Herzogs von Wellington

Es sind ungefähr zwanzig oder einundzwanzig Jahre vergangen, seit ich Seine Gnaden zum ersten Mal sah. Er stand damals im neunzehnten Jahr seines Lebens und sah dem heutigen Marquis von Douro sehr ähnlich, wenn man davon absieht, daß er männlicher wirkte und einen gewissen sarkastischen Zug um den Mund hatte, der zeigte, daß er viele derer, mit denen er Umgang hatte, als weit unter seiner Person stehend betrachtete. Vor nun drei oder vier Jahren habe ich ihn zum zweiten Mal gesehen. Er trug die Uniform eines Feldmarschalls und stand, von seinem Stab umgeben, auf dem Cloud-Square. Meine Vorstellungen, wie ein großer General auszusehen hatte, wurden durch seine Erscheinung zur Gänze erfüllt – die hohe, ernste Stirn, die edle römische Nase, die hochmütig zusammengepreßten Lippen, kurz, sein Gesicht war genauso geschnitten, wie ich es mir für den Helden von Waterloo und Bezwinger Buonapartes nur hätte wünschen können.

Und nun zu seinem Charakter. Seine Gnaden ist ohne Zweifel einer der bedeutendsten Männer, die je gelebt haben.

Seiner Veranlagung nach ist er entschlossen, beherrscht, tapfer und edelmütig. Seine Begabung ist nicht bloß auf militärische Dinge beschränkt. Er ist im Staatsrat ebenso unwiderstehlich wie auf dem Schlachtfeld. Die Feldzüge auf der Halbinsel haben bewiesen, daß der Einfallsreichtum seines großen Geistes unerschöpflich ist. Sechs Jahre lang hing das Schicksal ganz Europas von seiner Tapferkeit und Umsicht ab, und jedermann weiß, wie vortrefflich er das Vertrauen rechtfertigte, das man ihm geschenkt hatte.

Er kannte keine Nachlässigkeit, und niemals schwankte er in seinen Entscheidungen. War eine Entscheidung einmal getroffen, so galt sie, und er handelte entsprechend. Sein ganzes Verhalten war darauf angelegt, seinen Soldaten Vertrauen einzuflößen und sie entschlossener zu machen, ihren König und ihr Land zu verteidigen. Und nun wagen es einige zu sagen, daß dieser Mann, dieser große, mächtige Mann, nicht wisse, wie England zu verteidigen, wie es aus der augenblicklichen entsetzlichen Lage zu retten sei – daß er, der das Land rettete, als der Stern der Vernichtung sein aschgraues, zehrendes Licht über seine wogenden Felder und stattlichen Städte ergoß, es nun nicht zu bewahren wisse, da kein auswärtiger Feind mit seiner Verwüstung droht! Mögen jene, die so sprechen, sich an die Zeit erinnern, da der hochmütige Napoleon von Sieg zu Sieg eilte – als jeder General, der sich mit ihm maß, beim Klang seiner Trompete erblaßte und verging und in Furcht und Schrecken floh, der Sieger aber nach jedem Sieg noch hochmütiger wurde.

Als schließlich der ruhmreiche Wellington auf den Plan trat und einer ohnmächtig sterbenden Nation die erfreuliche, erlösende Nachricht zu Ohren kam, daß Napoleon besiegt und vernichtet sei, wer war der furchteinflößende Bezwinger? Es war der unsterbliche Wellington. Wenn er England in jener Stunde fürchterlicher Gefahren errettete, wird er es nicht abermals retten? ... Die Beantwortung dieser Frage überlasse ich jenen unter meinen Lesern, die genügend Verstand besitzen, sie in ihrer Tragweite zu begreifen.

C. B. Captain T
12. Dezember 1829.

Zweites Kapitel

Charakterbilder des Marquis von Douro und von Lord Charles Wellesley

Der älteste dieser jungen Adeligen, der Marquis von Douro, ist nun zweiundzwanzig Jahre alt. Äußerlich ähnelt er sehr stark seiner edlen Mutter. Er hat dieselbe hohe, schlanke Gestalt, dieselbe feine, leicht römische Nase. Seine Augen freilich sind groß und braun wie die seines Vaters, und sein Haar ist fast ebenso kastanienbraun, lockig und glänzend wie das seines Vaters, als dieser ein junger Mann war. Auch sein Charakter ähnelt dem der Herzogin. Er ist sanft und menschlich, doch sehr mutig, dankbar für jeden Gefallen, den man ihm erweist; er ist bereit, Unrecht zu verzeihen, freundlich gegenüber seinen Mitmenschen und uneigennützig.

Sein Verstand ist von höchstem Rang, geschliffen und wohlausgebildet. Sein Geist ist erhaben und hochfliegend, doch er findet seine Freude eher darin, tiefgründigen Gedanken und Ideen nachzugehen, als in den strahlenden Gefilden der Phantasie umherzuschweifen. Die Gedankenspiele eines einsamen Reisenden in der Wildnis oder das Klagelied eines verlassenen Verbannten sind Stoffe, die ihn am meisten entzücken und denen er sich hauptsächlich widmet, obgleich seine Lieder oft großartige und lebensvolle Beschreibungen von Stürmen und Unwettern enthalten – sie handeln vom wilden Tosen des Meeres, vermischt mit der schrecklichen Stimme des Donners, wenn der zuckende Blitz zugleich mit der hellen Lampe eines verruchten Geistes erstrahlt, der über den aufgewühlten Wassern dahinfährt oder seinen Ruf aus dem Inneren einer schwarzen und bedrohlichen Wolke ertönen läßt. Ein solcher Mensch ist der Marquis von Douro; und nun zu seinem Bruder.

Lord Charles Wellesley ist neunzehn Jahre alt. Er ist eine eindrucksvolle und stattliche Erscheinung. Sein Auge ist voll Lebenskraft und Tatendrang. Sein Haar fällt in hellblonden

Löckchen in seine Stirn. Alle seine Bewegungen sind lebhaft, und der Ausdruck seines Gesichtes ist so temperamentvoll und strahlt so viel Munterkeit aus, daß er jedermann bezaubert und erheitert. Sein Charakter entspricht seiner Erscheinung – lebhaft, fröhlich und elegant. Sein Verstand ist scharf und durchdringend, doch oft läßt er ihn mit seinem Widersacher Katz und Maus spielen, ehe er ihn grausam mitten ins Herz trifft. Seine Einbildungskraft ist überaus lebhaft, was die plastische Beschreibung von Natur und Charakteren angeht. Einige seiner Erzählungen bezeugen die strahlende Erhabenheit seines Geistes und seiner Schöpferkraft. Seine Lieder sind außerordentlich schön und handeln zumeist von lichten und luftigen Visionen übernatürlicher Dinge, von wilden, doch zarten Träumereien aus der Welt der Unsterblichen; doch seine Geister sind in der Regel die sanften, schönen Wesen, die im lieblichen grünen Wald oder der kristallenen Quelle hausen, die den duftenden Himmelstau aus weißen Lilienkelchen oder den Goldpokalen der Schlüsselblumen trinken, die im sanften Tal zwischen matt-purpurnen Veilchen oder gelben Primelknospen wohnen; und es ist nicht das entsetzliche Ungeheuer, das man in der Ferne brüllen hört und das mit einem Schlag seiner schwarzen und silbernen Schwinge ganze Heere von Menschen erschlägt. Es wird allgemein angenommen, daß Lord Charles die Erzählung »Die Goldene Lilie« verfaßt hat, und dies ist auch meine Meinung, denn die wunderbare und erhabene und zugleich klare und beseelte Großartigkeit des Stils steht mit der bekannten Wesensart seines Bruders überhaupt nicht in Einklang. Es finden sich dort fürwahr prachtvolle Schilderungen von Feen-Palästen und Lauben, von Hainen und Bäumen, alles gesehen mit den staunenden Augen Sterblicher, in der feierlichen Stille der Mitternacht auf den Himmel gemalt oder im hohen Mittag zwischen Erde und Himmel schwebend, inmitten der Klänge geheimnisvoller Musik und der Stimmen unsichtbarer Sänger; doch wie verschieden davon ist der »Wandernde Verbannte« des Marquis von Douro. Auch dort gibt es Geister, doch sie sind verhüllte, wolkige Gespenster, die aus den Gefilden der Toten kommen, um ihre lebenden Verwandten vor Gefahren zu warnen, die unmittelbar bevorstehen. Auch dort gibt es Musik, doch sie ist sonderbar, ungestüm und unirdisch und gänzlich verschieden von den heiteren Klängen, welche die »Goldene Lilie« so leuchtend klar durchziehen. Kurz gesagt, die Klänge des Marquis von Douro sind wie der leise Nachhall einer Äolsharfe, die gleich ihren abklingenden und anschwellenden Tönen die Seele auf einen Gipfel höchster Erhabenheit führen oder sie zu düsterem, ernstem Sinnen bringen; und wenn du nach der Lektüre seiner Werke aufblickst, gerätst du in grundloses Grübeln und kannst an nichts anderes denken, als an die Jahre deiner Kindheit, an leuchtende Tage, die nun für immer dahin sind.

Die Lieder von Lord Charles dagegen gleichen der frohen, süßen Musik der Zimbeln und wenn du eines seiner Bücher zu Ende gelesen hast, fühlst du dich leicht und heiter und froh, als könntest du in der Luft wandeln. Da liegt der Unterschied.

C. B. Captain Tree
16. Dezember 1829.

Drittes Kapitel
Der Charakter von
Captain Bud

Dieser bedeutende Politiker ist nun fünfundvierzig Jahre alt. Er ist hochgewachsen, knochig und muskulös. Seine Miene ist schroff und abweisend. Seine Augen liegen tief und haben einen glitzernden, durchdringenden Blick. Er bewegt sich ziemlich langsam und schleppend. Sein Gang ist unbeholfen. Eine seiner Schultern ragt weiter vor als die andere, kurz gesagt, seine ganze Erscheinung bietet nicht den angenehmsten Anblick. Gleichwohl ist er der fähigste politische Schriftsteller der Gegenwart, und seine Werke offenbaren eine Fülle von Gedanken und Kenntnissen, die selten erreicht und nie übertroffen wird. Indes sind seine Schriften zuweilen zu lang und trocken, wie es bei großer Gelehrsamkeit oft der Fall ist. Stilistisch brillante Passagen sind überaus selten, doch sind seine Argumente vernünftig und schlüssig. Einige seiner Redewendungen sind prächtig und beinahe erhaben, andere jedoch lächerlich und übertrieben. Er läßt sich niemals dazu herab, einen Scherz zu machen, sondern behält einen gleichmäßigen Fluß ermüdender Ernsthaftigkeit bei – in einem solchen Maße, daß ich über seinen besten Werken oft eingeschlafen bin, und mich ebenso oft deswegen geschämt habe.

In seinem Wesen ist er reizbar, griesgrämig und nervös, doch seine Rechtschaffenheit steht gleichwohl außer Zweifel. Man sagt, er sei ein Hypochonder, der zuzeiten glaubt, er sei eine feurige Flamme, ein Stein, eine Auster und ein Flußkrebs, ja daß er sich sogar zuweilen für ein Pflänzchen Glockenheide hält, das der geringste Windstoß fortwehen kann; aber seine Freunde sollen bei solchen Anlässen dafür Sorge tragen, daß ihn niemand zu Gesicht bekommt. Ich weiß nicht, wieviel Glauben man diesen Behauptungen schenken darf, doch ich glaube, daß sie auf Tatsachen beruhen.

Captain Tree C. Brontë
17. Dezember 1829

Viertes Kapitel
Der Charakter von Young Soult

Dieser wahrhaft bedeutende Dichter ist dreiundzwanzig Jahre alt. Er ist etwa mittelgroß und offenbar bei guter Gesundheit. Seine Gesichtszüge sind ebenmäßig, und seine Augen sind groß und ausdrucksvoll. Sein Haar ist dunkel, doch er trägt eine solche Kräuselfrisur, als wolle er den Anschein erwecken, er käme geradewegs aus einem Ginsterbusch gekrochen. Seine Kleider sind gewöhnlich zerrissen, und sie umschlottern ihn auf eine sehr nachlässige und unordentliche Weise. Seine Schuhe sind oft ausgetreten und die Strümpfe voller Löcher. Der Gesichtsausdruck ist wild und abgehärmt, und fortgesetzt verzieht er seinen Mund nach der einen oder anderen Seite. Im Wesen hat er etwas Diabolisches, doch ist er menschlich und gutmütig. Er scheint ständig in einem Zustand starker Erregung zu arbeiten, hervorgerufen durch übermäßiges Trinken und Spielen, dem er unglücklicherweise in starkem Maße verfallen ist. Seine Gedichte zeugen von glänzender Einfallskraft, doch ist sein Versbau mangelhaft. Die Themen und die Sprache sind schön, aber ihre Gestaltung hat keine Harmonie, und darum meine ich, daß er sein Bestes im Blankvers leisten könnte. Tatsächlich habe ich gehört, daß er ein solches Gedicht zur Veröffentlichung vorbereitet, von dem man erwartet, daß es sein bestes werden wird. Er verfügt über echte schöpferische Begabung, die er unter großen Mühen veredelt hat. Seine Anfänge waren weniger bedeutend, doch glaube ich, daß er am Ende großartige Werke schaffen und sein Name, zusammen mit denen der bedeutendsten Männer seines Geburtslandes, in die Annalen eingehen wird.

C. B. Captain Tree
17. Dezember 1829

Fünftes Kapitel
Der Charakter von Sergeant Bud

Dieser Mensch steht in seinem fünfundzwanzigsten Lebensjahr. Er ist großgewachsen und dünn. Sein Profil ist edel, doch insgesamt ist sein Gesicht mager. Seine Augen sind hell, und alles in allem sieht er leidlich gut aus. Er ist ein schlauer Advokat und ein großer Lügner, ein einschüchternder Anwalt und ein unverschämter Rechtsverdreher, ein langatmiger Schreiber und ein beachtlicher Redner, ein mürrischer Geizkragen und ein elender Schurke, ein ungeselliger Bursche und ein hochmütiger Teufel, ein ausgekochter Gauner und ein staubiger Bücherwurm. Kurzum, er ist ganz der Sohn seines Vaters. Jedermann kann ihn bestechen, wie ich aus eigener Erfahrung weiß. Ins Gesicht wird er dir wie ein Höfling schmeicheln und dich hinter deinem Rücken wie ein gemeiner Lump verleumden. Es ist eine ausgesprochene Schande, daß Tally ihn derartig unterstützt. Die Männer, die ihm eine Tracht Prügel versetzten, taten genau das Richtige, und wenn es in meiner Macht stünde, würde ich ihn zuerst ersäufen, ihm dann siebzig Schläge mit der Neunschwänzigen Katze verabreichen, anschließend würde ich ihn, rücklings auf einem Kamel sitzend, durch Glasstown reiten und zum Schluß an einem sechzig Fuß hohen Galgen hängen lassen. Wenn er tot wäre, sollte man ihn abschneiden und seinen Leichnam den Anatomen zum Sezieren übergeben.

C. B. Captain Tree
17. Dezember 1829

Sechstes Kapitel
Der Charakter von Rogue

Rogue ist etwa siebenundzwanzig Jahre alt. Er ist hochgewachsen und ziemlich mager. Sein Gesicht ist ansehnlich, doch seine wilden grauen Augen und seine mächtige Stirn haben etwas überaus Schreckliches. Er weiß sich recht höflich und vornehm zu benehmen, doch in seinem Wesen ist er hinterlistig, blutrünstig und grausam. Sein Gang (auf den er sich außerordentlich viel einbildet) ist stattlich und soldatisch, und er redet sich ein, er sei dem des Herzogs von Wellington sehr ähnlich. Er tanzt gut, spielt vortrefflich Karten und kennt sich in allen Tricks und Schlichen des Falschspiels bestens aus. Es ist die Krönung all dessen, daß er auf diese »Kultiviertheit« (wie er es nennt) über die Maßen stolz ist.

C. T. 17. Dezember 1829

Siebtes Kapitel
Charakter von
Young Man Naughty

Dieser Mann ist vierundfünfzig Jahre alt. Er ist von riesenhaftem Körperbau, sehr knochig, mager und muskulös. Sein Kopf ist groß, und seine Gesichtszüge sind grob. Seine Augen sind klein, grau und unruhig. Sein Wesen ist von der bösesten und blutdürstigsten Art. Alle seine Handlungen werden von kalter, mörderischer Grausamkeit geleitet. Sein Benehmen ist unverschämt und brutal. Er mordet mit der allergrößten Rohheit. Er hat Freude daran, sein Opfer zu quälen, bevor er es tötet. Kurzum: er schreckt vor dem Übelsten nicht zurück.

C. Tree 17. Dezember 1929

Achtes Kapitel
Doktor Hume Badey

Badey ist sehr groß, kräftig und beleibt. Er verfügt über soviel Gefühl wie ein Stein, doch er ist einer der besten Chirurgen und Ärzte, die es zur Zeit gibt.

C. B. Captain Tree
17. Dezember 1829

Neuntes Kapitel
Pigtail

Pigtail ist sieben Fuß groß. Er ist häßlich, wie man sich wohl vorstellen kann, und außerordentlich böse gegenüber jenen unglücklichen Sterblichen, die zufällig in seine Klauen geraten.

C. Tree C. B.
17. Dezember 1829

Zehntes Kapitel

Die Charaktere von
Delisle, Le Brun,
Dundee und Vernet

Alle diese Männer sind etwa mittelgroß und entweder sehr stattlich oder sehr häßlich. Sie gehören zu den vier besten Malern, die je lebten – Delisle ist großartig in der Darstellung des Schönen, Le Brun malt Leidenschaften, Dundee erhabene Themen und Vernet Tiere.

Charlotte Brontë
Captain Tree 17. Dezember 1829

EIN TAG IN PARRYS PALAST

Zu einem so hervorragend strukturierten Gemeinwesen wie der Glasstown-Föderation gehört auch die Presse. Branwell ist der erste Herausgeber einer »Zeitschrift der Jungen Männer«, die im Januar 1829 unter dem Titel »Branwell's Blackwood's Magazine« erscheint. Die in Packpapier oder in die Rückseite von Reklamezetteln eingenähten Heftchen – nicht größer als 4 mal 5,5 cm – enthalten nach ersten, eher dilettantischen graphischen Versuchen ein gezeichnetes Deckblatt, Editorial und Inhaltsverzeichnis. Die Artikel von Bruder und Schwester oder u.t. – us two, uns beiden – sind in winziger Druckschrift verfaßt. In Anzeigen werden Neuerscheinungen und Erfindungen vorgestellt, wie »Die Kunst, sich die Nase zu putzen« oder »Eine Rattenfalle von Monsieur-fängt-nix-weil-kaputt« und ein Angebot von Young Man Naughty, den Rüpelhaufen in Ned Laurys Kneipe umzubringen.

Nach drei Nummern übernimmt »der Groß-Schutzgeist Charlotte« den Posten des Herausgebers und beendet damit, wie sie in ihrem Leitartikel schreibt, »die Herrschaft der Langeweile«. Ihre Ausgabe vom Oktober 1830 ist 20 Seiten stark und wird, laut Impressum, »von Sergeant Tree und allen anderen Buchhändlern in Glasstown, Paris, Rosses Glasstown, Parrys Glasstown und des Herzogs von Wellington Glasstown verkauft«. Das Magazin enthält neben der Reportage »Ein Tag in Parrys Palast« von Lord Charles Wellesley ein Gedicht des Marquis von Douro, Plaudereien und Anzeigen.

Der Besuch Wellesleys bei Captain Sir William Edward Parry ist eine recht ambivalente Geschichte. Parry war Emilys Held. Sein Land, obwohl in Afrika gelegen, sticht deutlich von der Rest-Föderation ab. Offenbar hat sich die jüngere Schwester schon als 12jährige im bodenständigen Klima von Yorkshire wohler gefühlt als in der exotischen Prachtwelt. Auch Gondal, ihr späteres Traumreich, gleicht mit seinen rauhen Bergen eher dem Norden Englands. Charlotte als der Snob aus Glasstown teilt ihren Lesern unverblümt mit, was sie von dieser mangelhaften Gegend hält. Ob dies zu Emilys Amüsement geschah, läßt sich aus der zeitlichen Entfernung nicht mehr mit Bestimmtheit sagen. Der Palast ist natürlich das Pfarrhaus in Haworth, seine Bewohner sind von schlichter Natur. Sie erscheinen mit schmutzigen Lätzchen bei Tisch und verfügen, wie die Brontës, deren Haushalt von wechselnden Hunden und Katzen, Kanarienvögeln und zahmen Gänsen bevölkert war, über eine ganze Haustier-Menagerie. Vergeblich sind ihre Bemühungen um Glanz und gute Manieren, was den adeligen Besucher nicht schlecht in Rage bringt. Ihr bäurischer Jargon ist ein Relikt aus der Frühzeit des Gedankenspiels. Diese »Altsprache der Jungen Männer« hatte Branwell erfunden, indem er sich beim Sprechen die Nase zuhielt und dadurch etwas hervorbrachte, das dem örtlichen Dialekt glich. Daß Parry und Ross – Annes Lieblingsheld – sich darin über Frauenputz unterhalten, scheint ein weiteres Indiz, daß Charlotte auf die Beiträge der Jüngeren gelegentlich mit Spott herabsah.

Immerhin herrscht Emily in Parrysland unangefochten und kuriert Ross mit einem Zauberspruch. Zu kostbar waren den Kindern ihre Helden, um durch Tod oder Völlerei aus dem Spiel zu scheiden. Ihre Wiederbelebung durch die Groß-Schutzgeister ist in den frühen Geschichten eine oft und gern geübte Praxis.

CHARLOTTE BRONTË

Ein Tag in Parrys Palast

VON
LORD CHARLES WELLESLEY

»O, Arthur!« sagte ich eines Morgens im vergangenen Mai, »wie öde dieses Glasstown ist! Wirklich, ich sterbe vor Langweile. Weißt du nicht irgend etwas, um meine trostlose Lage zu erleichtern?«

»Gewiß, Charles. Ich könnte mir vorstellen, daß es eine angenehme Beschäftigung für dich wäre, zu lesen oder dich mit Leuten zu unterhalten, die klüger sind als du. Du bist ganz gewiß nicht so hohlköpfig und hirnlos, es so weit zu treiben, daß du nicht mehr weißt, was du anfangen sollst!« Dies war die Antwort auf meine höfliche Frage, mit dem charmantesten Ernst hervorgebracht, den man sich vorstellen kann.

»O doch! Das bin ich, Bruderherz! Folglich mußt du mir ein wenig Abwechslung verschaffen.«

»Wohlan denn, Charles, du hast oft davon gesprochen, wie verlockend es wäre, Captain Parrys Palast zu besuchen. Jetzt hast du Zeit, dir deinen Wunsch zu erfüllen.«

»Sehr wahr, Arthur, und du verdienst dafür in Gold aufgewogen zu werden, daß du mich daran erinnert hast.«

Am nächsten Morgen in aller Frühe war ich unterwegs zu William Edwards Land. In weniger als einer Woche überquerte ich die Grenze und kam mir sogleich vor, als sei ich in eine andere Welt geraten. Anstelle großer, muskelbepackter Männer, die bis an die Zähne bewaffnet herumliefen und jemanden suchten, den sie umbringen konnten, erblickte ich bloß kleine hilflose Milchgesichter in sauberen blauen Leinenjäckchen und weißen Schürzen. Alle Häuser standen ordentlich in Reihen. Jedes wies vier Zimmer auf und hatte an der Vorderseite ein Gärtchen. Kein stolzes Schloß, kein prächtiger Palast erhob sich frech über die Hütten ringsum. Kein hochgeborener Edelmann verlangte Vasallentreue von seinen Untertanen oder inspizierte seine ausgedehnten Ländereien mit ererbtem Hochmut. Jeder Zoll des Bodens war mit steinernen Mauern umfriedet. Hier und da gab es ein paar eigens angelegte Alleen, zumeist aus Pappeln bestehend; doch weder altersgraue Wälder noch schlummernde Haine wurden geduldet. Die Flüsse rauschten nicht schäumend und donnernd durch Wiesen und Berge, sondern glitten in Kanälen dahin, die auf beiden Seiten von Mauern eingefaßt waren, auf daß kein spielendes Kind sein feuchtes Grab darin fände. Keine häßlichen Fabriken, deren hohe schwarze Schornsteine Schwaden eines fast zum Schneiden dicken Qualms ausstießen, verunzierten dieses Himmels öde, dunstige, nichtssagende Reinheit. Jede Frau trug ein braunes Kleid aus Wollstoff, eine weiße Haube und ein Halstuch; weder schimmernder Satin, schwerer Samt noch kostbare Seide oder weiches Musselin setzten dieser gefälligen Einförmigkeit ein Glanzlicht auf.

Nun, ich legte so manche Meile zurück, bis ich Parrys Palast erreichte. Es war ein viereckiges Steingebäude mit einem blauen Schieferdach, gekrönt von ein paar kürbisförmigen Steinkugeln. Der Garten, der es umgab, war von mäßiger Größe und in runde, ovale und viereckige Blumenbeete aufgeteilt. Es gab Reihen von Erbsensträuchern, Stachelbeeren, rote, weiße und schwarze Johannisbeeren, einige wenige blühende Stauden und einen Rasenplatz zum Wäschetrocknen. Alle Wirtschaftsgebäude wie Waschhaus, Futterküche, Stall und Kohlenschuppen waren in einer Reihe errichtet und auf der Rückseite von einer Baumreihe geschützt. Auf einer Koppel hinter dem Haus graste eine Kuh, um die Familie mit Milch, Butter und Käse zu versorgen; dazu kam ein Pferd, das den Einspänner zog, mit dem Ihre Majestäten befördert und Vorräte vom Markt herbeigeschafft wurden; ein Kalb und ein Fohlen leisteten Kuh und Pferd Gesellschaft. Als die Räder meiner Kutsche über das Steinpflaster des Hofes rasselten, öffnete sich die Küchentür, und ein kleiner ältlicher Mann und eine Frau kamen zum Vorschein. Als sie meiner prächtigen Equipage ansichtig wurden (denn dafür müssen sie mein Gefährt gehalten haben), machten sie sogleich wieder kehrt. Aus dem Inneren des Hauses drang nun Getuschel und nach kurzer Zeit traten Sir Edward und Lady Emily Parry auf den Plan, um ihren soeben eingetroffenen Gast zu begrüßen. Auch sie waren zuerst ein wenig verschreckt, doch ich befreite sie rasch von ihren Befürchtungen, indem ich mich vorstellte.

Nach diesen Höflichkeiten wurde ich in einen kleinen Salon genötigt. Man saß gerade beim Tee und lud mich ein, daran teilzunehmen. Doch bevor er Platz nahm, holte Sir Edward eine Serviette aus dem Schrank und bedeutete mir, sie umzubinden, damit ich meine Kleider nicht beschmutze. In einem kaum verständlichen Kauderwelsch gab er seiner Vermutung Ausdruck, für den Besuch hätte ich gewiß meine besten Sachen angezogen und mein Mütterchen könnte vielleicht böse werden, falls ich sie befleckte. Ich dankte ihm, lehnte das angebotene Lätzchen jedoch höflich ab. Während wir den Tee nahmen, herrschte tiefes Schweigen; den Lippen meiner Gastgeber entrang sich nicht ein Sterbenswörtchen. Anschließend wurde der kleine Eater hereingebracht, angetan mit einem höchst schmutzigen und schmierigen Kittel, den ihm Lady Emily auf der Stelle abstreifte und durch einen sauberen ersetzte. In ärgerlichem Ton brummelte sie vor sich hin, wie Amy nur auf den Gedanken verfallen könne, das Kind in einem derart schmutzigen Röckchen in den Salon zu schicken.

Parry zog sich nun zurück, um seinen Studien zu obliegen, und Lady Emily kehrte zu ihrer Arbeit zurück, so daß ich mit Eater allein zurückblieb. Mehr als eine halbe Stunde lang stand er vor mir auf dem Teppich, den Finger im Mund, starrte mir idiotisch ins Gesicht und gab von Zeit zu Zeit ein sonderbares knurrendes Geräusch von sich, wodurch das Balg, wie ich vermutete, seiner Überraschung Ausdruck gab. Ich befahl ihm, sich hinzusetzen. Er lachte, gehorchte aber nicht. Das erboste mich so, daß ich den Feuerhaken ergriff und ihn zu Boden streckte. Der Schrei, den er ausstieß, war markerschütternd, doch er vergrößerte bloß meine Wut. Ich versetzte ihm ein paar Tritte und schlug ihn mit dem Schädel auf den Boden, in der Hoffnung, ihn zu betäuben. Es gelang mir nicht. Er brüllte nur noch lauter. Inzwischen war der gesamte Haushalt auf den Beinen: der Herr und die Dame des Hauses und die Dienstboten kamen ins Zimmer gestürzt. Ich sann auf eine Möglichkeit, mich aus dem Staub zu machen, fand aber keine.

»Was hasten mit'm Kind gemacht?« fragte Parry und rückte mit herausfordernder Miene auf mich los.

Da ich noch einen Tag in diesem Palast zu verweilen gedachte, sah ich mich gezwungen, zu einer Lüge Zuflucht zu nehmen. »Überhaupt nichts«, erwiderte ich. »Das liebe kleine Kerlchen ist hingefallen, als ich mit ihm spielte und hat sich weh getan.«

Das stellte den guten, einfältigen Mann zufrieden, sie zogen sich allesamt wieder zurück und nahmen das verhaßte Gör, das noch immer kreischte und brüllte, mit.

Ungefähr eine Stunde später wurde das Abendessen aufgetragen. Es bestand aus Kaffee und ein paar hauchdünnen Brotscheiben mit Butter. Auch dieses Mahl wurde schweigend eingenommen, anschließend begab man sich zur Ruhe.

Am nächsten Morgen erhob ich mich um neun Uhr, kam gerade rechtzeitig zum Frühstück und begab mich anschließend auf einen Gang durch die Felder. Im Hof erblickte ich Eater, umgeben von drei Katzen, zwei Hunden, fünf Kaninchen und sechs Schweinen, die er fütterte. Bei meiner Rückkehr fand ich einen neuen Gast in Gestalt von Captain John Ross vor. Er und Parry unterhielten sich, doch von dem, was sie sagten, konnte ich wenig verstehen. Ross' Worte lauteten ungefähr so:

»Ann hat sichen neuen Umhang gemacht aus Musslin mit Blumen und rosa Band am Saum und ’nem Gürtel aus Seide.« Dieses Gewand gefiel ihm sehr. Parry erwiderte: »Das letzte, was Emily sich gemacht hat, war blaßrot, gelb und grün und purpur gesäumt, und aufem Hut war ’ne lila Feder.«

Pünktlich mit dem zwölften Glockenschlag wurde das Mittagessen serviert. Es gab Roast-Beef, Yorkshire-Pudding, Kartoffelbrei, Apfelpastete und eingelegte Gurken. Ross hatte beim Essen ein weißes Lätzchen angelegt. Mir fiel auf, daß er nicht die mindeste Notiz von mir nahm, obgleich ich doch, mit dem verglichen, was er gewöhnlich zu sehen bekam, etwas Neues für ihn sein mußte. Alle schlangen das Essen hinunter, als hätten sie drei Wochen lang nichts zu Beißen gehabt, während »Der feierliche Hauch des Zwielichts / ringsum auf jeder Zunge lag«. Ich verspürte die heftige Neigung, das Haus in Brand zu setzen und diese hirnlosen Freßsäcke zu verbrennen. Zum Nachtisch trank jeder ein einziges Glas Wein, nicht einen Tropfen mehr, und verspeiste eine Portion Erdbeeren und ein paar süße Plätzchen. Da Ross sich allem Anschein nach überfressen hatte, wie ich seinem fortwährenden Ächzen und Schnaufen entnehmen konnte, rechnete ich mit einer Explosion, und ich wurde nicht enttäuscht. Eine Stunde nach dem Essen wurde ihm sterbensübel. Da kein Arzt zur Hand war, rechnete man mit seinem augenblicklichen Tod; und dieser wäre gewiß auch eingetreten, wenn nicht der Schutzgeist Emily zur rechten Zeit eingetroffen wäre. Als die Erkrankung in ihr kritisches Stadium getreten war, kurierte sie Ross mit einem Zauberspruch und verschwand.

Ich blieb nur noch bis zum nächsten Morgen in Parrys Palast, denn ich fand meinen Besuch unaussprechlich langweilig, und ich fürchte, daß auch der Leser diesen Bericht ebenso öde finden wird. Doch dieser Besuch hat mir eine Ahnung vermittelt von Dingen, wie sie sind, und darum bereue ich ihn nicht.

Nachdem ich nach Glasstown zurückgekehrt war, verlief mein Leben viele Tage lang sehr kurzweilig, weil fortwährend Leute zu mir kamen, um meinen Bericht über den Ort zu hören, an dem ich mich aufgehalten hatte. Zufällig befand ich mich zu jener Zeit in einer Gemütsverfassung, die man als außerordentlich wortkarg bezeichnen kann, und dieser Umstand hielt mich davon ab, ihre Neugier durch das gesprochene Wort zu befriedigen. Darum habe ich zu der einzigen Möglichkeit gegriffen, mich dieser Unannehmlichkeiten zu entledigen, indem ich diese kurze Erzählung dem *Young Men's Magazine* zum Abdruck überließ.

22. August 1830 *Lebewohl, Schutzgeist CW*

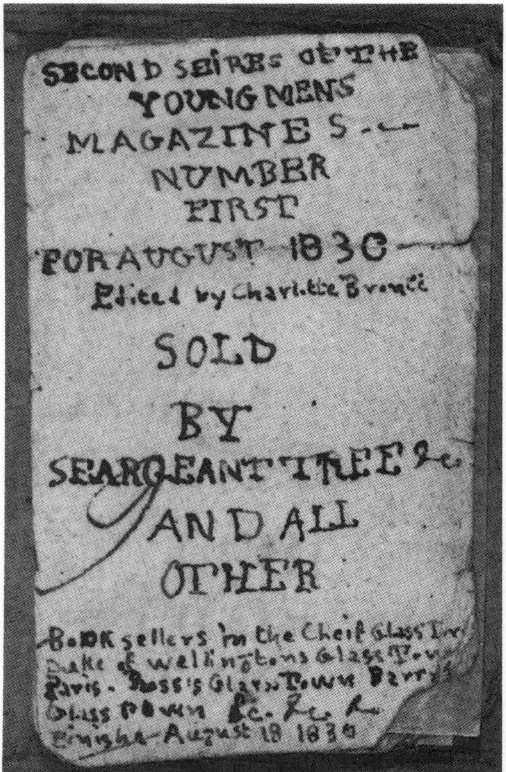
SECOND SEIRES OF THE
YOUNG MENS
MAGAZINE S
NUMBER
FIRST
FOR AUGUST 1830
Edited by Charlotte Bronte
SOLD
BY
SEARGEANT TREE &c
AND ALL
OTHER
BOOKsellers in the Cheif Glass Town
Duke of Wellingtons Glass Town
Paris - Ross's Glass Town Parry's
Glass Town &c. &c. &
Finishe August 18 1830

Faksimile der Titelseite
des Young Men's Magazine

Während Charlotte für die romantischen Abenteuer der Helden in Glasstown Sorge trägt, kümmert Branwell sich um die politische Entwicklung der Föderation. Für ihn ist die Geschichte der Zwölf auch immer ein Soldatenspiel geblieben. Lange Friedenszeiten langweilen ihn. Zwischen September 1830 und August 1832 gibt er als Captain Flower eine Serie von Briefen des englischen Bankiers James Bellingham an seinen Freund in London heraus, in denen er die Wunder der großen Stadt und die Abenteuer in Gesellschaft von Charles Wellesley und des Marquis von Douro schildert. Interessanter als die jungen Edelmänner findet Branwell jedoch die eher zwielichtigen Figuren, die Glasstown bevölkern: Dr. Hume Badey mit seinen brachialen Spießgesellen, die phantastische Erscheinung des Viehdiebs und Drogenessers Pigtail, die tanzenden und raufenden Wilddiebe in einer Schenke auf dem Land. Branwell hatte viele Hobbys: Musik und Malerei, Poesie und Boxen – ein Sport, den Lord Byron gesellschaftsfähig gemacht hatte. Der junge Autor, von Statur eher schmächtig, war selbst Mitglied im Haworth-Boxclub und bedient sich der Sprache des Rings mit offensichtlichem Gusto.

Nach dem Abend in der Schenke reisen die jungen Herren weiter, vorbei am Rossendale Hill, wo die große Schlacht der Zwölf gegen die Aschantis geschlagen wurde, und den Ruinen von Coomassie, einst eine blühende Stadt, nun bevölkert von Tigern und Eulen. Sie kehren um, als die Nachricht einer drohenden Revolution sie aus Glasstown erreicht. Anstifter der Unruhen ist wie üblich Rogue, der nach dem Vorbild der Französischen Revolution eine republikanische Herrschaft errichtet. Er wird nach langen blutigen Kämpfen von den vereinten Kräften um den Herzog von Wellington geschlagen und hingerichtet. Wenig später aber ruft Branwell den »Erzdemagogen« wieder ins Leben zurück. »Die Todesstrafe, die über den Genannten verhängt worden war, wurde später in eine sechzehnjährige

Verbannung umgewandelt. Während dieser Zeit zog er durch die Welt, manchmal ein Seeräuber, manchmal ein Banditenführer und immer der Gefährte der liederlichsten und verworfensten Menschen.« Auch Charlotte findet Geschmack an dem »Beelzebub« und beginnt über ihn zu schreiben. Rogue heiratet die schöne, stolze, hochgebildete Zenobia Ellrington und entwickelt sich als Alexander Percy alias Ellrington alias Northangerland zum wichtigsten und dauerhaftesten Gegenspieler des Marquis von Douro alias der Herzog von Zamorna.

BRANWELL BRONTË

Briefe eines Engländers

Vorbemerkung

Ich werde an dieser Stelle weder sagen, ob diese Briefe oder die darin beschriebenen Ereignisse auf Wahrheit beruhen, noch werde ich meinen Namen nennen, sondern ich übergebe sie der Welt in der Hoffnung, daß Unvoreingenommenheit und Gerechtigkeitssinn statt meiner über sie urteilen werden.

Gezeichnet
Captain F.

Rosses Glasstown
6. September
Anno Domini 1830

Der erste Brief

Glasstown, den 2. Sept.
Anno Domini 1830

Mein lieber Freund,
Dies ist wahrlich ein wundersames Land – als ich in England war, hatte ich davon in etwa eine Vorstellung wie Du sie von den ägyptischen Pyramiden haben würdest, sagte man Dir, sie seien größer als Nußschalen – wohin wir auch kommen, stoßen wir auf etwas Neues, das unsere Aufmerksamkeit fesselt – Fabriken,

mit Räumen, die fast eine Meile lang, Türme, die eine Meile hoch sind, Paläste, die an Großartigkeit mit nichts anderem in der übrigen Welt zu vergleichen sind, Straßen, so breit wie ein Tal, und, als Krönung des Ganzen, jenes wunderbare Bauwerk: der Turm der Nationen. Woher nehme ich nur die Worte, um dir einen angemessenen Eindruck von diesem erstaunlichen Gebäude zu vermitteln! Es ist über jede Berührung mit der unteren Welt erhaben und

»Schwingt sich aus dem Tal empor und läßt den Sturm unter sich.«

Dieser Turm läßt Wolken, Sturm und Blitze an seinem Fuß zurück und sucht die Gesellschaft des Himmels – für sich genommen, erscheint er uns wie ein ungeheures, gestaltloses und unbegreifliches Überbleibsel aus einer anderen Welt, und wenn wir ihn anschauen, ergreift uns eine solch tiefe Ehrfurcht, daß wir uns vor ihm verneigen möchten wie vor dem Herrscher, dem Lenker aller Dinge. Doch ich muß jetzt von etwas anderem

Branwell kopierte gerne Bilder von John Martin, die seinem Geschmack für Pomp und Dramatik sehr entgegenkamen.

sprechen und Dir von einigen Abenteuern berichten, die sich seit meiner Ankunft in dieser ungeheuren Stadt zugetragen haben. Ich will Dich nicht mit einer Beschreibung meiner Ankunft langweilen. Es genügt, wenn ich sage, daß ich mich nach meiner Landung an der Küste in ein Gasthaus begab, wo ich übernachtete. Am nächsten Morgen ging ich aus, um nach einigen meiner alten Freunde zu forschen, von denen ich wußte, daß sie in der Stadt wohnten. Ein Mann, bei dem ich mich nach ihnen erkundigte, sagte: »Ach, Kamerad, du wirst nie wieder von ihnen hören, und wenn du nicht die Beine in die Hand nimmst, junger Freund, wirst du ihr Schicksal teilen.« Diese Nachricht erstaunte mich nicht wenig, und in Anbetracht des grausamen Charakters dieser Ungeheuer schloß ich, daß sie meine Freunde umgebracht haben mußten. Schließlich fand ich dennoch Deinen Freund MacDougal und Mr. Law. Diese Männer kamen mir gerade recht, die Einsamkeit aufzuhellen, der ich sonst preisgegeben gewesen wäre. Allein unter zwanzig Millionen menschlichen Wesen! Welch eine Vorstellung! Gleichwohl will ich mich beeilen, zum Wichtigsten zu kommen, und darum werde ich vieles, was ich in den ersten drei Wochen meines hiesigen Aufenthaltes erlebt habe, übergehen. Auch von dem, was ich gesehen und gehört habe, will ich Dir in einem anderen Brief berichten, aber nun möchte ich Dir von einem Erlebnis erzählen, das mir widerfahren ist.

Es war in der zweiten Woche meines Aufenthaltes, als ich eines Abends beschloß, einen Spaziergang durch die Stadt zu unternehmen. Darum griff ich nach Stadtplan und Reiseführer und machte mich auf den Weg. Nachdem ich durch viele breite und prachtvolle Straßen geschlendert war, die alle erleuchtet waren wie ein festlicher Palast, machte ich vor der Eingangstür der großen Buchhandlung Tree halt. Während ich dort stand, kam ein junger Bursche daher, kaum älter als neunzehn Jahre, farbenprächtig gekleidet und, soweit ich es beurteilen konnte, von einer höchst leichtsinnigen und unsteten Wesensart. Manchmal lachte er und manchmal zankte er mit jedem, der vorbeikam, in ungemein boshafter und ausfallender Weise, dann wieder flatterte er umher wie ein Schmetterling, ein Tierchen, das sein Naturell in jeder Hinsicht angemessen zu verkörpern schien.

»Nun«, sagte er, mich aus seinen großen, blauen Augen anstarrend (solche Augen habe ich in unserem Lande nie gesehen), »du Tropf, was glotzt du hier herum? Verschwinde und benimm dich zumindest wie ein vernünftiges Wesen.«

»Junger Mann«, erwiderte ich, »ich bin auf der Suche nach einem Führer, der mir die Stadt zeigt.«

»Aha«, gab er zur Antwort, »du könntest keinen Menschen finden, der dazu besser geeignet wäre als ich. Ich werde dir jeden Winkel zeigen von Braveys Kneipe bis Tom Cuteheads Wirtshaus, vom Turm der Nationen bis zu Dick Scavengers Saustall. Komm mit mir und leg einen Schritt zu, du lahmer Engländer!«

Wie Du Dir denken kannst, war ich froh, solch einen liebenswürdigen Cicerone gefunden zu haben, und folgte ihm eilig, wo immer er mich hinführte. So streiften wir umher, er zeigte mir die Sehenswürdigkeiten der Stadt, nannte mir die Namen verschiedener Persönlichkeiten, die wir sahen, und ließ sich in der lebhaftesten und liebenswürdigsten Weise, die man sich denken kann, über ihre Charaktere aus, bis ich von ihm ganz entzückt war, und jedem anderen, wäre er noch so mürrisch und unzugänglich gewesen, wäre es ebenso ergangen. Ich war in der Tat völlig davon in Anspruch genommen, ihm zuzuhören und die Stadt und ihre Bewohner zu bewundern, die zu Hunderten, ja Millionen, mit dem Lärm eines Wasserfalls vorbeifluteten, ein immer bewegtes Menschenmeer ohne Anfang und ohne Ende.

Schließlich jedoch, nachdem wir beinahe fünf Stunden unterwegs gewesen, die mit der Geschwindigkeit eines Blitzes oder Sonnenstrahls vorbeigehuscht waren, kamen wir zu einem riesigen und prächtigen, jedoch ein wenig finsteren Palast, der sich bedrohlich über eine ganze Straßenseite hinzog. Hier blieb mein junger Führer stehen, sprang behende die Stufen zur großen Tür hinauf und bedeutete mir, ihm zu folgen. Da ich annahm, es handle sich um das Haus seines Vaters, gehorchte ich. Ohne auf einen Pförtner oder Diener zu warten, öffnete er die Tür und führte mich in ein geräumiges Zimmer, in dem ein Kaminfeuer loderte und wo auf dem ausladenden und gut bestückten Tisch das Abendessen aufgetragen war. An einem Ende saß ein Mann – oder sollte ich besser Rohling sagen? Er war mehr als sechs Fuß groß, fettleibig und über die Maßen häßlich. Aus seinem roten, brutalen Gesicht stachen zwei scharfe, graue Augen hervor, und seine Gesichtsmuskeln warfen rund um die Nase höchst lächerliche Falten. Ich war kaum eingetreten, als er mich folgendermaßen anredete: »Potzblütz, was führt Sü hürher, sünd Sü gekommen, üm mür züm Süzieren zu dünen?«

Ich war verblüfft und wußte auf dieses unverständliche Kauderwelsch nichts zu entgegnen, bis mein junger Führer für mich das Wort ergriff.

»Nicht doch, Hume! Kümmere dich um dein Fleisch und deinen Pudding. Ich habe diesen gelbnasigen Schwindsüchtigen auf der Straße aufgelesen, weil ich dachte, jemand könnte ihn für einen Spazierstock halten und mit ihm wegrennen.«

»Aber üch bräuchte so drüngend was züm Süzieren«, erwiderte er, »ünd üch müß ünen haben, kümm her, stünküger Lümmel.«

»Doktor Hume, bleiben Sie bitte sitzen und versuchen Sie zumindest so zu tun, als hätten Sie ihre fünf Sinne beieinander, wenn das in Wirklichkeit auch nicht der Fall sein mag«, sagte ein junger Mann, dem ich bislang noch keine besondere Aufmerksamkeit geschenkt hatte. Er war großgewachsen, und sein Gesicht hatte einen Anflug von Melancholie, der seinen ausdrucksvollen Zügen freilich keinen Abbruch tat, sondern sie eher noch anziehender machte. Die braunen Locken fielen ihm wie Trauben über die Stirn, seine Augen waren groß und von einem klaren, dunklen Blau, und seine Gestalt war zierlich und schlank.

»Sir«, sagte er dann, zu mir gewandt, »Sie hätten besser daran getan, wenn Sie neben mir Platz genommen hätten.«

Ich hatte die ganze Zeit neben dem bereits erwähnten Rohling gesessen.

»Was künnte üch nücht alles müt ühm machen. Üst ein hübsches Bürschlün«, erwiderte Doktor Hume mit einem höhnischen Grinsen. Ich schenkte ihm indessen keine Beachtung, sondern nahm Platz neben dem höflichen jungen Mann. Wir begannen nun schweigend das Abendessen einzunehmen, als mein junger Führer aufsprang und sagte: »Höre, Bruder, warum weilt Miss Hume nicht unter uns? Hast du die Absicht, sie das Leben einer Nonne führen zu lassen? Ich werde sie holen.« Und mit diesen Worten war er verschwunden, bevor jemand ihm Einhalt gebieten konnte. Er kehrte jedoch nach kurzer Zeit mit einer jungen Dame zurück, die ungefähr so alt war wie er selbst, und ihm in Gestalt und Wesen so ähnlich (obgleich sie weniger sprunghaft war), daß ich glaubte, sie sei seine Schwester. Lachend und miteinander schwatzend kamen sie herein, doch niemand konnte verstehen, was sie sagten, bis sie sich schließlich zum Essen niederließen. Als wir die Mahlzeit beendet hatten, zog sich jeder in seine Gemächer zurück, ausgenommen der große junge Mann, der seine Kutsche kommen ließ und abfuhr. Auf Veranlassung meines jungen Freundes gestattete mir Doktor Hume, in seinem Hause zu nächtigen. So begab ich mich denn in ein mir angewiesenes Zimmer und ging zu Bett.

Dein getreuer usw.
Adam Scott

An Mr. Bellingham
London, England

Der zweite Brief

London, am 2. September 1830

Mein lieber Freund,
Ich glaube, mein letzter Brief schloß damit, daß ich mich in einem Palast zu Bett begab, der keinem anderen gehörte als dem

großen Doktor Hume Badey selbst. Als ich in meinem Zimmer war, hatte ich Muße, die Ereignisse des Tages zu überdenken. Ich war ganz von dem Gedanken überwältigt, daß ich einen jener Zwölf gesehen hatte, die, nachdem sie einen riesigen und stürmischen Ozean überquert und unzählige Gefahren gemeistert hatten, diese herrliche Stadt gegründet und ihr Gesetze gegeben hatten, deren Ruhm alle Meere und Länder erfüllte und deren Namen, wo immer sie genannt wurden, Ehrfurcht und Bewunderung ihrer Schöpferkraft und Tugend hervorriefen. Und einen dieser Helden hatte ich nun leibhaftig gesehen! Wer die zwei anderen jungen Männer waren, wußte ich nicht. Ich bemerkte wohl, daß sie außergewöhnlich waren, gleichwohl konnte ich unter allen großen Männern, die ich in Betracht zog oder mir ins Gedächtnis rief, niemanden im entsprechenden Alter finden, ausgenommen den Marquis von Douro und Lord Charles Wellesley. Doch ich glaubte keine Sekunde, daß es sich um diese beiden gehandelt haben könnte. Indem ich über diese Dinge nachdachte, schlief ich ein. Ich kann nicht sagen, wie lange ich schlummerte, doch als ich erwachte, brachen die ersten roten Strahlen der aufgehenden Sonne in mein Gemach und tauchten jeden Gegenstand in ein purpurnes Licht; nur die Zimmerecken waren trübe und verschwommen. Es war fünf Uhr in der Frühe, darum erhob ich mich, kleidete mich an und gedachte hinunterzugehen. Da mein Zimmer jedoch drei Türen hatte und ich mich nicht mehr erinnern konnte, durch welche ich in der vergangenen Nacht eingetreten war, wußte ich nicht, durch welche ich hinausgelangen konnte und fürchtete, in einen Raum zu treten, in dem ich nichts zu schaffen hatte; gleichwohl entschied ich mich schließlich für eine der Türen. Sie führte auf eine Treppe nach unten, die unbeleuchtet war. Trotzdem ging ich immer weiter, bis ich auf eine große Eisentür stieß, hinter der ich Stimmengemurmel hörte.

»Wer ist da?« rief eine laute Stimme.

»Der Engländer, den man hier so gastfreundlich beherbergt hat«, erwiderte ich.

»Ah! Wie angenehm, die süßen Laute eines Engländers zu hören. Aber treten Sie doch näher«, rief die Stimme mit höhnischem Unterton. Ich öffnete die Tür, doch im selben Augenblick drang mir ein so fürchterlicher Gestank in die Nase, daß ich ganz betäubt sofort zurückwich.

»Komm herein, du lausiger Flegel, und spiel uns kein Theater vor!« schrie ein furchterregender Bursche, stürzte nach vorn, packte mich beim Kragen und zerrte mich hinein. Darauf schloß er die mächtige Tür und schleppte mich vor meinen Gastgeber und Feind, Doktor Hume, und einen großen, eleganten, hochnäsigen, spöttisch und erbarmungslos dreinblickenden Franzosen.

»Werter Herr, ihm schwinden fast die Sinne, weil sein Blut fließen soll«, sagte er lachend.

»Das ist ein Mordsspaß«, rief der Mann (oder eher Riese), der mich gefangengenommen hatte und den ich schon einmal gesehen zu haben glaubte. Er war sieben Fuß groß, trug einen flachen, breitrandigen Hut, unter dem das grimmigste und faltigste Gesicht hervorlugte, das ich je gesehen hatte. Seine Kleidung bestand aus einem zerfetzten Umhang, der Art, wie die Wilddiebe ihn tragen (deren Bruderschaft er anzugehören schien), und aus einem Paar Hosen von derselben Machart. Dazu kamen zwei riesige Beine ohne Strümpfe und Schuhe, und Füße, die selbst Herkules das Fürchten hätten lehren können – und fertig war diese abenteuerliche, doch furchterregende Gestalt.

»Großartig, daß du hergekommen bist, Kumpel. Welch prächtiges Fleisch für eure Messer, werte Herren!« schrie er mit donnernder Stimme.

Bei diesen Worten, als mir klar wurde, daß ich bei lebendigem Leib zerstückelt werden sollte, stieß ich einen Schrei aus und fiel in Ohnmacht. Als ich wieder zu mir kam, fand ich mich auf einem großen Eichentisch liegend, der, ebenso wie der Boden des Raumes, mit getrocknetem Blut bedeckt war. Die Wände waren nicht verputzt und mit dicken Spinnweben überzogen, die Dachbalken zerbrochen und stellenweise verfault. Durch ein vergittertes kleines Fenster fiel schwaches Licht in den Raum – gerade genug, um die Dunkelheit ein wenig zu erhellen.

Die große Tür war geöffnet, und auf der Schwelle stand ein Mann, der nach meiner Schätzung über eine ungewöhnliche Autorität verfügen mußte. Er war sechs Fuß groß, ziemlich schlank, doch breitschultrig; seine Miene, seine ruhigen grauen Augen, scharf und durchdringend blickend, seine Haltung zeugten davon, daß er zu befehlen gewohnt war. Er trug eine Uniform und hohe Schaftstiefel. An seiner Seite stand mein junger Führer, seine blauen Augen blitzten vor Zorn. Er hatte die Finger an die Nase gelegt und redete in der unflätigsten Sprache, alle Schimpfwörter benutzend, die ihm zu Gebote standen, auf Doktor Hume und den Riesen ein, die mit gesenkten Häuptern in der denkbar unterwürfigsten Haltung vor ihm standen, während (Horresco referens) Laury, der Franzose, einen Sarg und einen Leichnam in ein geräumiges Nebengemach schleifte, das er gerade geöffnet hatte.

»Was treibst du da, Laury?« fragte der große Mann, der gerade eingetreten war, mit lauter Stimme.

»O, er schafft nur ein bißchen Vorrat auf die Seite, Euer Gnaden«, erwiderte der Franzose.

»Sieh, Vater, es ist der Leichnam von Old Bobadill!« rief der junge Cicerone.

»Leichnam? Ist doch nur ein toter Mann aus dem Hospital.«

Großer Mann: »Glaubst du, ich kann nicht erkennen, wer es ist? Ned Laury, du wirst Doktor Hume und den Franzosen augenblicklich ins Gefängnis bringen!«

Ned: »Mit Vergnügen!«

Großer Mann: »Geh auf der Stelle, Bursche!«

Darauf packte Ned Laury die beiden beim Kragen und schleppte sie fort, ungeachtet der fortwährenden Schreie Humes, daß er unschuldig sei, und des heftigen Widerstandes des Franzosen.

Der große Mann und der Jüngling traten nun zu mir und fragten mich, wie ich hierher gekommen sei. Der junge Mann ließ mich gar nicht zu Wort kommen und sagte: »O, Vater, dies ist der Engländer, von dem ich dir gerade erzählt habe. Sie haben ihn hergebracht, um ihn zu sezieren, wie Doktor Hume gestern abend schon gedroht hat.«

Großer Mann: »Wahrhaftig, Charles? Nun denn, stehen Sie auf und danken Sie auf ewig Ihrem glücklichen Stern, daß Sie diesem Loch entronnen sind.«

Ich stand auf und bedankte mich für ihre Hilfe, doch der junge Mann unterbrach mich: »Unsinn, Bücklinge und Kratzfüße sind hier nicht am Platze. Wen glaubst du vor dir zu haben, dummer Schlingel? Merke dir, daß ich Lord Charles Wellesley bin, und dies ist mein Vater, der Herzog von Wellington.«

Ich war einige Zeit vor Erstaunen wie betäubt, doch nachdem ich meiner Verblüffung Herr geworden war, stattete ich ihnen in den glühendsten Worten meinen Dank ab und ging in mein Logis zurück, voll Staunen und Bewunderung für die großen Männer dieser Stadt.

Dein getreuer, usw. usw.
James Bellingham

An Adam Scott, Esquire, London
P. B. Brontë
6. September A. D. 1830

Teil II
Briefe eines Engländers von C. Flower P. B. Brontë, 10. März 1831

Dritter Brief

16. März 1831

Sir,

Nun habe ich mich schon fast drei Monate in dieser herrlichen Stadt aufgehalten, umgeben von Menschen, deren Gewohnheiten, Sitten und Gebräuche von denen meines Geburtslandes völlig verschieden sind. Alle meine Sinne sind überwältigt von den erstaunlichen Unternehmungen, prächtigen Gebäuden, dem Getöse, der Verwirrung und den Fährnissen eines Volkes, dessen Aufstieg zur Größe von solch überraschenden und übernatürlichen Ereignissen begleitet ist und das nun mit einer Macht herrscht, gegen die jeder Widerstand zwecklos ist – nicht nur in den weiten Landstrichen Afrikas, sondern in der ganzen Welt. Nachdem ich also ein Vierteljahr in dieser Stadt und unter diesen Umständen zugebracht hatte, stelle Dir meine Freude vor, als der Marquis von Douro (mit dem bekannt zu sein ich die große Ehre habe) vor einigen Tagen in mein Haus kam und mir den Vorschlag machte, mit ihm eine Reise zu unternehmen, die durch die Zwölf Lande führen sollte zur Glasstown seines Vaters, des Herzogs von Wellington, das elf Meilen westlich von Verdopolis am Flusse Gambia liegt. Gern nahm ich seine Einladung an, und nachdem ich meine Geschäfte geordnet hatte, brachen wir in der herzoglichen Kutsche auf, begleitet von Young Soult, dem gefeierten Dichter, und meinem fröhlichen jungen Freund, Lord Charles Wellesley. Der Morgen unserer Abreise war klar, warm und angenehm, der Himmel wolkenlos und die ganze Gesellschaft bester Laune. Rasch rollten wir aus der Stadt und sahen ihre rauchenden Schornsteine und hohen Türme hinter uns kleiner werden, Spitze für Spitze allmählich hinter den Bergen verschwinden, bis nur noch der Turm der Nationen übrigblieb, der sich majestätisch über den Wolken erhob, während Dünste und Qualm seinen Fuß wie ein dünner, schmutziger Schleier umgaben, und der riesige Atlantische Ozean den Hintergrund bildete. Vor uns erstreckte sich ein bezauberndes fruchtbares Tal, eingefaßt von anmutigen, malerischen Hügeln, mit grünen Wäldern und gelben Kornfeldern bedeckt, in welche die ausgedehnten Parks und vornehmen Landsitze des Stadtadels eingestreut lagen, während die Gipfel der Berge hier und da in nackte Felsspitzen ausliefen, die ungeheuer hoch in den Himmel aufstiegen. Vor uns erhoben sich die riesigen Umrisse der Jibbel Kumrii wie die furchtbaren, doch unnennbaren Ausgeburten eines Traumes, welche die Ebene zu ihren Füßen, so schien es, im nächsten Augenblick zu vernichten drohten; auf ihren Gipfeln glitzerte Schnee, der sich in Jahrtausenden dort angesammelt hatte, ihre Füße und Flanken umhüllte schwarzer, undurchdringlicher Dunst. Doch einen bemerkenswerten Zug im Bilde der Landschaft habe ich zu erwähnen vergessen, nämlich die breiten, durchsichtigen Wasser des Guadima, der glatt und silbrig die Mitte des Tals durchströmte und jeden Gegenstand an seinen Ufern ebenso genau widerspiegelte wie die fernen himmelhohen Berge. Zuweilen glitt ein weißes Segel eilig vorbei auf dem Weg zum »Treffpunkt der Nationen, der Königin des Erdballs«.

Lange Zeit blieben der Marquis von Douro und ich schweigend in die Betrachtung der Landschaft versunken, wir hatten vor lauter Bewunderung vergessen, daß wir in einer Kutsche saßen und noch andere Sinne hatten, als wir plötzlich durch den Lärm und das Gebrüll einer riesigen Herde von Bergrindern, die man zur Stadt trieb, aus unseren Träumereien gerissen wurden. Die Straße, deren stattliche Breite immerhin einhundert Yards maß, war auf der Länge einer Viertelmeile von ihnen verstopft, und da die Stiere außerordentlich wild waren, saßen die Treiber zu Pferde und waren mit langen, scharfen Lanzen ausgerüstet, um die Widerspenstigen unter den Tieren anzutreiben. Ich hatte zuvor des öfteren die Stiere dieses Landes als die prächtigsten der Welt loben hören, und hatte nun die Gelegenheit, mich von ihrer Vortrefflichkeit zu überzeugen. Damit auch Du Dir ein Bild machen kannst, werde ich Dir eines der Tiere beschreiben, das an unserer Kutsche vorbeipreschte und wenig später einen der Treiber, der es aufzuhalten versuchte, aus dem Sattel warf und tötete. Dieser Stier maß vom Maul bis zum Ansatz des Schwanzes ungefähr zwölf und vom Erdboden bis zum Rist fast sechs Fuß, sein Nacken war außerordentlich kräftig und muskulös, sein Kopf kurz, massig und mit Kräuselhaaren bedeckt. Auf der Stirn trug er ein weißes sternförmiges Mal, seine Augen waren grimmig, lauernd und bösartig, seine Hörner kurz und überaus mächtig, seine Hufe breit, und sein Schwanz war sehr dick. Die ganze Erscheinung zeugte von einer erstaunlichen Muskelkraft und stellte das vollkommene Bild eines edlen Stieres dar.

Nachdem ich dieses riesige Tier eine Zeitlang betrachtet hatte, lenkte der Marquis meine Aufmerksamkeit auf den Anführer der Treiber, der offenbar auch der Besitzer der Herde war. »Sehen Sie diesen Mann? Prägen Sie sich sein Bild ein, denn er ist einer der berühmtesten Männer in unseren Landen.« Ich richtete unverzüglich meine Blicke auf ihn, fuhr jedoch sogleich zurück und stieß einen Ruf der Überraschung und des Entsetzens aus. Er war nahezu neun Fuß groß, mager, knochig, und sein Körperbau war unvorteilhaft, verriet jedoch ungewöhnliche Kraft. Seine Beine waren lang und krumm, seine riesigen Füße ungeschlacht und platt, seine Arme von unmäßiger Länge, seine Hände ähnelten den Pranken eines Orang-Utans oder eines gleichermaßen scheußlichen Affen – sein »Gestell« war spindeldürr und »eckig«, doch sein Gesicht übertraf an entsetzlicher Häßlichkeit und Unmenschlichkeit alles, was ich mir je zuvor hatte vorstellen können. Ich kann es nicht beschreiben, und Du kannst Dir auch nicht die geringste Vorstellung davon machen, wenn Du diesen Mann nicht selber gesehen hast; doch anstatt Dich völlig im unklaren zu lassen, will ich es zu beschreiben versuchen.

Es war in die Länge gezogen und schmal, die Wangenknochen reichten bis zu den Augen und standen wie lange Ohren unter der Haut vor, seine Nase war groß und unförmig, sein Maul (ich kann es nicht Mund nennen) breit und vorgestülpt, seine Lippen waren dick und schwarz, die eingesunkenen Augen, grau und durchdringend, hatten einen wahrlich schreckerregenden Ausdruck, wurden jedoch von massigen, hängenden Brauen verdeckt. Sein Bart und seine Haare, die er ungehindert hatte wachsen lassen, waren dicht, lang und schwarz und mit Schmutz verklebt – und seine Bekleidung, auch sie schmutzig und zerfetzt, bestand aus einer dunklen, verschossenen Jacke, einer Weste und den Überresten einer einst mit Goldlitzen besetzten Reithose. Dieses Bild bot der berühmte Pigtail, der Kämpe der Franzosen. Als dieses grausliche Ungeheuer auf uns zukam, bemerkte ich, daß der Marquis seinen Pferden die Peitsche gab und ebenso wie sein Bruder und der junge Soult besorgt dreinsah, während der Riese die Kutsche an der Seite packte und zum Stehen brachte – so unfaßlich groß war seine Kraft!

Darauf gab er in einer Art Französisch ein paar Laute von sich, die hohl klangen und wie aus einer Gruft gesprochen: »Momang, ich will'se tutedeswite haben!« Worauf der Marquis sein Schwert zog und dem Ungeheuer über die riesige Pratze hieb, daß sie mit einem Schlag abgetrennt wurde und Pigtail vor Wut und Qual heulend davonrannte. Als wir uns endlich den Weg durch die Herde gebahnt hatten, gab mir der Marquis auf mein Bitten folgenden kurzen Abriß der Lebensgeschichte Pigtails:

»Dieser Mann war ursprünglich ein ordentlicher Krämer in Paris, und er war einer der fleißigsten Leute in jenen turbulenten Tagen, denn es war die Zeit, da die Unruhen der Gruppe Du Mange auf dem Höhepunkt waren. Doch nachdem das Große

Gesetz verabschiedet worden war, das die Hoffnungen dieser grimmigen Partei zunichte machte, geriet er zusammen mit anderen in Verdacht, sich verschworen zu haben, und der gestrenge ›Empereur‹ (Napoleon) ließ seinen Besitz beschlagnahmen und ihn zum Gesetzlosen erklären. Hierdurch aufs äußerste erzürnt, begab er sich in eine ›Taverne‹ und begann Schnaps zu trinken und ›weißes Brot und saure Butter‹ zu essen, und er erhob sich ein ganzes Jahr lang nicht von seinem Platz, außer, wenn man ihn, in der irrigen Annahme, er habe von den oben erwähnten Köstlichkeiten genug zu sich genommen, fortkarrte, um ihn zu beerdigen. Gegen Ende dieses Jahres stand er auf, erschlug seinen Wirt ›Monsieur leben und sterben lassen‹ (Sie kennen ja diese albernen französischen Namen) und übernahm selber den Betrieb der Taverne, die rasch zur berüchtigsten Kaschemme von Paris avancierte. Pigtail war der größte Verkäufer von weißem Brot und saurer Butter.«

Hier unterbrach ich den Marquis: »Ich muß gestehen, daß ich nicht weiß, was diese Bezeichnungen bedeuten.«

Marquis: »Sie verstehen sie nicht? Dann muß ich Sie schleunigst darüber aufklären, denn wüßte man von Ihrer Unwissenheit, würden Sie von allen ihren Freunden und Bekannten als der größte Dummkopf unter der Sonne geschnitten werden – ›weißes Brot‹ ist ein Gemisch aus Arsen und Schwefelsäure, das wie ein Brotlaib geformt und ausgebacken wird; ›saure Butter‹ ist Blausäure, die durch ein Verfahren, mit dem ich nicht vertraut bin, in eine Masse umgewandelt wird, welche die Farbe und Dichte sehr gelber Butter hat! Was halten Sie von Leuten, die diese köstliche Zusammenstellung ebenso gleichmütig zu sich nehmen wie Sie eine Scheibe echten Brotes? Doch lassen Sie mich zu meiner Geschichte zurückkehren. Pigtail, der für die Herstellung und den Vertrieb dieser Delikatessen berühmt war, betrieb sein Geschäft mit solchem Eifer, als wolle er die gute Stadt Paris entvölkern. So konnte es nicht ausbleiben, daß er bald vom Kaiser unter Anklage gestellt wurde; doch mitten in der Verhandlung fiel Napoleon in einen Starrkrampf, worauf

Pigtail alle Herren mit einem Schürhaken aus dem Saal trieb, zum Feuer schritt, den oberen Teil des Kaminaufsatzes hochhob, der außerordentlich groß war, sich in den Hohlraum legte, diesen wieder verschloß und dort zwei Wochen lang verborgen lag, ohne daß jemand wußte, wo er sich aufhielt. Als nach Ablauf dieser Zeit der Kaiser mit einer großen Gesellschaft in diesem Raum tafelte, brach Pigtail aus seinem Versteck hervor, schwang sich auf das Fensterbrett, sprang aus einer Höhe von dreißig Fuß auf die Erde – ein ziemlich hübscher Sprung, wie Sie mir glauben können! –, trat in eine Kneipe, beendete die vierzehntägige Fastenzeit, stahl einen großen Ballon und verkündete, er werde sogleich zum Mond fliegen, wenn sich ein paar junge Männer bereit fänden, ihn zu begleiten. Ich vermute, Sie denken, daß er lange warten konnte, bis sich jemand diesem Mann zu einer solchen Expedition anvertrauen würde, doch Sie irren sich, denn auf Anhieb fanden sich viele junge Burschen, darunter ich selbst, mein Bruder, damals erst fünf Jahre alt, und der junge Soult, der eine Schwäche für ausgefallene Dinge hat. Doch diesen Teil der Geschichte will ich überspringen, denn ich mag die schrecklichen Grausamkeiten und Demütigungen, die wir durch ihn erfuhren, nicht enthüllen – und dies war der Grund, warum ich gerade eben, als ich ihn auf uns zukommen sah, auf meine Pferde einschlug und so besorgt aussah. Nach dieser Heldentat machte er einen Monsieur Skettleton (oder Skelett) zu seinem Komplizen, und die beiden unternahmen eine Reise zum Berg Nawhalgerii in Indien. Es ist jetzt ungefähr ein Jahr her, seit sie von dieser denkwürdigen Expedition zurück sind, und während dieser Reise sind sie durch Wirbelstürme und Windstillen gewandert, ob Winter oder Sommer, ohne Ziel, es sei denn, es fielen ihnen entlaufene Kinder in die Hände, die sie Enfants oder *Angfangs* nannten und an Fabrikbesitzer verkauften oder zu Tode quälten, um sich auf ihren einsamen Streifzügen einen Spaß zu machen.«

Ich: »Wie kommt es aber dann, daß Pigtail eine so große Viehherde besitzt?«

Marquis: »Wie? Weil er sie auf seinem Wege von den Feldern mitgenommen hat, und wahrscheinlich folgt ihm sein Komplize mit einer zweiten Herde, die genauso groß oder noch größer ist; um es deutlich zu sagen: sie stehlen das Vieh, treiben es zur großen Glasstown und verkaufen es dort, welchen Preis auch immer man ihnen dafür bietet.«

Charles: »Ja, und einmal sah ich, wie Pigtail meinem Vater ein paar Stück unseres eigenen Viehs verkaufte, und mein Vater, der das wußte, sagte kein Wort, sondern zahlte ihm einen Penny für das Stück – wohl wissend, daß Pigtail mit dieser Summe ganz zufrieden sein würde; und so bekam er die drei Tiere für drei Pence zurück, wogegen er, wäre er vor Gericht gegangen oder hätte den Rohling einsperren lassen, dreißig oder vierzig Pfund hätte zahlen müssen.«

Auf diese Weise verbrachten wir die Zeit mit Unterhaltungen, die sowohl erheiternd als auch, was mich anging, erbaulich waren, denn dadurch lernte ich Sitten und Gebräuche dieses wunderbaren Volkes kennen und war besser gerüstet, durch dieses Land zu reisen. Doch nun wurde unsere Aufmerksamkeit wieder von der Landschaft angezogen, die sich merklich zu verändern begann. Im Gegensatz zu dem lieblichen und erquikkenden Land, das wir gerade verlassen hatten, gab es hier keine Bäume, abgesehen von ein paar mächtigen dunklen Kiefern, die in Gruppen am Straßenrand standen. Auf den Höhen der Hügel bemerkten wir hier und da kleine Flecken von Heidekraut, das reife Getreide war braunem Ginster und das frische, grüne Gras schilfigem Morast gewichen, und ein- oder zweimal sah ich ein Moorhuhn vom Straßenrand forthüpfen. Nach wenigen Minuten Fahrt gelangten wir zum Rand eines ausgedehnten Hochmoores, das dem Auge nichts darbot als ein endloses Meer von Heidekraut – nicht ein einziger Gegenstand belebte diese trostlose Einöde, nur hin und wieder flog ein Schwarm roter Waldhühner vorbei, oder ein grimmiger und riesenhafter Wilderer stapfte dahin, der sich mit seinem hohen, breitkrempigen Hut, dem ledernen Gürtel und der langen spanischen Flinte vorzüglich in die Szenerie einfügte. Doch um unser Mißgeschick zu vervollständigen, senkte sich rasch die Nacht herab, und über das Antlitz des Himmels, das bisher klar gewesen war, trieben unaufhörlich riesige schwarze Wolken – die davon kündeten, daß in Kürze ein heftiger Sturm losbrechen würde. Lord Charles, dessen Zähne heftig zu klappern begannen, gab dem Wunsch Ausdruck, zu »Scroveys Cottage« zu gelangen. Der Marquis ging dazu über, auf seine Pferde einzudreschen, um das Letzte aus ihnen herauszuholen. Ich selbst, als echter Engländer, bereitete mich auf die Auseinandersetzung mit dem Sturm vor, indem ich mich in einen geräumigen Wettermantel einknöpfte und mir ein seidenes Tuch vier- oder fünfmal um den Hals schlang, während Young Soult, nach der Art wetterfühliger Poeten, reglos dasaß und an den Planeten Mars, der durch den sich zusammenbrauenden Sturm immer noch zu erkennen war, überschwengliche Gesänge richtete wie den folgenden:

O, Mars, du schüttelst dein feuriges Haar,
Von Verwüstung kündend und dem Blut des Heldentums,
Dich ruf ich an, O Herr der Schlachten,
Du versprichst der Welt die Zauber des Ruhms.
Oft folg ich hoher Berge Spur,
Wenn schlummert alle Kreatur
Und steh gedankenvoll allein,
Sehe die Blitze, die zuckend niedersausen
Und höre des tiefen Donners Brausen
Durch des hohen Himmels Kuppel hallen,
Während im stürmischen nächtlichen Dunkel,
Du flackernd aufscheinst mit rotem Gefunkel,
Geist des Sturms.
Keine Wolke kann deine Strahlen verschließen,
Die durch gewölbte, weite Himmel schießen,
Noch deine Feuer trüben, die aus dem Düster fließen
Und das Herz uns erfüllen mit schrecklicher Furcht…

Doch in der Mitte seines Wortschwalls wurde er durch das laute Heulen des Windes zum Verstummen gebracht, der, voll in unsere Gesichter schlagend, uns die Hüte von den Köpfen riß und sie in einen Tümpel am Straßenrand trieb. Dies war der Auftakt – der Trompetenstoß, der den Sturm auf den Plan rief, denn nun ging ein unaufhörlicher Sturzbach aus Hagel und Regen, wie aus einer Kanone abgeschossen, auf uns nieder. Der Wind wurde zum Wirbelsturm, während breite rote Blitze pausenlos durch die Luft zuckten, gefolgt von Donnerschlägen, welche die Erde zu spalten schienen. Doch während wir in dieser Lage, von Regen durchweicht und vor Kälte bebend, verzweifelt nach einem Unterschlupf für die Nacht Ausschau hielten, rief Lord Charles plötzlich: »Ich sehe ein Licht!« Eifrig schauten wir hin und erblickten tatsächlich, kaum einen Steinwurf weit von uns entfernt, eine Hütte, in deren Inneren es, wie wir mutmaßten, recht lustig zuzugehen schien – zumindest hörte es sich so an, denn furchtbarer Lärm, Gelächter und Getrampel waren zu hören. Um es kurz zu machen: Erleichtert fuhren wir hin, und der Marquis klopfte an die Tür. Sogleich wurde sie von einem hünenhaften Mann geöffnet, der nach vorn schnellte und den Marquis beim Kragen packte. »Naughty, wir sind's, ich, mein Bruder und zwei Freunde. Laß uns herein«, rief Lord Charles.

Darauf erwiderte das Ungeheuer, indem er ihn losließ: »Ich hoffe, daß dein Vater nicht auch hier ist«, und nachdem er sich besorgt umgeblickt hatte, ließ er den Marquis und seinen Bruder eintreten. »Was euch betrifft, ihr vornehmen Schufte«, sagte er und schob sich zwischen mich, Young Soult und die Tür, »was euch betrifft, so weiß ich ein Plätzchen, das euch viel besser zu Gesicht stehen wird als diese Hütte, und damit trollt euch!«

»Höre, Nauhgty, benimm dich, wie es sich gehört. Diese zwei sind meine Freunde«, erwiderte der Marquis.

Da gab uns der hünenhafte Bursche den Weg frei, nicht ohne unzufrieden zu brummeln. Nachdem wir eingetreten waren, ließ er uns am Feuer Platz nehmen, bis das Abendessen bereit war, und ich nutzte diese Zeit, um mich umzuschauen. Der Raum war von beträchtlicher Größe, und ringsum an den Wänden hingen Flinten und andere *friedfertige* Geräte. Von den Dachbalken baumelten die Felle von Löwen, Leoparden und Bären, zusammen mit unzähligen Moorhühnern, Rebhühnern, Hasen etc. Doch am bemerkenswertesten waren die fünf Männer, die sich in der Hütte aufhielten. Der erste war ein beinahe acht Fuß großer Mann, hochgewachsen, knochig, ausgemergelt und mager. Nase und Kinn waren gekrümmt wie der Schnabel eines Falken, seine kleinen tiefliegenden Augen hatten einen finsteren, bösartigen Ausdruck. Sein Gesicht war mit schrecklichen Narben bedeckt, darunter war eine, die sein Kinn beinahe spaltete – dieses war jedoch zum Teil von einem mächtigen, dichten und buschigen Schnurrbart verdeckt. Es war der berühmte Tom Scroven, der Besitzer der Hütte, in der wir uns befanden.

Der zweite war ein grauslicher Geselle, mehr als acht Fuß groß und der bei weitem muskulöseste Mann, den ich je gesehen habe. Er verfügte in der Tat über so unglaubliche Kräfte, daß man mich, gäbe ich ein paar Proben davon, einen infamen Lügner nennen würde. Er war recht massig, doch das war nicht auf Fettleibigkeit, sondern auf die Stärke seiner Muskeln zurückzuführen. Sein Gesicht war so beschaffen, daß man es nicht längere Zeit betrachten konnte, und zwar aus zwei überzeugenden Gründen: zum ersten, weil man auf der Stelle kehrtmachen und versuchen würde, so viele Yards wie möglich zwischen sich und diese entsetzliche Visage zu legen; zum zweiten, weil er, wenn er den prüfenden Blick bemerkte, dir in Windeseile den Schädel spalten würde, denn unter diesen Wilddieben gilt es als Gipfel schlechter Manieren, einem Mann ins Gesicht zu sehen. Seinen grauen Haaren nach zu urteilen, war er etwa fünfundsechzig Jahre alt, seine grünlich-grauen Augen waren sehr klein und strahlend hell, wenngleich zuweilen von riesigen, buschigen gerunzelten Brauen verdeckt. Seine Lippen waren verächtlich zusammengepreßt, und sein Charakter, der eines ruchlosen, wilden, blutrünstigen und rachsüchtigen Abenteurers, drückte sich in seiner Miene unübersehbar aus. Dies war Young Man Naughty, der größte unter den Wilddieben.

Die dritte Person war außerordentlich groß und gerade gewachsen, sein Gesicht, obwohl bemerkenswert fein geschnitten, trug den lächerlichen Ausdruck brutaler Melancholie. Dies war Ned Laury, der Nebenbuhler von Naughty.

Außer diesen wackeren Helden waren noch zwei weitere Wilddiebe zugegen, jeder sechs Fuß groß, die, ebenso wie Scroven, Naughty und Laury, mit ledernen Hosen, Kreuzbandeliers und eisenbeschlagenen Stiefeln bekleidet waren. Doch jetzt richtete sich meine Aufmerksamkeit auf das Abendessen, das gerade aufgetragen wurde. Es paßte haargenau zu den Köchen und bestand aus einem halben Zentner Fleisch, etwa vierzig Pfund Kartoffeln, einem riesigen Plumpudding und zahllosen Stücken des verschiedenartigsten Wildbrets, zusammen mit etwa zwölf Litern »Retter des Lebens«, will sagen, irischer Whiskey. Ohne weitere Umstände ließen wir uns nieder und fielen mit heftigem und ungekünsteltem Heißhunger über dieses reichliche und vortreffliche Mahl her. Doch laß mich an dieser Stelle innehalten und ein paar Worte über die vornehme Haltung der jungen Männer verlieren. Hier erblickte ich einen Marquis und einen Lord, beide Söhne eines Königs, die mit äußerster Gelassenheit und Freundlichkeit zwischen Leuten saßen, die wir überheblichen Engländer mit dem Ausdruck »Pöbel« bezeichnen würden, und dieser »Pöbel« erniedrigte sich nicht durch unterwürfige Schmeichelei und Kriecherei, sondern zollte dem Rang und der Stellung der Gäste den schuldigen Respekt.

Als wir unsere Mahlzeit beendet hatten, befahl unser Gastgeber Platz zu schaffen und ein Tänzchen zu wagen. Gesagt, getan, doch da der Marquis, Charles und meine Wenigkeit beschlossen hatten, uns nicht an dem Vergnügen zu beteiligen, standen wir auf und sahen zu. Die gesprungene Fiedel stimmte das berühmte Lied an

Und wenn's Kännchen zerspringt –
Trinkt, Burschen, trinkt!

Und sogleich begannen sie. Ihre Art, die Füße zu setzen, war fürchterlich – derjenige, der am höchsten springen und am kräftigsten stampfen konnte, galt als der beste Tänzer.

Laury, der für seine Sprünge bekannt war, hatte, da die Decke ziemlich niedrig war, eine überaus geschickte Art, sich kleiner zu machen, wie er es spaßhaft nannte, indem er seine Knie ans Kinn zog, wenn er sich der Decke näherte. Young Man Naughtys Art zu tanzen überstieg alles, was ich einem menschlichen Wesen je zugetraut hatte, denn jedes Aufstampfen dröhnte beinahe wie ein Schuß aus einer Muskete. Die anderen tanzten mit trefflicher Behendigkeit und heftigem Stampfen, sahen sich jedoch durch Naughty völlig in den Hintergrund gedrängt, der, gegen Ende des Tanzes, mit einem »Mordsding abschließen« wollte und derartig kraftvoll aufstampfte, daß, wie zu erwarten stand, der Boden unter ihm nachgab und wir uns alle, traulich beisammen, in einem Schnapskeller unter dem Haus wiederfanden. Nachdem Naughty sich erholt hatte, stieß er hervor: »Scroven, du blutiger Schurke, warum läßt du uns zum Tanzen nur soviel Platz wie auf einer Eierschale, du Hundesohn…?«

Scroven: »Ich lasse mich nicht anbrüllen von solchen Bärenköpfen, wie du einer bist, und… und… (seine Stimme wurde von Schluchzen und Tränen gebrochen) und dafür werde ich dir das Fell über die Ohren ziehen!«

»Halt dein viehisches Maul!« gab Naughty zur Antwort und nahm sogleich zum Kampf Aufstellung, was Scroven ihm nachmachte. Ich war sehr neugierig zu sehen, wie zwei so herkulische Gestalten miteinander kämpfen würden, und konnte meinen Blick nicht von diesem Schauspiel wenden. Beide erwiesen sich als vollendete Meister dieser Kunst und machten sich wie Dreschflegel ans Werk. Scroven landete den ersten Schlag, doch sein Gegner parierte ihn mit dem Ellenbogen und versetzte Scroven einen krachenden Hieb vor die Stirn, daß das Blut ihn überströmte, und dann folgten rasch hintereinander weitere Schläge, die ihn so sehr erschütterten, daß er fast bewußtlos zu Boden fiel. Nachdem ihm Schnaps eingeflößt worden war, rappelte er sich wieder auf, ging in guter Manier auf Naughty los, traf ihn schmerzhaft am Adamsapfel und verzierte seine Augen mit ein, zwei schwarzen und roten Flecken, so daß eines zuging. Doch damit forderte er bloß sein Schicksal heraus, denn Naughty, durch diese Treffer rasend gemacht, warf sich mit seinem ganzen Gewicht auf Scroven, und zwischen den beiden entspann sich ein verzweifelter Kampf. Lange blieb es ungewiß, welcher von beiden den Sieg davontragen würde, bis Naughty schließlich seinen Gegner so heftig am Schlüsselbein traf, daß die Haut platzte und das Blut in Strömen auf den Boden floß. Nun schrien alle, sie sollten den Kampf beenden. Lord Charles war wütend auf Naughty, Young Soult erschauerte und schloß die Augen, während ich nahe daran war, die Besinnung zu verlieren. Da zog der Marquis sein Schwert, trat zwischen die beiden Kämpfer und sagte gelassen: »Wenn einer von euch noch ein einziges Mal zuschlägt, werde ich ihm dieses Schwert durch den Leib rennen, wer auch immer der Angreifer sein mag!« Diese deutliche Drohung zur rechten Zeit brachte sie schneller zur Ruhe, als es alle Bitten der Welt hätten tun können; nach ein bißchen unvermeidlichem Gemurre schüttelten sie sich die Hände und gingen auseinander. Obgleich Naughty deutliche Spuren eines schweren Kampfes zeigte, war er bei weitem der frischere von beiden. Scroven dagegen war nichts als eine blutige und zerbeulte Masse. Doch nun kam die Nacht, und wir begaben uns alle zu Bett, mit Ausnahme von Naughty, Scroven und Laury, die voller Eifer über etwas beratschlagten; damals wußten wir noch nicht, worum es ging, doch es sollte sich bald zeigen.

DAS GEHEIMNIS

Als Charlotte 16 Jahre alt ist, verläßt sie die Schule in Roe Head. In 18 Monaten hat sie gelernt, was die Damen Wooler ihr an Bildung vermitteln konnten, und den Preis als beste Schülerin davongetragen. In Haworth unterrichtet sie nun ihre Schwestern, kümmert sich um den Haushalt und schreibt weiter an dem großen Gedankenspiel, das sie nun, da Emily und Anne ihr eigenes Reich »Gondal« regieren, mit Branwell allein teilt.

Der Marquis von Douro ist inzwischen mit Marian Hume verheiratet, einem sehr jungen delikaten Mädchen von »beinahe unirdischer Schönheit«. Marian hat in dem kurzen Leben, das die Autorin ihr gewährt, viel zu leiden. »Das Geheimnis« entsteht im Oktober 1833, und schon im folgenden Januar macht Florence Marian Wellesley, Marquise von Douro, Herzogin von Zamorna und Prinzessin aus dem Stamm der Zwölf ihr Testament. Sie welkt dahin und stirbt, verlassen von ihrem herrischen Gatten, dem Branwell inzwischen die muntere blonde Mary Percy vorgestellt hat. Schon im »Geheimnis« kann Marian der Arroganz Zamornas nur Verwirrung und stumme Tränen entgegensetzen.

In der Eingangsszene beschreibt die Autorin eine weitere Beziehung, die, allerdings auf einer burleskeren Ebene, zum Scheitern verurteilt ist: Die von Edward Stanley Sydney und Lady Julia, einer Kusine Zamornas. Sydney war im Mai/Juni 1833 in Charlottes Geschichte »The Foundling« als der verlorene Sohn des ersten Königs der Zwölf, Frederick der Große, Herzog von York, eingeführt worden und hatte die Hand von Julia Wellesley gewonnen. Seine Engherzigkeit und ausschließliche Beschäftigung mit der Politik von Verdopolis (wie Glasstown inzwischen in französisch-griechischer Übersetzung heißt) haben ihn jedoch seinem »dummen, verwöhnten kleinen Mädchen« entfremdet.

Unverträglich in höchstem Maße ist auch das Verhältnis von Alexander Percy zu seinen Söhnen Edward, William und Henry, die er, zum Herzeleid seiner Frau Maria Henrietta Wharton – der Vorgängerin von Zenobia Ellrington –, alle nach der Geburt verstößt. Dieser Haß auf die männliche Nachkommenschaft läßt die haarsträubenden Machenschaften von Miss Foxley dem Leser ein wenig glaubwürdiger erscheinen.

CHARLOTTE BRONTË

Das Geheimnis

Erstes Kapitel

Es war am Morgen eines schönen Sommertages. Drei Stunden lang hatte im Außenministerium von Verdopolis Totenstille geherrscht, die lediglich vom Kratzen eines Federmessers, einem herunterfallenden Lineal, einem gelegentlichen Hüsteln oder Flüstern und hin und wieder durch ein paar kurze Anweisungen unterbrochen wurde, die der vornehme Staatssekretär mit gebieterischer Stimme erteilte. Nachdem diese hochgestellte Persönlichkeit etwa zwanzig Schriftstücke durchgesehen hatte, wandte sie sich an einen kleinen schlanken Gentleman, den obersten Schreiber, und sagte:

»Mr. Rhymer, wollen Sie die Güte haben, mir zu sagen, wie spät es ist?«

»Gewiß, Euer Lordschaft!« war die umgehende Antwort, und, statt wie andere Leute seine Uhr zu befragen, eilte der emsige Untergebene zum Fenster, um nach dem Stand der Sonne zu schauen; nachdem er diesen geprüft hatte, erwiderte er:

»Es ist genau zwölf Uhr, Euer Lordschaft.«

»Sehr gut«, sagte der Marquis. »Dann können die Schreiber die Arbeit beenden; und achten Sie bitte darauf, daß ihre Pulte verschlossen sind und kein Papierschnipsel in den Amtsräumen liegenbleibt. Mr. Rhymer, ich erwarte, daß Sie dafür Sorge tragen, daß meine Anweisungen befolgt werden.« Mit diesen Worten griff er nach Hut und Handschuhen und strebte mit würdevollem Schritt dem Vorzimmer zu, als ein Gewisper unter den Schreibern ihn innehalten ließ.

»Was gibt es?« fragte er und wandte sich um. »Ich hoffe, daß es nicht Äußerungen des Unmuts sind, die ich da vernehme.«

»Nein«, sagte ein vierschrötiger, rotlockiger junger Mann von höchst streitsüchtigem Aussehen, »jedoch... jedoch... Euer Lordschaft haben vergessen, daß... daß...«

»Was?« fragte der Marquis ein wenig ungeduldig.

»O, daß wir heute nachmittag dienstfrei haben... und...«

»Ich verstehe«, erwiderte der Marquis mit einem Lächeln, »Sie brauchen Ihre Bescheidenheit nicht mit weiteren Erklärungen zu strapazieren, Flannagan; die Wahrheit ist, vermute ich, daß Sie Ihr gewohntes Geschenk erwarten. Ich bin Ihnen sehr verbunden, daß Sie mich daran erinnert haben – wird das genügen?« fuhr er fort, indem er sein Notizbuch zog, ihm eine Zwanzig-Pfund-Note entnahm und sie auf das erste beste Pult legte.

»Euer Lordschaft sind zu großzügig«, begann Flannagan; doch der Staatssekretär legte lächelnd die behandschuhte Hand auf den Mund, und den anderen Schreibern herablassend zunikkend, sprang er die Stufen des Säulenganges hinab und schritt eilig davon, um den lärmenden Dankesbezeugungen zu entgehen, mit denen seine Freigebigkeit begrüßt wurde.

Auf der gegenüberliegenden Seite der langen und breiten Straße, an der das prächtige Außenministerium liegt, erhebt sich das nicht weniger prächtige Kolonialministerium; und gerade als Arthur, Marquis von Douro, das Außenministerium verließ, trat Edward Stanley Sydney aus dem Gebäude: sie trafen sich in der Mitte der Straße.

»Nun, Ned«, sagte mein Bruder, als sie sich die Hand schüttelten, »wie geht's dir heute? Ich möchte meinen, der strahlende Himmel und der Sonnenschein sollten dich in Schwung bringen, wenn überhaupt etwas das vermag.«

»In der Tat, mein teurer Douro«, erwiderte Mr. Sydney mit einem müden Lächeln, »kann ein so liebliches und angenehmes

Wetter die Laune durchaus heben und vermag dies bei sorglosen und gesunden Naturen auch ohne Zweifel; für mich jedoch, dessen Leib und Seele unablässig von den schwersten Sorgen amtlicher und privater Art geplagt werden, ist es ohne Bedeutung, ob die Sonne lacht oder ob Regen fällt.«

»Unsinn!« sagte Arthur, während jener unangenehme Ausdruck auf sein Gesicht trat, den mein Hausherr mit dem Begriff *geringschätzig* bezeichnet. »Nun fang nicht an, mich zu langweilen, Ned. Ich bin dieser albernen Litaneien überdrüssig. Sag mal, hast du daran gedacht, daß alle Staatsbeamten heute ihren freien Nachmittag haben?«

»Ja. Und dieser Umstand hat mich einiges Geld gekostet; diese lächerlichen alten Bräuche sollte man aufgeben – sie sind für unsereins ruinös.«

»Warum? Wieviel hast du den armen Burschen denn gegeben?«

»Zwei Sovereigns.« Arthurs Antwort auf diese Mitteilung bestand in einem vielsagenden »Ähem!«

Sie hatten nun die Hotel Street erreicht und schritten schweigend an den eleganten Geschäften entlang, als sie hinter sich das Rollen von Rädern hörten, eine leichte Kalesche heranrasselte und neben ihnen hielt. Eine der Fensterscheiben wurde heruntergelassen, eine weiße Hand kam zum Vorschein, die ihnen näherzutreten bedeutete, während eine silberhelle Stimme sagte:

»Mr. Sydney, Herr Marquis, kommen Sie einen Augenblick.«

Die beiden Gentlemen gehorchten, Arthur bereitwillig, Sydney zögernd.

»Was befehlen die schönen Damen?« fragte der Marquis und verneigte sich ehrerbietig vor den Insassen der Kutsche. Es waren Lady Julia Sydney und Lady Maria Sneaky.

»Unsere Befehle gelten in erster Linie Eurem Begleiter, Euer Lordschaft, und nicht Euch«, erwiderte die Tochter von Alexander I. »Freilich, Mr. Sydney,« fuhr sie mit einem Lächeln für den Senator fort, »müßt Ihr versprechen, nicht ungehorsam zu sein.«

»Darf ich zunächst erfahren, was man von mir zu tun erwartet«, war die vorsichtige Antwort, begleitet von einem ängstlichen Blick auf die umliegenden Läden.

»Nichts von großer Bedeutung, Edward«, sagte seine Gemahlin, »doch ich hoffe, daß du mir dieses eine Mal meinen Wunsch nicht abschlagen wirst, Liebster. Ich möchte bloß ein paar Guineen, um Ohrringe zu bezahlen, die ich gerade in Mr. Lapis' Geschäft gesehen habe.«

»Nichts werde ich dir geben«, antwortete er, »nicht mal einen Penny; es ist kaum drei Wochen her, seit du dein vierteljährliches Taschengeld bekommen hast, und wenn du es bereits ausgegeben hast, mußt du dich eben damit abfinden!« Mit dieser Antwort steckte er die Hände in die Hosentaschen und entfernte sich mit beschleunigtem Schritt.

»Knauseriger alter Esel!« rief Lady Julia und sank in die Polster der Kutsche zurück, während ihr die Röte der Wut und Enttäuschung die schönen Wangen färbte. »So behandelt er mich immer, aber er soll mir dafür büßen!«

»Laß dich nicht aus der Fassung bringen, meine Teure«, sagte ihre Begleiterin. »Meine Börse steht zu deiner Verfügung, falls du mein Angebot annimmst.«

»Ich weiß deine Freundlichkeit zu schätzen, Maria, doch ich kann selbstverständlich keinen Gebrauch von deinem Angebot machen. Nein, nein, ich komme auch ohne die Ohrringe aus – es ist bloß eine Laune, obgleich ich sie, um ehrlich zu sein, recht gern besäße.«

»Meine entzückende Cousine«, warf der Marquis ein, der bis jetzt die ganze Szene als stiller, doch amüsierter Zuschauer verfolgt hatte, »Ihr seid gewiß eine der extravagantesten jungen Damen, die ich kenne; was, um Himmels willen, könnt Ihr schon mit solchen Kinkerlitzchen anfangen? Meines Wissens besitzt Ihr mindestens ein Dutzend verschiedene Arten von Ohrschmuck.«

»Das ist wahr, doch diese sind von ganz anderer Art; so hübsch und einzigartig, daß ich sie einfach haben muß.«

»Nun gut, wenn Euer Herz so sehr nach dieser Spielerei

verlangt, werde ich sehen, ob meine Börse Euch dazu verhelfen kann, wenn Ihr mir erlaubt, Euch zu Mr. Lapis zu begleiten.«

»O! Ich danke Euch, Arthur, Ihr seid sehr freundlich«, sagte Lady Julia, und die beiden Damen machten ihm sogleich Platz, als er in die Kutsche sprang und sich zwischen ihnen niederließ.

»Ich glaube«, sagte Maria Sneaky, die etwas von einem Wildfang an sich hatte, »ich glaube, wenn ich heirate, möchte ich einen Ehemann, der genauso ist wie Ihr, Marquis, einen, der es mir nicht abschlägt, wenn ich etwas Hübsches besitzen möchte.«

»Meint Ihr?« fragte Arthur. »Ich glaube wirklich, daß die Türken mehr Herz für die Frauen haben als wir.«

Binnen weniger Minuten erreichten sie den Laden des Juweliers. Mr. Lapis empfing sie mit einer unterwürfigen Verbeugung und begann seine glitzernden Schätze vor ihnen auszubreiten. Die Ohrgehänge, die Lady Julia so faszinierten, hatten die Form zweier funkelnder kleiner Kolibris, deren juwelenbesetztes Federkleid die strahlenden Farben der Natur fast noch übertraf. Während Julia ihren Kauf tätigte, betrat eine Kundin ganz anderen Zuschnitts den Laden. Sie war großgewachsen, trug ein ausgeblichenes Seidenkleid, eine große Haube und einen zweifachen Schleier aus schwarzer Spitze, der, als sie ihn beim Betreten des Ladens lüftete, ein Gesicht enthüllte, das auf ein Alter zwischen dreißig und vierzig Jahren schließen ließ. Die Frau hatte offenbar das Auf und Ab des Lebens kennengelernt. Es war nicht sicher, ob sie in ihrer Jugend hübsch gewesen war, obgleich ihr Gesicht noch immer einen Hauch von Schönheit besaß. Andererseits machten eine scharfe Nase, dünne, bläuliche Lippen und flache Augenbrauen ihr Gesicht nicht gerade anziehend, ungeachtet der stark rot geschminkten Wangen und der verschwenderisch gekräuselten dunklen Locken.

Man hätte denken können, daß eine Person, wie ich sie soeben beschrieben habe, die Aufmerksamkeit eines jungen, lebenslustigen Edelmannes, wie mein Bruder es ist, nur in geringem Maße auf sich gezogen hätte. Er jedoch starrte sie, kaum daß sie eingetreten war, mit durchdringendem Blick an. Freilich drückte sein

Blick weniger Bewunderung als Neugier und Verachtung aus; ein eindringlich forschender Ausdruck, in den sich Hohn mischte, lag auf seinem Gesicht, während er sie beobachtete.

Mit langsamen und linkischen Schritten trat sie an den Ladentisch, sprach einen Verkäufer an und verlangte einige Ringe zu sehen. Sogleich öffnete er eine Glasvitrine und offerierte ihr viele hundert Ringe. Die Dame prüfte sie alle bedächtig, doch wollte ihr keiner gefallen. Diamanten, Rubine, Perlen, Smaragde, Topase wurden der Reihe nach inspiziert und fanden keine Gnade. Schließlich fragte der Verkäufer, der ob dieser außerordentlich wählerischen Kundin ein wenig die Geduld verlor, welche Art von Ring sie denn suche, wenn schon der erste Juwelier am Platze ihn nicht führe.

»Der Ring, den ich suche«, erwiderte sie, »soll sehr klein sein, aus schlichtem Gold, mit einem Bergkristall über einer Strähne geflochtenen, kastanienbraunen Haares. Und dieser Name sollte eingraviert sein.« Mit diesen Worten zog sie ein Stück Papier aus ihrer Handtasche.

»Nun, meine Dame«, sagte der Verkäufer, »einen Ring wie diesen haben wir im Augenblick gewiß nicht auf Lager, doch wir könnten ihn rasch für Sie anfertigen.«

»Könnte ich ihn heute noch haben?« fragte sie.

»Gewiß.«

»Dann tun Sie das, ich werde ihn heute abend um neun Uhr abholen.«

Mit diesen Worten schickte sie sich an, das Geschäft zu verlassen. Als sie vom Ladentisch aufsah, fiel ihr Blick auf den Marquis, der sie prüfend musterte. Einen Augenblick lang schien sein Blick ihr Angst einzuflößen, doch augenblicklich riß sie sich zusammen und versank in einem tiefen Knicks, den er mit einer sehr lässigen und hochmütigen Verneigung beantwortete. Dann rauschte sie auf die Straße.

»Wer ist diese sonderbare Frau?« fragte Lady Julia, die ihren langwierigen Handel endlich abgeschlossen hatte, und sich ihre Handschuhe überstreifte.

Der Marquis gab keine Antwort, doch Maria Sneaky sagte mit einem schelmischen Blick: »Irgendeine ehemalige liebe Freundin des Marquis, schätze ich; oder vielleicht eine Dame, die künftig die Vergünstigung mit mir teilen wird, ehelos zu bleiben.«

»Stimmt das, Arthur?« fragte seine Cousine.

»Nein, Julia, ich werde Ihnen nichts erzählen. Sie mögen Ihre eigenen Schlüsse aus diesem sonderbaren Vorfall ziehen.«

Als er die Damen zu ihrer Kutsche gebracht, zum Abschied den ihm zustehenden Tribut an Lächeln und Dankesworten empfangen hatte und die glänzende Equipage fröhlich fortrollen sah, ging mein Bruder die Hotel Street entlang und lenkte seine Schritte zum Victoria-Square. Er war nachdenklich und ein wenig verstimmt, als er Wellesley House betrat, die große Treppe hinaufstieg und durch eine Vielzahl von Fluren und Sälen zu den Gemächern der Marquise schritt. Als er die Tür öffnete und den grünen Damastvorhang beiseite schob, der im Türrahmen hing, fand er sie allein an einem Tisch sitzend und damit beschäftigt, eine Bleistiftskizze zu vollenden.

Sie hob den Kopf, als er sich näherte, und begrüßte ihn mit einem Lächeln, dessen Innigkeit mehr ausdrückte als tausend Worte.

»Nun, Marian«, sagte er und beugte sich über sie, um einen Blick auf die Zeichnung zu werfen, »woran arbeitest du gerade?«

»Es ist bloß eine kleine Landschaft, die ich gestern im Tal skizziert habe, mein Gebieter.«

»Sie ist wirklich hübsch und höchst reizvoll ausgeführt; ich glaube mich an den Ort zu erinnern. Ist das nicht der Blick vom Eingang der York'schen Villa ins Tal?«

»Ja, Arthur, und ich habe Mr. Sydney in den Vordergrund gestellt, mit einem Buch in der Hand.«

Nun nahm der Marquis neben seiner Gattin Platz, und schweigend verfolgte er eine Zeitlang, wie die Zeichnung Gestalt annahm. Schließlich nahm er das Gespräch wieder auf und sagte: »Wen, glaubst du, Marian, habe ich wohl heute in der Stadt gesehen?«

»Das werde ich bestimmt nicht erraten; vielleicht Julius. Vor einer halben Stunde habe ich Mina gebeten, mit ihm an die frische Luft zu gehen.«

»Nein, du rätst ganz falsch.«

»Wer war es dann?«

»Niemand anderes als deine alte Gouvernante, Miss Foxley.«

Als sie diesen Namen hörte, wich das Blut aus Marians Wangen. Sie hielt in ihrer Tätigkeit inne, löste langsam ihre großen blauen Augen von der Zeichnung und richtete den Blick mit dem Aus-

Marian Hume, Zamornas jugendliche Braut. »Das klare Leuchten ihrer strahlenden, haselnußbraunen Augen und die weichen Wellen ihres kastanienbraunen, lockigen Haares vermehrten ihren Reiz und verstärkten den Eindruck von beinahe unirdischer Schönheit.« Eine Zeichnung von Charlotte nach einem Stich von W. Finden.

druck tiefer Unruhe auf Arthur. Er bemerkte ihre Erregung, und der nachdenkliche Ausdruck seines Gesichtes verwandelte sich in Mißfallen, während er fortfuhr: »Wie, Marian, ist dieser unerklärliche Bann noch nicht gewichen? Ich dachte, Entfernung und freundliche Behandlung brächten vieles zustande, doch scheint es, daß es all meiner Zuneigung noch nicht gelungen ist, den Eindruck auszulöschen, den Miss Foxley auf irgendeinem geheimnisvollen Wege auf deine allzu empfindsame Seele machen konnte.«

Nun begannen die Augen der Marquise sich mit Tränen zu füllen, die unbeachtet auf die Zeichnung tropften, als sie mit leiser Stimme erwiderte: »Sei nicht zornig, Arthur.«

»Ich bin nicht zornig, Marian«, erwiderte er, »aber willst du leugnen, daß es der verfluchte Einfluß dieser Person war, der dich dazu brachte, so lange und so hartnäckig meine Hand, mein Herz und meine Krone zurückzuweisen – selbst dann noch, als deine Neigung, wie du so oft beteuertest, meinem Antrag nicht entgegenstand und eine endgültige Zurückweisung deinem Leben die Freude geraubt hätte, wie ich oft feststellen konnte? Ist diese Person nicht der Grund, warum diese kurzen Anfälle von Schwermut über dich kommen, die dich auch jetzt bedrücken?« Marian gab keine Antwort, und er fuhr fort: »Ich weiß nicht, wie du endlich genügend Mut aufbrachtest, ihre Fesseln abzustreifen und dich für dein Glück zu entscheiden; schließlich verfüge ich nicht über göttlichen Scharfsinn. Doch es scheint, daß sich noch Reste ihrer Macht erhalten haben. Komm, Marian, wirf diese Schwäche ab. Wie kann sie dich verletzen, wo du doch unter meinem Schutz stehst? Mache mich zu deinem väterlichen Beichtvater – du kannst keinen finden, der nachsichtiger wäre –, und offenbare alles.«

Noch immer erwiderte sie nichts. Nun erhob sich der Marquis im Zorn. »Das ist sowohl Halsstarrigkeit, Marian«, sagte er, »als auch Schwäche. Für den Augenblick werde ich dich allein lassen, damit du über die Folgen nachdenken kannst, die sich ergeben, wenn du in dieser törichten Haltung verharrst. Doch zuvor laß dir zur Warnung dienen: Ich werde nicht dulden, daß diese Frau mein Haus betritt oder gar erlauben, daß du mit ihr in irgendeine Verbindung trittst; und wenn ich feststellen sollte, daß meine diesbezüglichen Anordnungen nicht befolgt werden, werde ich in Zukunft zwischen deinen und meinen Interessen zu unterscheiden wissen. Ich habe nicht die Absicht zuzulassen, daß sich in diesem Herzen und in dieser Familie, wo ich der oberste Herrscher bin, ein Einfluß breitmacht, der mir zuwiderhandelt.«

Mit diesen Worten schloß er die Tür, und nach wenigen Minuten war das Echo seiner sich entfernenden Schritte am Ende des Flures verklungen.

Bevor ich mit meiner Erzählung fortfahre, wäre es vielleicht nützlich, wenn ich meinem Leser ein wenig mehr über Miss Foxley erzählte. Dies werde ich in der gebotenen Kürze versuchen: Sie war das einzige Kind eines angesehenen Kaufmannes, der als Bankrotteur starb und sie als Waise zurückließ, ein Mädchen von einundzwanzig Jahren, das außer seiner Bildung – die vortrefflich war – und seinen Talenten nichts besaß. Wenn Miss Foxleys Talente auch nicht von höchstem Rang waren, so versetzten sie sie gleichwohl in die Lage, sich ihren Weg durch die Welt zu bahnen. Sie bestanden vor allem in der Fähigkeit, die natürlichen Eigenarten der Menschen zu erfassen, sich ihnen anzupassen und sich auf diese Weise ihre Gunst zu erschleichen, als auch in einer gewissen hellsichtigen Schlauheit, die immer dann erwachte, wenn es um ihre eigenen Interessen ging. In früher Jugend war sie nicht ohne persönliche Reize, doch ihre Schönheit stand in keinem Verhältnis zu ihrer Eitelkeit, und wurde sie darin gekränkt, heilte die Wunde nie, sondern schwärte weiter, bis es ihr gelungen war, sich an der Person zu rächen, die sie beleidigt hatte. Als sie sich beim Tode ihres Vaters nicht in der Lage sah, ein unabhängiges Leben zu führen, trat sie als Gesellschafterin in die Familie der verstorbenen Lady Hume ein, und es gelang ihr in dieser Stellung, sich das Vertrauen dieser liebenswürdigen und arglosen Dame in solchem Maß zu sichern, daß sie bei der Geburt Marians zu deren Gouvernante gemacht wurde, eine Aufgabe, zu der sie nach Talenten und

Kenntnissen befähigt war. Nach Lady Humers Tod – sie starb, als ihre Tochter vierzehn Jahre alt war – wohnte Miss Foxley weiterhin auf Sir Alexanders Besitzungen in Wellingtons Land und war noch dort, als Arthur begann, ihrem liebreizenden jungen Zögling den Hof zu machen. Unglücklicherweise wurde die Gouvernante, die nun fünfunddreißig Jahre zählte, durch ihre unstillbare Eitelkeit dazu verleitet, sich einzubilden, sie verfüge immer noch über genügend starke Reize, um die Aufmerksamkeit eines stattlichen und hochgeborenen Edelmannes zu wecken. Von diesem Wahn verführt, bediente sie sich aller Kniffe, die Zuneigung meines Bruders zu dem kleinen, harmlosen Mädchen zu hintertreiben, das, nach ihrer Auffassung, den Wert seiner Gefühle nicht zu schätzen wußte. Indes blieben ihre Bemühungen erfolglos; statt Liebe riefen sie bei Arthur Abscheu hervor; und eines Nachmittags schließlich, als sie noch dreister war als gewöhnlich, gab ihr Arthur unverblümt, wenn auch höflich, zu verstehen, sie sei ein wenig zu alt und unbedeutend, um als Gattin für ihn in Frage zu kommen. Das genügte, um alle bösen Leidenschaften in ihrer Seele zu entflammen. Innerlich schwor sie sich, ihn für seine kalte und verächtliche Zurückweisung büßen zu lassen, und ging fortan emsig ans Werk, eine Verbindung zwischen ihm und ihrer schönen und jugendlichen Nebenbuhlerin zu verhindern.

Die Folgen ihrer Anstrengungen wurden rasch nur allzu deutlich. Einige Zeit wich Marian ihrem vornehmen Anbeter sorgfältig aus, wies seine Hand zurück, blieb unnahbar und brachte es schließlich dahin, daß Arthur, Marquis von Douro, der stolzeste und hochmütigste Jüngling von Verdopolis, so weit erniedrigt wurde, daß er nicht mehr war als ein schmachtender, sich verzehrender, liebeskranker junger Herr. Mittlerweile war man in ganz Verdopolis der Ansicht, es sei der Widerstand meines Vaters, der Arthurs Verbindung mit der Tochter von Sir Alexander Hume verzögere. Wie groß wäre allenthalben die Überraschung gewesen, hätte man erfahren, wer in Wirklichkeit für die Zurückweisung verantwortlich war. Gleichwohl war nicht zu übersehen, daß ihre Beharrlichkeit Miss Hume selbst Schmerzen bereitete: ihr bleiches Aussehen, ihre abgemagerte Gestalt und ihre traurigen Augen gaben bald davon Kunde, daß sie sich verzehrte. Gleichwohl weigerte sie sich noch immer hartnäckig, den leidenschaftlichen Liebesbeteuerungen meines Bruders Gehör zu schenken; und der Triumph von Miss Foxleys Intrigen war beinahe vollkommen, als Arthur eines Tages, entschlossen, einen letzten Versuch zu machen und dann hoffnungslos aufzugeben, in Badey Hall eintraf. Zu seinem Erstaunen wurde er auf der Stelle in Marians Salon vorgelassen, wo er sie allein antraf. Ich weiß nicht, welche Worte ihm zu Gebote standen, seinem Anliegen Nachdruck zu verleihen; indes steht fest, daß ihm seine liebreizende Tyrannin drei Wochen darauf, unter Lächeln, Tränen und Erröten, vor dem Hochaltar der St. Michaels-Kathedrale die Hand fürs Leben reichte. Als erste Handlung in seiner Befugnis als Ehemann veranlaßte er die sofortige Entlassung von Miss Foxley, die dadurch noch mehr gegen ihn aufgebracht wurde. Später suchte er von Marian Näheres über die Gründe zu erfahren, die dazu geführt hatten, daß er auf sein Glück so lange hatte warten müssen; doch darüber bewahrte sie geheimnisvolles Stillschweigen; und seit einiger Zeit hatte er aufgehört, sie zu bedrängen, bis das erneute Auftauchen der Gouvernante ihm diese Sache wieder auf unangenehme Weise in Erinnerung brachte.

Zweites Kapitel

Nachdem der Marquis sie verlassen hatte, beugte sich Marian mit einem tiefen Seufzer wieder über ihre halb vollendete Arbeit; doch jetzt schien der Stift seine Kraft eingebüßt zu haben oder auch die Hand, die ihn sonst so geschickt führte. Statt der fließenden, sauberen Linien und weichen Schatten, die sie zuvor zustande gebracht hatte, verhöhnten nun zittrige unsichere Striche und dunkle Flecken ihre erfolglosen Bemühungen. Schließlich gab sie ihre Versuche auf und griff, nachdem sie die Zeichnung in die Mappe zurückgelegt und das Elfenbeinkästchen mit ihren Mal-Utensilien geschlossen hatte, zu einer Harfe, die in ihrer Nähe stand. Zuerst entlockten ihre schlanken, schneeweißen Finger den zitternden Saiten bloß ein paar schwermütige, wenngleich liebliche Töne; doch bald verbanden sich die einzelnen Klänge zu schlichten, doch überaus wehmütigen Akkorden, und rasch wandelten sie sich, begleitet von ihrer glockenhellen Stimme, zu einer hauchzarten Melodie des folgenden kleinen Liedes:

An des dunklen, wilden Meeres Strand
Streif ich umher allein,
Seine klagende Stimme tönt ins Land
Und in trübe Dämmerung hinein.

O, dieser dumpfen Töne Zagen,
Das zu schwermütigen Gedanken führt,
Es schwebt dahin wie das schaurige Klagen
Der Leier, die der Wind berührt.

Echos aus Höhlen und Gestein,
Feierlich verhallend schon,
Antworten auf der Wellen Schrein
Und das Seufzen des Windes mit Hohn.

Jenseits des stillen Himmels Grenzen
Bewegen zitternde Welten sich;
So werden sie in der Höhe glänzen,
Auf ewig unveränderlich.

Doch bevor eines neuen Mondes Schein
Die Wogen silbern umspannt,
Wird der Ozean das Grab mir sein
Und mein Lager der Meeressand.

Mein unseliger Name soll alsdann
Für immer vergessen sein,
Erkaltet wie Wachs, das am Ende gerann,
Erloschen wie der Flamme Schein.

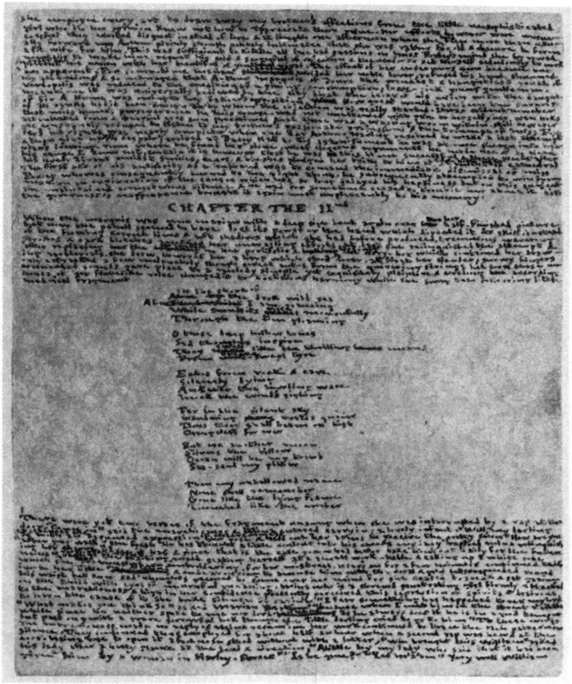
CHAPTER THE II

Eine Seite aus dem Manuskript von »Das Geheimnis«, Originalformat. Charlotte schrieb meist ohne Punkt und Komma und schloß dabei die Augen, um sich nicht von den Bildern ihrer Phantasie ablenken zu lassen.

Bevor Marian die beiden letzten Strophen singen konnte, wurde sie durch ein Klopfen an der Tür unterbrochen.

»Herein«, sagte die Marquise, und Mina trat ein, die ein hübsches Knäblein auf dem Arm trug.

»O, mein Liebling!« rief sie, als sie mit gekünstelter Heiterkeit aufstand und die Arme ausstreckte, um ihren Sprößling in Empfang zu nehmen. »Wie geht es dir nach dem Spaziergang?«

»Durch die frische Luft haben seine Wangen ein wenig Farbe bekommen«, erwiderte Mina und übergab Marian ihren Schützling.

»Sie sollten künftig jeden Tag mit ihm ins Freie gehen, Mina.«

»Das werde ich tun, Mylady«, erwiderte die Kammerzofe und nahm an einem kleinen Arbeitstisch Platz, wo sie die Stickerei an einem weißen Kleid ihrer Herrin wiederaufnahm.

Ein paar Minuten fuhr Marian fort, mit ihrem kleinen Julius zu sprechen, und suchte ihn mit dem Glöckchen aus Korallen und Gold, das er um den Leib trug, zu erheitern; doch bald schienen trübe Gedanken von ihr Besitz zu ergreifen, denn sie hörte auf zu sprechen, saß da, und ihre Augen blickten mit traurigem Ausdruck auf das Kind. Mina, die ein gescheites, scharfsinniges Mädchen war, der Marquise treu ergeben und deren Vertrauen genießend, bemerkte augenblicklich, daß ihre Herrin etwas bedrückte, und da sie darauf brannte, den Grund zu erfahren, brach sie das Schweigen, indem sie sagte: »Ich fürchte, es ist etwas geschehen, das meinen Gebieter verärgert.«

»Wie kommst du darauf?« fragte Marian erschrocken.

»Nun, als ich ihm vor einer kleinen Weile am Strand begegnete, sprach er weder mit mir noch mit Lord Julius ein Wort, wie er es immer tut, wenn er guter Laune ist, sondern ging mit einem ernsten und kummervollen Ausdruck vorbei, obwohl der kleine Liebling weinend zu ihm wollte.«

Darauf erwiderte die Marquise nichts, und Mina nahm ihre Arbeit wieder auf und fuhr schweigend fort, sich mit ihrer kostbaren Stickerei zu beschäftigen. So verging etwa eine halbe Stunde, als es erneut an die Tür klopfte. Mina stand auf und öffnete; draußen stand ein Diener mit einem Brief.

»Wer hat diesen Brief gebracht, William?« fragte Marian nach einem flüchtigen Blick auf Siegel und Adresse.

»Ein kleiner Junge, Mylady, der sagte, er habe ihn in Harley Street von einer Frau bekommen.«

»Ist er fort?«

»Ja, gnädige Frau.«

»Danke, William, das wäre alles.«

Hastig erbrach Marian das Siegel und überflog den Inhalt des Briefes. Während sie las, erbleichte sie, und am Ende entfiel der Brief ihrer kraftlosen Hand. Sie wäre zu Boden gesunken, wäre nicht die flinke Mina sogleich an ihrer Seite gewesen. Glücklicherweise wurde sie nicht ohnmächtig, vielmehr kehrte binnen weniger Minuten die verschwundene Röte auf Wangen und Lippen zurück. Darauf wünschte sie, allein gelassen zu werden. »Du kannst deine Arbeit in meinem Ankleidezimmer fortsetzen, Mina«, sagte sie. »Bring Julius zu seiner Kinderfrau. Laß niemanden vor, bis ich klingle. Ich wünsche für einige Zeit nicht gestört zu werden.«

Demgemäß zog Mina sich zurück, und erst gegen Mitternacht rief ihre Herrin sie wieder zu sich. Eine Stunde zuvor hatten alle anderen Dienstboten sich zur Ruhe begeben, sie war allein in der verlassenen Halle zurückgeblieben und hatte ängstlich auf das Klingeln gewartet. Gerade als sie sich entschlossen hatte, ungerufen zu Marian zu gehen, ertönte endlich, als es Mitternacht schlug, die Klingel.

Als sie die Tür zum Wohnzimmer öffnete, sah sie, daß die Marquise auf demselben Platz saß wie zuvor, in einem Sessel am Feuer, den Kopf an den Kaminsims gelehnt. Im Gemach brannte keine Kerze, und auf dem Rost verlöschte die letzte schwache Glut.

»Wollen Sie nicht nach oben gehen, Mylady?« fragte Mina. »Ich habe Ihre Schlafzimmerlampe mitgebracht.«

»Nein, Mina, noch nicht. Doch tritt näher, ich möchte mit dir sprechen.«

Die Kammerzofe schloß die Tür und setzte sich auf einen Stuhl, den ihre Herrin ihr anwies. Darauf fuhr Marian fort: »Du kennst den Marquis ebenso gut wie ich, Mina, und da er selbst nahezu vollkommen ist, kann er es nicht ertragen, wenn andere dies nicht sind. Sein Wort und sein Befehl sind für mich bis jetzt Gesetz gewesen, dem ich mich immer freudig und mit Vergnügen unterworfen habe. Heute nacht jedoch habe ich vor, seinem Willen offen zuwiderzuhandeln. Mein Ungehorsam läßt sich nur damit entschuldigen, daß äußerste Not mich zu diesem Schritt zwingt, der sonst unentschuldbar wäre; wenn er jedoch davon erfährt, bin ich verloren. Weißt du, wo die Harley Street ist, Mina? Dorthin muß ich heute nacht gehen.«

»Nein, Mylady, ich kenne sie nicht; aber haben Sie wirklich die Absicht, allein zu gehen?«

»Ja.«

»Das dürfen Sie nicht, Mylady. Sie würden sich in der Stadt verirren. Erlauben Sie, daß mein Vater Sie begleitet; er kennt in Verdopolis jede Straße und jede Gasse.«

»Ist er im Hause?«

»Ja, mein Herr hat ihn angewiesen, jede Nacht hier zu schlafen.«

»Dann hole ihn.«

Mina verließ das Zimmer und kehrte nach etwa zehn Minuten in Begleitung ihres Vaters zurück.

An der Tür hielt Ned einen Augenblick inne. »Treten Sie ein, Edward«, sagte die Marquise mit ihrer lieblichen, freundlichen Stimme.

»Ich habe mich nur meiner Schuhe entledigt, Mylady«, sagte er, »denn sie sind nicht dafür gemacht, auf einen so kostbaren Teppich zu treten.«

»O, das macht nichts«, sagte die Marquise mit einem unmerklichen Lächeln angesichts seiner übertriebenen Höflichkeit.

»Es tut mir leid, daß ich Sie aus dem Bett geholt habe, Edward, doch ich möchte von Ihnen erfahren, in welchem Viertel der Stadt sich die Harley Street befindet.«

»Harley Street? O, man nennt sie auch Paradiesstraße, Mylady, weil es dort ein Haus gibt, an dem Sie zu dieser nächtlichen Stunde freiwillig nicht vorbeigehen sollten.«

»Sollte ich nicht? Wollen Sie mich dann begleiten?«

»Das will ich mit dem allergrößten Vergnügen tun.«

»Dann hole mir Hut und Umhang, Mina.«

»Sollten Sie nicht besser meine Sachen anziehen, Mylady?« fragte die besonnene Kammerzofe.

»Ja, wenn man es recht bedenkt, wäre es gewiß das Beste.«

Mina verließ abermals das Zimmer und kehrte nach kurzer Zeit mit einem schlichten Strohhut und einem braunseidenen Umhang zurück. Damit bekleidete sie ihre junge Herrin, ging mit einem Licht voran und führte die schöne Abenteurerin und ihren Begleiter eine nur für Dienstboten bestimmte Treppe hinunter zu einer Tür, die auf die Straße führte, zu der sie einen Schlüssel besaß. Dann kehrte sie in das Zimmer der Dienerschaft zurück, streckte sich auf einem Sofa aus, das neben dem immer noch glühenden Herdfeuer stand, und war bald in tiefen Schlaf gefallen.

Die Nacht war wild und stürmisch; riesige gebauschte Wolken, aus denen unaufhörlich feiner Regen fiel, schoben sich über den Himmel, und wenn sie gelegentlich aufrissen, kam der friedliche Mond zum Vorschein, der am Rande des Himmels leuchtete. Ein frostiger Nordwind mischte sein Heulen mit dem Tosen des aufgewühlten Meeres, dessen Wellenrauschen in der Ferne zu hören war. Mit leichtem Schritt und klopfendem Herzen ging Marian durch die nassen, düsteren Straßen, während ihr treuer Führer vorausschritt. Nachdem sie viele große Plätze und lange, breite Straßen hinter sich gelassen hatten, betraten sie eine dunkle Gasse, in der kaum vier Personen nebeneinander gehen konnten. Auf der einen Straßenseite erhob sich eine Reihe hoher Gebäude, in deren Mitte im plötzlich aufscheinenden Mondlicht eine Treppe sichtbar wurde, gekrönt von einer Säulenhalle.

»Das ist Harley Street, Mylady«, sagte Ned, der stehenblieb und sich umdrehte.

»Tatsächlich, Edward?« sagte sie mit leiser Stimme; und dann, wie von jäher Erschütterung gepackt, sank sie auf den Treppenstufen nieder.

Sie hatte dort kaum fünf Minuten gekauert, als das Geräusch sich nähernder Schritte zu hören war. Inzwischen lag alles wieder im Dunkel, so daß nichts deutlich zu sehen war; doch als die

Gestalten näher kamen, erkannte Marian mühelos einige davon an ihren Stimmen.

»Ich glaube, Vize-Präsident, wir sind heute nacht spät dran«, sagte eine tiefe, ruhige Stimme.

»Ja, allerdings«, war die Antwort, und der Klang dieser Stimme erfüllte das Herz der Marquise mit kaltem Entsetzen und ließ sie unverzüglich hinter einer vorstehenden Säule Schutz suchen. »Ja, das sind wir, und ich wette zehn zu eins, daß Gordon vorhat, uns deswegen mit einer Strafe zu belegen.«

»Die Wette gilt, Herr Marquis«, rief eine andere Stimme.

»Sind Sie's, O'Connor?« fragte die erste Stimme.

»Ja.«

»Dann soll's gelten, und ich hoffe Sie ordentlich zu schröpfen, allervortrefflichster Ritter des Pik-As!«

Dann öffnete sich die Tür in der Vorhalle, in die dunkle Nacht strömte jäher Lichterglanz und enthüllte die Gestalten von etwa zwanzig oder dreißig Gentlemen, von denen die meisten ansehnliche Männer waren.

> In stolzer Haltung, das Auge trotzig und frei,
> Ziehen diese mächtigen Fürsten des Menschengeschlechts vorbei.

Lärmend sprangen oder stürzten sie die Treppe hinauf in eine große und prächtige Halle, die in das blendende Licht sonnenheller Kronleuchter getaucht war. Dann schloß sich die Tür, und es herrschte wieder ernste, stille Nacht.

»Das sind tolle junge Kerle«, sagte Ned, als er sich wieder zu der verschreckten Marquise gesellte. »Wenn man Euch gesehen hätte, wäre guter Rat teuer gewesen. Gut, daß Seine Lordschaft dabei war, das hätte sie ein wenig im Zaum gehalten, denke ich.«

»Wir wollen nun weitergehen, Edward«, sagte sie.

»Zu welchem Hause müssen wir, Mylady?«

»Zum letzten in der Straße auf der linken Seite.«

Sie erreichten es rasch. Marian wies Ned an, bis zu ihrer

Rückkehr draußen zu warten, und pochte schüchtern an die Tür. Sogleich wurde diese von einer schmutzigen Hausmagd, bekleidet mit einer schäbigen Spitzenhaube und einem grellbunten Baumwollkleid, geöffnet.

»Wohnt hier nicht eine Dame namens Miss Foxley?« fragte die Marquise.

»Ja, Madam, und wenn Sie mir folgen wollen, führe ich Sie zu ihr.« Sie verschloß sorgfältig die Tür und führte die Marquise eine schmale Stiege hinauf über steinerne Stufen und durch eine Art Vorzimmer, das von einer einzigen Lampe schwach erhellt wurde, zu einem Zimmer am entfernten Ende. Die Hausmagd trat als erste ein und meldete, die Lady sei gekommen. »Ja wirklich?« sagte jemand von drinnen. »Bringe sie sogleich zu mir.« Die Besucherin wurde in ein kleines Gemach geführt, dessen Mobiliar aus einem Mahagoni-Klapptisch, fünf oder sechs Stühlen mit Sitzen aus Rohrgeflecht, einem abgetretenen Teppich, fadenscheinigen grünen Fenstervorhängen und einem demolierten Wandschirm aus Papier bestand. Im Kamin brannte ein kleines, aber helles Feuer, und daneben saß eine großgewachsene Frau in einem Armsessel. Sie stand bei Marians Eintritt auf, ging ihr entgegen und sagte: »Teure Marquise, wie geht es Ihnen? Ich bin überrascht, daß Sie sich dazu herabgelassen haben, eine so unbedeutende Person wie mich mit Ihrem Besuch zu beehren. Bitte, nehmen Sie Platz, falls diese armseligen Stühle für die Gemahlin eines Pairs nicht zu dürftig sind.«

»Miss Foxley«, erwiderte die Marquise, während sie Platz nahm, »ich bin ein beträchtliches Risiko eingegangen, um Ihrem Wunsch nachzukommen; ebensowenig bin ich sicher, ob mein Verhalten in dieser Hinsicht richtig ist; doch die Neugier, die Wahrheit über das zu erfahren, was Ihr Brief andeutete, hat mich veranlaßt, alle anderen Überlegungen zurückzustellen. Bitte, geben Sie mir ohne Verzug einen ausführlicheren Bericht.«

»Natürlich, Madam!« gab die Gouvernante mit einem teuflischen Lächeln zur Antwort. »Sie sind ohne Zweifel nunmehr eine glückliche Frau, die liebt und geliebt wird. Der Marquis ist, nach allem, was man hört, ein vortrefflicher Ehemann; und, wie ich erfuhr, hat kürzlich die Geburt eines Sohnes Ihre Glückseligkeit gekrönt. Jedoch, Mylady, ist dieser wonnevolle Zustand nicht zu vollkommen, um von Dauer zu sein? Fürchten Sie nicht, er könne enden? Auf Windstille folgt in der Regel Sturm. Ist Ihnen nicht eine Person bekannt, deren Erscheinen diesen ganzen glückseligen Traum zunichte machen würde?«

»Miss Foxley, Miss Foxley«, flüsterte Marian mit kaum hörbarer Stimme, »quälen Sie mich nicht so, um des Himmels, um meiner Mutter willen, die Sie einst respektierten. Beenden Sie diese Ungewißheit und sagen Sie mir das Schlimmste. Ist er zurückgekehrt?«

»Sehen Sie selbst«, antwortete Miss Foxley, läutete und sagte zu der sogleich eintretenden Dienstmagd: »Sage dem Herrn im Nebenzimmer, daß ich ihn zu sprechen wünsche.«

Das Mädchen verschwand, und kurz danach betrat ein junger Mann das Zimmer. Er war eine große, vornehme Erscheinung mit braunem Haar, feurigen dunklen Augen und einem anziehenden, wenngleich hageren Gesicht.

»Mr. Henry«, sagte Miss Foxley, »gestatten Sie mir, Ihnen Ihre frühere Freundin, Marian Hume, vorzustellen. Unglücklicherweise trägt sie jetzt einen anderen Nachnamen, doch das ist nicht meine Schuld.«

Er näherte sich der Marquise, die ihr Gesicht in den Händen barg, und sagte: »Madam, erlauben Sie mir, mich Ihnen vorzustellen als jener lange abwesende Henry Percy, der sich, zumindest früher, durch Ihre Aufmerksamkeit geehrt sah.«

Beim Klang seiner Stimme hob sie ihren Kopf, sah ihn einige Zeit eindringlich an und erwiderte dann: »Das ist nicht Henry, er kann es nicht sein. Er war jünger, schöner, und seine Stimme war weicher. Miss Foxley, Sie betrügen mich; dieser Mann sieht ihm nicht im geringsten ähnlich.«

»Das mag sein«, antwortete die Gouvernante, »doch trotz Ihrer Einwände ist er Henry Percy, Ihr Henry Percy, und kein anderer.«

»Ich bestreite es. Hier ist ein Bildnis. Vergleichen Sie, und sagen Sie mir, worin die Ähnlichkeit besteht.« Mit diesen Worten zog sie ein Portrait hervor.

»Madam«, mischte sich der junge Mann ein. »Es erstaunt mich nicht, daß Sie meine Identität bestreiten. Der Lauf der Zeit und ein langer Aufenthalt in fremden Klimazonen müssen natürlicherweise zu einer starken Veränderung geführt haben; mag ich mich auch äußerlich verändert haben, so ist doch in meinem Inneren alles noch so, wie es immer war; im Unterschied, fürchte ich, zu einer gewissen anderen Person.«

»Beleidigen Sie mich nicht, mein Herr«, sagte Marian, und die Leichenblässe auf ihren Wangen wich heller Zornesröte. »Ich traue lieber meinen Augen als Ihren Beteuerungen.«

»Wenn Sie meinen Worten nicht glauben wollen«, gab er zurück, »schauen Sie sich dieses Unterpfand an, und leugnen Sie seine Beweiskraft, falls Sie es wagen.«

Und er legte eine kleine silberne Büchse in ihre Hand: Ein einziger Blick auf ihren Inhalt schien ihr plötzlich und gewaltsam Gewißheit zu geben; denn mit einem schwachen Aufschrei sank sie in den Stuhl zurück, und das Leben schien aus ihr zu weichen.

»Nun, Wortbrüchige, erkennst du mich?« fragte Mr. Percy mit schneidender Stimme.

»Ja, ja; doch gib mir eine Woche Zeit, gib mir wenigstens die Zeit zum Nachdenken, zu ruhiger Überlegung!«

»Nicht einen Tag, nicht eine Stunde werde ich dir schenken! Mein Anspruch besteht zu Recht, und nun werde ich ihn geltend machen.«

Die Marquise fiel auf die Knie, rang die Hände und flehte mit tränenerfüllten Augen um einen Aufschub, und wäre er noch so kurz. Ihre maßlose Qual schien ihn am Ende zu rühren.

»Stehen Sie auf, Madam«, sagte er. »Ich gewähre Ihnen eine Frist von einer Woche, unter der Bedingung, daß Sie versprechen, während dieser Zeit den Marquis von Douro nicht zu Rate zu ziehen.«

»Und«, ergänzte Miss Foxley, »unter der Bedingung, daß Sie

ebenfalls versprechen, morgen nacht wieder hierher zu kommen, um wichtige Dinge über sich selbst zu erfahren, Mylady, die zu hören Sie im Augenblick nicht in der Verfassung zu sein scheinen.«

»Ich verspreche alles!« rief die Marquise, dankbar für diese Gnadenfrist. »Doch welcher Art ist die Mitteilung, auf die Sie anspielen, Miss Foxley?«

»Ich werde Sie lediglich darüber aufklären, wer und was Sie sind, eine Tatsache, von der Sie bislang nichts gewußt haben.«

»Darf ich es nicht jetzt erfahren?«

»Nein, es ist zu spät, der Morgen dämmert schon.«

Nachdem man noch ein paar Worte gewechselt hatte, verabschiedete sich Marian. Draußen fand sie Ned, der im trüben Licht des anbrechenden Tages ängstlich auf ihre Rückkehr wartete. Eilig strebten sie Wellesley House zu, wo sie glücklich ankamen, ohne daß jemand sie sah. Nachdem Ned den aufrichtigen Dank seiner jungen Herrin empfangen hatte, den er noch mehr zu schätzen wußte als die klingende Münze, die ihn begleitete, zog er sich zurück, um sich in Frieden des erquickenden, ungestörten Schlafs zu erfreuen. Die Marquise begab sich ebenfalls zur Ruhe; doch Kummer und schwermütige Gedanken ließen sie kein Auge schließen.

Drittes Kapitel

In der Nacht, die auf die im vorigen Kapitel beschriebene folgte, bot der Salon von Ellrington House ein friedlicheres Bild als gewöhnlich. Statt einer aufgeregten und lärmenden Gesellschaft, die beim Wein dunkle politische Pläne schmiedete, oder einer blendenden und verwirrenden Ansammlung von Modegecken waren nur zwei Personen anwesend, der Hausherr und seine Gattin, die zu beiden Seiten des traulichen häuslichen Herdes Platz genommen hatten. Ein paar Wachskerzen auf dem Kaminsims, zwischen hundert funkelnden Verzierungen leuchtend, sorgten, im Verein mit dem Schein eines hellen Feuers, für genügend Licht, um Lord Ellrington die Lektüre einer Abhandlung über den gegenwärtigen Zustand der Gesellschaft zu ermöglichen, während seine Gattin die Schrift eines persischen Gedichtes entzifferte.

Schließlich, nachdem der Lord allerlei verächtliche Bemerkungen über den Autor gemurmelt hatte, warf er das Buch zu Boden und sagte: »Komm, Zenobia, hör auf, dieser unsinnigen Leidenschaft zu frönen, über Büchern zu brüten. Ich wage zu sagen, daß es sich als das dümmste Zeug entpuppte, wenn es jemand lesen könnte.«

»Wirklich, Ellrington, du irrst dich; niemals wurden edlere Gefühle in Sprache gegossen. Doch welches Buch hast du die ganze Zeit gelesen?«

»Das Geschrei eines Esels, das man ins Englische übersetzt hat.«

»Tatsächlich? Dann hast du aus deiner Beschäftigung weniger Nutzen gezogen als ich. Ich habe Wort für Wort das Lied einer Nachtigall an ihre Lieblingsrose übersetzt.«

»Und, bitte, wie lautet der Name des Idioten, der diese über die Maßen großartigen Gedanken zu Papier gebracht hat?«

»Firdausi, einer der größten Dichter, die Persien je hervorgebracht hat.«

»Und du, Zenobia, bewunderst du wirklich solchen ausgemachten Unsinn?«

»Ohne jeden Zweifel.«

»Nun, Frauen sind die unbegreiflichsten Geschöpfe auf Erden; zuweilen scheinst du über einigen Verstand und Scharfblick zu verfügen, dann wieder begehst du Handlungen und gibst Dinge von dir, die eine große Schwäche, wenn nicht gar den völligen Mangel an Intellekt offenbaren.«

»Angenommen, es wäre so, Alexander, könnte ich dasselbe nicht von dir sagen? Wie oft bist du im Verlauf eines Jahres so vernünftig wie in diesem Augenblick?«

»Wenn ich nicht heute in so behaglicher Stimmung wäre, hätte ich an diesem Satz schwer zu schlucken, Zenny.«

»Wirklich? Und in diesem Fall wäre höchstwahrscheinlich eine Flasche Wein vonnöten, um ihn herunterzuspülen.«

»Vermutlich. Aber sage mir doch – es fällt mir gerade ein –, warum du seit kurzem dein Haar unter dieser eigentümlich geformten Haube versteckst?«

»Eine Caprice, mein Lieber, weil es Mode ist.«

»Wie? Veranlaßt die Mode die Frauen, ihre Schönheit zu zerstören?«

»Manchmal. Doch wenn es dir nicht gefällt, so ist der Schaden rasch behoben.«

Sie zog den Kamm heraus, der ihr Haar zusammenhielt, und eine Flut rabenschwarzer Flechten fiel verschwenderisch über ihren Nacken und ihre Schultern.

»Nicht zu glauben«, sagte Ellrington nach einem kurzen Schweigen. »Nun bist du wieder du selbst. Es ist erstaunlich, welchen Unterschied es macht, ob ein paar gekräuselte Locken da sind oder nicht.«

Erfreut und besänftigt, daß sie sich seinen Wünschen gefügt hatte, geriet er in eine bessere und freundlichere Laune als je eine, die seine stürmische Seele seit Jahren bewegt hatte. Gerade als er den Gipfel der Milde erreicht hatte, klopfte es an der Tür.

»Herein«, sagte er, und der Diener, der draußen stand, war über die Höflichkeit verblüfft, mit der dieses Wort hervorgebracht wurde. Ansonsten nämlich wurde ihm als Antwort gewöhnlich ein Hagel von Verwünschungen und Flüchen zuteil. Furchtsam die Tür öffnend, verkündete er, eine Person wünsche mit Lord Ellrington zu sprechen.

»Eine Person! Und von welcher Art, bitte, ist die Person, die mitten in der Nacht hierherkommt?«

»Es ist eine Frau, Mylord, eine junge, glaube ich, obgleich sie ihr Gesicht so geschickt mit einem Taschentuch verhüllte, daß ich es nicht genau erkennen konnte.«

»So, so! Ist ja sehr geheimnisvoll! Führe sie in die Bibliothek und sage ihr, daß ich sogleich kommen werde.«

»Was kann dieses Geschöpf bloß wollen?« fragte Lady Zenobia. »Ich denke, Ellrington, daß es töricht von dir war, sie nicht abzuweisen.«

»O, Unsinn, Zenny. Vielleicht hat sie mir etwas ganz Besonderes zu erzählen, wer weiß.«

Als Lord Ellrington in die Bibliothek trat, erblickte er eine schlanke weibliche Gestalt, bekleidet mit einem Seidenmantel und einem großen Strohhut, der nach hinten gerutscht war und eine verschwenderische Fülle schöner kastanienbrauner Löckchen enthüllte. Sie wandte sich ab und bedeckte ihr Gesicht mit ihren schmalen weißen Händen.

»Nun, mein Fräulein«, sagte er zu ihr, »was kann ich für Sie tun?«

Zuerst gab sie keine Antwort. Dann hob sie langsam den Kopf und enthüllte ein schamrotes Gesicht mit den zartesten Zügen jugendlichen Liebreizes, ein Antlitz, so schön und faszinierend, daß der stolze Edelmann einen Ausruf der Überraschung nicht unterdrücken konnte. Nachdem er sie einen Augenblick mit dem Ausdruck des Erstaunens angeblickt hatte, sagte er: »Täusche ich mich, oder habe ich die Ehre mit der Hochgeborenen Marquise von Douro?«

»Eure Annahme ist richtig, Mylord«, erwiderte sie und schien mit einem Male die Scheu abzulegen, die sie bis dahin bedrückt hatte. Furchtlos erwiderte sie seinen starren Blick, und ein fast wahnsinniger Glanz lag in ihren funkelnden Augen. »Ich bin diese unglückliche Frau.«

»Und welchem Anlaß verdanke ich dieses unerwartete, doch höchst willkommene Vergnügen?«

»Der Verzweiflung, Mylord. Nichts sonst hätte mich dazu bringen können, mich so zu erniedrigen.«

»Das tut mir leid, werte Dame, da ich hoffte, Ihr wäret aus freien Stücken gekommen; doch sagt mir, womit ich Euch dienen kann. Es soll nicht heißen, die schönste Frau in Verdopolis hätte mich vergeblich um meinen Beistand gebeten.«

»Sprecht nicht so, Lord Ellrington«, rief Marian, während ein jäher Schauer ihr über den Rücken lief. »Wenn man weiß, was ich weiß, klingt solch leichtfertige Sprache schrecklich.«

»Und was wißt Ihr, Mylady?«

»Das würde ich Euch um alles in der Welt nicht sagen, und ich bin hergekommen, um mir Gewißheit zu verschaffen, obgleich, wie ich fürchte, es einer Bestätigung nicht bedarf.«

»Das sind rätselhafte Worte, die ich nicht verstehe.«

»Doch Ihr werdet sie bald verstehen. Sagt mir, Mylord, besitzt Ihr nicht ein Kästchen, das der verstorbenen Lady Percy gehörte, und das Ihr bis auf den heutigen Tag nicht habt öffnen können?«

»Das ist richtig, doch im Namen des Himmels, der Erde, der Meere und allem, was darin kreucht und fleucht, wie habt Ihr davon Kenntnis erhalten?«

»Das kann ich Euch im Augenblick nicht erklären, Mylord. Gestattet mir nur, das Kästchen zu sehen, und ich werde Euch einen Weg zeigen, es zu öffnen.«

»Nun, eine Bitte, die ein solcher Mund ausspricht, kann ich wirklich nicht abschlagen. Erlaubt mir also, Frau Marquise, Euch in das Kabinett zu führen, in dem sich der Gegenstand befindet, nach dem Euch verlangt.« Mit diesen Worten bot er ihr die Hand. Sie jedoch wies sie mit einer offenbar unwillkürlichen Bewegung des Widerwillens zurück.

»Was?« sagte er, ergrimmt die Stirn runzelnd. »Ihr wagt es, diese Geste der Höflichkeit hochmütig zurückzuweisen, zu der ich mich herabgelassen habe?«

»Es war nicht recht von mir«, schluchzte Marian, in Tränen ausbrechend. »Nehmt meine Hand, Lord Ellrington, denn, ich fürchte, Ihr habt das Recht, in jeder Weise über mich zu verfügen.«

Die letzten Worte wurden so leise hervorgestoßen, daß Seine Lordschaft sie kaum hören konnte. Jedoch ihre Tränen versöhnten ihn, da er meinte, die Furcht vor seinem Zorn habe sie strömen lassen. Darum nahm er die dargebotene Hand, die er in einem anderen Fall vielleicht zurückgewiesen hätte, ergriff eine Kerze und führte Marian aus dem Zimmer.

Stumm gingen sie durch die Eingangshalle, stiegen die große Treppe hinauf und schritten geräuschlos über den teppichbedeckten Boden einer langen Galerie, an deren Ende sich eine Tür befand. Lord Ellrington schloß auf, und sie traten in ein kleines Kabinett, das mit schwarzem Eichenholz getäfelt war. In der Mitte stand ein mit Papieren bedeckter Tisch und in einer Ecke eine kunstvoll geschnitzte Vitrine, in der vier Schwerter lagen; drei davon staken in ihren Scheiden, das vierte lag unverhüllt da. Darüber hing ein riesiges blutrotes Banner, geschmückt mit einem schwarzen Totenschädel und zwei gekreuzten Knochen.

»Dies«, sagte der Edelmann, nachdem er die Tür wieder verschlossen hatte, »ist mein Allerheiligstes, Frau Marquise.« Er machte eine Pause und blickte sie durchdringend an, als wolle er prüfen, welchen Eindruck die Umgebung auf sie machte.

Es war in der Tat eine ungewöhnliche und schreckliche Lage, in welche die arme Marian geraten war. Da stand sie, allein, zu mitternächtlicher Stunde, jenem dunklen, ernsten Manne von Angesicht zu Angesicht gegenüber, dessen hohe Talente in Verein mit seinen gewaltigen Verbrechen die Geschichtsschreibung einmal in Erstaunen setzen sollten.

Es herrschte eine tiefe, unheilvolle Stille, die nur unterbrochen wurde, wenn in einem entfernten Teil des ausgedehnten Gebäudes eine Tür ins Schloß fiel oder ein hastiger Schritt zu hören war, so daß um so deutlicher wurde, daß sie auf Hilfe, falls sie ihrer bedurfte, nicht rechnen konnte. Kalt rann das Blut durch die Adern der jungen Frau, wenn sie daran dachte; doch unter dem Bann des spähenden Blicks aus den Falkenaugen des Lords war ihre Zunge wie gelähmt, gehorchten ihr die Glieder nicht mehr, so daß sie weder ein Wort hervorbringen noch einen Finger rühren konnte.

»Wie gefällt Euch das Zimmer?« fragte er mit hämischem Lächeln, hob die Kerze und reckte seine hohe Gestalt zu ihrer ganzen majestätischen Größe. »Seht Ihr die vier Schwerter in der Vitrine und die rote Fahne dort?«

Sie nickte.

»Wohlan, Mylady, ich werde Euch erzählen, was sie bedeuten. Dies ist die Klinge, die ich in meiner Jugend führte, als ich für Wellington Neger tötete. Dies ist die Waffe, die mir in der Verbannung half; zu Lande und zu Wasser hat sie das Blut der Kaufleute getrunken. Und dieses Schwert hat vor nur wenigen Jahren Alexander I. auf seinem Thron im Gebirge erzittern lassen. Diese drei stecken in den Scheiden; sie haben ihre Arbeit getan, sie haben Tausende und Abertausende getötet und mögen nun ruhen. Doch seht Euch das vierte an, Mylady, seht es Euch genau an. Seht, wie scharf es ist, wie es funkelt und glitzert – nicht ein Spritzer Blut, nicht ein Fleckchen Rost besudeln es.

Der Bildhauer Joseph Leyland zeichnete dieses Porträt »Northangerlands«, das keinen anderen als seinen Freund Branwell Brontë zeigt.

Dies ist ein jungfräuliches Schwert, es hat kein Herz durchbohrt, keine Seele befreit, sondern es liegt unverhüllt dar, bereit, zuzuschlagen; es wartet bis seine Zeit gekommen ist. Eine Stimme und eine Kraft birgt diese Waffe: die Stimme wird das Urteil über die Nationen aussprechen; die Kraft wird es vollstrecken. Und welcher Arm wird die Kraft haben, dies zu vollbringen?« fuhr er fort und legte unversehens seine Hand mit einer Wucht auf ihre Schulter, die sie erzittern ließ. »Und um welchen Preis wird es gehen bei diesem großen Spiel? Der Arm ist der meine, und eine Krone ist der Preis!«

Er hielt einen Augenblick inne und fuhr dann mit leiserer Stimme fort. »Was die Flagge angeht, sie ist die der Schwarzen Piraten. Sieben Jahre lang flog dieses gefürchtete, unbesiegbare Zeichen über die Meere. In Sturm und Sonnenschein, in Krieg und Fröhlichkeit, im Gefecht und beim Gelage blieb sie unversehrt und unverändert. Als die Wogen bedeckt waren mit den sturmzerfetzten Frachter der Kaufleute und den Wracks der Kriegsschiffe, hißte mein Schiff, ihr Schrecken und ihre Geißel, die weißen Segel, und wie ein gespenstischer Geist der Tiefe trotzte es stolz den Wassern, die niemand sonst zu befahren wagte. Die Menschen sagten, das Schiff sei gefeit gegen Wind und Wellen, und sie sprachen die Wahrheit; denn ich stand an Deck und steuerte es, und darum umgab es das Schicksal immer mit dreifachem Schild...

Doch halt! Bin ich ein Wahnsinniger oder ein Idiot, so zu Euch zu sprechen? Hm, ich fürchte, ich habe mich gehenlassen. Aber es ist leicht, schlimme Folgen zu verhindern. Kniet nieder, teure Marquise von Douro, kniet auf der Stelle nieder! Ihr wagt es, Euch zu widersetzen? So, dorthin, so ist es gut. Verzeiht mir den Stoß, den ich Euch versetzte, doch es ist immer das Beste, mir auf der Stelle zu gehorchen, ohne zu zögern. Jetzt schwört beim Haupte des alten Mannes, den ihr anbetet: niemals wird ein Sterblicher auch nur ein Wort von dem erfahren, was der Lord von Ellrington in dieser Nacht gesagt hat. Schwört, oder...«

»Ich schwöre«, sagte sie mit schwacher Stimme.

»So ist es gut. Erhebt Euch. Ihr seid eine folgsame und lobenswerte junge Dame, und wäret Ihr mir anvertraut, so hättet Ihr bald den Gipfel weiblicher Sanftheit und Demut erreicht.«

Marian erhob sich und stand vor dem gebieterischen Edelmann. Sie war von tödlicher Blässe wie eine schöne Marmorstatue, nur das Zittern, das durch alle ihre Glieder lief, ließ erkennen, daß sie eine Gestalt aus Fleisch und Blut war. Wieder richtete Lord Ellrington seinen stechenden Blick auf sie und schien mit Vergnügen den tiefen Schrecken zur Kenntnis zu nehmen, den sein Blick bei ihr auslöste. Schließlich, nachdem er Marian auf diese Weise einige Minuten gequält hatte, brach er in ein langes dröhnendes Gelächter aus. Sie wich zurück und sah ihn zweifelnd an, als glaube sie, sein Geist habe sich verwirrt.

»Nun«, rief er, sobald die durch seinen sonderbaren Heiterkeitsausbruch ausgelöste Atemlosigkeit ihm wieder zu sprechen erlaubte, »habe ich Euch erschreckt, Mylady? Nicht doch! Unsinn! Faßt Mut! Man könnte denken, Ihr wäret noch niemals so ernst angeblickt oder mit so rauhen Worten bedacht worden. Sagt, bestraft Euch der Marquis niemals ein wenig auf diese Weise? Bekennt die Wahrheit, ist er nicht zuweilen ziemlich barsch und arrogant?«

»Mylord«, sagte Marian fest, während ihr vor Empörung das Blut in die schneeweiße Stirn und die bleichen Wangen stieg, »ich dulde es nicht, daß der Name meines Gatten in dieser Weise erwähnt wird, schon gar nicht von Euch, teuflisch stolz, wie Ihr seid...« Sie hätte noch mehr gesagt, doch die bereits gedachten Worte erstarben auf ihren Lippen, und mit ihnen schwand auch das flüchtige Aufblitzen von Trotz.

»Teuflisch stolz«, äffte Lord Ellrington sie nach. »Das ist verwegen. Ihr vergeßt, glaube ich, Mylady, wer Ihr seid und in welcher Lage Ihr Euch befindet; doch mich deucht, Ihr braucht, was den Marquis betrifft, nicht vorzugeben, so empfindlich zu sein; wenn der Augenblick gekommen ist, ihm das zu gestehen, was in seinen Augen ohne Frage eine tödliche Kränkung sein wird, denn ich glaube nämlich nicht, daß er von diesem mitternächtlichen Besuch in Ellrington House Kenntnis hat.«

Marian gab keine Antwort auf diese verletzende Bemerkung; sie stieß nur einen tiefen Seufzer aus. Darauf folgte eine Pause, in der Lord Ellrington langsam im Kabinett auf und ab schritt. Es verging einige Zeit, bevor sie es wagte, erneut auf den Anlaß ihres Besuches zu sprechen zu kommen. Endlich raffte sie sich dazu auf und sagte zögernd: »Wollen Euer Lordschaft mir nunmehr erlauben, einen Blick auf das Kästchen zu werfen?«

Ohne zu antworten, schritt er geradewegs zur Vitrine, zog einen Schlüssel aus der Tasche und schloß sie auf. Sie enthielt in ihren zahlreichen Fächern eine Vielzahl verschiedenartiger Gegenstände; doch in einem davon, worin die Dinge sorgsamer geordnet waren als in den übrigen, befanden sich ein Kästchen aus Elfenbein, mit Silber eingelegt, eine lange geflochtene Locke schönen braunen Haars, eine Damenuhr und das Miniaturbildnis einer schönen jungen Frau, in einen schweren goldenen Rahmen gefaßt und mit Juwelen verziert. Er nahm das Kästchen heraus und legte es in ihre Hand. Sie trat ein paar Schritte von ihm weg zum Tisch, auf dem die Kerze stand, und nachdem sie das Kästchen mit Hilfe einer geheimen Feder geöffnet hatte, entnahm sie ihm ein Papier, das als einziges darin lag. Sie überflog es hastig, und dann, völlig überraschend und bevor Lord Ellrington es verhindern konnte, hielt sie es in die Flamme, so daß es verbrannte. Nachdem sie das getan hatte, rief sie aus: »Gott sei Dank, der Beweis ist vernichtet.«

»Wie könnt Ihr es wagen?« sagte er, kam mit zornigen Schritten auf sie zu, und seine Hand legte sich wie von selbst um den Griff einer Pistole, die er halbversteckt an der Brust trug. »Wäret Ihr ein Mann, würde ich Euch wegen dieser Tat auf der Stelle in Stücke schießen!«

»So tut es jetzt«, sagte Marian, von seiner Drohung völlig unbeeindruckt, »und befreit mich von einem Leben, dem Freude abzugewinnen ich keine Kraft mehr habe.«

»Nein«, erwiderte er und steckte die Pistole fort, »ich werde Euch nicht töten, sondern ich werde etwas tun, was bei Eurem augenblicklichen Gemütszustand vielleicht fast genauso schlimm für Euch ist. Ich werde Euch hier so lange eingesperrt halten, bis Ihr mir, und zwar wahrheitsgemäß, den Inhalt des Schriftstückes zur Kenntnis bringt, das Ihr soeben vernichtet habt.«

»Das werde ich niemals tun; jeder neue Blick, den ich in Eure Seele tun kann, bestärkt mich in meinem Entschluß.«

»Ist das törichte Mädchen verrückt?« sagte Lord Ellrington mit finsterem Blick. »Hat es vergessen, wer und was ich bin?«

»Nein, Euer Lordschaft, das habe ich nicht; aber die Gefühle, die ich gegen Euch hege, sind stärker als ich und alle meine Anstrengungen, sie zurückzuhalten.«

»Dann nehmt zur Kenntnis, daß ihr die Folgen Eurer mangelnden Selbstbeherrschung tragen und weiterhin, zumindest bis zum Morgen, mit mir hier bleiben müßt. Solltet Ihr Euch im Verlauf der folgenden fünf oder sechs Stunden gut benehmen, werde ich Euch vielleicht gestatten, rechtzeitig nach Hause zurückzukehren, um dem Marquis Eure Abwesenheit zu erklären, so gut Ihr könnt.«

Vergeblich versuchte Marian durch Bitten, Einwände und sogar durch Tränen ihn von seinem Vorsatz abzubringen. Er war unerbittlich; und für den Rest der Nacht war sie genötigt, eine Gefangene wider Willen zu sein, die sich Worte beißenden Spotts, falsche Beschuldigungen und die abscheulichen Komplimente ihres strengen Kerkermeisters anhören mußte. Endlich, als der Schein der Kerze in den ersten trüben Strahlen der Morgendämmerung zu verblassen begann, die kümmerlich durch das einzige hohe schmale Fenster in das Kabinett drangen, war an der Tür ein zögerndes Klopfen zu hören.

»Wer ist da?« donnerte Lord Ellrington.

»Ich bin es bloß«, antwortete die gedämpfte Stimme seiner Gattin. »Ich möchte wissen, Alexander, ob du die Absicht hast, dich überhaupt noch zur Ruhe zu begeben, bevor es Tag wird.«

»Wie kannst du es wagen, mich danach zu fragen? Auf der Stelle ins Bett mit dir, ohne Widerrede!« Zenobia kannte den Unterton in der Stimme ihres Gatten und verschwand augenblicklich.

»Nun«, sagte er, sich der Marquise zuwendend, »werde ich der kleinen gnädigen Frau gestatten, zu gehen. Hier entlang.«

Glücklich folgte sie ihm, als er sie, nachdem er die Tür

entriegelt hatte, zurück durch die Galerie, die Halle und den Flur zum großen Eingangstor führte. Dieses schloß er mit eigenen Händen auf. Marian enthob sich jeder Abschiedsformalität, indem sie an ihm vorbeischoß, mit einem Sprung die Treppe hinunterflog und mit der Schnelligkeit und Leichtigkeit eines Rehs die verlassene Straße hinabeilte. Im nächsten Augenblick war sie verschwunden. Eine strömende Fülle goldenen Lichtes ergoß sich über den östlichen Himmel, bevor sie Wellesley House erreichte. Jedoch rings um das prächtige Gebäude war alles still; und als sie die Klingel am Seiteneingang zog, wurde die Tür von Mina geöffnet.

»O, Mylady«, rief die treue Zofe. »Ich bin so froh, Euch zu sehen. Euretwegen habe ich eine Nacht voller Hangen und Bangen verbracht, wie wohl kaum eine zuvor.«

»Ist der Marquis letzte Nacht heimgekommen?« fragte Marian.

»Ja, um vier Uhr in der Frühe. Da glaubte ich, Eure Abwesenheit werde nicht länger unentdeckt bleiben und ließ alle Hoffnung fahren; doch glücklicherweise begab er sich in sein eigenes Schlafzimmer, und darum ist noch alles sicher, Mylady.«

»Dem Himmel sei Dank und den Großen Schutzgeistern, die über mir gewacht haben!« stieß die Marquise hervor. »Nun, Mina, geh schlafen, denn ich bin sicher, daß du müde bist. Ich kann mich allein auskleiden.«

Darauf verließ Mina das Zimmer, und binnen weniger Minuten erfreute sich ihre junge Herrin, von Kummer und Schlaflosigkeit erschöpft, in den Armen des Schlummers einer kurzen Zeit des Vergessens.

Viertes Kapitel

Sie hatte kaum drei Stunden geruht, als Mina sie weckte.

»Mylady«, sagte sie, »Ihr solltet jetzt aufstehen. Der Marquis läßt Euch sagen, er warte mit dem Frühstück.«

»Wie spät ist es?« fragte Marian.

»Neun Uhr, Mylady.«

»O, dann werde ich selbstverständlich aufstehen. Es wäre unerhört, wenn ich ihn warten ließe.«

Die Marquise war rasch angekleidet, da ihre morgendliche Bekleidung sich ganz im Rahmen geschmackvoller Einfachheit hielt; ein paar Bürstenstriche brachten ihre weichen, schimmernden Locken in schickliche Ordnung. Nachdem sie ihre Morgentoilette beendet hatte, ging sie hinunter, um dem Marquis Gesellschaft zu leisten. Ihr Herz schlug heftig, als sie sich der Tür zum Frühstückszimmer näherte, denn seit ihrer letzten Auseinandersetzung, als er sie erzürnt verlassen und ihr jeden Verkehr mit Miss Foxley streng untersagt hatte, waren sie sich noch nicht wieder begegnet – und wie war dieses Verbot befolgt worden!

Als sie das Zimmer betrat, saß Arthur mit dem Rücken zur Tür und war mit der Lektüre der Zeitung beschäftigt. Ihr Schritt war zu leicht, daß er ihn hätte hören können; und sie fürchtete sich, unaufgefordert das Wort an ihn zu richten, weil sie nicht sicher war, ob sein Zorn bereits verflogen war; darum nahm sie stumm am Tisch Platz und begann das Frühstücksgeschirr zu richten.

Das Klirren von Porzellan und Silber ließ ihn aufblicken, und er sagte mit einem Lächeln: »Nun, Marian, willst du mir nicht einen guten Morgen wünschen? Ich hoffe, du bist nicht verstimmt, daß ich dich so früh aus dem Bett holen ließ?«

»Überhaupt nicht, Arthur, im Gegenteil. Ich schäme mich vor mir selber, daß ich dich so lange warten ließ. Indessen, verzeih mir, denn es kommt nicht oft vor, daß ich es an Pünktlichkeit fehlen lasse.«

»Ich werde es mir überlegen«, sagte er schalkhaft. »Wahrscheinlich werde ich dir verzeihen, denn ich finde nicht, daß ich dazu neige, mich über diesen Punkt sonderlich aufzuregen.«

Das Frühstück meines Bruders zieht sich in der Regel über etwa anderthalb Stunden hin. Anstatt es wie andere Leute zügig zu verzehren, beschäftigt er sich mit den Morgenzeitungen und nimmt, wie mein Hausherr sagt, alle Viertelstunde einen Bissen zu sich. Einige Damen meines Bekanntenkreises würden einen gehörigen Krach schlagen, wenn sie so unverschämt lange auf ihren Gatten zu warten hätten; doch die Marquise von Douro, die es als ihre Ehre ansieht, dem leisesten Wink ihres Herrn und Gebieters folgen zu dürfen, nimmt sich, nachdem sie ihre eigene kleine Portion verzehrt hat, gewöhnlich eine feine Handarbeit vor und harrt aus, mit zarten, leichten Fingern die Nadel führend, bis ihr Gemahl die Lektüre des letzten Leitartikels beendet hat.

An diesem Morgen wurde ihre Arbeit durch zahlreiche tiefe Seufzer unterbrochen. Jedesmal, wenn einer dieser Kummerlaute ihren Lippen entschlüpfte, hob der Marquis, ohne daß seine Gattin es bemerkte, den Blick von der Zeitung und betrachtete sie mit einem eigentümlichen Ausdruck; und wenn er weiterlas, schien er einen Augenblick eher mit seinen eigenen Gedanken beschäftigt als mit dem Inhalt dessen, was er las. Endlich fand, wie alle Dinge unter der Sonne, auch Arthurs Frühstück ein Ende; ein anwesender Diener räumte das Geschirr fort und brachte alles wieder in Ordnung. Marian war im Begriff, den Salon zu verlassen und sich ins Kinderzimmer zu begeben, als der Marquis unvermittelt aufstand, zu ihr trat und ihre Hand ergriff.

»Marian«, sagte er nach einem kurzen Schweigen, »du siehst heute morgen sehr blaß aus. Wie kommt das?«

»Ich... ich habe letzte Nacht nicht sehr gut geschlafen«, stammelte sie, während sie wie Espenlaub zitterte.

»Das ist nicht alles, und es könnte nicht solches Zittern hervorrufen. Und warum fühlt deine Hand sich in der meinen so kalt an?«

»Ich weiß es wirklich nicht«, antwortete Marian und versuchte, sich ein Lächeln abzuringen; doch dieser Versuch trieb bloß Tränen in ihre dunkelblauen Augen.

Der Marquis sah sie an, als habe er in den verborgensten Winkel ihres Herzens geblickt, und sagte mit leiser, erregter

Stimme: »Hast du meine Gebote mißachtet? Hast du diese Frau getroffen, hat sie dich aufs neue umgarnt?«

Eine Pause trat ein. Marian war dem Zusammenbruch nahe; die rasch wechselnde Farbe ihres Gesichtes verriet die Heftigkeit der Gefühle, die ihr Inneres aufwühlten. Sie konnte nicht antworten, sie konnte ihren erhabenen Gebieter nicht einmal anschauen, sondern sie stand wie versteinert da, sprachlos und ohne sich zu rühren.

»Es ist gut«, sagte er, ließ ihre Hand los und kreuzte die Arme mit einer ernsten Gebärde über der Brust. »Dein Schweigen sagt alles. Du hast es vorgezogen, deinen eigenen schwächlichen Neigungen zu folgen und meine Wünsche zu mißachten. Ich habe dir neulich gesagt, daß ein solches Verhalten unsere sofortige Trennung zur Folge haben würde. Es ist mein Grundsatz, auf Worte Taten folgen zu lassen; darum wird noch am heutigen Tag, nach einer Frist von drei Stunden, der Reisewagen bereit sein, um dich in das Landhaus deines Vaters in Wellingtons Land zu bringen. Guten Tag. Dies ist sehr wahrscheinlich unser letztes Gespräch, denn eine ungehorsame Frau kann ich nicht lieben.«

»Arthur, mein liebster Arthur, verlaß mich nicht so! Du würdest nicht so streng über mich richten, wenn du alles wüßtest!«

»Dann erzähle mir alles!« sagte er schnell und nahm die Hand vom Türknopf, den er gerade drehen wollte.

»Ich wage es nicht!«

»Und warum?«

»Weil ich durch ein Versprechen gebunden bin, dich eine Woche lang nicht zu Rate zu ziehen; und wenn diese Zeit vorüber ist, wird, fürchte ich, jede Rücksprache mit dir nutzlos sein, denn dann muß ich dich für immer verlassen.«

Der Marquis wollte gerade antworten, als sich die Tür öffnete und Seine Gnaden, der Herzog von Wellington, eintrat. Er erstarrte, wie Bobadill sagen würde, gleichsam auf der Schwelle, und nachdem er Arthur und Marian scharf angesehen und ihre gespannte Haltung und Miene bemerkt hatte, sagte er mit ruhiger, forschender Stimme: »Was ist denn mit euch beiden los? Bin ich gerade zur rechten Zeit gekommen, um Zeuge eines kleinen Beispiels ehelichen Glücks zu werden, he?«

Keiner von beiden antwortete; der Marquis trat ans Fenster und beobachtete die Wolken, die gemächlich vorbeizogen. Darauf wandte sich Seine Gnaden mit Nachdruck an Marian:

»Was hast du angestellt, mein Kind«, sagte er, »daß sich eine so drohende und stürmische Wolke auf das Antlitz deines Gemahls gelegt hat?«

Marian brach in Tränen aus. »Ich wollte ihn nicht kränken«, schluchzte sie, »aber... aber...«

»Wie, meine Liebe? Ich hoffe, daß er nicht strenger zu dir war, als nötig.«

»Nein, nein, nein, er möchte nur etwas wissen, was ich ihm nicht sagen kann.«

»Und was ist das? Kannst du es mir erzählen?«

»Ja«, sagte die Marquise aufblickend, während ein Lächeln in ihren noch immer tränenumflorten Augen zu leuchten begann. »Ich denke, das kann ich. Euer Gnaden werden mir besser zu raten wissen als irgend jemand sonst, und ich habe nicht versprochen, das Geheimnis auch vor Euch zu bewahren.«

»Dann komm, mein Kind; setze dich her zu mir und laß uns hören, welch wundersames Geheimnis du hegst.«

Marian setzte sich, wie er es wünschte, neben den Herzog; kurze Zeit schwieg sie, schien ihre Kräfte zu sammeln und sich zu dem Entschluß durchzuringen, zu beginnen. Schließlich spiegelte sich eher Resignation in ihrem Gesicht als Seelenfrieden, doch noch immer lag Wildheit in ihrem Blick und ein Zittern in ihrer Stimme, als sie sagte: »Euer Gnaden, Herr Herzog, ich bin nicht die Gattin Eures Sohnes, und ich bin nicht Sir Alexander Humes Tochter.«

Bei diesen Worten fuhr der Marquis von Douro zusammen, als habe ihn ein Keulenhieb getroffen. Er drehte sich um und hätte gesprochen, wenn sein Vater ihn nicht zurückgehalten hätte. »Schweig, Arthur«, sagte er, »nicht ein Wort von deinen Lippen, oder ich werde dich bitten, auf der Stelle diesen Raum zu verlassen. Nun, meine Liebe«, fuhr er fort, »erkläre mir erst einmal, warum du nicht die Gattin meines Sohnes bist.«

»Vor etwa fünf Jahren«, fing sie an, »kurz bevor meine Mutter – oder jene Frau, die ich bis vor kurzem dafür hielt – starb, als sie rasch von jener tückischen Krankheit verzehrt wurde, der sie am Ende erlag, wurde ich eines Tages in ihre Gemächer gerufen. Sie saß aufrecht, von Kissen gestützt, und um ihr Bett hatten sich Mr. Hall, unser privater Kaplan, Miss Foxley, meine Gouvernante, an die sich Euer Gnaden vielleicht noch erinnern (der Herzog nickte zustimmend), und Henry Percy, der jüngste Sohn von Lord Ellrington, versammelt. Percys Landsitz war nicht weit von Badey Hall entfernt. Er war ein Knabe, ungefähr in meinem Alter, und war, solange ich denken konnte, mein Spielkamerad gewesen.

›Marian‹, sagte meine Mutter, als ich zu ihr trat, ›du hast mich oft von der verstorbenen Lady Percy sprechen hören, nicht wahr?‹ Ich bejahte, und sie fuhr fort. ›Sie war meine innigste Freundin. Alle ihre Wünsche sind mir heilig, und einen davon möchte ich heute gern erfüllt sehen. Auf ihrem Totenbett, kurz nach deiner und Henrys Geburt, äußerte sie den Wunsch, daß zum Gedenken an unsere Freundschaft ihr beide vermählt werden solltet, sobald ihr im heiratsfähigen Alter wäret. Nun liege ich im Sterben, und Henry wird morgen eine Reise in einen fernen Weltteil antreten, von der er vielleicht nie zurückkehren wird. Ich möchte darum, daß ihr nun in meiner Gegenwart einander versprochen werdet, und wenn meine bis heute allezeit pflichtgetreue Tochter ihre Mutter in deren letzten Augenblikken glücklich machen möchte, wird sie sich bereit finden, ihre Hand einem Manne zu reichen, der, woran ich nicht zweifle, sie später zu einer glücklichen Ehefrau machen wird.‹

Ich konnte mich nicht weigern, dem Wunsch meiner teuren Mutter zu folgen, denn ich wußte, wie bald das Grab sie meinen Augen für immer entreißen würde; und überdies: selbst wenn der Gehorsam gegen meine Mutter nicht so tief in mir eingewurzelt gewesen wäre, hätten mir meine Neigungen keinen Grund zu einer Weigerung gegeben: Obgleich ich damals nicht wußte, was Liebe war, so hatte ich Henry Percy doch immer gern gehabt, der ein hübscher und herzlicher Junge war, wie es seinem gutmütigen und freundlichen Naturell entsprach. So gaben wir uns vor dem Kaplan das Ja-Wort, und jeder überreichte dem anderen ein Pfand, durch das wir einander, wenn wir uns irgendwann in der Zukunft wiederträfen, erkennen konnten. Am nächsten Tag brach er zu seiner Reise auf, und wenige Wochen danach trug man meine Mutter zu Grabe.

Die Zeit verging, und ich hörte nichts von Henry, bis im dritten Jahr nach seiner Abreise Miss Foxley eine Zeitung las und mir einen Artikel zeigte. Darin wurde vom Untergang der *Meerjungfrau* berichtet, dem Schiff, mit dem Henry fortgesegelt war. In fernen und unbekannten Ländern, genannt die Südsee-Inseln, war es mitsamt der Besatzung gesunken, darunter auch Leutnant Percy, Sohn des berühmten Alexander Rogue. Ich trauerte um Percy, doch weder lange noch bitterlich. Seine Jahre währende Abwesenheit hatte dafür gesorgt, daß sein Bild in meiner Seele verblaßt und die scheue, kindliche Zuneigung, mit der ich ihm begegnet war, aus meinem Gedächtnis schwand. Ein Jahr darauf lernte ich den Marquis kennen; neue Gefühle und Leidenschaften, wie ich sie bis dahin noch nie erfahren hatte, regten sich in meinem Herzen. Ich brauche Euer Gnaden nicht zu erzählen, wie ich – in einer Weise, die Euch unglaublich launenhaft erschienen sein muß –, als für die Hochzeit mit Eurem Sohn alle Vorbereitungen getroffen waren, plötzlich alles zum Stillstand brachte und erklärte, daß ich niemals zustimmen könne, seine Frau zu werden. Doch ich hatte einen Grund, und zwar einen überaus triftigen. Drei Tage bevor die Hochzeit stattfinden sollte und während Miss Foxley damit beschäftigt war, meine Hochzeitsgarderobe anzufertigen, erhielt sie von einem Schiffskameraden Henrys, mit dem sie bekannt war, einen Brief, in dem es hieß, die Geschichte vom Untergang der

Meerjungfrau sei zur Gänze falsch, Schiff und Besatzung seien unversehrt und auf einer erfolgreichen Fahrt.

Nach alldem könnt Ihr mich nicht tadeln, Mylord, denke ich, obgleich ich, meine Gefühle gewaltsam unterdrückend, jeden Verkehr mit Eurem Sohn abbrach. Niemand kann mein Leid ermessen, als ich ihn Tag für Tag um meinetwillen vor Gram vergehen sah, doch die Pflicht hatte mir eindeutig den Weg vorgezeichnet, den ich gehen mußte, und ich wagte nicht, ihn zu verlassen. Euer Eindruck von meiner Grillenhaftigkeit muß sich bestätigt haben, als ich – nach vielen Monaten standhafter Zurückweisung – plötzlich und wie aus heiterem Himmel seiner Werbung nachgab. Dafür gab es einen Grund, doch ich wage ihn kaum mitzuteilen, denn ich fürchte, Ihr könntet mich einer Neigung zur Phantasterei verdächtigen.«

Der Herzog ermutigte sie, weiterzusprechen, und sie sagte: »An einem stillen Sommerabend wanderte ich spät zu einem entfernten Ort des Parks. In einer kleinen umrankten Laube, die meine liebste Zuflucht war, ließ ich mich nieder und begann kummervoll über Arthurs Bild in mir zu sinnen, in der traurigen Gewißheit, daß ich nie die Seine würde. Ich grübelte und weinte, bis es dunkel zu werden begann; und obwohl ich Angst hatte, bei Nacht durch den Park zu gehen und wilde Rinder und Hirsche aufzustören, trat ich den Rückweg an. Ich hatte ein kleines Stück des Waldweges, an dessen Ende sich die Laube befand, bereits zurückgelegt, als eine schwache und traurige Stimme meinen Namen flüsterte. Ich drehte mich um und sah unter dem Laubengang, den ich gerade verlassen hatte, die schemenhafte Gestalt eines Mannes stehen.

›Wer ist da?‹ fragte ich erschrocken.

Statt mir zu antworten, glitt die Gestalt auf mich zu. Ich schrie auf. Der Mann gebot mir, still zu sein, und sagte mit einer hohlklingenden Stimme, an die ich mich noch jetzt nur schaudernd erinnern mag: ›Sieh mich an, Marian, und erkenne deinen Henry.‹

Just in diesem Augenblick kam der Mond hinter einer Wolke

hervor, und das durch die Zweige fallende Licht enthüllte Gestalt und Gesicht eines Mannes, der in der Tat eine leichte Ähnlichkeit mit Henry hatte; doch er wirkte so verändert, und seine Gestalt war so verzerrt, daß ich sie aus eigenem Antrieb niemals erkannt hätte. Haare und Kleider waren naß und tropften, die Augen waren weit geöffnet, doch ausdruckslos und gespenstisch, das Gesicht bläulich, totenbleich und aufgedunsen. Ich war über diese grausige Veränderung zu entsetzt, um zu antworten, und er sprach weiter:

›So liege ich, Marian, zwischen den Koralleninseln des südlichen Meeres. Glaube denen nicht, die dich täuschen wollen, fürchte nicht, daß ich zurückkehren werde. Der Tod und die Wasser unergründlicher Tiefen halten mich in Fesseln; sei glücklich und denke nicht mehr an deine erste Liebe.‹ Dann entschwebte die Erscheinung vor meinen Augen in die Luft, und ich, von Entsetzen erfüllt, jagte nach Hause. Dort angekommen, erzählte ich Miss Foxley von meinem Erlebnis. Sie versuchte nach Kräften, mich davon zu überzeugen, alles sei nur die Ausgeburt meiner übersteigerten Einbildung; als sie jedoch merkte, daß ich fest an das Vorhandensein der Erscheinung glaubte und ebenso entschlossen war, ihrem Rat entsprechend zu handeln, wurde sie wütend und verließ mich mit den Worten: ›Ich werde zu Gott flehen, daß Ihre Reue tief und bitter sein möge, wenn Sie den Marquis heiraten!‹ Drei Wochen später vermählte ich mich mit ihm. Kurz nach unserer Heirat entließ Arthur Miss Foxley, worüber ich sehr froh war, denn ihre mürrischen Blicke und ihr finsterer Gesichtsausdruck erfüllten mich mit einem unbestimmten Gefühl von Furcht.

Seit dieser Zeit habe ich nichts von ihr gehört, bis mich vor zwei Tagen der Marquis davon in Kenntnis setzte, daß er sie in der Stadt gesehen habe. Und er warnte mich, in irgendeiner Weise mit ihr in Verbindung zu treten. Am selben Tag erhielt ich einen Brief von ihr, in dem es hieß, ich möge mich, falls ich nicht wolle, daß eine gewisse Abmachung ans Licht komme, dazu herablassen, ich, – eine Marquise –, meine ehemalige Gouvernante in ihrer Wohnung in der Harley Street aufzusuchen. Ich ging hin, denn ich wagte nicht, mich zu widersetzen, und dort sah ich jenen Henry Percy, den ich bis dahin ertrunken geglaubt hatte.

Er war so verändert, er sah derart düster und wild und hager aus, daß ich seine Identität zunächst bestritt; doch ich wurde rasch und gründlich vom Gegenteil überzeugt, als er eben jenes Pfand vorwies, das ich ihm vor fünf Jahren zur Besiegelung meiner ewigen Treue gegeben hatte. Er hätte seinen Anspruch auf mich auf der Stelle eingefordert; doch durch Tränen und Flehen erlangte ich einen einwöchigen Aufschub, unter der Bedingung, daß ich während dieser Frist meinen Gatten nicht ins Vertrauen ziehen und am folgenden Tag mich wieder in der Harley Street einfinden würde, um ein wichtiges Geheimnis zu erfahren, das mich selbst beträfe. Bei unserem zweiten Treffen setzte mich Miss Foxley davon in Kenntnis, daß ich nicht die Tochter von Sir Alexander Hume sei. ›Wessen Tochter bin ich dann?‹ fragte ich.

›Die verstorbenen Damen Hume und Percy waren, wie Sie wissen, höchst intime Freundinnen‹, sagte Miss Foxley. ›Als Zeichen ihrer gegenseitigen Liebe und Vertrautheit kamen sie, als Sie und Henry geboren wurden, überein, die Kinder zu tauschen und jeweils das Kind der Freundin wie das eigene aufzuziehen. Der Tausch wurde mit solcher Geschicklichkeit vorgenommen, daß außer mir niemand davon wußte; und bis zu diesem Augenblick haben Sie, verehrte Marquise, zu Doktor Hume als Ihrem Vater aufgeblickt, während in Wirklichkeit kein geringerer als Lord Ellrington in diesem verwandtschaftlichen Verhältnis zu Ihnen steht.‹

Diese Mitteilung traf mich so tief, daß ich in Ohnmacht fiel. Nachdem ich wieder zu mir gekommen war, sagte ich Miss Foxley, daß ich alles, was ich gerade gehört hätte, als eine bösartige Lüge betrachtete, selbst wenn sie ihre Behauptung beweisen könne. Darauf sagte sie mir, daß der Tausch von beiden Seiten schriftlich bekräftigt worden sei. Das Dokument befinde sich in einem Kästchen aus dem Besitz Lady Percys, das durch eine geheime Feder verschlossen sei, deren Stelle sie mir beschrieb; sie hielt es für sehr wahrscheinlich, daß die Schwierigkeit, diese Feder aufzuspüren, Lord Ellrington bislang daran gehindert habe, das Kästchen zu öffnen.

Bei dem Gedanken, jenes Mannes Kind zu sein, den ich vor allen anderen am meisten fürchte und verabscheue, packte mich fast der Wahnsinn, und ich ging, kaum begreifend, was ich tat, zu Ellringtons Haus. Dort bewog ich Lord Ellrington durch flehentliches Bitten, mir das Kästchen zu zeigen. Ich öffnete es, fand das schicksalsschwere Dokument, überflog es und verbrannte es in einer Aufwallung von Qual in der Flamme der Kerze, die auf dem Tisch stand.

Nun, Mylord«, fuhr sie fort, »kennt Ihr mein ganzes Geheimnis und mögt, wenn Ihr könnt, die Tiefe und das Gewicht jenes Elends ermessen, unter dem mein Verstand zuweilen zu zerbersten schien. Ich hasse Weitschweifigkeit, und deshalb werde ich alles, was ich noch zu sagen habe, in so kurzer Form wie möglich zusammenfassen.«

Als Marian geendet hatte, bat sie der Marquis, ihm das Pfand zu beschreiben, an Hand dessen sie Henry Percy wiedererkannt hatte.

»Es war ein kleiner goldener Ring«, entgegnete sie, »mit einem Bergkristall, der eine kleine Flechte meines Haars enthielt, und auf der Innenseite des Ringes war mein Name eingraviert.«

»Die schändliche, alte Hexe!« rief Arthur. »Diesen Ring hat sie in Lapis' Laden gekauft, und der Bursche, den du sahst, ist ebensowenig der Mann, für den du ihn hieltest, als ich es bin. Was das angeht, was sie über Lord Ellrington gesagt hat, zweifele ich nicht, daß es sich um eine schändliche Lüge handelt, und noch ehe dieser Tag endet, wird sie mir alles gestanden haben.«

Dann läutete er und befahl einigen der Diener, sich auf der Stelle zur Harley Street zu begeben und Miss Foxley und jeden, den sie bei ihr finden würden, in Gewahrsam zu nehmen. Sie kehrten bald mit Miss Foxley und ihrem Komplizen zurück, in dem mein Vater und mein Bruder unschwer Edward Percy erkannten, den wohlbekannten Spitzbuben und älteren Bruder Henrys, dessen Rolle er gespielt hatte. Unverblümt erklärte er, sein einziger Grund, sich an dem Betrug zu beteiligen, sei die Absicht gewesen, eine Summe Geldes zu erpressen; und Miss Foxley, solcherart von ihrem Helfer im Stich gelassen, bekannte, ein Gebäude aus Lügen errichtet zu haben, und lüftete das Geheimnis um das Dokument in dem Kästchen. Es habe, sagte sie, tatsächlich zwischen den Damen Hume und Percy eine solche Abmachung gegeben, doch sei dieser Plan wegen der Weigerung ihrer Gatten, ihre Zustimmung zu geben, nie in die Tat umgesetzt worden.

Darauf sagte ihr mein Vater, sie müsse, falls sie der Bestrafung für ihre schändliche Tat entgehen wolle, Afrika auf der Stelle verlassen, sich in ein entferntes Land begeben und dürfe nie wieder den Fuß auf afrikanischen Boden setzen.

»Sie haben die Wahl«, sagte der Herzog, »zwischen zwei Übeln – Verbannung oder Pranger. Entscheiden Sie sich für das, was Sie für das geringere halten.«

Sie wählte die Verbannung und wurde am folgenden Tag auf ein Schiff gebracht. Ihrem Helfer, Edward Percy, der offen alles gestanden hatte, gab mein Vater zehn Sovereigns und entließ ihn gnädig.

»Vergibst du mir meinen unfreiwilligen Ungehorsam?« fragte die nun wieder glückliche Marian, nachdem alles geregelt war.

Ein Lächeln und ein Kuß stellten sie weitaus mehr zufrieden als Worte. Und damit ist meine Geschichte vom Geheimnis zu Ende.

MEIN ANGRIA UND DIE ANGRIANER

Anders als bei den meisten Geschichten, die den Regeln von Erwartung, Ungewißheit und Auflösung gehorchen, handelt es sich bei »Mein Angria...« um eine lose Folge von Vignetten aus dem neu gegründeten Königreich, das Charlotte und Branwell nun zum Mittelpunkt ihrer Schriftstellerei machen. Es beginnt mit dem Auszug von »tout Verdopolis«. Die neue, schicke Adresse heißt Adrianopolis. Zamorna hat diese östliche Provinz nach einem erfolgreichen Feldzug gegen die Feinde der Glasstown-Föderation als Beute und Preis für sich eingefordert. Nun läßt er am Ufer des »ozeangleichen« Calabar eine Stadt erbauen, die, kolossaler und pompöser als das »klassische« Verdopolis, dem etwas neureichen Geschmack des jüngst zum König Adrian Gekrönten entspricht.

Sieben Provinzen, zwischen 1440 und 54000 Quadratmeilen groß, zählt das gelobte Land, vier Flüsse und 4959000 Einwohner, wie Branwell mitteilt, der offenbar sofort alles vermessen und eine Volkszählung veranstaltet hat. Die neue Flagge zeigt die aufgehende Sonne, das Motto lautet »Empor!« und ihre Hymne (Autor Henry Hastings alias Branwell) beginnt: »Schallt, ihr Trompeten über Afrikas dunkles Meer.« Bürgertum und Adel sind gleichermaßen von vaterländischer Begeisterung erfaßt. In das festliche Gewühl einer politischen Kundgebung zur Stärkung von Zamornas Position gegen seinen intriganten Premierminister begibt sich der junge Charles Wellesley. Auf seinem Weg von Thornton Hall, wo ihn sein Erziehungsberechtigter General Thornton zurückgelassen hat, nach Adrianopolis begegnet er dem Dichter Patrick Benjamin Wiggins, eine Art tapferes Schneiderlein der Poesie und eine Parodie auf den 17jährigen Patrick Branwell. Charlotte, der die Literaturkritik wiederholt Humorlosigkeit in ihren Romanen bescheinigt hat, zeigt sich in diesem Kabinettstückchen von ihrer funkelnden Seite. Sie geht so weit, sich und ihre Schwestern mit den Augen Branwells zu betrachten, in denen sie wenig mehr als nichts darstellen.

In der Stadt Zamorna trifft Charles auf die High Society des aufstrebenden Königreichs: die Töchter von Alexander Sneaky, einem der Zwölf, den hochfahrenden Self-made-Mann Edward Percy, General Thornton (der Yorkshire Dialekt spricht und den Namen von Charlottes Geburtsort trägt), Julia Wellesley, die ihren langweiligen Sydney in Verdopolis zurückgelassen und den General zu ihrem Kavalier gemacht hat.

Die Szene wechselt zu dem kleinen Landhaus von William Percy und am folgenden Tag in den Palast von Adrianopolis, wo Zamorna eine ernste Unterredung mit seiner Frau Mary Henrietta hat. Die frischgebackene Königin ist das Opfer der symbiotischen Haßliebe zwischen Zamorna und ihrem Vater. Alexander Percy, der Ex-Premier, schreibt seinen Brief an den König und die Angrianer aus dem Exil auf Stumps Insel, eine Art Rentnerparadies der Glasstown-Föderation, wo die Pensionäre von Melonen und Reis leben und sich in der »Altsprache« unterhalten. Dorthin hat Northangerland sich freiwillig zurückgezogen, nachdem er bei seinem König in Ungnade gefallen war. Seine patriotische Adresse kann den König jedoch nicht über seine Hinterlist und Machtgier hinwegtäuschen.

In »Mein Angria…« versucht Charlotte auch eine Deutung von Zamornas komplexem Naturell. Er ist nicht nur kühner Charmeur und gebieterischer Ehemann, sondern auch – reizbar, leidenschaftlich und unbeherrscht – ein von dunklen Kräften Besessener und ein »wahrer Dämon«.

Der Chronist, der am Ende des hier abgedruckten Kapitels so opportun vom Geschehen abgeschnitten wird, setzt die Geschichte am nächsten Morgen mit einer Begegnung des überraschten Zamorna (»Vater, du hier?«) mit dem Herzog von Wellington fort und wandert dann ziellos weiter im Text. Die Nachricht vom Ableben des Dr. Hume Badey trifft ein; es folgt ein Dramenfragment, das zwischen den Seiten eines Buches hervorlugt, und in dem Zenobia 20 Jahre nach dem Tode Alexander Percys seinen Sargdeckel lüftet. (Vorhang) Er endet schließlich mit dem hochgemuten Bericht von der Taufe der Zwillinge, die »unsere wonnige Königin« Zamorna geboren hat. Charlotte, die über Seiten die Glocken dröhnen, die Böller krachen und das Volk außer Rand und Band geraten läßt, empfindet gleichermaßen, daß nur eine ernüchternde, ironisierende Wendung ihre Geschichte zum guten Ende bringen kann. In dem Augenblick, da Zamorna den Angrianern seine Kinder präsentiert, stürzt Charles Wellesley hinterrücks aus dem Fenster. »Verzeih den Ausfall, lieber Leser.«

CHARLOTTE BRONTË

Mein Angria und die Angrianer

VON
LORD CHARLES ALBERT FLORIAN WELLESLEY

14. Oktober 1834

Die Kinder Israels sind von uns fortgegangen, und allerlei Volk ging mit ihnen und Scharen und Herden und Vieh die Fülle. Sie machten sich auf den Weg nach Baal-Zaphon und lagerten in der Wüste Sin. (Ich glaube, die ursprüngliche Schreibung ist Zin, doch das hat nicht viel zu bedeuten). Eine große Wolkensäule zog vor ihnen her, eine Feuersäule am Tag und eine Wolkensäule bei Nacht (Entspricht das nicht genau der Schilderung von König Adrian, Angrianer?), und vor ihrem Aufbruch beraubten sie die Ägypter: Sie haben unsere Erstgeborenen nicht erschlagen, sondern sie fortgelockt, indem sie sagten: Teilt unser Los, und wir werden euch Gutes tun. – Halleluja! sollte nun die Losung sein in ganz Verdopolis, aber, ach! einige gibt es, die nicht zögern zu rufen »Ichabod! Ichabod! der Glanz ist fortgegangen.« Mit jener Vorliebe für übertriebenen Pomp und prächtige Schauspiele, die wie das Blut unablässig in den Adern jedes Angrianers fließt, wurde der Große Auszug so in Szene gesetzt, daß innerhalb eines Tages, ja einer Stunde, die Kutsche jedes Edelmannes aus dem Osten vor der Tür seines Wohnsitzes in Verdopolis bereit stand, und in einem glänzenden Zug strömte das Heer der Fahrzeuge von Vorreitern begleitet von Sonnenaufgang bis zum Sonnenuntergang – eine donnernde Flut auf der großen östlichen Straße. Zuvor waren die Abschiedsbesuche gemacht und die letzten Gespräche geführt worden, die düsteren Voraussagen, das bedeutsame Kopfschütteln des alten Regimes, das überhebliche Gespött, die triumphierende Ausgelassenheit der jugendlichen Emporkömmlinge waren vorbei. Ich sah, wie die Lippe einer gewissen fürstlichen Persönlichkeit sich so unaussprechlich hochmütig und frohlockend kräuselte, als sich ihr Haupt zum Abschiedsgruß für einen ihrer sogenannten Freunde neigte. Es schien, als habe die ganze, in einer Geste zusammengedrängte Kultur edlen (nicht gewöhnlichen) Angrianertums dieses Lächeln und den strahlenden, unwiderstehlichen Blick, der es begleitete, hervorgezaubert. Für einen ernsthaften, gestandenen Glasstowner war es schwer, die großspurige Unverschämtheit der letzten Tage zu ertragen (besonders für einen empfindlichen alten Aristokraten). Mitanzusehen, wie Schwärme hochgeborener Halunken und Horden von Schlingeln niedriger Geburt sich von Haus zu Haus, von Straße zu Straße drängelten und lautstark und unablässig über ihre Vorbereitungen zum »Großen Auszug« schwatzten, wobei diese »Vorbereitungen« sich in der Mehrzahl der Fälle darauf beschränkt haben dürften, ein zweites Hemd, ein Halstuch und ein Paar Strümpfe einzupacken und dabei die Reisekasse sorgfältig zu verstecken, die den einzigen halben Sovereign in Schillingen und Pennys enthielt; dieser Schatz mußte notwendigerweise ohne Zeugen in der Uhrtasche des Abenteurers verstaut werden, damit nicht ein paar seiner Reisegefährten im Fieber der Aufbruchstimmung ihre Geschicklichkeit an seinem Gepäck erprobten und ihn um seinen schäbigen Zaster erleichterten, während er sich das Bier im »Rising Sun«, »Scarlet Banner« oder »Northangerland Arms« schmecken ließ, ohne an etwas Böses zu denken.

Diese Burschen zu hören, wie sie mit dem schnöselhaften Unterton der Verachtung über die alte Stadt herzogen, wo sie so lange gewohnt hatten! Es war die Stadt ihrer Väter, die Königin der Erde, die auf ihr majestätisches Abbild herniederblickt, das der stolze Niger spiegelt, die den fernen Widerschein ihres Tales und ihrer Zinnen im funkelnden Guadima schaut, und die sich mit unaussprechlicher Schönheit auf der gläsernen Fläche ihres Hafens malt. Sie zu hören, wie sie die marmorne Spielzeugstadt Adrianopolis, das Pilzgewächs des Calabar, über ein Babylon stellen, das so unerschütterlich gegründet ist wie eine Eiche, deren Wurzeln so tief reichen wie die Stadt an der Küste Guineas – das ist aufs höchste hassenswert und kann einen Mann um den Verstand bringen, selbst wenn er nur mit einem Zehntel ihrer Torheit geschlagen ist.

Du siehst, Leser, wie sehr ich in feurige Tiraden geraten bin, doch in Wahrheit ist mir dies alles vollkommen gleichgültig; nach allem, was ich weiß, hat dieser Pöbel ein Recht zu verschwinden, und man soll ihn gewähren lassen. Verdopolis kann die Anwesenheit dieser Burschen gut entbehren. Doch ist dies unglücklicherweise nicht die Meinung aller Bewohner der Stadt. Als Beweis führe ich den folgenden Auszug aus einem dreiseitigen Brief an, den die Ehrenwerte Julia, Lady Sydney, an ihre Busenfreundin, Lady Maria Percy, gerichtet hat. Nach zahlreichen Beteuerungen tiefer und immerwährender Zuneigung, die kein Schicksalsschlag zerstören oder unterbrechen könne, fährt sie folgendermaßen fort:

»O, Maria, wie ich Dich beneide! Dein jetziges Leben, glaube ich, ist Deinen Verdiensten wohl angemessen. Die allererste Göttin des angrianischen Hofes zu sein (denn ich stelle Dich über Lady N.), Gemahlin des stattlichsten und fähigsten angrianischen Ministers, die Schwiegertochter des großen angrianischen Premierministers, Schiedsrichterin in allen Modefragen, die Schöne, der Stern, die Rose unter den schönen angrianischen Blumen? Wie kommt es, daß Dir nicht gelegentlich Deine prachtvolle Erhöhung zu Kopfe steigt, meine Teure? Bei mir wäre es der Fall, und mir würde schwindelig werden – doch Du, Maria, bist für die Größe geboren, und die gelassene Würde, mit der Du diese Auszeichnung entgegennimmst, zeigt, daß Du sie als Dein natürliches Recht empfindest. Ich fürchte, inzwischen wirst Du mich ganz vergessen haben – Edward hat vermutlich Dein Herz völlig in Besitz genommen, und jeder unbeschwerte Gedanke gilt dem teuren Angria und seinem glänzenden Hof. Habe Erbarmen mit mir, Maria, falls ich eine zu unbedeutende Person werden sollte. Versetze Dich in meine Lage – allein, allein in einer Öde aus Stein und Marmor. Du kannst Dir keine Vorstellung machen, wie dunkel und bedrückend mir Verdopolis nun erscheint, daß ich glaube, die Sonne ginge im Osten auf und wieder unter – auf jeden Fall finden ihre Strahlen nie den Weg durch die Fenster von York House. *Mein* Edward wird immer säuerlicher, seine Züge ziehen sich so verdrossen zusammen, daß ich mir ausmale, daß sie bald eine nicht mehr erkennbare Form annehmen werden. Die Politik bedeutet ihm alles. Er lebt in ihrer Atmosphäre, bewegt sich darin und geht darin auf; auf nichts anderes verschwendet er einen Gedanken. Wir kennen keine Geselligkeit, sondern nur politische Zirkel, keine Unterhaltungen, sondern Diskussionen über Staatsangelegenheiten. Die Länge oder die Kürze der Kabinetts-Sitzungen bestimmten, wann wir aufstehen und wann wir zu Bett gehen. Alle seine Träume kreisen um die Zänkereien und Streitigkeiten im Ministerium. Du würdest einen Lachkrampf bekommen, wenn Du sehen könntest, wie mannhaft er im Schlafe kämpft, wie er mit den Armen rudert und sein Gesicht sich wie das eines Besessenen verzerrt, und manchmal plappert er vor sich hin: »Mein Land! Verderbliche Pläne, korrupte Verwaltung, Neuerer ohne Grundsätze« etc.

Doch das ist nichts Neues, es bewegt sich alles im alten Gleis. Mein Heim war für mich immer ein öder Aufenthalt, außer bei Gala-Empfängen, doch nun, ach, bin ich sogar des Vorzuges beraubt, anderswo Ablenkung zu finden. Gestern abend, nachdem ich den ganzen Tag verstimmt und gereizt gewesen war, ließ ich meine Kutsche vorfahren und begab mich ins Königliche Theater als der letzten Zuflucht. Während die Schauspieler auf der Bühne ihre Possen rissen, erging ich mich, anstatt ihnen zuzusehen, in trauervollen Gedanken über das veränderte Aussehen des Hauses. Die Reihe der eleganten Logen kam mir leer vor. Gewiß, es waren Leute darin und auch solche von höchster Stellung und Abkunft. Viele Gräfinnen aus altem Adel mit diamantenen Stirnbändern und nickenden Federn. Viele achtbare junge Dinger, noch nicht einmal in der Mitte ihrer Jugend; eine Unmenge von silbergrauen Grafen, ehrwürdigen Viscounts, ausgedienten Offizieren im Generalsrang etc. Doch als ich Ausschau hielt nach Castlereagh, dem vornehmen, flotten Dandy, Arundel, dem tapferen, ritterlichen Kavalier; nach Edward Percy, dem Hochmütigen und Schönen, der in unregelmäßigen Abständen wie ein Stern in seiner Loge unter dem Kronleuchter zu erscheinen pflegte; nach Northangerland, über dessen Gesicht jener sonderbare faszinierende Hauch von Schwermut lag; nach dem ernsten Thornton, der immer nur kam, um das Stück zu sehen und nicht seine Umgebung; als ich Ausschau hielt nach Trusty, Seymour, Abercorn oder Lennox – als ich keinen von allen erblickte, sondern nur alte Haudegen und ihre Matronen, hatte ich Mühe, meine Tränen zurückzuhalten, ich schwöre es, Maria. Und was die Damen anging, Liebste? Wo waren Deine schwarzen Augen und Deine langen, nachtschwarzen Locken? Wo war das anmutige, wenn auch fast farblose Gesichtchen unserer Harriet? Wo war Lady Arundels große, stattliche Gestalt? Wo die imponierende Gräfin Zenobia? Erinnerst Du Dich, wie sie dazusitzen pflegte, ihren strengen Blick auf die Bühne gerichtet, neben ihr Lord N., in feierlichem Schwarz, den schimmernden Grafenstern auf der Brust? Dieser Anblick hat mich übrigens immer am meisten fasziniert. Wo war Mary Percy (ich werde es niemals über mich bringen können, sie bei einem anderen Namen zu nennen), erhaben und stolz? Sie wandte nicht oft das Haupt, und wenn sie es tat, bedachte sie die Person, die ihre Aufmerksamkeit erregt hatte, mit jenem mißtrauischen, durchdringenden Blick, der mir, wenn ich plötzlich bemerkte, daß er auf mir ruhte, die Kälte ins Gebein trieb. Wo waren sie alle? Nun ja – nicht mehr als einhundertundfünfzig Meilen entfernt. Maria! Ich bin der Verzweiflung nahe – Du kannst Dir nicht vorstellen, wie niedergeschlagen und nervös ich bin. Schreibe mir bald, oder ich werde ganz der Hypochondrie verfallen. Deine Briefe sind der einzige Trost, den ich jetzt noch empfange. Wenn sie ausblieben, gäbe es wohl keinen anderen Ausweg mehr für mich als den Selbstmord.«

Soviel zu Lady Julia, diesem armen Geschöpf! Die Abreise der Angrianer hat sie furchtbar mitgenommen. Was ist da zu tun? Sie täte gut daran, sich ihre Unterhaltung anderswo zu suchen. Sie sollte Sydney seiner Braut, dem Staat, überlassen und umgehend in irgendein hübsches Nest in ihrem angebeteten östlichen Paradies flattern.

Leser, wie verschieden sind doch die Gemüter der Sterblichen! Für eben jene Vergünstigungen, nach denen Lady Sydney sich sehnt und denen sie nachweint, hat Charles Wellesley nur Abscheu und Verachtung. Bevor General Thornton nach Adrianopolis aufbrach, tat er alles, was in seiner Macht stand, mich zum Mitkommen zu bewegen. Vergebens waren Versprechungen, Drohungen, selbst Schläge. Ich feixte, kratzte, verhöhnte ihn, und ich leistete Widerstand – sollte ich etwa aus freien Stücken ein Untertan dieses Despoten werden? Nein, ich blieb standhaft, und Wilkin war gezwungen, Girnington Hall ohne mich zu verlassen. Fünf ermüdende Tage lang verharrte ich als oberster Herrscher in den getäfelten Räumen dieses ehrwürdigen Gemäuers und endlich, müde der Abgeschiedenheit, dachte ich darüber nach, daß ich mich vielleicht ebensogut aufheitern könnte, wenn ich mich aufmachte und das entvölkerte Land inspizierte, nun, da man dies nicht als Unterwerfung unter Thornton auffassen konnte. Am Abend des sechsten Tages reifte in mir dieser Entschluß und ich beschloß, ihn am folgenden Morgen in die Tat umzusetzen. Also erhob ich mich noch vor Sonnenaufgang, kleidete mich an und ging allein die Park Road entlang. Ja, Leser, ich, der ich über eine Kutsche und eine Eskorte hätte gebieten können, hatte mich entschlossen, eine Reise über hundert Meilen anzutreten und mich dabei nur auf meine eigenen Beine zu verlassen; vielleicht konnte mich auch ein Karren oder Wagen, dem ich auf meinem Weg begegnete, zuweilen ein Stück mitnehmen. Girnington Park ist fast ein Wald, denn da er sehr alt ist, sind die Bäume allmählich dichter und höher geworden, und die grünen Flecken zwischen den überwachsenen Stämmen und riesigen Ästen sehen nun aus wie Waldlichtungen. Sie lagen im Zwielicht, als ich sie überquerte. Hin und wieder ließ sich ein Reh blicken, das hinter eine riesige Eiche oder eine weißrindige Birke schlüpfte, zuweilen schwirrte ein aufgestörter Fasan aus seinem Versteck oder eine aus dem Schlaf gerissene Hohltaube gurrte tief und gedämpft aus ihrem stillen Nest in den fernsten Gründen des Waldes, doch sonst war zu dieser Stunde noch alles still. Mit Hilfe eines Nachschlüssels, den ich ohne Thorntons Wissen besaß, öffnete ich die riesigen Tore, die den Park sicherten. Ich schloß und verriegelte sie hinter mir, und so aus dem Schloß der Ungeheuren Verzweiflung befreit, setzte ich freudig meinen Weg fort. Kühl und balsamisch schwebte die Brise des Sonnenaufgangs über die grüne Szenerie, die mich umgab. Als ich mich umblickte, warfen Edwardston Hall und sein Dorf, die sich (wie es aus dieser Entfernung schien) an den äußersten Grenzen des Parks ins Grün schmiegten, ihren blaß-blauen Nebelschleier ab und hoben ihre Dächer klar gegen den Himmel, als wollten sie den ersten Sonnenstrahl einladen, sie zu bescheinen. Der Horizont über Sydenham Hills strahlte in eigentümlichem goldenen Glanz, der sich tiefrot verfärbte und dann in jenes Silberblau umschlug, das nur ein Herbstmorgen so vollkommen hervorbringen kann – die Morgendämmerungen der Sommertage sind weich und hell, doch ist ihr Licht am Horizont nicht so lebhaft getönt wie das, welches das sich neigende Jahr am Morgen erhellt. Ich spähte nach Osten und Westen die breite Straße entlang; sie war leer und verlassen, noch nicht einmal ein Vogel hüpfte über ihre breite, helle Decke – jetzt noch weiß, doch rasch vom sich erhellenden Himmel gelb überzogen. Da ich keine Eile hatte, lagerte ich mich an einer Hecke und wartete auf einen Reisegefährten. Nach kurzer Zeit erschien etwas Dunkles unter den fernen Bäumen von Edwardston, so weit entfernt, daß anfangs kaum zu erkennen war, ob es sich bewegte. Es kam näher, und der Umriß einer menschlichen Gestalt wurde sichtbar. Noch war kein Laut zu hören. Die Gestalt verschwand hinter einer Straßenbiegung, dann tauchte sie wieder auf, nur noch etwa achtzig Yards entfernt. Rasch und sicher ausschreitend kam ein kleiner, schlanker Mann näher, bekleidet mit einem schwarzen Mantel und grauen Hosen. Der Hut saß ihm fast auf dem Hinterkopf, und darunter kam ein Gestrüpp karottenroter Haare zum Vorschein, das auf jeder Seite abstand wie eine gespreizte Hand. Auf der vorstehenden römischen Nase saß eine Brille, ein schwarzes Tuch war recht nachlässig um den Hals geschlungen, und um das Bild zu vervollständigen, schwang er in einer Hand einen Rohrstock. Während er marschierte, hielt er sich ziemlich gerade, und seine Haltung war durch jenes unbeschreibliche Schwingen gekennzeichnet, das Leute, die sich etwas darauf einbilden, gut zu Fuß zu sein, immer an sich haben. Als er näher kam, stand ich auf und trat vor, um ihn zu begrüßen.

»Morgen, Wiggins«, sagte ich (denn kein anderer war es). »Wie ist das Befinden, es ist ein schöner Morgen.«

»Ein ungewöhnlich schöner Morgen, Lord Charles. Ich bin überaus erfreut, Euch zu sehen. Ich hoffe, wir haben ein gutes Stück Weges gemeinsam. Wäre durch Eure Gesellschaft geehrt, das heißt, falls Ihr mit mir Schritt halten könnt.«

»O, keine Angst, Wiggins, ich werde mein Bestes tun. Doch sagen Sie mir, sind Sie unterwegs zum Ende der Welt? Man könnte es glauben, bei dem Schwung, mit dem Sie die Beine werfen.«

»Nicht *ganz* bis zum Ende der Welt, das heißt, nicht die ganze Strecke. Nur ein Stück. Ich gedenke heute nicht viel weiter als bis Zamorna zu gehen. Gestern abend kam ich nach Edwardston und übernachtete dort. Mr. Greenwood hat aus Verdopolis nach mir geschickt. Die Entfernung beträgt vierzig Meilen, müßt Ihr wissen, Lord Charles, und ich schaffte sie in zwölf Stunden – in Wirklichkeit sind's mehr als vierzig, eher fünfzig Meilen, glaub ich. O ja, es sind, wie ich wohl behaupten darf, sechzig oder fünfundsechzig Meilen. Nun, Sir, was sagt Ihr dazu, daß ein Mann fünfundsechzig Meilen an einem Tag zurücklegt?« Da ich Wiggins' Neigung zur Übertreibung kannte, antwortete ich nur mit einem Nicken, und er fuhr fort: »Man hört, daß es in Zamorna heute eine große Feierlichkeit geben wird. Die Aristokraten der Grafschaft versammeln sich, um über diesen Brief an die Angrianer zu beraten; Lord Castlereagh wird den Vorsitz führen und Mr. Edward Percy vermutlich der Hauptredner sein. Ich möchte ihn so gern hören. Er legte an einem Tag und in einer Nacht einhundert Meilen zurück – ein großer Mann, ein sehr großer Mann, trägt genau die richtige Art von Frack, mit einem hohen Kragen fast bis zum Scheitel seines Lockenkopfes. Heute morgen kniete ich über eine halbe Stunde vor den Toren von Edwardston. Seht Euch die Knie meiner Hosen an. Diesen Lehm hat er, Lord Charles, ohne Zweifel oft mit seinen Füßen betreten. Ich wünschte, mein Rücken könnte sich derselben Ehre rühmen, aber das ist außerordentlich anmaßend von mir, so zu sprechen. Solche Albernheit würde er verachten.«

In diesem Augenblick ertönte hinter uns Hufgetrappel und unterbrach Wiggins' Redeschwall. Wir drehten uns um. Dort nahte auf einem prächtigen Braunen in schnellem Trab eben jener Mann, dem die Lobeshymne meines Gefährten gegolten hatte. Er war allein, doch es hätte kaum einer Dienerschar bedurft, um seine Ausstrahlung von Rang und Würde zu unterstreichen. Stolz aufgerichtet saß er im Sattel, hielt die Zügel mit lässiger Sicherheit und meisterlichem Können in den Händen, und seine ganze Ausrüstung war in bestem Zustand: die blanken Sporen und Steigbügel schimmerten wie Gold, Trense und Zaumzeug glänzten wie reines Silber, die Reitstiefel spiegelten schwarzem Bernstein gleich. Die olivgrüne Reitjacke und die beigen Reithosen stammten offensichtlich von einem erstklassigen Schneider, betonten das schöne Ebenmaß der Muskulatur des jungen Athleten und umschlossen zugleich seine Glieder auf das Vorteilhafteste. Seine Falkenaugen waren stracks nach vorn gerichtet und leuchteten wie Juwelen in seinem edel geformten Gesicht. Sie sind blau und von solch feuriger Ausdruckskraft, daß ich zum Beispiel nicht in ihre Reichweite geraten möchte, wenn die Flamme des Zorns in ihnen auflodert. Er ritt an uns vorüber, ohne sich zu einem Wort oder Blick herabzulassen. Ich sah ihm nach, bis er in der Ferne verschwand, und wandte mich dann wieder Wiggins zu. Ich wollte meinen Augen nicht trauen: Platt wie eine Flunder lag er auf dem Gesicht, reglos wie ein toter Hering, wie ein Parse, der sich in den Staub wirft, um die aufgehende Sonne anzubeten.

»Benjamin«, sagte ich, »stehen Sie auf. Warum länger den Hanswurst spielen, wenn nur noch ich da bin?«

Er gab keine Antwort, und ich weiß nicht, wie lange er in dieser Haltung noch ausgeharrt hätte, wenn nicht ein Geräusch wie ferner Donner die Postkutsche von Angria angekündigt hätte. Und dann kam sie heran mit dampfenden Pferden, im Inneren drängten sich Fahrgäste, auf dem Dach türmte sich Gepäck – die Passagiere scherzten, lachten und schrien, der Postillon und der Kutscher antworteten ihnen mit Flüchen. Ohrenbetäubend war das Brausen und Rattern, als sie vorbeifuhr. Es veranlaßte Wiggins, recht hurtig aufzuspringen, doch kaum war er auf den Beinen, als es aus ihm hervorbrach: »Was bin ich doch für ein elender Hahn auf dem Mist! Eine altersschwache, närrische Blindschleiche bin ich, ein häßlicher Köter, Speichellecker, armer Tropf, Dieb, Straßenräuber, Attentäter, Mörder, Taschendieb, Spitzbube, Hundefänger, Ausgeburt von Seuche, Pestilenz und Hungersnot! Wer bin ich denn, daß ich weiterleben könnte, nachdem ich Percy, den Sohn Northangerlands, habe an mir vorüberreiten sehen, ohne daß er nach mir geschossen hätte oder auf mich spie? Warum habe ich mich nicht vor die Kutsche geworfen wie ein Hindu vor den Wagen des Moloch, in der sich ebenfalls, wie ich wohl sagen darf, Männer von Rang befanden. Ich vermeinte eine tiefe Stimme zu hören, welche die von Wolverton Talbot, Rogues Kämpen, gewesen sein könnte. Habt Ihr ihn je kennengelernt, Lord Charles? Er ist ein düsterer, stämmiger Mann mit überhängenden Brauen und so zäh, als wär' er aus Kautschuk gemacht, und er flucht einfach prachtvoll. Er ist ein Pirat gewesen, und einen Mann auf der Stelle zu töten, würde ihm nicht mehr ausmachen, als eine Zwiebel zu essen. Doch, bei meiner Treu, wovon rede ich, wie kann ich von jemand anderem reden, sprechen oder träumen als von Mr. Percy, der dahinreitet auf seinem Roß, das bestimmt fünfhundert Guineen wert ist – wenn nicht gar achthundert oder tausend. Und das zu einer so frühen Stunde und ohne Diener, Pagen oder entsprechendes Gefolge!

Er hat die Absicht, Zamorna als erster zu erreichen und alles nach seinen Wünschen einzurichten. Ich hoffe, daß er befehlen wird, die Musikkapellen reichlich zu entlohnen, sonst werden Mr. Greenwood, Mr. Rohner, Mr. Nicholson oder Dr. Crotch nicht zufrieden sein. Übrigens, Lord Charles, werden fünf Blasorchester erwartet. Jedes besteht aus zwei Trompeten, drei Helikonen, vier Tubas, fünf Schlangenhörnern, sechs Waldhörnern, sieben Französischen Hörnern, acht Gongs, neun Kesselpauken und zehn Ramgalongtonas, das sind ganz neue Instrumente, die in Afrika bisher noch nie gespielt wurden. Weiterhin gibt es fünf Gruppen mit Rohrblattinstrumenten, und jede verfügt über elf Flöten (alle von Nicholson), zwölf Klarinetten, dreizehn Piccolo…«

»Verschonen Sie mich damit, Wiggins«, unterbrach ich ihn, »lieber Mann, nach Ihrer Aufzählung werden die Musikanten mit ihren Instrumenten das Versammlungsgebäude aus den Nähten platzen lassen. Vergessen Sie mal, wenn's möglich ist, für kurze Zeit, die ganze Sache in Zamorna und beantworten Sie mir statt dessen ein paar Fragen zu Ihrer eigenen Person. Zuerst möchte ich wissen, wo Sie das Licht der Welt erblickt haben und welcher Teil Afrikas die Ehre hatte, Ihren Geburtsort zu beherbergen?«

»Nun, Lord Charles, ich wurde zum Teil, wenn ich so sagen darf, in Thorncliffe geboren, doch seither habe ich mich immer zu den Eingeborenen von Howard gerechnet, was eine große

Stadt in den Warner-Bergen ist unter der Herrschaft jenes wundervollen und übermenschlichen Gentleman Warner Howard Warner, Esquire, (hier nahm er den Hut ab und verbeugte sich). Die Stadt hat vier Kirchen und etwa zwanzig große Gasthäuser, und eine Straße namens Taan Gate, die breiter ist als Bridgenorth in Free Town.«

»Erzählen Sie mir keinen Unsinn, Wiggins«, sagte ich, »ich weiß sehr gut, daß Howard bloß ein elendes kleines Nest ist, begraben unter Heide, Torf und Sumpf. Ich bezweifle, daß es eine Kirche hat oder gar ein Gasthaus, ähnlich der Kneipe da drüben, die Sie gerade so sehnsüchtig anpeilen.«

»Ich bin ziemlich durstig«, erwiderte er, »und ich denke, ich werde auf einen Krug Porter oder einen Becher Brandy mit Wasser in dieses Wirtshaus einkehren.«

Er flitzte über die Straße. An der Tür empfing ihn eine dicke Wirtin.

»Nun, mein Herr, was steht zu Diensten?« fragte sie, denn er stand einen Augenblick stumm da.

»Bitte, gute Frau, hätten Sie die Güte, mir für einen halben Penny Milch oder einen Becher Buttermilch oder nur einen Schluck Spülwasser zu kredenzen, falls es Ihnen zu viele Umstände machen sollte, einem armen Kater wie mir Ihre anderen geistigen Getränke zu offerieren.«

Die Wirtin, die eine gutmütige Haut zu sein schien, war ohne Zweifel mit Wiggins absonderlichem Gehabe vertraut, da er diese Straße häufig benutzte. Sie lachte und sagte: »Sie treten besser näher, Sir, und nehmen einen Schluck heißen Tee zu sich. Das Frühstück steht auf dem Tisch.«

Wiggins reinigte sehr sorgfältig seine Schuhe und folgte ihr ins Innere des Hauses. Ich konnte durch die offene Tür sehen, wie er vor dem Kamin Platz nahm, zwei oder drei Tassen Tee hinunterstürzte und ebenso rasch die entsprechende Menge an Brot und Butter vertilgte. Dann erhob er sich, förderte aus seiner Tasche ungefähr zwanzig Schillinge in Silber zutage (ich weiß nicht, wie er an das Geld gekommen ist), und indem er mit großer Geste die Münzen der Wirtin überreichte, sagte er: »Nehmen Sie sich davon, was Ihnen zusteht, liebe Frau, nehmen Sie, soviel Sie brauchen, ich verlange niemals eine Abrechnung.« Sie bediente sich lachend, worauf er mit einem höflichen »Guten Morgen« das Wirtshaus verließ und sich mir wieder anschloß.

»Gruppe mit Gewehr«. Das Original von Branwells Zeichnung ist verschollen. Sie zeigt von links Anne, Charlotte, Branwell und Emily.

»Das hat gutgetan!« war sein erster Ausruf. »Ich fühle mich jetzt ganz und gar wie ein Löwe. Zwei Flaschen Sneachies Glasstown-Bier, zwei Liter Porter, Käse, Brot und kalten Braten habe ich vertilgt, seit ich Euch verließ, Lord Charles. Das nenne ich eine Sache zügig erledigen, und ich spüre keine Wirkung – ich fühle mich bloß leicht und flink und unternehmungslustig. Ich würde allen Gänserichen der Christenheit trotzen – das würd' ich wahrhaftig – und hundert Grünschnäbeln obendrein. Wie auch immer, wir sollten trotzdem unser Gespräch fortsetzen. Wo war ich stehengeblieben, Sir?« »Ich fragte nach Ihrem Geburtsort, Sir, und nun frage ich Sie nach Ihren Angehörigen.«

»Nun, in gewisser Weise könnte man sagen, daß ich keine habe. Ich wüßte nicht zu sagen, wer mein Vater und wer meine Mutter war. Es gibt ein paar Leute, in der Gestalt von drei

Mädchen, die sich als meine Verwandten bezeichnen. Nicht, daß sie sich dadurch geehrt fühlen, mich zum Bruder zu haben, ich bin es vielmehr, der leugnet, daß sie meine Schwestern sind. Robert Patrick S'Death, Esquire, ist zum Teil mein Onkel, doch er ist der einzige Verwandte, den ich anerkenne.«

»Wie heißen Ihre drei Schwestern?«

»Charlotte Wiggins, Jane Wiggins und Anne Wiggins.«

»Sind sie ebenso sonderbar wie Sie?«

»O, sie sind alberne, armselige Geschöpfe, die es nicht wert sind, daß man über sie ein Wort verliert. Charlotte ist achtzehn Jahre alt, ein dreistes, plumpes Ding, das mir nur bis zum Ellenbogen reicht. Emily ist sechzehn, spindeldürr und mit einem Gesicht, so groß wie ein Penny, und Anne ist überhaupt nichts, absolut nichts.«

»Wie? Ist sie eine Idiotin?«

»Es fehlt nicht viel daran.«

»Hm, ihr seid ja ein reizendes Quartett. Doch sagen Sie mir, Meister Wiggins, was hat Sie dazu bewogen, Howard zu verlassen und nach Verdopolis zu gehen?«

»Ihr müßt wissen, Lord Charles, daß ich schon immer nach etwas Höherem strebte. Ich war nicht damit zufrieden, ein Schildermaler in Howard zu sein, wo Charlotte und die anderen als Näherinnen ihr Leben fristeten. Ich stellte mir die riesige Fläche Afrikas vor und bahnte mir darin in Gedanken einen Weg für mich, der vor den Toren eines prächtigen Palastes endete, auf Cock-Hill gelegen, dessen Portal die Inschrift trug ›Residenz des Herzogs von Thorncliffe‹, und unter den Eichen meines Parks befand sich eine Gruft, an der Reisende folgende Worte lesen konnten: ›Errichtet zum Gedenken an Patrick Benjamin Wiggins, Herzog von Thorncliffe und Viscount Howard. Als Musiker war er größer als Bach, als Poet größer als Byron, als Maler übertraf er Claude Lorrain, als Rebell entriß er Alexander Rogue die Krone, als Kaufmann war ihm Edward Percy unterlegen, als Fabrikbesitzer konnte es Granville nicht mit ihm aufnehmen, als Forschungsreisender haben weder Humboldt,

Ledyard noch Mungo Park je solchen Gefahren getrotzt oder solche Fährnisse gemeistert wie er. Er zivilisierte Australien, er gründete die Stadt Wigginopolis in Neuseeland. Er errichtete den Obelisk Baraliticus auf Tahiti, wo er auch die Künste und Wissenschaften heimisch machte, die dort nun in hoher Blüte stehen. Und als letzte und größte seiner gewaltigen Taten baute er die erstaunliche Orgel Rolldonnerheulsangesimus, welche nun die Kathedrale von St. Northangerland in seinem Geburtsort Howard ziert. Nachdem er solchermaßen alle Früchte des Ruhms geerntet und das vierhundertundsechzigste Lebensjahr erreicht hatte, wurde er schließlich in den Himmel befohlen, zu dem er in einem Feuerwagen aufstieg, und dieses mirakulöse Ereignis fand statt im Jahre zweitausendzweihundertundvierzig.‹

Mit so erhabenen Ideen wie diesen im Kopf, verlangte es mich, wie Ihr Euch vorstellen könnt, Lord Charles, nach einem weiteren Betätigungsfeld, auf dem ich sie in die Tat umsetzen könnte. Endlich ergab sich die heißersehnte Gelegenheit. Im Monat Mai des vergangenen Jahres wurde eine schöne, völlig neue Orgel in der Kirche von Howard eingeweiht. Es traf sich nun, daß zu dieser Zeit John Greenwood, Esquire, der Musiker und Komponist, nach seiner Rückkehr aus Stumpsland sich aller Mittel beraubt sah, sein Leben zu bestreiten, und so verarmt war, daß er weder einen Penny in der Tasche, Schuhe an den Füßen noch ein Hemd auf dem Leibe hatte. Dieser vortreffliche Mann sah sich gezwungen, im Hause eines Bekannten Unterschlupf zu suchen, eines gewissen Mr. Sudbury Figgs, eines bescheidenen Mannes, der vier Meilen von Howard entfernt wohnte und der, von Haus aus Pianist, bei verschiedenen Familien in der Nachbarschaft Klavierstunden zu geben pflegte. Als ich von Greenwoods Ankunft erfuhr, machte ich eine Viertelstunde lang Kopfstand ohn Unterlaß. Diese Nachricht war fast zu überwältigend, als daß ich sie hätte glauben können, doch als mir später Mr. Abey Figgs beim Tee erzählte, daß Mr. Greenwood durch seinen Einfluß bewogen worden sei, die Erprobung der Orgel (die zweimal vorgenommen wurde) zu beaufsichtigen, kannte mein Jubel keine Grenzen mehr. Er kam – ich sah ihn, ja, ich erinnere mich, wie er die Kirche betrat, zur Orgelempore hinaufstieg, wo ich mich befand, Sudbury Figgs, der sich gerade an Händels ›Und der Ruhm Gottes‹ versuchte, vom Bänkchen stieß, selbst darauf Platz nahm, die Finger auf die Tasten und die Füße auf die Pedale legte und auf hinreißende Weise ›Ich weiß, daß mein Erlöser lebet‹ zu spielen begann. ›Wahrlich‹, sagte ich, ›dies ist ein Gott und kein Mensch‹. Solange die Musik in meinen Ohren dröhnte, wagte ich nicht zu sprechen, zu atmen oder auch nur den Blick zu heben. Als sie verstummte, warf ich verstohlen einen Blick auf jenen Mann, dessen Ruhm und Kunst mein Herz bereits in Begeisterung versetzt hatten, als ich sie nur vom Hörensagen kannte: doch als ich Mr. Greenwood nun leibhaftig erblickte, fühlte ich mich unwiderstehlich zu ihm hingezogen. Er war ein großgewachsener Mann mit breiten Schultern, heller Haut und ins Rötliche spielenden Haaren, ganz in Schwarz gekleidet – für mich das wahre Bild vollkommener männlicher Schönheit, das sogar eine entfernte Ähnlichkeit mit dem Bild von Rogue aufwies, wie es mir vor Augen stand. Umgehend nahm ich jene Stellung ein, die für mich immer Ausdruck höchsten Staunens, Entzückens und Bewunderns ist. Mit anderen Worten, ich rammte meinen Schädel gegen den Boden und ließ mit Schwung meine Hacken nach oben fliegen. Zufällig trafen sie Mr. Sudbury Figgs am Kinn, der in seiner üblichen Haltung dastand, in seinen Zähnen stochernd und seinen Unterkiefer gut ein Yard nach vorn schiebend. Er schrie so laut, daß Mr. Greenwood aufmerksam wurde. Er fuhr herum und erblickte mich. ›Wer ist der Bursche, der hier den Hanswurst spielt?‹ hörte ich ihn sagen. Bevor jemand anderer antworten konnte, lag ich zu seinen Füßen, leckte den Staub und rief: ›O, Greenwood, größter, gewaltigster, berühmtester der Menschen, zweifellos wißt Ihr nichts von einer so winzigen, erbärmlichen Laus wie mir, doch ich habe Euch durch Eure wundervollen Werke kennenlernen dürfen. Erlaubt der minderwertigsten aller

Kreaturen, Euch untertänigst ihre Dienste anzutragen, als Schuhputzer, als Mantelträger, als einer, der Eure Geigenbögen pflegt und die Noten trägt – kurz, als hemmungsloser Speichellecker.‹ Greenwood lachte. Er erlaubte mir, bei ihm zu bleiben. An jenem Abend, als er die Kirche verließ, überreichte ich ihm seinen Hut, wobei ich, um als erster bei ihm zu sein, William Rad, Henry Lock und John Mildmay (den Sohn des Orgelbauers) über den Haufen rannte. Später konnte ich mich des unaussprechlichen Glücks erfreuen, ihm mit seinem seidenen Halstuch, das er vergessen hatte, ins Wirtshaus nachrennen zu dürfen. Während der verbleibenden Zeit seines Aufenthaltes in Howard nahm ich verschiedene kleine Gelegenheiten wahr, mich bei ihm einzuschmeicheln. Eines Abends endlich, als er im ›Black Bull‹ mit Tom und John Rad, Onkel und Vater von Billy Rad, beisammensaß und gerade seinen dreizehnten Becher Brandy mit Wasser geleert hatte, sagte er mir, ich dürfe ihm in Verdopolis Gesellschaft leisten; falls ich dorthin käme, sei ich willkommen. Bevor mein Dankesausbruch vorüber war, stand er auf und sagte mir, ich möge meine Sachen packen, weil er noch in dieser Minute aufzubrechen gedächte, da um zehn Uhr abends am Kreuzweg eine Kutsche vorbeikomme, die nach Westen fahre.

Ich rannte auf der Stelle nach Hause, um es den Kindern zu sagen, warf mich in meine besten Kleider, legte ein sauberes Hemd und einen Kragen an, und binnen einer Stunde ratterte ich in einer Kutsche, so geschwind, wie vier Kutschpferde zu laufen vermochten, nach Freetown. Die Sonne des nächsten Tages sah ich hinter dem Turm der Nationen untergehen, und das, Lord Charles, ist die Geschichte meines Auszuges von Howard nach Verdopolis.«

Kurz nachdem Wiggins seine merkwürdige Geschichte beendet hatte, diese verquere Mischung aus Verrücktheit und Unternehmungslust, lächerlicher Kriecherei und dreistem Ehrgeiz, betraten wir die dicht bevölkerten Straßen von Zamorna. Gegenüber der neuen Börse trennten wir uns. Er machte sich auf die Suche nach Greenwoods Wohnung, denn dieser musikalische Zugvogel hatte zur Zeit seinen Wohnsitz in dieser Stadt genommen; und ich, »Ziellos wie die Wolken, die durch einen Sommerhimmel treiben«, streifte umher, wohin der Zufall mich führen mochte. Ich glaube, es war um die Mittagszeit, als ich zur Hängebrücke kam, die man vor kurzem über den Fluß Olympia gebaut hatte. Hier war der Strom der Menschenmenge, die eilig auf dem kürzesten Weg dem Versammlungsplatz zustrebte, so dicht, daß selbst ich, wohl erfahren darin, mir den Weg durch Menschenmassen zu bahnen, nicht weiter vorankam. Nachdem ich ein- oder zweimal um Haaresbreite der Gefahr entgangen war, von donnernden Kutschen, durchgehenden Pferden oder unzähligen Leibern zu Boden gestreckt zu werden, rannte ich die Treppe eines der Zolltürme hinauf, und stand dort so sicher wie ein Wetterhahn auf der Turmspitze. Von hier bot sich mir ein aufregendes Schauspiel.

Unmittelbar vor mir strömte, jagte und ratterte eine unvorstellbare Menschenmenge dahin, ein langer, schwarzer Strom über die ganze Breite der Stuart Road, die sich bis zum Platz des Treffens hin erstreckte. Unterhalb eilte der hurtige Fluß dahin, strahlend blau, im Sonnenlicht und im Widerschein des prächtigen Herbsthimmels funkelnd, und seine flinken, springlebendigen Wellen schienen an diesem Festtag teilhaben zu wollen, wenn auch ihre Stimmen nun nicht zu hören waren, weil der Lärm der gewaltigen Masse, die über ihnen dahinzog, jedes schwächere Geräusch erstickte. Im Osten lag die Innenstadt, widerhallend von Glockengeläut und aufgeregtem Geschrei in jeder Straße. Edward Percys neue Fabrik mit ihrem kolossalen Schornstein stieg stattlich von den Ufern des Olympia auf, und die Hütten und Wollkämmereien seiner Arbeiter umdrängten sie wie Pygmäen, die einen Riesen bewachen. Gegenüber lag der Versammlungsplatz und an seinem oberen Ende das Rathaus, vor dem das Podium errichtet war, das aus der Entfernung mit seinen Flaggen und Baldachinen wie ein roter Fleck wirkte, der die Fassade des riesigen städtischen Gebäudes schmückte. Die

Musikkapellen waren zur Stelle und übertönten zuweilen den Jubelsturm auf dem Platz. Dahinter erstreckte sich die eindrucksvolle Landschaft der Felder, Parks und Wälder, rings um den schemenhaften Gürtel der Zamorna-Berge und der entfernteren Höhen von Sydenham, die hoch in den Himmel stießen, und der leuchtende mittägliche Horizont umschloß das ganze Land. Während ich diese Aussicht auf mich wirken ließ, kam eine Kutsche über die Brücke gerasselt, begleitet von Vorreitern in leuchtend goldenen und roten Livreen. Auf ein Zeichen des Insassen hielt sie vor der Treppe, auf der ich mich befand. Die Tür wurde aufgestoßen. Eine Stimme sagte: »Bringt ihn auf der Stelle her!«, und bevor ich mich's versah, riß man mich die Stufen zum Schlagbaum hinunter und beförderte mich gewaltsam in das Gefährt. Eine Dame und zwei Herren saßen darin. Die Dame war meine Cousine Julia! Die zwei Herren waren Mr. Babbicombe Morley und General Thornton. Der erste Blick, den ich vom General empfing, ließ keinen Zweifel, daß er in gereizter Stimmung war. Die gerunzelten Augenbrauen und die knallrote Stirn bewiesen es hinreichend.

»Kleiner schurkischer Racker«, war seine erste Begrüßung, »ich möchte wissen, was dich an einem solchen Tag nach Zamorna geführt hat. Als ich von dir verlangte, mir zu folgen, warst du so stur, in Girnington zu bleiben, und nun, da ich mehr als genug damit zu tun habe, in diesem Trubel von Pferden, Menschen und Wagen auf mich selber aufzupassen, finde ich dich wie ein Affe an die Brückentreppe geklammert. Wenn's nach mir ginge, würdest du noch heute nacht zum Teufel geschickt, bevor dein Haupt ein Kissen berührt hat.«

»Nein, General«, sagte Lady Sydney, »lassen Sie sich von diesem ungezogenen Jungen nicht so durcheinanderbringen. Ich werde ihn unter meine Fittiche nehmen. Charles, willst du mir zu den Plätzen der Damen folgen?«

»Dazu ist noch Zeit genug«, erwiderte ich. »Doch sage mir, Julia, wie bist du hierhergekommen? Wessen Gast bist du?«

»Der von Lady Maria. Sie schickte mir eine so freundliche und dringliche Einladung, daß ich Sydney sagte, ich würde sie auf jeden Fall annehmen. Er sagte, das werde er nicht gestatten, doch dieses eine Mal war ich entschlossen, mich durchzusetzen. Also empfahl ich mich, nachdem er das Haus verlassen hatte, auf französisch, rief meine Zofe, ließ meinen Wagen kommen, und ab ging's nach Angria!«

Nun stießen wir in das dickste Getümmel vor. Unsere schäumenden Rosse trugen uns zum Versammlungsplatz, und als wir durch die eine Zufahrt rollten, kamen durch die zweite Lord Castlereagh, Mr. Percy, Lord Arundel, Colonel Hartford, Lord Dance etc. Die Kapellen stimmten Marseilles zündendes Heldengedicht »Willkommen, Helden, zum Kampf« an. Die vereinigten Stimmen der Menschenmenge dröhnten mit donnerndem Beifall vom Fluß bis in die Vorstädte von Zamorna. Wir preschten weiter vor, bis wir vor dem Podium anlangten. Wir stiegen aus. Thornton und Morley schlossen sich den anderen Herren an, und Julia und ich erstiegen die Bühne, die zur Bequemlichkeit der adligen Damen errichtet worden war. Mit vornehmer Anmut schritt Julia zu ihrem Platz neben Maria Percy, die, zusammen mit der Lady Lieutenant und der Gräfin von Arundel, die Mittelplätze in der ersten Reihe innehatte. Als die vier Damen Platz genommen hatten, betrachtete ich sie. Maria, Schönste der Schönen, zeigte ein von der Erregung rosig überhauchtes Gesicht, ihre Augen funkelten vor Triumph. Nie habe ich ein herrlicheres Bild gesehen. Ihre Robe war scharlachrot, und ihr schwanenweißer Hals, ihr glänzend schwarzes Haar und ihre Augen unterstrichen noch ihr strahlend schönes Kleid. Die drei anderen Damen trugen scharlachrote Schärpen und Federn, ihre Gewänder waren aus weißem Satin. Auch sie waren entzückend, anmutig und faszinierend, und durch ein seltsames Zusammentreffen hatten alle drei einen dunklen Teint. Edith, Julia und Harriet, jede eine Brünette mit lebhaften Farben.

Übrigens sagen manche Leute, Lady Arundel sei keine echte Angrianerin. Ich erlaube mir, diesen Irrtum richtigzustellen. Sie spricht selten darüber, doch selbst ihr Frederick verneigt sich nicht andächtiger als sie, wenn er die aufgehende Sonne anbetet. Als sie dem ritterlichen Arundel ihr Herz schenkte, gab sie es ihm nicht halb, sondern ungeteilt. Seine »Götter wurden ihre Götter, und sein Land wurde ihr Land«. An diesem Tag sah ich, wie sie sich das Haar aus der edlen Stirn strich und mit einem durchdringenden Blick nahezu entfesselter Begeisterung auf das lebendige Meer blickte, das um sie her wogte und dröhnte. Im Hintergrund sah sie das düstere, riesige Rathaus mit seinen rot-goldenen Bannern, die im Licht wie Purpur strahlten und im Schatten blutrot glühten, während die tatkräftigen, machtvollen Ratsherren darinnen in diesem Augenblick so entflammt und ernst waren, als hinge das Schicksal der Nation gerade von dieser Stunde ab. Von dort schweiften ihre Augen übers offene Land, zur sonnenhellen Stadt, zum breiten Olympia, an dessen Ufern sich hier Gebäude türmten und dort Weideland erstreckte, getupft mit einzelnen Bäumen und Viehherden.

»Maria«, sagte sie zu ihrer Schwester, »wir haben Hochlandblut in unseren Adern, wir sind die Töchter eines Königs, doch in diesem prächtigen Land sind wir Untertanen, vermählt mit zwei so ruhmreichen Männern wie deinem Edward und meinem Frederick. Wir brauchen uns nicht traurig an den Palast von St. Mary zu erinnern, an den Hügel Elimbos, den See der Schutzgeister und nicht einmal an unseren Bruder Fidena.« Maria lächelte triumphierend und drückte Lady Arundels Hand, doch sagte sie nichts.

Ich bemerkte, daß Lady Julias fröhlich funkelnder Blick sich inzwischen anderem zugewandt hatte als dem erhabenen Schauspiel. In der Nähe hatte sie Mr. Charles Warner und Mr. John Howard in der Menge erspäht und bat sie, näher zu kommen. Sie hob ihren weißen Arm mit dem Elfenbeinfächer in einer anmutigen Geste, und als sie sich kokett zur Seite beugte, nickten stolz die roten Federn auf ihrem Hut. Die beiden Herren drängten sich so rasch sie konnten durch die Menge. Mit charmantem Freimut, halb gespielt, halb ernst, streckte sie beide Hände aus und bot jedem eine. »Mein lieber Mr. Charles, mein lieber Mr. John, ich bin entzückt, Sie zu sehen: ein ganz unerwartetes Vergnügen. Ich fürchtete, Mr. Warner würde in diesen geschäftigen Zeiten Ihre Anwesenheit in Angria verlangen, und das wäre eine große Enttäuschung gewesen.« Eine Minute lang antwortete keiner der Gentlemen, sondern jeder stand da und stieß dem anderen kräftig mit dem Ellenbogen in die Seite, um ihn aufzufordern, als erster zu sprechen. Schließlich erwiderte Charles: »Mylady. Wir sind Ihnen aufs tiefste verpflichtet. Sie haben eine elegante Art, uns zu schmeicheln. Ein Jammer, daß John ein solches Übermaß an Höflichkeit, das man an ihn verschwendet, nicht verdient.«

»Aber, aber, Charles«, knurrte John. »Das ist nicht gerade freundlich gesagt. Die Lady war zu mir ebenso höflich wie zu dir, und hält ebensoviel von mir.«

»Das tue ich in der Tat«, erwiderte Julia, »Sie beide sind ein Gespann, das die Welt nie wieder sehen wird. Jedoch, meine Herren, warum sind Sie nicht auf dem Podium? Sie haben gewiß die Absicht zu sprechen.«

Beide erröteten verschämt und blickten zu Boden. »Nun, meine Dame«, sagte Charles, »es war noch nie Johns Art, viel zu sagen. Es ist ihm nicht in die Wiege gelegt, könnte man sagen. Mich hat die Natur reicher bedacht, doch seit meinem letzten Mißgeschick habe ich mich ein wenig aus der Öffentlichkeit zurückgezogen. Sie wissen, Mylady, die Leute benutzen jede Gelegenheit, um sich lustig zu machen, und das habe ich nicht gern.«

»Ihr kürzliches Mißgeschick, lieber Herr? Ich habe nichts davon gehört, gewiß nichts Ernstes ...«

»Sehr ernst, Mylady! Traurig, aber wahr. Sehen Sie hier ...«, und er hielt seine rechte Hand in die Höhe, die des kleinen Fingers beraubt war. Julia hatte große Schwierigkeiten, ein Lachen zu unterdrücken. »O, Mr. Charles«, fuhr sie tröstend fort, »das ist gewiß eine schlimme Sache, eine Beeinträchtigung Ihrer einst vollkommenen Männlichkeit, könnte man sagen, aber trotzdem sehe ich nicht, wie Sie das am Sprechen hindern könnte, und ich muß darauf bestehen, daß sowohl Sie als auch Mr. John sich dazu herablassen, diese Versammlung mit Ihrer Weisheit zu erleuchten. Also tun Sie's schon, meine Herren, nur mir zu Gefallen.« Sie beugte sich über das Geländer und blickte mit dem entzückendsten bittenden Lächeln auf die beiden hernieder – und Charles schmolz dahin. »John«, sagte er und versetzte seinem Bruder – im Geiste – einen energischen Rippenstoß, »meinst du nicht auch, daß es unhöflich wäre, der Dame einen Wunsch abzuschlagen? Unser Oberhaupt hat uns nicht verboten zu sprechen. Er hat nur gesagt, er hoffe, daß wir nicht solche Tölpel wären, uns als Redner zu versuchen.«

»Sehr richtig, Charles. Also gehen wir. Wir wollen ihn durch eine Rede staunen machen, die ebenso lang und weitschweifig ist wie eine der seinen.«

Sie verneigten sich vor Julia, schritten davon und waren rasch in der Menge verschwunden. Nun begann der offizielle Teil der Veranstaltung. Unter ohrenbetäubendem Beifall trat Mr. Edward Percy nach vorn auf das Podium. Er stand schweigend da, bis es still geworden war, und aus seinen Augen blitzte ein Feuer, wie ich es nie gesehen habe. Von seiner Rede möchte ich bloß so viel sagen, daß sie seiner würdig war, voller Kraft, durchdacht und schlüssig, gelegentlich mit einem Hauch von Protzerei durchsetzt, besonders wenn er auf den großen Northangerland anspielte, doch insgesamt kann man sie eine angrianische Rede allererster Güte nennen, und so nahmen sie die Zuhörer auch auf. Gewaltig war der Beifall, der zu ihm aufbrandete, als er seinen Platz wieder einnahm. Als der Applaus verklungen war, traten weitere Redner vor. Alle versuchten mit mehr oder weniger Geschick, ihm nachzueifern, und wurden ihren Leistungen entsprechend mit begeistertem Klatschen bedacht. Schließlich, gegen Ende der Veranstaltung, als die Zuhörer ein wenig unwillig und lauter wurden, rief Castlereagh Mr. Charles Warner auf das Podium. Errötend schritt dieser vor, dicht gefolgt und brüderlich gestützt von seinem liebenden Vetter John. Inmitten des stürmischen Tumults waren seine

Worte nur zeitweise zu verstehen. Es folgt eine wörtliche Wiedergabe seiner rhetorischen Glanzleistung:

»Gentlemen (Beifall), Sie sind sehr freundlich (lauter Beifall), doch infolge eines vor kurzem erlittenen katastrophalen Unfalls (fortgesetzter Beifall), der zum Verlust eines kostbaren Gliedes führte (hier war der Höchst Ehrenwerte Herr aufgrund seiner Gefühlsbewegung außerstande fortzufahren, sammelte sich jedoch wieder und sagte) Angrianer! Wäre nicht das inständige Flehen einer Dame gewesen (stürmischer Beifall), der schönsten Blume ihres Geschlechts. Meinst du nicht auch, daß sie sehr hübsch ist?« (John zwirbelte sich den Bart, blickte verlegen zu Boden und sagte mit gedämpfter Stimme): »Ja, sie ist genau die Art von Frau, die man eine angenehme Person nennen könnte.« (Stürmischer, minutenlanger Beifall) Mr. Charles fuhr fort: »Ich war so frei, Ihre Aufmerksamkeit für kurze Zeit in Anspruch zu nehmen (Schreie, Rufe und Beifall durcheinander). Unser Oberhaupt – das heißt, Johns und das meine – hält nicht viel von langen Reden (Beifall), also werde ich mich kurz fassen (erdbebenartiger Beifall) Gentlemen, dies ist der stolzeste Tag meines Lebens... Ich... Ich... Ich bin überwältigt (›Hurra!‹ ›Weiter!‹ ›Hört, hört!‹ etc.) Mir bleibt nicht mehr viel Zeit. Hat Warner uns nicht gesagt, wir sollten gegen sechs Uhr zurück sein, John?«

»Ja, Charles, und es ist schon nach halb sechs.«

»Gentlemen, ich bitte, mich zu entschuldigen, damit wir dieser Pflicht nachkommen können. Und indem ich Ausdruck gebe meiner... meiner... meiner (donnernder Applaus)... möchte ich mich setzen.«

Mr. C. Warner nahm wieder seinen Platz ein, von einem solchen Gebrüll begleitet – Gelächter, Hochrufe, Pfiffe etc. –, daß es sich als unmöglich erwies, einem weiteren Redner Gehör zu verschaffen. Darum ließ der Ehrenwerte Vorsitzende neun mal neun Salutschüsse zu Ehren von Zamorna und Angria abfeuern, und als dies vorüber war, erklärte er die Versammlung für geschlossen. Sogleich begannen die Kapellen wieder zu spielen. Hörner erklangen, Trommeln dröhnten, Trompeten schmetterten triumphierend, die Menge bewegte sich mitgerissen im Takt hin und her. Die riesigen, schweren Fahnen über den Köpfen der Menschen waren ganz entfaltet, wehten in der leichten Brise und folgten den schwankenden Bewegungen ihrer Träger. In diesem Augenblick drängte sich ein Gentleman von großer und kraftvoller Gestalt durch die Menge, sprang mit einem Satz über die Umzäunung, die um das Podium errichtet war, bestieg es höchst ungezwungen, stand hochaufgerichtet mit ausgebreiteten Armen da, und sagte mit klarer, trompetengleicher Stimme, die sich über den Lärm erhob und ihn fast erstickte:

»Leute von Angria, bevor ihr eure Schritte wieder nach Hause lenkt, laßt uns alle unsere grandiose Nationalhymne anstimmen. ›Schallt, ihr Trompeten, über Afrikas dunkles Meer!‹ Kapellen, stimmt an!«

Obgleich der Sprecher ein Fremder war, gehorchte man ihm auf der Stelle. Sein befehlsgewohntes Verhalten, die verblüffende Tiefe und Vornehmheit seiner Stimme und die Art seines Vorschlages fanden bei allen Beifall, und bald darauf brach jener erhabene Gesang mit so vollem Klang hervor, so machtvoll im Takt und so triumphierend anschwellend, daß es schien, als sängen die Donner im Himmel und die Winde und Meere der Erde antworteten ihnen. Das Lied verklang dröhnend, hallte den pfeilschnellen Fluß entlang und seine letzten Töne erstarben am Fuß von Sydenhams langgestreckter Bergkette jenseits des Hochlandes. Nun trat Stille ein.

»Gut gemacht«, fuhr der Fremde fort, »da lag Herz drin. Ich danke euch, meine Lieben, für eure Bereitwilligkeit.«

Er sprang vom Podium herab, verließ jedoch den umzäunten Raum nicht, sondern schritt gemessen an der Balustrade entlang zu den Plätzen der Damen. Natürlich schauten sie alle auf ihn, und ich zweifle nicht, daß manches blitzende Auge auf seiner Gestalt ruhte und ihm neugierig folgte, als er vorüberging. Auch er betrachtete die Damen mit einem ungezwungenen und herablassenden Lächeln, das sich zu flammendem Stolz aufhellte, als sein Blick auf die hinausdrängende Menge fiel. Er kam so dicht an mir vorbei, daß ich ihn genüßlich betrachten konnte. Er schien sich in der vollen Blüte der Jugend zu befinden; seine Gestalt ragte hoch auf und war von dem vollkommenen Ebenmaß einer Statue; doch es war ihr etwas eigen, das ich nicht beschreiben kann – etwas Großartiges, Stürmisches, Unwiderstehliches, etwas, das, kurz gesagt, mit einem Wort nicht im geringsten auszudrücken ist. Sein Haar war tiefschwarz und verschwenderisch gelockt, doch die Stirn wies nicht jene dunkle Tönung auf, die gemeinhin zu solchen italienischen Locken gehört, sondern schimmerte weiß und glatt wie Elfenbein. Seine Augenbrauen waren schwarz und dicht, doch seine langen Wimpern und seine großen, klaren Augen waren tiefbraun. Die Lockenpracht an seinen Schläfen reichte so tief hinab, daß sie sich mit dem gekräuselten Bart zu vereinen schien, der Mund und Kinn verbarg und die zart getönten Wangen überschattete. Ich empfand diese Zeichen der Männlichkeit angesichts seiner unübersehbaren Jugend als zu stark und übertrieben. Wenn er lächelte, kamen Lippen und Zähne zum Vorschein, um die ihn manche Dame beneiden dürfte – korallenrot und perlweiß. Die Oberlippe war sehr kurz – griechisch – und offenbarte ein hochmütiges Kräuseln, das mir wohlbekannt war. Auf den ersten Blick erkannte ich in ihm den Soldaten. Die aufrechte Haltung, die selbstbewußte kriegerische Lässigkeit und der gemessene, kräftige Schritt verrieten es allzu deutlich. Sogar seine Kleidung war, auch ohne Feder, Schwertgürtel oder Epauletten, von deutlich soldatischem Zuschnitt – blauer Mantel, schwarze Halsbinde, weiße Weste, weiße Pantalons, eine Feldmütze aus Pelz, die so weit nach vorn gerückt war, daß ihr Rand die Stirn und die funkelnden Augen streng überschattete. Er trug spiegelblank polierte Stiefel, die so vorzüglich saßen, als seien sie eigens dafür gemacht, das vollkommene Ebenmaß seiner Füße zur Schau zu stellen.

»Ein Bild von einem Mann«, sagte Maria Percy, nachdem sie ihn sorgfältig beäugt hatte. »Einer der wenigen, bei denen ich mich zu einem zweiten Blick herablasse. Kennt ihn irgend jemand aus der Runde? Fragt meine Schwägerin Cecilia und Lady Richton dort drüben – sie flüstern so wissend.«

»Hörte ich Maria meinen Namen nennen?« fragte die sanfte, schelmische Cecilia Percy und beugte sich vor. »Ja, mein Mädchen, ich möchte wissen, ob dir dieser schwarzhaarige Titan bekannt ist?«

»Nein«, erwiderte Cecilia gleichmütig. »Kennst du ihn, Matilda?« fragte sie Lady Richton. »Nein«, war die kurze Antwort. »Bei meiner Ehre, ich werde ihn nach seinem Namen fragen«, fuhr Maria fort. »Das wirst du natürlich nicht tun«, warf Edith kühl ein, »er kann kein Mann von großer Bedeutung sein.«

»Trotzdem werde ich ihn fragen, und dazu auf eine Weise, die ihm nicht gerade schmeicheln wird.«

»Nur zu«, sagte Lady Sydney, »du packst eine Sache immer sofort gründlich an, Maria.« Mit all dem Stolz ihrer Stellung und Schönheit beugte sich die Prinzessin über das Geländer. »Kommt hierher, Sir«, sagte sie herrisch. Er wandte lediglich den Kopf.

»Nun, meine Schöne, was wollt Ihr?« Mit diesen erstaunlich vertraulichen Worten wandte er sich an eine der stolzesten und schönsten Frauen Afrikas. Meine Base Julia wäre darauf verstummt, doch Maria befeuerte es lediglich, nicht aufzugeben.

»Was ich will, Sir? Nicht mehr als Euren Namen, damit ich Euch bei den zuständigen Personen wegen Eindringens in die Umzäunung zur Anzeige bringen kann.«

»Ha«, sagte der Fremde, »Ihr verlangt von mir, daß ich gegen mich selbst zeugen soll – so nicht, Schätzchen!«

»Ich werde Euch auf der Stelle festnehmen lassen, falls Ihr mir nicht gehorcht. Meine Diener stehen bereit«, fuhr die aufgebrachte und wütende Prinzessin fort.

»Tatsächlich?« sagte der Fremde mit gedämpfter veränderter Stimme. Maria erschrak, eine Röte überzog Hals, Stirn und Schläfen, und friedlich wie ein Lämmchen sank sie auf ihren Platz zurück.

»Mit Verlaub, meine Dame«, sagte er, »ich hatte nicht die Absicht, mit jemandem Streit anzufangen, der mir so völlig unbekannt ist wie Ihr. Ich bin Major Albert Howard, früher Herr auf Wastwater Forest im Westen, doch nun auf Mournely Crag in Arundel. Mir war nicht bekannt, daß es in bezug auf diese Einfriedung irgendwelche Einschränkungen gab. Verzeiht also mein Eindringen.«

»Gewährt«, sagte Maria, sich gnädig neigend und lächelnd. Auch Major Albert lächelte, doch neigte er mitnichten das stolze Haupt und schritt stumm und gemessen davon.

»Wie konnte ich nur so begriffsstutzig sein«, murmelte Maria, nachdem er fort war. Cecilias schönes Gesicht lugte abermals über ihre Schulter.

»Ich wette, daß *er* es ist, Schwester«, sagte sie verschmitzt.

»Oder sein Geist«, gab die Prinzessin zurück.

»Wie das, mit schwarzem Haar wie dem deinen, Mary?«

Der Herzog von Zamorna, die schwarze Majestät in Angria, zynisch, leidenschaftlich und stolz – eine byronische Figur und der Meister aller Träume. Eine Zeichnung von Branwell.

»Ja. Es könnte sogar golden sein wie das deine, Cecilia.«

»Je weniger man darüber spricht, desto besser«, bemerkte Lady Arundel.

»Ich möchte wissen, worüber ihr alle so geheimnisvoll tuschelt«, sagte Lady Julia. »Der Mann ist sehr stattlich und gewiß ein Gentleman. Er erinnert mich an meinen Vetter Zamorna, und zwar mehr als jede andere Person, die ich bis jetzt gesehen habe. Bei meiner Seele! Glaubt ihr, er könnte es sein – verkleidet, mit gefärbtem Haar, falschem Bart, anderer Kleidung, veränderter Stimme? Ja, so ist's! O, ich wünschte, ich hätte mit ihm gesprochen. Und, Maria, was ließ dich so erröten? Der Tonfall, mit dem er ›Tatsächlich?‹ sagte, war ganz und gar Zamorna. Aber dann: Major Howard, Wastwater Forest! Mournely Crag – nein, nein, es ist nicht wahr, und der Schnurrbart sah auch nicht unecht aus. Was meinst du, Harriet?«

»Nun«, sagte Lady Castlereagh, »einem solchen Schnurrbart bei solcher Haut kann man freilich wenig trauen, meine ich.«

Nun gesellten sich die Herren vom Podium zu den Damen. Castlereagh stürzte in ausgelassener Stimmung herbei. »O, Lady Sydney, Ihr hier? Entzückend! Wie gefiel Euch die Versammlung? Ging einem durch und durch, nicht wahr? Gefühl der Einigkeit, zünftige Kundgebung voller Geist, höchst erfreulich. Seine Majestät sollte mit der Huldigung zufrieden sein. War ich ein guter Vorsitzender, habe ich Eindruck gemacht?«

»In unseren Reihen den allerbesten, Mylord.«

»In unseren Reihen! Es sind die einzigen, auf die es wirklich ankommt. Bin Euch für das Kompliment sehr verbunden. Ha, ha! Sehr gut! Surena, mein Taschentuch.« Surena zog sogleich ein rotes Seidentuch von solchem Ausmaß hervor, daß es fast als Hauptsegel eines Kriegsschiffes hätte dienen können. Seine Lordschaft schwenkte es etwa fünf Minuten lang auffällig durch die Luft, besprengte es von allen Seiten mit Eau de Cologne, Nelkenpuder und Rosenöl und ähnlichem, dann schneuzte er sich die aristokratische Nase, verstreute seinen hochwohlgeborenen Speichel über zwanzig Yards und fuhr fort:

»Einige der Reden – zum Teil ziemlich passabel – waren sehr annehmbar, würde ich sagen. Die von Edward Percy war nicht übel, meine eigene ebenfalls und auch die von Morley nicht, wäre bloß sein höllisches Geschwafel über Urteilskraft, unnützes Wissen und unterhaltsamen Unsinn nicht gewesen.«

»Zur Geschäftsordnung, Lord Castlereagh!« rief Morley, der in der Nähe stand. »Ich belege Euch mit einen Ordnungsruf, Euer Lordschaft. Ihr handelt in böser Absicht, indem Ihr diese drei Substantive mit solcher Verachtung aussprecht.« Er wandte sich an die Lady: »Nun, Mylady, falls Ihr mir gestattet, in Eurer Gegenwart dreißig ungestörte Minuten lang meine Gedanken zu ordnen, will ich mich – auf eine Weise, die Euch mit der entzückendsten geistigen Erbauung bekannt machen und ein für alle Mal jeden Zweifel an meiner These ausräumen wird – zu beweisen unterfangen, daß Urteilskraft, Wissen und Unsinn jene drei Gewürze sind, welche die Gesellschaft schmackhaft machen. Euch ist wohl bekannt, daß es dreizehn Möglichkeiten gibt, eine Unterscheidung zu treffen: fünf wirkliche und, wegen der Beweiskraft, acht angenommene. Ich werde nun diesen dreizehn Möglichkeiten eine weitere hinzufügen, um auf eine gerade Zahl zu kommen, die es mir erlaubt, den gesamten Komplex in verschiedene Kategorien aufzuteilen. Da hätten wir zum ersten...«

»Verschonen Sie mich!« unterbrach Julia. »Um Himmels willen, Mr. Morley, haben Sie Nachsicht. Ich werde Ihnen ein anderes Mal zuhören, wenn ich besser aufgelegt bin, doch im Augenblick...«

»Doch nun werden Euer Gnaden *mir* zuhören«, sagte die schwere Stimme von Charles Warner, und er und John stürzten wie vom Wein berauschte Riesen herbei und ergriffen sogleich die widerstandslosen Hände Julias. Fast schluchzend stieß Charles hervor: »Meine teure, angebetete Lady! Ihr seid die schönste Perle, die je einem Schwein vorgeworfen wurde. Wärt Ihr nicht gewesen, hätte ich nie erfahren, was in mir steckt, und es wäre nie so zum Vorschein gekommen wie heute.«

»War Charles nicht großartig?« sagte John. »O Gott, als er sagte, dies sei der stolzeste Tag seines Lebens, mußte ich einfach ›Hört, hört!‹ rufen. Als ich dann ebenfalls sprach, glaubte ich einige Male Myladys Taschentuch zu sehen, mit dem Ihr uns zuwinktet.«

»Das stimmt in der Tat«, erwiderte Julia, deren lachende Augen wie Sterne funkelten, denn nun war sie ganz in ihrem Element. »Ich habe tatsächlich gewinkt, und hätte es in meiner Macht gestanden, hätte ich alle Fahnen auf dem Platz zu Hilfe genommen. Noch nie habe ich zwei Burschen gesehen, die es mit euch hätten aufnehmen können. Meine Herren, bei einer Beredsamkeit wie der euren könntet ihr einen Menschen zu allem überreden – zum Hängen, Ertränken oder Erschießen. Alles ginge leicht von der Hand, weil eine so elegante, flüssige Sprache es fordert. Ich muß mich vorsehen, das muß ich wirklich, es ist gefährlich.«

»Oho, nicht doch, nichts kann für Euch gefährlich werden, Mylady. Ich hätte nicht übel Lust, Euch meinen Jagdhund Blitz zum Geschenk zu machen, als Zeichen meiner Dankbarkeit. Ist der beste Hund, der je über die Warner-Berge gehetzt ist.«

»Ja, tu das, Charles. Es wäre eine Ehre für die Familie, wenn man ihr Großzügigkeit nachsagte. Und es wäre eine Handlung, die einem Gentleman wohl ansteht. Ich hätte nichts dagegen, mein Pärchen prächtiger Frettchen hinzuzufügen. Stech und Stich, die, wie du weißt, im letzten Frühjahr ein solches Blutbad in Richard Agars Kaninchengehege angerichtet haben. Er verzieh ihnen nie, daß sie seine elenden Ratten geschlagen haben.«

»Genau, John, und unser Henry ergriff seine Partei – Schande über ihn.«

»Ha, ha, Charles! Und Romilly verlor beim selben Frettchenkampf fünf goldene Adrians.«

»Jawohl, und George strich sie ein.«

»Ja, und er setzte sie in ein Dutzend Flaschen Madeira um, und William schluckte vier davon.«

»Richtig. James schaffte nur zwei.«

»Ha, ha, und später spuckte er die Hälfte davon wieder aus.«

Ich weiß nicht, wie lange sie diesen erquicklichen Austausch von Erinnerungen noch fortgesetzt hätten, wäre nicht Edward Percy mit schallender Stimme dazwischengefahren:

»Ruhe da«, sagte er, »kein Wort von euch, solange ich spreche. Meine Herrschaften, Ladies und Gentlemen, ich darf Sie alle für heute abend nach Edwardston Hall einladen. Die Sonne ist untergegangen, die Turmuhr hat sechs geschlagen, die Kutschen stehen bereit. Beeilen wir uns also.«

Nun entstand in allen Reihen des Amphitheaters Bewegung. Die Damen erhoben sich gleichzeitig – ein solches Gewoge von Federn und Locken, solch ein Glitzern von Augen und Diamanten sah ich nie zuvor. Ihre Gatten, Verehrer oder Verwandten standen bereit, sie zu ihren Kutschen zu geleiten. Ich sah Julia lachend vorbeitrippeln, eingerahmt von Thornton auf der einen und Charles auf der anderen Seite, während John, dem sie Fächer und Spitzentuch anvertraut hatte, folgte. Unversehens, mitten in einem geistreichen Ausspruch, legte sich ein nachdenklicher Ausdruck wie eine dunkle Wolke über ihr liebliches Gesicht. Er war im Nu verflogen, doch was hatte ihn hervorgerufen? Dachte sie an Sydney?

»Cecilia«, sagte Maria Percy zu ihrer Schwägerin, deren feines Wesen, das im Gegensatz zu ihrem eigenen unverblümtem Stolz steht, sie so sehr schätzt, »willst du nicht mit uns kommen? Bitte, Liebes.«

Ein junger hellhaariger Mann trat vor und nahm hastig den Arm meiner Base. »Tut mir leid, Mylady«, sagte er mit einer Verbeugung. »Meine Gattin kann Euch meinetwegen gern Gesellschaft leisten, doch im Hause meines Bruders kann sie nicht Gast sein.«

Er entfernte sich.

Im Laufe einer halben Stunde war der lange Zug der Kutschen in einer gewaltigen Prozession vom Versammlungsplatz gerollt, und man sah die Wagen im schwindenden Licht durch die Stuart Road strömen, allmählich kleiner werdend, bis der allerletzte

Nachzügler verschwunden und das leiseste Räderrollen verstummt war.

Auch ich hatte den Versammlungsplatz verlassen, in entgegengesetzter Richtung, und befand mich nun zwei Meilen vom Rathaus entfernt – zwei Meilen außerhalb Zamornas, am Tor einer friedlichen und eleganten Villa, umgeben von hohen Ulmen und glatten, sanft abfallenden Rasenflächen mit Rosenbüschen und Goldregensträuchern, die das betaute Gras überschatteten. Ringsum war alles still, der Mond stieg auf, der Himmel war wolkenlos, und die Sterne schlugen freundlich die Augen auf – ein Windhauch, nicht mehr als ein Atemzug und kaum in der Lage, die Blätter zu rühren, umwisperte mich, die Lichter der erleuchteten Stadt blinkten in der Ferne, und ihr gedämpftes Lärmen und die Glockenklänge rauschten leise wie ein Bergbach.

Ich befand mich in der Nähe von Elm-Grove-Villa, Lily Harts altem romantischen Lieblingsplatz, als Zamorna noch eine kaum besuchte Stadt und das umliegende Land nicht dicht bevölkert, sondern menschenleer war. Captain William Percy erwarb diese Villa »Fidena« kurz nach seiner Heirat und hat seitdem ständig hier gewohnt. Freilich schreckte mich bald das Geräusch nahender Schritte aus meinen Träumereien, in die ich verfallen war. Ich sah auf. Eine Gruppe von vier oder fünf Personen kam langsam vom Rand des langen Kornfeldes, das sich vor dem Tor hinzog, auf mich zu. Sie überquerten den von Weißdorn überwucherten Zauntritt und standen vor mir. Ich war einigermaßen überrascht, als ich Major Albert Howards große, kraftvolle Gestalt erkannte. Er führte zwei Damen, deren edle römische Züge, goldblondes Haar, schneeweiße Haut und hochmütig blaue Augen mir sagten, daß es sich um Georgiana und Eliza Seymour handelte. Beide schienen um seine Aufmerksamkeit zu buhlen, während sie sich doch gewöhnlich den Anschein geben, als seien ihnen in ihrem königlichen Stolz alle Männer gleichgültig. Sie redeten ihn mit »Augustus« an, und nannten ihn weder Albert noch Howard. Ihnen folgten Captain und Lady Percy. Cecilia erblickte mich. »Charley«, sagte das entzückende Geschöpf, nahm mich bei der Hand und führte mich zu ihnen. »Bist du gekommen, die Nacht in meinem Hause zu verbringen? Du siehst, ich habe eine kleine, aber erlesene Gesellschaft bei mir. Georgiana und Eliza kamen gestern, sie werden eine Woche bleiben. Hast du schon mit ihnen gesprochen, mein Kind?«

»Nicht doch, und falls ich es täte, würden sie mir doch bloß den Kopf tätscheln. Die Mädchen scheinen völlig von diesem apollinischen Mars, diesem Major Howard, hingerissen zu sein. Bitte, ist er verheiratet?«

»Ein Witwer«, sagte William Percy, »mit fünf oder sechs Kindern.«

»Fünf oder sechs Kinder! Bei meiner Treu, wie viele Jahre hat der Mann auf dem Buckel?«

»Keine Ahnung, Sir. Ich gebe Euch den Rat, ihm nicht zu nahe zu kommen. Er ist sehr leicht erregbar.«

Wir betraten das Haus durch eine Glastür, die unmittelbar in den Salon führte, der vom Schimmer eines fröhlich flackernden Kaminfeuers erhellt war. Major Albert warf sich in höchst lässiger Weise auf das Sofa, als fühle er sich zu Hause. »Hier, Mädchen«, sagte er zu meinen vornehmen Basen, »nehmt euch die Schemel und laßt euch nieder. Ich habe das Sofa mit Beschlag belegt.«

Und um diese wenig förmliche Besitzergreifung zu unterstreichen, streckte er seine langen Gliedmaßen auf dem Samtmöbel aus und lagerte seinen Lockenkopf auf die Kissen. Die Damen Seymour nahmen auf den niedrigen Sitzgelegenheiten Platz, die er ihnen zugewiesen hatte, und mit ihren fließenden Gewändern, deren Falten auf den kostbaren Teppich fielen, saßen sie mit der Anmut persischer Prinzessinnen an seiner Seite. Der junge Percy beugte sich über die Sofalehne. »Cecilia«, sagte er, »wie dieser Halunke, Edward, mich beneiden würde, wüßte er, welchen Schatz ich in meiner Villa beherberge. Nicht wahr, Eure Majestät, Elm-Grove ist hübscher als Edwardston?«

»Hier ist es ruhiger«, sagte der Major, »und darum ist es hier, nach einem Tag der Unruhe, weitaus angenehmer. Nun, William, nimm deine Flöte. Cecilia, meine Schöne, dort steht die Harfe und dort liegen die Noten. Eliza, ist das nicht eine Gitarre, die in der Nische liegt? Georgiana, das prächtige Klavier lechzt nach deinen Fingern. Wir wollen einen Abend voller Frieden und Harmonie verbringen. Was mich angeht, so werde ich nichts anderes tun als auf dem Sofa liegen und zuhören.«

Ich war betrübt, als die Bronzeuhr auf der Vitrine zwölf Uhr schlug. Niemals verlebte ich einen Abend stilleren und tieferen Vergnügens; er wird mir immer als ein sonniger Fleck auf dem wechselvollen Pfad meines Lebens in Erinnerung bleiben.

Am folgenden Tag, abends um zehn Uhr kamen ich, General Thornton, Lord Castlereagh, Mr. Edward Percy und Major Albert Howard mit der Postkutsche in Adrianopolis an. Diese Art, *en passant* zu reisen, ist bei den Angrianern sehr in Mode, für gewöhnlich reisen sie lieber so als mit ihrer privaten Kutsche.

Am Gasthaus »Plume and Sabre« stiegen wir aus. Major Howard kam nicht mit hinein. Er bezahlte sein Fahrgeld, hüllte sich in einen weiten, scharlachroten Reisemantel und mischte sich unter die Menge in der vom Gaslicht erhellten Allee. Ich merkte mir, in welche Richtung er sich wandte, und ging ihm vorsichtig in einigem Abstand nach. Er schlug einen sonderbar verworrenen Weg ein durch kleine Sträßchen, Sackgassen, Höfe, enge Gassen und überdachte Gänge. Adrianopolis schien ihm bis in den dunkelsten und kleinsten Winkel vertraut zu sein. Ich kam mir vor, als durchwanderte ich eine völlig unbekannte Wildnis, doch – zuweilen geleitet von seiner riesenhaften Gestalt oder, wenn diese von der Dunkelheit verschluckt war, von seinem gleichmäßigen, weithallenden Schritt – gelang es mir, ihm mit einiger Hartnäckigkeit auf den Fersen zu bleiben. Plötzlich traten wir aus einer langen, schwach erhellten Gasse in die Pracht eines weiten, friedlichen, unbewegten Meeres von Mondlicht hinaus, aus dem, etwa zweihundert Yards vor uns, eine üppige weiße Masse aufstieg. Zuerst hatte ich, als sich diese Szenerie so unerwartet vor mir auftat, nur undeutliche Vorstellungen von grenzenloser Großartigkeit, doch bald war ich imstande, ruhiger und genauer hinzuschauen. Was mir so erhaben, riesig und ungestalt wie ein altersgraues Bergmassiv vorgekommen war, erwies sich rasch als ein Gebäude, das von meisterlicher Steinmetzarbeit zeugte. Es war in der Tat sehr weitläufig und von ungeheurer Höhe, dennoch waren seine Abmessungen klar und deutlich. Vor mir zog sich eine eindrucksvolle Flucht mächtiger Marmorsäulen hin, matt und schimmernd wie Eis. Ihre kraftvollen Sockel, riesenhaften Schäfte, prachtvollen Kapitelle und das sie in ungeheurer Höhe umlaufende Sims waren im reinsten und edelsten griechischen Stil gehalten. Hier war der große Baumeister Palladio nicht am Werk gewesen. An die Stelle der klassischen Eleganz des Venezianers war ein ernsterer, tieferer, ein imposanterer Stil getreten. Wahrlich, der Zamorna-Palast, verglichen mit Wellesley House, legt beredtes Zeugnis davon ab, wie beider Herr sich verändert hat und wie er aufgestiegen ist. Einst war er ein Mann von Geschmack, von Gelehrsamkeit, Genie und Wissenschaft – zugleich der Homer und der Maezenas seiner Zeit –, doch nun… Aber ich will keine Zeit und Geduld verschwenden, niederzuschreiben, was er nun ist. Hinter dem Palast strömten die breiten, glatten Fluten des Calabar entlang. Ich hörte, wie die Wellen die Marmormauern küßten, sie umspielten, als wollten sie jenen Mann ehren, der ihre Ufer, die einst Wildnis waren, hatte erstrahlen lassen.

Major Howard überquerte den stillen Platz. Er stieg nicht zur Vorhalle hinauf, sondern schlich sehr leise um einen Seitenflügel des Gebäudes und blieb vor einem Seiteneingang stehen, vor dem eine Wache auf Posten stand.

»Halt!« sagte der Wachtposten, als die große, schattengleiche Gestalt näher kam. »Parole: Empor«, war die kurze Antwort. Umgehend wurde die Muskete krachend auf das Plaster gesetzt, und der Soldat trat in ehrerbietiger Haltung zurück.

»William Chadwick, oder?« sagte Howard.

»Jawohl, Eure Majestät.«

»John Ingram ist mit dir heute nacht auf Wache, nicht wahr?«

»Jawohl. Eure Majestät kennen uns alle.«

»Dem Namen nach schon. Gute Nacht, William – eine schöne, sternenklare Nacht.«

Er zog die Glocke, die einen feinen silberhellen Ton erklingen ließ. Die Tür wurde sogleich geöffnet, und er trat ein. Ich zögerte einen Augenblick. Durch die offene Tür sah ich, wie Eugene Rosier ihm aus dem Reisemantel half. »Wollen Eure Lordschaft sich umkleiden oder nicht?« hörte ich ihn fragen.

»Nein, das ist unwichtig – wo ist die Lady, Rosier?«

»Im Purpursalon, glaube ich, Mylord. Vor einer halben Stunde hat sie dort Mr. Robert S'Death empfangen.«

»S'Death! Hm, was kann der Halunke gewollt haben?«

Mit diesen Worten ging er fort. Ich folgte ihm, natürlich weder durch die Wache noch durch Eugene gehindert, mit denen ich gut bekannt war. Die schmale Marmortreppe hinaufsteigend, die in eine kleine, elegante Halle führte, betrat ich endlich einen langen, hallenden, ausgestorbenen Flur. Ich glaube, außer dem Major hätten es nur wenige gewagt, solchen Lärm zu machen wie er, als er mit seinen eisenbeschlagenen Stiefeln durch Gemächer schritt, die von königlicher, ehrfurchteinflößender Stille erfüllt waren. Bald bog er in die inneren Gemächer ab. Ich folgte ihm und schritt durch eine Zimmerflucht von verblüffender Größe, die in dem Licht, das sie erfüllte, noch eindrucksvoller wirkten – weiches, feierliches Mondlicht, das beschaulich durch die griechischen Fenster flutete und alles, was es beschien, mit einem mattsilbernen Glanz überzog.

Vor einer Tapetentür blieb er stehen, öffnete sie behutsam und trat ein, ohne sie ganz hinter sich zu schließen. Sie blieb einen Spaltbreit geöffnet und gestattete mir einen ungehinderten Blick in das Innere des Salons. Die kostbaren dunklen Tapeten, prächtigen Teppiche und purpurroten Couches waren von warmem Licht überströmt. Königin Mary Henrietta erschien in der Mitte des Raumes, allein, allein (wie Julia Sydney sagt), hingelagert auf die schwellenden Polster einer mit purpurner Seide bespannten Ottomane – sie war schön und kostbar wie ein Traum, rundum rein und zart, gelassen und hoheitsvoll.

Mary Henrietta Percy, Tochter des Schurken Northangerland und dritte Frau des Herzogs von Zamorna. Branwell läßt sie in seinen Schriften sterben, Charlotte erweckt ihre Favoritin in »Die Rückkehr Zamornas« wieder zum Leben.

Ja, nun ging mir auf, daß ich mich im Palast eines Königs befand. Die Ansammlung von Lieblichkeiten, die mich in Zamorna so verwirrt hatte, schwand mir aus dem Sinn; dort hatte ich Menschen gesehen, die von dieser Welt waren, die in Form von Herden auftraten und gesellig miteinander lachten, plauderten und scherzten. Doch diese Frau war ein klarer, großer Stern der Schönheit, dazu bestimmt, für sich allein in einem eigenen wolkenlosen Himmelsbezirk zu wohnen – eine Perle von unschätzbarem Wert, die ein starker Mann gefunden hatte und die er eifersüchtig bewahrte und hütete. So königlich Mary in ihrer Einsamkeit auch wirkte, umgab sie doch ein Hauch von Schwermut. Ich beneidete sie nicht. Ihre Erhabenheit schien sie vom Umgang mit ihresgleichen abgeschnitten zu haben. Gleichwohl verrieten die hochmütig geschwungenen Augenbrauen und ihre strahlenden Mondaugen, daß sie dies nicht bedauerte. Trotzdem war sie nicht glücklich, sondern nachdenklich, traurig und verzweifelt, und als sie ihre Wange ungeduldig an dem Kissen rieb, auf dem sie ruhte, und mit der Hand über die Stirn strich, sickerten die Tränen eines geheimen Kummers durch die schlanken Finger. Neben ihr stand ein Tisch aus Ebenholz, auf dem ein zusammengefalteter Brief lag, zu dem sie mit dem Ausdruck gespannter Besorgnis hinübersah. Major Albert warf ihr einen langen, eindringlichen Blick zu. Sogleich sah sie auf und erblickte ihn. Die jähe Bewegung, mit der sie von der Ottomane aufsprang, zeugte von einem überreizten Gemüt. Einen Augenblick stand sie verblüfft da. Die Verkleidung hatte sie irritiert. Jedoch ein Wort – ihr Name »Mary«, fast flüsternd ausgesprochen und von einem sanften Lächeln begleitet – genügte, um ihn zu erkennen. Sie lief nicht auf ihn zu, sondern sagte mit leiser, trauriger Stimme: »Ach, Zamorna, hast du geglaubt, du könntest *mich* durch diese Maskierung täuschen? Wo bist du gewesen, mein Gebieter? Und wie lange bist du schon fort? Ich spüre kaum noch, wie die Zeit vergeht.«

Der Herzog verzog die Lippen, ging zum Kamin und schwieg. In diesem Augenblick war er, vielleicht zum ersten Mal in seinem Leben, mit sich selbst unzufrieden.

Die Herzogin hob wieder an: »Sage mir doch, Adrian, wo du gewesen bist, mehr möchte ich gar nicht wissen.«

»Was bedrückt dich, Henrietta?« fragte er schnell.

»Ich habe großen Kummer, schon seit geraumer Zeit.«

Zamorna spielte mit der goldenen Kette auf seiner Brust. Seine Miene war düster wie die Nacht.

»Muß ich die alte Geschichte wieder hören?« sagte er, sah sie an und senkte dann den Blick – es lag etwas Schauerliches darin, das kaum von dieser Erde zu stammen schien. Sie antwortete nicht, und er sprach weiter: »S'Death ist bei dir gewesen, oder nicht?«

»Ja, mein Gebieter.«

»Und was hatte diese Ausgeburt dir mitzuteilen?«

»Er kam von meinem Vater, Mylord.«

»Daran zweifelte ich nicht. Er ist immer der Bote des Teufels. Und was erzählte er von deinem Vater, meine Taube?«

»Daß seine körperlichen und geistigen Kräfte in einem fremden Land stärker dahinschwinden als in der Heimat. Er hat auch diesen Brief gebracht, den ich Eurer Majestät zu lesen geben würde, wenn ich nicht fürchtete...«

»Keine Angst, mein Kind. Er kann keine teuflischeren Gedanken enthalten als jene, die ich deinem Vater ohnehin zutraue. Laß uns also einen Blick in das kostbare Dokument werfen.«

»Ich bin davon überzeugt, daß du besser von meinem Vater denken wirst, wenn du in das Herz geblickt hast, das sich hier offenbart«, sagte Henrietta, als sie ihrem Gatten den Brief reichte. Er setzte sich. Der gedämpfte Schein, der von der Decke des Salons herabfiel, gab ihm Licht. Mit zusammengepreßten Lippen und ruhiger Miene durchflog er Northangerlands berühmten Brief an die Angrianer. Nicht ein Laut unterbrach die Stille, die ringsum herrschte, während der Herzog in die Lektüre vertieft war, außer dem Rascheln der Seiten, wenn er umblätterte.

Mary beobachtete ihn gespannt. Unbewußt rückte sie allmählich immer näher an ihn heran, bis sie an seiner Seite stand. Dann ließ sie sich, des Stehens müde, auf ein Knie nieder und lehnte sich an das Sofa. Sie blickte mit einem so innigen, sanften und flehenden Ausdruck zu ihrem Gatten auf, daß nichts, was ich in Bildhauerei oder Malerei gesehen habe, jener Leidenschaft gleichkam, die sich auf ihrem Gesicht spiegelte.

Er beendete seine Lektüre und legte den Brief fort. Zum Schluß hatte sich flammende Röte auf seinen Wangen ausgebreitet, und seine Augen blitzten vor Erregung.

»Darf ich sprechen?« fragte die Königin, sich gewaltsam zur Ruhe zwingend.

Er hörte ihre Stimme, doch die Worte, glaube ich, verstand er nicht. Sein Geist war weit fort in anderen Gefilden, und während er ihre Schönheit mit einem schwachen abwesenden Lächeln streifte, versank er in tiefes Nachdenken.

Mary nahm sein Lächeln für Zustimmung, rückte noch näher an ihn heran und sagte: »Ich weiß, mein Gebieter, daß Sie nun mit königlicher Freimütigkeit bekennen werden, daß Lord Northangerland Ihnen nichts Böses will. Er nennt Zamorna seinen edlen König und gibt seiner Bewunderung für ihn aufs wärmste Ausdruck. O, Adrian, wenn du wüßtest, wie sehr ich meinen Vater liebe, würdest du die Leiden verstehen, die ich in letzter Zeit erduldet habe. Ich sah Ihre Miene sich verdunkeln, wann immer er vor Ihnen erschien. Ich wußte, daß Ihr ihn haßtet, und ich sagte nie ein Wort. Ich bot ihm Lebewohl – vielleicht sah ich ihn zum letzten Mal. Ich sah das Schiff, das ihn von Afrika forttrug, kleiner werden und verschwinden, und ich bewahrte Schweigen. Überall hörte ich munkeln, die Königin habe keinen Einfluß oder sie sei kalt und gleichgültig. So höhnte mir mein Bruder Edward ins Gesicht, und auch das ertrug ich. Am schlimmsten war, fürchte ich – geschah es ohne Grund? –, daß Ihr Mißfallen an Percy sich mit Ihren Gefühlen für dessen unglückliche Tochter vermischten. Ich weinte einsam, und obgleich mein Herz unter dieser unnatürlichen Anstrengung fast zerbrach, legte ich immer noch meinen Finger auf meine Lippen. Ich hatte einen Grund für mein Verhalten, den ich mir selber kaum eingestehen mochte. Es war die entsetzliche Furcht, die Abneigung Eurer Majestät könnte begründet sein – daß Percy tatsächlich Zamornas erbitterter Widersacher sein könne; und ob richtig oder falsch, gerecht oder ungerecht, ich war bereit, selbst das Leben meines Vaters zu opfern, so sehr ich ihn auch liebte, im Interesse dessen, den ich mit blinder, betörter, verzehrender Hingabe anbetete, weil ich nicht anders konnte. Von meinem eigenen Leben, von meinem eigenen Glück, will ich nicht sprechen – sie fielen überhaupt nicht ins Gewicht – doch, Majestät, als ich vor zwei Stunden diesen Brief erhielt, als ich ihn gelesen hatte, verschwand die Einbildung mit einem Schlag. Da wußte ich, daß Northangerland Euch treu ergeben war, und ich dankte ihm aus ganzem Herzen dafür. Mein Vater ist betrogen worden, Majestät, schändlich und gemein betrogen worden. Er hat menschliche Gefühle, aber einen übermenschlichen Verstand. Aus diesem Mißverhältnis mögen Irrtümer hervorgegangen sein und diese, sagt er, wolle er nicht verteidigen. Und wer würde es wagen, ihn nach diesem hochherzigen Bekenntnis anzuklagen? Mein König, mein Gatte, mein wahrer Gott, lächle mich noch einmal an und sage mir, daß Percy wieder deine rechte Hand sein wird. O, Majestät, er wiegt alle jene Hofschranzen auf, die Euch nun umgeben. Er ist ein ehrlicher und treuer Löwe, Eures Umgangs wert, wogegen seine Verunglimpfer nichtswürdiger sind als der Staub, den Eure Füße treten. Soll ich heute nacht schlaflos in den Kissen liegen, Zamorna? Soll ich das Brot und Wasser der Bitterkeit genießen, oder wird der verzeihende Glanz auf Eurem Gesicht mich segnen, auf daß ich in Frieden schlafen und mit gutem Gewissen aufwachen kann?«

Ihre Leidenschaft, als sie vor ihm kniete, ja, im aufrichtigsten Flehen zu seinen Füßen lag, ihre süße, einschmeichelnde Stimme, ihr ganzer Anblick gemahnten an Esther, die für die todgeweihten Hebräer bat und rissen Zamorna bald aus seiner Gedankenverlorenheit, und er hörte den letzten Teil ihrer Bitte mit tiefer Aufmerksamkeit. Die Hand des Monarchen zitterte vor heftiger innerer Erschütterung, als er sich über die breite, weiße Stirn fuhr, und dann ließ er sie langsam auf das Haupt seiner Königin sinken, das sich vor ihm neigte wie eine windgebeugte Lilie.

In dem Augenblick, als sie spürte, daß seine Finger sich liebkosend auf ihre blonden Locken legten, brach sie in Freudentränen aus.

»Sei ruhig, Liebe, sei ruhig, meine teure Mary«, sagte er mit jener leisen, tauweichen Stimme, die Lord Richton sehr treffend mit einem Orgelton verglichen hat. »Ich würde deinen Vater tatsächlich wieder mit offenen Armen aufnehmen, um seiner sanften Tochter willen, wenn auch nur der vierte Teil der Gedanken, die dieser Brief enthält, von Aufrichtigkeit getragen wäre –

aber ich muß sagen, Mary, nein, nirgendwo sehe ich darin das Licht der Wahrheit leuchten. Ein falsches Glied reiht sich an das andere, und in ihrer Gesamtheit greifen sie ineinander, und es entsteht ein Gewirk der Täuschung, das Machiavellis Augen blenden könnte, doch ich habe mich davon frei gemacht. Ich werde meinen eigenen Weg gehen, unbeirrbar, und weder nach links noch nach rechts schauen.«

Mary seufzte tief. »Dann werde ich meinen Vater also niemals wiedersehen?« fragte sie.

»Verlaß dich darauf, Liebes, du wirst ihn sehen, in diesem Palast. Ich prophezeie sogar, daß er binnen eines Monats wieder Premierminister von Angria sein wird. Es ist mein Entschluß, ihm keine Hindernisse in den Weg zu legen. Sein Genie, das er in diesem Brief so grandios entfaltet hat, das will ich, und ich werde es möglicherweise auch bekommen, aber Gottes Hilfe bewahre mich vor seiner schleichenden Heimtücke.«

»Er liebt Euch, Majestät«, wandte Henrietta ein. Der Herzog lächelte. Sanft zog er sie hoch, und nachdem er sie zu seinem Sofa geführt hatte, begann er – sinnend und mit verschränkten Armen – das Gemach zu durchmessen. Seine schneller werdenden Schritte bezeugten, daß es heftig in ihm arbeitete.

Er blieb stehen. Mary sah ihn an. Da stand er, übergossen vom roten Licht des Kaminfeuers, einen Fuß vorgestellt, seinen Kopf stolz gereckt, und seine flammenden Augen richteten sich auf die gegenüberliegende Wand und füllten sich mit einem entrückten Leuchten – aus seinen wilden, weit aufgerissenen Augen brach jener Glanz des Wahnsinns hervor, der auch zu seinem Wesen gehörte, so als werde er von Visionen gefesselt, die er selber hervorgebracht hatte.

»Wir gehen gemeinsam«, rief er, »unsere Hände werden sich verbinden, unsere Ziele müssen dieselben sein. Er hat kein Herz, und ich werde mir das meine aus der Brust reißen, bevor sein heißes, schnelles Schlagen vor dem verzagt, was ich sehe, was ich fühle, was ich bei Tag und bei Nacht vorausahne. Warum sonst wurden wir im selben Jahrhundert geboren? Seine

Sonne wäre untergegangen, bevor die meine aufstieg, wenn sie nicht dazu bestimmt gewesen wäre, die Welt in Brand zu setzen. Bei den Großen Schutzgeistern! Es breitet sich aus! O! ein weiterer, tieferer, blutiger Ausblick. Ich werde folgen – wohin du mich auch lockst, ich werde folgen. Ha! Es hält ein, es füllt sich – Schwärze, Schwärze, wo bin ich? Es ist so schnell Nacht geworden! Alles ist totenfinster, Geist! Percy! Ich habe das Ende meiner Schlachten gesehen. Wie die Zeit rast – zwanzig Jahre, sagtest du? – sie erscheinen mir wie eine einzige Stunde. Das Leben entgleitet mir, und da ist der Abgrund der Ewigkeit. Ewigkeit! Tief, wesenlos, gestaltlos, was fliegt dort vorbei? Warum ist alles so still? Welch eisige Stille, welch trostlose Leere. Wo sind die Sterne? Wer sagte, ich könne mich erinnern? Eine vergebliche Hoffnung – schon entgleitet mir der Gedanke. Welt, Leben, in beiden bin ich groß gewesen, doch ich erinnere mich meiner Größe nicht mehr.«

Er verstummte, seine Augen waren starr geworden, sein Gesicht aschfahl und leblos, doch stand er noch immer steif aufgerichtet da, eine Hand auf die Brust gelegt, mit der anderen einen Leuchter umklammernd.

Während er sprach, war meine Aufmerksamkeit so in Anspruch genommen, daß ich nicht bemerkte, was am anderen Ende des Salons geschah, doch nun hörte ich eine Stimme sagen: »Hast du ihn schon einmal in diesem Zustand gesehen, Mary?«

Ich blickte mich um. Neben der Herzogin stand ein schwarzgekleideter Gentleman mit gepudertem Haar und einem ernsten, maskenhaft starren Gesicht, in dem ich den Herzog von Wellington erkannte. Er trug einen Reiseanzug und war offensichtlich gerade eben im Palast angekommen. Mr. Maxwell, sen. – die große, diensteifrige Gestalt stand im Hintergrund – begleitete ihn.

Henrietta schien ruhig und gesammelt, außer, daß sie am ganzen Leib zitterte.

»Ich habe den Herzog zweimal so erlebt«, sagte sie, »beide Male war ich mit ihm allein, und ich habe niemals einer Menschenseele davon erzählt. Waren Euer Gnaden diese Anfälle bekannt?«

»Gewiß! Leider ja, Mary, und noch schlimmere als dieser oder zumindest gefährlichere. Ist Alford im Hause?«

»Ja, doch ich bitte Euer Gnaden, nicht nach ihm zu schicken. Zamorna ist jetzt nicht ohne Besinnung. Die kleinste Bewegung zur Klingel oder zur Tür würde ihn in Wut versetzen. Ich habe diesen Fehler einmal begangen und werde nie die Stimme und den Blick vergessen, mit denen er mir befahl, das zu unterlassen.«

»Hm«, sagte mein Vater. »Wie ein Leichnam, in den der Teufel gefahren ist. Ich schätze, Maxwell, dein junger Herr ist zuweilen ein wahrer Dämon.«

Maxwell schüttelte den Kopf. »Soll ich nach William schikken?« flüsterte er. »Er kümmerte sich auf der Insel des Philosophen um den Herzog, als dessen Geist, vor Kummer um Lady Victorine, häufig in dieser Weise erschüttert war.«

»Laßt niemanden kommen, ich bitte dich«, sagte Mary. »Ich will es selber wagen, mich ihm zu nähern, wenn Ihr Euch nicht traut, Maxwell. Es war nicht Lady Victorine, die ihm hier erschien, obgleich ihr Geist einmal zwischen ihm und mir stand. Niemand auf Erden weiß, was jene ertragen müssen, die, wie ich, Zamorna vergöttern und ihn in diesen dunklen Augenblicken sehen. Ich glaube fest daran, daß ihm Offenbarungen zuteil werden, die anderen Menschen verschlossen sind, sonst würde seine Einbildungskraft ihn verzehren. Doch seht! Er rührt sich. Ich werde zu ihm gehen.«

Sie wollte sich ihm gerade nähern, als der Herzog von Wellington seinen kraftvollen Arm um sie legte und sie energisch zurückhielt.

»Bewege dich nicht, meine Liebe«, sagte er, »in diesem Augenblick würde ich ihm nicht trauen.«

Zamorna schritt langsam durch den Salon und kam dann auf die Gruppe zu. Ich war froh, daß ich gerade in diesem Augenblick nicht dazu gehörte. Etwa einen halben Yard vor ihnen blieb er stehen und starrte sie mit einem unbeschreiblichen Ausdruck an – es war offensichtlich, daß er weder seinen Vater, noch seine Gattin oder Maxwell erkannte. Seine Augen waren starr und glasig; sein Blick drang mit gesammelter Heftigkeit durch jeden festen Gegenstand – seine Augen waren unbeweglich, abgesehen von einem gelegentlichen Zucken der Lider und der langen Wimpern.

Sie waren gefesselt von den flüchtigen Visionen, welche die Einbildungskraft erschuf, dann richteten sie sich langsam nach oben. Sein Gesicht erbleichte, auf seinen Lippen wurden Spuren von Schaum sichtbar – und seine Stirn zuckte in Krämpfen. Der Herzog von Wellington wandte sich an Maxwell. »Führe meine Tochter aus dem Zimmer«, sagte er, »und sollte sie sich noch so sehr wehren, und dann kehre auf der Stelle zurück.«

Nachdem der Kämmerer dem Befehl gefolgt war, schloß mein Vater der Reihe nach die drei Türen des Gemachs, wobei er die Tapetentür nicht vergaß; so ging ich meines Beobachtungspostens verlustig und konnte nichts mehr sehen.

Northangerland und seine republikanische Partei führen – wieder einmal – Krieg gegen Zamorna. Doch diesmal ist ihr Staatsstreich erfolgreich. Die Königlichen Truppen werden geschlagen, Zamorna auf Fürsprache Northangerlands, der das Todesurteil von ihm abwendet, in die Verbannung geschickt. An Bord der »Rover« segelt er einem ungewissen Schicksal entgegen. Die einzige Vertraute, die ihn begleitet, ist die ehemalige Zofe aus dem herzoglichen Haushalt, Mina Laury, die, als Blumenmädchen verkleidet, in Frenchiesland zusteigt.

»Miss Laury gehörte dem Herzog von Zamorna... Abwesenheit, Kälte, völlige Nichtbeachtung über lange Zeit machten ihr nichts aus«, schreibt Charlotte später über die ergebenste und offenbar auch fähigste Geliebte dieses Herrn. Ihr vertraut er seinen Sohn an, seine Ländereien, und als einzige Frau gehört sie zum Troß seiner Armee.

Die Herzogin glaubt derweilen, daß Zamorna in einem Sturm untergegangen sei, und grämt sich auf Alnwick, dem Familiensitz der Percys, fast zu Tode. Ihre Ehe gilt als aufgelöst. Mit ihrer wunderbaren Errettung tritt Charlotte in offene Konkurrenz zu Branwell, der in einer Geschichte unter dem Pseudonym Lord Richton Mary an gebrochenem Herzen hatte sterben lassen, als die Schwester in der Schule in Roe Head war. In den Weihnachtsferien 1836 schreibt sie nun ihre Gegendarstellung zu Richtons Buch, »dem klugen und umsichtigen Politiker«, dessen Version ihr gleichwohl nicht ins Konzept paßt. Marys Tod war also nichts als eine Falschmeldung, wohlbedacht in Umlauf gebracht, um die königstreuen Truppen zum Aufstand gegen das republikanische Regime zu stacheln.

Autor der Geschichte ist Charles Townshend, Charlottes letztes Pseudonym, eine Spielart von Charles Wellesley, der nun, getrennt von seiner Familie, bei Surena Ellrington logiert, einem Mitglied des unübersichtlichen Clans der Zenobia Ellrington. Als freischweifender Bohemien gestattet er sich gleich zu Beginn, ein wenig über die Erweckungsgottesdienste der Methodisten herzuziehen, einer Sekte, die sich zu Beginn des 19. Jahrhunderts großen Zulaufs erfreute. Charlotte, selbst eine ernsthafte Christin, spottet in mehreren ihrer Jugendschriften (»Passing Events«, »Julia«) über exzessives und scheinheiliges Sektenwesen, und die Methodisten John Wesleys sind ihre bevorzugte Zielscheibe. Noch in ihrem Roman »Shirley« charakterisiert sie die »Kanzel-Wummerer« nicht nur als höchst dubiose Glaubensvertreter, sondern auch als die Verbreiter von gefährlichem jakobinischem Gedankengut.

CHARLOTTE BRONTË

Die Rückkehr Zamornas

Einleitung

Lieber Leser, laß Dir sagen, daß ich der Verzweiflung nahe bin. »Warum?« wirst Du fragen. Nun, weil ich auf dem Trockenen sitze. Bis zum gestrigen Abend habe ich niemals die allgemeine Meinung geteilt, daß wir am Rande eines nationalen Bankrotts stünden. Doch gestern abend, wie gesagt, als ich um zwölf Uhr aus der Ebenezer-Kirche heimkehrte und in einer versöhnlichen und beschwingten Gemütsverfassung unseren Salon betrat, fand ich Mr. Ellrington am Kamin sitzend, an einem fleischigen Kloben kauend (alles Fleisch ist Staub, Staub ist dem Ton verwandt, und aus diesem Material werden bekanntlich Pfeifen angefertigt).

»Wir haben einen gesegneten Gottesdienst gehabt«, sagte ich, während ich ihm gegenüber Platz nahm und mir ein entsprechendes Rauchwerkzeug zwischen die Lippen schob.

»Wer hat gepredigt?« fragte Surena, der, wenn er raucht, mit der Sprache überaus haushälterisch umgeht.

»Bruder Chapman vom Chiselhurst-Sprengel. Schaffte sich vortrefflich mit dem Herrn ab, desgleichen Thomas Wouldsworth, der geschlagene vier Stunden im inbrünstigen Gebet verharrte, bis er schließlich, wie er sagte, so sehr die Oberhand gewann, daß die Kanzel fast unter ihm zusammenbrach. Als er sie verließ, mußte der Tischler raufsteigen, um sie für Chapman ein bißchen herzurichten.«

»Sind viele Brüder erleuchtet worden?«

»O, ja. Bevor das Gebet vorüber war, tanzten im Mittelschiff acht Frauen und drei Männer, daß es eine Art hatte. Als die Predigt zu Ende war, ging's auf der Empore zu wie im Himmel, zumindest wie in einem Theaterhimmel. Ich selbst habe eine ganz besondere Art von Erleuchtung erfahren. Trotzdem fühle ich noch ein kleines Kratzen in der Luftröhre, vom vielen Schreien nach einem göttlichen Zeichen für unsere Mühen. Nebenbei, wie steht's mit der... Erkältung, Surena, die Euch an jedem Sonntag abend befällt und Euch daran hindert, bei der Austeilung der Gnaden zugegen zu sein?«

»Sie ist noch immer sehr schlimm«, jammerte Mr. Ellrington, hustete sogleich ein- oder zweimal und zupfte an dem Wollschal, den er sich um den Hals gewickelt hatte. »Gleichwohl bin ich sicher, daß ich die Zeit nicht ohne Gewinn verbracht habe.« – Und er schaute in die Bibel, die aufgeschlagen vor ihm lag.

Zustimmend warf ich ebenfalls einen Blick in diese Richtung, wenngleich nicht auf die Heilige Schrift, sondern auf ein dünnes, unscheinbares Buch, das bescheiden unter dem stattlichen Einband hervorlugte; die höchst irdische Erscheinung eines Hauptbuches.

»Sie haben Ihr Herz geprüft, Surena«, sagte ich, »und im Hinblick auf den Jüngsten Tag Ihre Rechnung mit dem Satan ins Reine gebracht?«

»Ich denke schon«, erwiderte er. »Selbstprüfung ist die löblichste christliche Übung.«

Wir saßen noch etwa eine halbe Stunde rauchend und schweigend da, als mir ein Gedanke durch den Kopf schoß, der mich dazu bewog, aufzustehen und Anstalten zu machen, mich auf mein Zimmer zurückzuziehen. Doch dieser Gedanke war auch Surena durch den Kopf gegangen oder besser, er hatte dort und in seinem Herzen den lieben langen Tag gelauert und schoß nun, als Surena erkannte, daß ich meinen Abgang vorbereitete, in wenig erfreuliche, schlichte Worte gekleidet, aus seinem Munde.

»Heute ist Ihre Miete fällig, Mr. Townshend«, sagte er.

»Meine Miete?« fragte ich und sah ihn befremdet und mit gespieltem Zweifel an.

»Ja, Sir, es ist auf die Stunde sechs Monate her, seit Sie für Ihre hübschen, luftigen Räumlichkeiten, für Kost, Kohlen und Wäsche bezahlt haben.«

»Sie müssen sich irren«, erwiderte ich, denn im Augenblick paßte es mir überhaupt nicht in den Kram, an diese Tatsache erinnert zu werden.

»Es hat alles seine Richtigkeit«, sagte Ellrington. »Ich kann's Ihnen beweisen. Es ist alles in meinem Tagebuch akkurat aufgelistet.«

Ich wußte, daß er's konnte. Wozu also noch länger leugnen – doch was war zu tun? Die gesamten irdischen Güter, die ich mein eigen nannte, beliefen sich auf ein silbernes Sixpence-Stück und vier Pence und einen halben Penny in Kupfer. Mit dieser Summe stand ich überdies bei einem Tabakladen um die Ecke in der Kreide, und meine Rechnung würde sich auf etwas mehr als fünfundzwanzig Pfund belaufen.

Nach einer kurzen Pause begann ich mit wichtiger Miene und ziemlich hochmütig darzulegen, daß die Mittel, über die ich augenblicklich verfügte, zum größten Teil aus beträchtlichen Wechseln bestünden, die jedoch zu gewichtig seien, als daß sie meine Bank, wie ich fürchtete, bei der im Augenblick so angespannten Wirtschaftslage, werde einlösen können. Ich verfügte, sagte ich, in der Tat noch über ein paar überflüssige Guineen, die ich jedoch vermutlich morgen brauchen würde, um bei meiner Wäscherin eine kleine Rechnung zu begleichen. Diese wahrlich arme Seele verdiene es um so mehr, bezahlt zu werden, als sie sich in den letzten vierzehn Tagen mit nahezu einer Wagenladung meiner Wäsche habe abplagen müssen – darunter auch diese empfindlichen Rüschenhemden, die wegen ihrer unzähligen Falten eine Unmenge ermüdender Bügelarbeit beanspruchten.

Ein grüner Junge hätte mir diesen Sermon vielleicht durchgehen lassen, doch Surena hatte schon früher Kostproben meines erzählerischen Talents bekommen und wußte, wie er mir das Wasser abgraben konnte.

»Mr. Townshend«, sagte er, »Ihnen ist gewiß bekannt, daß ich, bevor ich ins Geschäftsleben eintrat, unserem Herrn ein feierliches Versprechen gab: niemals würde ich die Seele eines meiner armen Mitmenschen dadurch gefährden, daß ich ihm auch nur eine einzige Stunde am Tag für einen halben Penny traute. Kann ich dieses Versprechen reinen Gewissens brechen, noch dazu am Abend des Tages, der Gott geweiht ist? Sir, wenn Sie das Geld nicht haben, müssen Sie entweder auf der Stelle ins Gefängnis wandern oder mir versprechen, sich hinzusetzen und ein Buch zu schreiben. Ich werde das Manuskript selbst zum Buchhändler tragen und das Honorar einstreichen. In der Zwischenzeit werden Sie die Freundlichkeit haben, mir Ihren Mantel, Ihre Weste und Ihre Uhr als Pfand zu überlassen.«

Mich dieser Regelung zu widersetzen, hatte ich meine ganz privaten speziellen Gründe, und so stand ich einen Augenblick da und grinste Surena mit einem, sagen wir, Ausdruck an, der von meiner mißlichen Lage überdeutlich Zeugnis ablegte. Gleichwohl währte die ein wenig priesterhafte Geziertheit, der ich mich nachdenklich hingab, nicht länger als zwei oder drei Sekunden. Ich hatte mir diesen Anschein ohnehin nur gegeben, um Surena auf die Folter zu spannen, und mein Zaudern entsprang keiner wirklichen Verlegenheit.

Augenblicklich begann ich meinen Mantel aufzuknöpfen, der unter dem Kinn sorgsam geschlossen war, um dort an meine schwarze Halsbinde anzuschließen, schälte mich heraus und entledigte mich dann meiner Weste. Was das Hemd angeht, so kam, der geneigte Leser möge mir verzeihen, nicht das kleinste Stückchen Leinen, sondern nur weiße Haut zum Vorschein. Nun erlaube er mir, daß ich seine Bewunderung erheische, was ich selten zu tun pflege.

Es handelte sich, wie der Leser bemerkt haben dürfte, um eine nette kleine Krise – speziell für einen darin befindlichen Gentleman war es eine delikate und nicht alltägliche Lage, eine kleine

Klippe in der Karriere eines Mannes des öffentlichen Lebens, und es brauchte ein gewisses Feingefühl, um sie mit Geschmeidigkeit und Eleganz zu umschiffen.

Errötete ich? Geriet ich ins Stottern? Begann ich gar aufzubrausen oder versuchte ich, das Ganze ins Lächerliche zu ziehen? Weit gefehlt, das hatte Charles Townshend nicht nötig! Diese Affaire, welche für die meisten Leute Anlaß zu leichter Beklemmung und Befangenheit gewesen wäre, war für mich ein Quell reinen Vergnügens. Ich wünschte nur, daß bei diesem Schauspiel mehr Zuschauer zugegen gewesen wären.

Mit einem ruhigen Lächeln, das auf verbindliche Weise ausdrückte, daß ich meine schwierige Lage richtig einschätzte, zugleich jedoch auch zu erkennen gab, daß ich ihrer Einzigartigkeit mit ruhigem, bescheidenem Gleichmut gegenüberstand, händigte ich meinem Gläubiger die Kleidungsstücke aus, wobei ich leichthin und lässig sagte: »Wir, die wir den geflügelten Pegasus reiten, sind schon ein sehr sonderbares Völkchen. Beim nächsten Mal werde ich vermutlich vergessen, mein Taschentuch mit Parfüm zu benetzen.«

Merke wohl, Leser, daß diese Worte nicht in der Absicht irgendeiner Täuschung gesprochen wurden, o nein – meine Worte erhielten den letzten Schliff durch ein verschmitztes Augenzwinkern, das andeutete, daß ich's ironisch gemeint hatte und daß wir einander verstünden.

Am nächsten Tag, das heißt zur gleichen Stunde, machte ich mich an die mir auferlegte Arbeit. Ohne Hemd, Weste, Mantel und – anstatt in korrekte Kleidung – in eine Decke gehüllt, machte ich mich auf Geheiß des Tuchhändlers Surena Ellrington daran, Geld zu erschreiben, um meine Schulden bezahlen zu können. Für mich bedeutet das keine Erniedrigung. Ich habe schon viele Male tiefer in der Patsche gesessen als jetzt. Es ist in meinem Leben ein ungewöhnlicher Zwischenfall, eine überraschende Lage, doch bin ich desungeachtet, nichtsdestoweniger, fürwahr wirklich und wahrhaftig ein Königssohn. Ja, Sie haben richtig gehört!

Inzwischen wird mir ziemlich fröstelig zumute, und der knauserige, alte Hauswirt hat mir gerade einen Napf mit heißer Brühe gebracht. Während ich sie schlürfe, werde ich ein wenig nachdenken und den Stoff für das erste Kapitel gliedern. Wende also die Seite um, Leser, und lies weiter.

Erstes Kapitel

Ich finde, daß ein Autor gut beraten ist, wenn er den ersten Seiten seines Buches ein eingängiges und abwechslungsreiches Gepräge gibt, und wenn ich gekonnt hätte, wäre ich bei meinem vorliegenden Werkchen länger in diesem Fahrwasser geblieben, doch alles, was mich umgibt, wirkt so düster und drohend, daß ich nicht anders kann, als mich Schritt für Schritt dem Stil zu nähern, den die Menschen, ihre Gespräche und die Natur selbst angenommen haben.

O, Leser, welch sonderbarer Hauch von Ungewißheit liegt auf allen Dingen. Beschleichen Dich nicht jetzt Zweifel, welches Bild der oberflächliche und windige Townshend Deiner Vorstellungskraft zuerst präsentieren wird? Ich fasse dich bei der Hand und bin dein Führer; wir befinden uns in einer langen Galerie, und die Gemälde, die dort hängen, sind alle verhüllt. Stellen wir uns diese Galerie in einem alten Herrenhaus vor. Es ist ein stiller müßiger Nachmittag; nehmen wir an, die Familie sei nicht zu Hause – vielleicht sind nur noch ein paar Mitglieder am Leben –, und das Geschlecht ist fast ausgestorben. Zwei oder drei grauhaarige Diener hüten das Haus.

Wir sind allein. Laß Dich in dem alten Sessel dort nieder, und ich werde ohne ein Wort umhergehen und die Gemälde eines nach dem anderen enthüllen. Wir alle haben das Buch gelesen, das Lord Richton kürzlich veröffentlicht hat – nun sollst Du ein Buch lesen, das Charles Townshend verfaßt hat. Ich habe meine eigenen Quellen, aus denen ich mein Wissen schöpfe. Lord Richton hat zweifellos seine Gründe gehabt, sein Buch so und nicht anders zu schreiben, und es hat mit ebensolcher Gewißheit eine mächtige Wirkung gezeitigt.

In unserem Lande greifen wir, um eine Partei für unsere Wünsche empfänglich zu machen, zu Mitteln, wie man sie nie zuvor in der politischen Welt gekannt hat. Die Gefühle, die dieses schöne und erhebende Buch in Angria ausgelöst hat, werden dort niemals gänzlich vergessen werden. Man hat den

Verfasser bezichtigt, ein allzu begeisterter Freund jenes dem Untergang geweihten Landes zu sein. Bei dieser Gelegenheit hat er sich wahrlich als ein treuer Freund gezeigt, und dies auf sehr sonderbare Weise. Er hat, glaube ich, Sehnsucht nach diesem Land und seinen heroischen und hingebungsvollen Verteidigern; und dieses Erzeugnis seiner Feder, das ich, ungeachtet seines wahrhaft göttlichen Geistes, im Kern für falsch halte, hat einen Funken vom Guadima zum Etrei geschickt, der binnen kurzer Zeit zur Flamme werden wird.

»Warum ist das Buch falsch?« wirst Du fragen, Leser. Höre! – bevor Richtons Buch erschien, gab es, wie ich weiß, im ganzen Staatenbund Gerüchte, Lady Mary Percy sei tot, und es ist eine bekannte Tatsache, daß Northangerland angesichts einer Krise, die ihn und die Angelegenheiten des Reichs bedrohte, plötzlich nach Alnwick gerufen wurde. Richton, der kluge und umsichtige Politiker, wußte das und ergriff die Gelegenheit, machte sie sich mit beispielloser Geschicklichkeit und Energie zunutze, setzte sich, befeuert von der stolzen Aussicht, eine Nation zu retten (der Bursche ist alles andere als ein Durchschnittspolitiker), ans Werk und brütete einen glühenden und machtvollen Erguß aus, der sich, wenn ich recht voraussage, für Angria als ebenso wertvoll erweisen wird wie ein Heer. Und so griff der bewegliche und weitblickende Warner Richtons Donnerworte auf und schickte sie mächtig grollend durch seine Berge. Ich denke, der Widerhall dieses Donners, so düster er jetzt auch tönt, wird sich, bevor er verklingt, zu einem triumphierenden Schall erheben.

Mary Percy! Ich wünschte, ich könnte zu Papier bringen, was ich in manch einer schwermütigen Stunde gedacht habe. Ich wünschte, jene Gefühle, denen ich in einer oder zwei düsteren und stürmischen Nächten mit so sonderbarer Lust nachhing und nachträumte, kehrten zurück wie Zugvögel übers Meer.

Da! Eine weiße Schwinge und dann eine zweite, Schneeflokken gleich! Sie landen am dämmrigen, stillen Ufer. Doch dies sind nur Trugbilder einer allzu lebhaften Erinnerung, und darum werde ich fortfahren.

Es liegt etwas eigentümlich Trauriges in der Empfindungslosigkeit, die auf heftige Leiden folgt. Die Herzogin von Zamorna konnte nicht für immer jenen schneidenden und durchdringenden Schmerz fühlen, der sie, als die Trennung frisch war, Tag und Nacht heimsuchte. Tage und Wochen waren inzwischen

Alexander Percy am Totenbett seiner Tochter Mary, die aus Kummer über Zamornas Verbannung dahinwelkt. Aquarell von Charlotte.

seit dem Fall, der Gefangenschaft und der Verbannung Zamornas vergangen. Es war ihr zartfühlend beigebracht worden, daß die »Rover« auf dem offenen Atlantik Schiffbruch erlitten habe, und seit diesem Vorfall habe man weder eine Spur entdecken noch irgendeine Nachricht über den Verbannten erhalten können.

Die letzten Herbsttage neigten sich nun verhangen ihrem Ende zu. Ein Hauch von sommerlicher Weichheit lag noch immer in der Luft, doch die laubbedeckten Alleen und braunen Haine von Alnwick zeugten davon, wie nahe die Schneefälle des Winters herangerückt waren. Mary war schwach und fahl vom

Krankenlager aufgestanden. Noch vor einem Monat hatte es so ausgesehen, als werde sie es nie mehr verlassen. Zu anfällig, um die Oktoberkühle und den Duft der sich entlaubenden Wälder und welkenden Blumen zu ertragen, ging sie lediglich in den hallenden Fluren des Hauses umher, und dort schritt sie Stunde um Stunde auf und ab, nur hin und wieder vor den Gitterfenstern ausruhend, stumm und geistesabwesend, von morgens bis abends in einem ununterbrochenen Traumzustand befangen.

Abgezehrt und blaß, wie sie war, wunderten ihre Diener sich oft, wie sie es aushalten konnte, so lange auf den Beinen zu sein, doch ihre klaglose Schwermut erfüllte sie mit solcher Ehrfurcht, daß sie ihr keine Vorhaltungen machen mochten. Sie wagten niemals, ihr zu raten, öfter zu ruhen, und den ganzen Tag über konnte man das leise Rascheln ihres Gewandes hören, wenn sie mit geräuschlosem und schleppendem Schritt gleichsam wie im Käfig auf und ab ging, mehr einem flüchtigen Schatten als einer lebendigen Frau gleichend.

Welche Gedanken mögen in diesen öden Stunden ihren Geist beschäftigt haben? Wie ich hörte, sah man sie selten weinen, wenn auch hin und wieder eine Träne, die lange an ihrem Lid gehangen hatte, wie eine blasse Perle auf die Fliesen tropfte.

An einem Sonntag abend, als die untergehende Sonne einen milden Glanz über dem Park ausgoß, begab sie sich in Lady Helens Ankleidezimmer, wo die Fenster geöffnet waren, lehnte sich hinaus und lauschte den Glocken des Münsters von Alnwick, die, zwei Meilen entfernt, zum Abendgottesdienst riefen.

Ich kann mir lebhaft vorstellen, welche Gefühle sie angesichts des heiligen Klanges und der weihevollen Stunde überkamen.

Die letzten drei Jahre ihres Lebens erschienen ihr nun wie ein merkwürdiger Traum. Die Erinnerung an die tausend Gesichter, die sie umgeben hatten, war farblos und verschwommen geworden. Sie konnte sich kaum vorstellen, daß Männer wie Warner, Hartford oder Enara noch lebten. Wären sie plötzlich vor ihr erschienen, hätte sie dies erschreckt, als wäre jemand von den Toten auferstanden.

In ihrer verzweifelten Einsamkeit kamen ihr diese vergangenen Zeiten zuweilen so entrückt, so entfernt, so prächtig und stürmisch vor, daß sie versucht war zu glauben, sie sei erst jetzt aus einem Zustand der Verzückung erwacht, und sie zitterte bei dem jähen Zweifel an ihrer geistigen Gesundheit.

»Mutter«, sagte sie einmal zu Lady Helen, »war ich je verheiratet?«

Der Name des Verbannten wurde ihr gegenüber nicht erwähnt und kam nie über ihre Lippen. Sie schien vergessen zu haben, daß sie Kinder hatte. Sie sah sie nie. Tatsächlich befanden sie sich nicht in Alnwick-Hall, sondern in einem kleinen Landhaus auf der Besitzung.

Miss Clifton erzählte mir, daß Mary auch weiterhin ein Miniaturbildnis des Herzogs auf der Brust trug, das sie seit ihrer Heirat nicht abgelegt hatte, doch nie öffnete sie das Medaillon, in dem sich das Bild befand. In einem ihrer Gemächer befand sich auch eine Marmorbüste des Herzogs, aber niemals schien ihr bewußt zu werden, um wessen Ebenbild es sich handelte. Sie hatte den lebendigen Menschen verloren und war in ihrer Verherrlichung des Mannes, der von ihrer Seite gerissen worden war, zu glühend und ungehemmt, um seinem kalten, leblosen Abbild Beachtung zu schenken.

Doch, ach, bei Tage und bei Nacht, wenn sie wach war oder wenn sie sich schlafen legte, begannen ihre Gedanken ohne ihr Zutun immerfort ziellos und führerlos zu wandern, und ihr wurde nur bewußt, daß es sie noch immer seewärts zog.

Sie verlor sich in den Bildern eines riesigen Ozeans, ohne Insel, Küste oder Schiff, in dessen Tiefen sich das erhabene Mondlicht spiegelte, und durch alle Phantasien strömte das immerwährende Gefühl, daß in diesen Wellen ihre Hoffnung, ihr Glück, ihr Gott, ihr Himmel versunken war.

Unterdessen schien ihr körperlicher Zustand von Tag zu Tag kaum schlechter zu werden, doch lebte sie fast ohne Nahrung. Was sie im Lauf der gesamten vierundzwanzig Stunden eines

Tages zu sich nahm, hätte bei gesundem Appetit kaum für eine kleine Mahlzeit ausgereicht.

Der November neigte sich dem Ende zu, und rasch kamen die rauhen und stürmischen Tage des Dezember. Sie konnte nicht mehr im Flur spazieren, dessen feuchte Luft, wenn sie sie nur kurz einatmete, einen kränklichen und bedrohlichen Husten verursachte. Sie hielt sich darum in einem großen Gemach auf, das aufs prächtigste mit all den Luxusgegenständen und kunstvollen Dekorationen ausstaffiert war, die Lady Helen für geeignet erachtete, Mary, wenn auch nur für einen Augenblick, zu zerstreuen. Die Wände waren mit lieblichen Szenen im italienischen Stil bemalt – Figurengruppen zwischen schimmernden Statuen und voll erblühten Rosenhainen eines prächtigen Gartens. In der Ferne lag ein See mit einem Stück besonnten Ufers, und der südliche Himmel überspannte die ganze Szene.

Weiterhin stand in jeder Nische des Salons eine entzückend gearbeitete Statue, ein lachender Bacchus, mit Weinlaub bekränzt, oder eine Muse mit Strahlenkranz. In einer Wandvertiefung standen drei riesige, kostbare chinesische Vasen, rundum purpurn und golden gefleckt, bis auf ein großes Oval in der Mitte, welches das Bild einer Landschaft von außerordentlicher Leuchtkraft zeigte. Palmen und Morabäume ragten in einen saphirblauen Himmel, Tempel waren mit grotesken Schnitzereien geschmückt, zwischen flachen Ufern strömten kristallklare Wasser, und schlanke Hindu-Frauen beugten sich nieder, um ihre Krüge an der Quelle zu füllen.

Inmitten dieser Kostbarkeiten saß Mary von morgens bis abends auf einem Fleck, fast immer in derselben Haltung. Es muß ein eindrucksvolles Schauspiel gewesen sein, sie so zu sehen. Sie war ebenso kostbar gekleidet, als säße sie in Adrianopolis auf dem Thron, dem Mittelpunkt des glänzendsten Hofes der Welt – jeden Morgen richteten ihre Zofen ihre Garderobe her, wie sie es gewohnt waren. »Viele Male«, sagte mir eine von ihnen, »kam mir, während ich die Ringe über ihre kleinen, dünnen, kraftlosen Finger streifte, ihr die Perlenkette um den zarten Hals legte, der weiß und klar wie Marmor war, der Gedanke, daß es nicht mehr lange dauern würde, bis wir ihren Leib in Leichentücher würden wickeln müssen. Jung und göttlich schön wie sie war, würde sie starr und kalt aufgebahrt in ihrem Sarg liegen.«

Es wäre ein Glück für sie gewesen, wenn dieser Tagtraum ohne Unterbrechung angedauert hätte, denn wenn er ihr auch die Lebensfreude raubte, so bedeutete er doch zumindest eine Linderung ihres Elends; doch hin und wieder, so wird erzählt, packte sie eine plötzliche Unruhe, ein Fieber, das sich in ihrem Inneren angestaut hatte, und das Zusammenkrampfen ihrer kleinen, ausgezehrten Hände und der qualvolle und entrückte Ausdruck in ihren Augen zeigten, daß ihr der Kummer heftiger und deutlicher zu Bewußtsein gekommen war.

In solchen Augenblicken sprach sie oft, und ihre Stimme, die man so selten hörte, rief bei allen, die zugegen waren, ein Gefühl sonderbarer Scheu hervor.

»Wie kommt es«, sagte sie ungeduldig, »daß ich hier gefangen bin in solcher Einsamkeit, in einem Leben, das alles tötet? Niemals tritt ein menschliches Wesen über die Schwelle von Alnwick. Im Haus höre ich weder einen Schritt noch einen Laut. Großmutter, schreibst du niemals nach Verdopolis, bekommst du von dort nie einen Brief? Wollen wir immer so weiterleben? Werden die alten Zeiten nie, nie wiederkehren? O, Adrianopolis, welch fröhliche, prachtvolle Tage habe ich in deinen Mauern verbracht, unter den großen Männern, genialen Geistern, deinen Söhnen! Deinen Herren! Sie waren von morgens bis abends um mich geschart; die erregende, heroische Luft habe ich geatmet. Der Klang der Stimmen der ritterlichen Krieger und Führer meines jungen Angria – wie ließ er mein Herz höher schlagen! War ein Sturm der Erregung fast verklungen, nahte bereits ein zweiter, um die ermüdeten Sinne zu erfrischen. Wie sich in meinen Gemächern stolze Statthalter drängten, das Feuer künftigen oder erworbenen Ruhms in den Augen, voll von Ehrgeiz, dessen Höhenflug keine Grenzen kannte. Und während ich mich zwischen ihnen bewegte, wußte ich, daß sie mich alle treu verehrten, daß ich die Macht besaß, durch einen Blick oder ein geflüstertes Wort ihre ungezähmten Herzen zu erhitzen oder zu besänftigen. Und auch meinen Vater sah ich in meinem Palast. An den feierlichen Sonntagen, wenn abends die Stadt still war und der ganze Hof sich im Münster von St. Mary zum Gottesdienst versammelt hatte, kam der Vater in meinen Salon – einen Ort strahlender Schönheit. Dort stand das Klavier, ein Geschenk zu meiner Krönung, wie du weißt. Ich erinnere mich jetzt lebhaft an einen dieser Abende – ich erinnere mich, wie die Hand meines Vaters auf meiner Schulter ruhte, als ich am Klavier saß und ihm Hymnen und religiöse Lieder vorspielte. Ich erinnere mich an die Ruhe, die dieser Raum ausstrahlte, an den hellen Schein des Kaminfeuers und der Lampen an den Wänden. Es war an einem Winterabend. Ich höre den vollen, glockenreinen Klang meines Klaviers, sogar meine eigene Stimme, sehe mich selbst, wie ich mich in einem Spiegel erblickte. Ich spüre erneut das köstliche Gefühl von damals, als ich meinen Vater glücklich machte. Er sprach es nicht aus, doch er sah so ruhig und beeindruckt aus, und wenn ich einen Psalm oder einen Choral beendet hatte, blickte er stolz auf mich hinab.

Ich weiß, daß ich sang wie wenige, daß ich spielte, wie es nur wenige vermögen. Mein Herz quoll über von einem heißen Gefühl des Jubels. Hatte ich nicht Grund genug, diese Erde für den Himmel zu halten? Als Sproß eines edlen Geschlechtes, Tochter eines Mannes, überreich an Macht, Talent und Ruhm, war mein Geist voll von alten Legenden über meine großen, rätselhaften Vorfahren. Mit süßen und ungetrübten Erinnerungen an eine Kindheit in der Heimat meiner Ahnen im Westen. Selbst jetzt, da blendender Glanz mich umgab, ein Heer von Rittern sich zu meinen Füßen wie vor einer Göttin verneigte, wurde die Leuchtkraft dieser Vergangenheit kaum geschwächt. Ich habe die natürliche und zum Teil erworbene Gabe, jedermann zu bezaubern. Ja, und da war noch etwas anderes, das mir in diesem entrückten Augenblick bewußt wurde, daß das Blut rascher durch jede zitternde Ader strömen ließ, bis ich spürte, daß es mir kräftig und glühend in die Wangen stieg und ich den Glanz meiner Seele aus meinen Augen hervorblitzen sah. Denn, Mutter, ich bemerkte (ich kann es nicht leugnen), daß ... daß der Herzog selbst ins Zimmer getreten war, daß er in meiner Nähe stand und mich beobachtete – mich mit Liebe, Stolz und Bewunderung anschaute.

Ich hörte ihn näher treten, ich spürte, wie er sich über mich beugte. Der Schatten seiner Locken fiel auf Noten und Klavier, und sein schönes Gesicht war mir nah – seine weiße, glatte Stirn, seine Augenbrauen, dunklen Wimpern und die strahlenden, forschenden, herrischen Augen, die feine, edle Nase – seine jugendlich roten Lippen, sein verschwenderisches Haar, an den Schläfen gelockt, weich auf meine Wangen fallend. So verharrte er einen Augenblick, die Lippen halb geöffnet, zu einem eigentümlichen Lächeln gekräuselt, und der linde Atem entströmte ihnen mit kaum wahrnehmbarer Wärme. Dann wandte sich seine stattliche Gestalt mit unnachahmlicher Anmut ab. Tausendmal habe ich Köstliches verspürt, wenn ich nur seine einfache edle Art sich zu bewegen beobachtete.

Mutter, es macht mich rasend, mir dieses Bild auszumalen. Ich wünschte, es würde mir entschwinden. Es ist überaus lebendig. Ich kann es nicht ertragen, denn den ganzen Winter hindurch, den kommenden Frühling, die langen lieblichen Tage des Sommers, ja den ganzen Herbst hindurch und, wenn ich es erlebe, noch viel, viel länger, werde ich wissen, daß ich ihn nie mehr sehen werde. Er ist tot.

King hat es mir selber gesagt, daß er, als der Sturm gegen Morgen am schlimmsten tobte, Zamorna flüchtig sah, der an Deck des Schiffes stand, mit einer Hand die Augen beschattend und den Blick fest auf die aufgehende Sonne gerichtet. Einige Männer der Besatzung lagen tot in den Tauen, andere waren während der letzten Nacht über Bord geschwemmt worden, und die Wellen, wütend wie zuvor, stürzten unaufhörlich und mit Donnergetöse wie Berge auf das Schiff herab, und jede zurückflutende Woge trug ein Opfer mit sich davon. Als er erneut hinblickte, sah er, wie von der Stelle, an der Zamorna gestanden hatte, ein riesiger Brecher schäumend auf der zurückfließenden Flut in die Tiefe wallte; von dieser Stunde an, sagte King, habe er Zamorna nicht mehr gesehen. Wer also könnte es wagen, mich nun trösten zu wollen? Wenn die See in diesem Augenblick, da ich spreche, stürmisch ist, treibt sein Leichnam in ihren Wellen – und wenn sie ruhig ist, ruht er reglos in ihren furchtbaren Tiefen.

O, Mutter, ich entsinne mich des Augenblicks, da ich ihn in Angria zum letzten Mal sah! Stundenlang, tagelang hat mich die Erinnerung an diese kurze Spanne der Wonne inmitten des Grams getröstet. Monatelang hatte ich von ihm weder gehört, noch ihn gesehen. Als ich zu ihm ging, wagte ich kaum zu hoffen, das Feuer der Leidenschaft in seinem Blick zu sehen, das ich als Braut so oft erblickt und bei seinen Zärtlichkeiten empfunden hatte. Aber, Lady Helen, er empfing mich, wie Lord Douro mich zu empfangen pflegte – mit leidenschaftlicher Sanftheit und herrlicher, besitzergreifender Heftigkeit. Sanftheit und Ungestüm – ich liebte ihn um beider willen –, und, o Gott, ist dieses strahlende, unwiderstehliche Wesen wirklich tot? Werde ich niemals Frieden vor diesem Schmerz finden? Sollte dies mein unabwendbares Schicksal sein, möchte ich nicht einen Augenblick länger leben!«

Eines Abends, nach einem solchen heftigen Ausbruch des Schmerzes, hatte sich die unglückliche Königin in ihre Gemächer zurückgezogen und sich, von Verzweiflung zerrissen, auf ihr prunkvolles Lager geworfen. Auf ihren Wunsch hatte ihre Dienerschaft sich zurückgezogen. Sie hatte sich nicht auskleiden lassen wollen und lag nun da, in kostbare Satingewänder gehüllt, eine Kette von Brillanten um den Hals, und das Licht einer einzigen Lampe schimmerte auf ihrem weißem Gesicht und ließ die Tränen an ihren Wimpern und auf ihren weichen, reinen Wangen aufscheinen.

Was sie jetzt durchlitt, überstieg vielleicht jedes andere

menschliche Leid – das zehrende Verlangen nach etwas Unerreichbarem, das Absterben der Hoffnung, das Bewußtsein, das Glück werde nie wiederkehren, die völlige Niedergeschlagenheit, die den Tod nach sich zu ziehen scheint und ihm eine so entsetzliche Gestalt verleiht.

Es war eine stürmische Nacht. Ein schauriger unaufhörlicher Wind heulte durch die dunklen Lüfte, Regen wurde in mächtigen Schauern gegen die Fenster gepeitscht. In dieser Stunde überkam Marys Geist ein abergläubisches Grauen, gegen das ihre erschütterte Seele sich kaum noch wehren konnte. Sie schaute sich in dem großen, halbdunklen Raum um und dachte: »Wie soll ich die Nacht überstehen, die vor mir liegt?«

Sie sehnte sich nach einem Augenblick der Erleichterung, betete darum, zugleich erschauernd fürchtend, eine unirdische Stimme könne auf ihr Flehen antworten.

Als sie ihr Gebet verrichtet hatte, fiel ihr Blick auf einen kleinen Schrank gegenüber ihrem Bett. Dort lag ein weißes, rechteckiges Stück Papier, zusammengefaltet wie ein Brief.

Plötzlich fiel ihr ein, daß Miss Clifton ihr am Morgen gesagt hatte, beim Pförtner sei ein Brief für sie abgegeben worden. Doch abwesend, wie sie war, und in einem ständigen Traumzustand gefangen, hatte diese Nachricht sie nicht berührt. Jetzt jedoch stand sie auf, nahm den Brief und öffnete ihn. Sie las folgende Worte, geschrieben in einer Handschrift, die Ungeduld und Eile verriet:

»Zu dieser Zeit glaubst Du und die ganze Welt, ich sei tot. Robert King hat mir einen guten Dienst erwiesen, indem er diese Nachricht verbreitete, doch er weiß sehr wohl, daß ich nicht an Bord der »Rover« war, als sie unterging. Und Dich, mein teures Leben, werde ich eines Tages zurückgewinnen. Kein Meer erstreckt sich nun zwischen uns – nicht einmal ein Fluß oder ein Bach. Vielleicht bin ich Dir viel näher, als Du denkst. Ich habe eine Aufgabe zu erfüllen, bevor ich Dich wiedersehe, doch wenn diese erledigt ist, denke ich, wird kein Hindernis auf Erden mich von Dir fernhalten können. Du weißt vielleicht, daß die Pest in den Provinzen Arundel und Zamorna ausgebrochen ist. Du weißt auch, wem Northangerland die Regierung meines Königreiches übertragen hat. Ich glaube, in dem Land, dem mein Herz gehört, regen sich Kräfte, mit deren Hilfe ich den Statthaltern Deines Vaters einigen Ärger bereiten werde. Noch immer liegen die Toten auf den Schlachtfeldern von Colnemoss und Edwardston. Ich glaube, wenn ich mir das Recht erkämpft habe, sie zu begraben, wird dieses erstickende Gefühl in meiner Brust weichen. Ich möchte Dich einen Augenblick in meinen Armen halten, doch ich glaube, das kann jetzt noch nicht sein. Wenn Du Dich stark genug fühlst, morgen früh um neun Uhr zum Tor des Parks zu kommen, wirst Du mich vielleicht sehen, doch erwarte nicht, mit mir sprechen zu können. Ich schleiche nicht umher wie ein Verbrecher, sondern folge meiner Berufung, frei und unabhängig. Ich würde dem Satan selbst trotzen, wenn er mich gerade jetzt erwischen oder zurückhalten wollte. Ich habe eine Locke meines Haars beigelegt. Romantisch wie Du bist, wird Dich das Geschenk erfreuen. Zur Zeit bin ich nicht Dein Gatte, und werde es für kurze Zeit auch weiterhin nicht sein, doch werde ich an Dich denken, wann immer ich eine freie Minute habe, und wenn Deine Bewacher nicht aufpassen, werden sie nach und nach die Gefoppten sein.

Dieser Brief klingt ziemlich hart und schroff, doch in der letzten Zeit habe ich Schweres erdulden müssen. Ich habe nicht die Absicht, eines plötzlichen Todes zu sterben.

Lebe wohl

A. W.«

Leser, wie soll ich Dir den Ansturm der Gefühle beschreiben, den diese Worte, dieser Brief plötzlich in Mary Percy auslösten. Nur fünf Minuten zuvor hatte sie auf dem Bett gelegen, bleich und schwach, in dem Gefühl, vor Gram zu sterben. Sonderbare Schrecken, heraufbeschworen aus der nächtlichen Verzweiflung, hatten sie dunkel drohend umringt, und jetzt hatten ein paar Worte beinahe ihr ganzes Wesen verändert.

War das die Hoffnung, die sie sich in Augenblicken der Raserei kaum auszumalen gewagt hatte, als sie sich an die unwahrscheinlichsten Möglichkeiten geklammert hatte, die sie ihrer erschöpften Einbildungskraft um eines Augenblicks der Ruhe willen abrang. War dieser Traum Wirklichkeit geworden, noch bevor eine neue Sonne aufging?

Ihr stockte der Verstand. Sie hatte ihren Geist dazu erzogen, Zamorna als einen Leichnam zu betrachten, der in den Tiefen des Meeres begraben war – als halb vergessenes Wesen – als verschwundene Vision, von den Strömungen der pfadlosen Meere fortgespült. Und nun, mit einem Male, hatte sie von seiner eigenen Hand die sichere Nachricht, daß er lebte, daß er ihr nahe war und sie ihn morgen sehen würde.

Dieser Brief atmete einen Geist, der so lebensfrisch war, so verschieden von den Träumen, die sie verzehrt hatten, er war so fest, kurz und fast schon allzu unromantisch, daß er, wie ich schon sagte, ihr ganzes Wesen auf den Kopf zu stellen schien. Er kam wie ein Schwall erfrischender Luft, der sich heilend auf ihre zerrüttete Seele senkte. Zuerst verspürte sie nur das Flattern und Schwingen verwirrten Entzückens, doch ihm folgte erstaunlich rasch eine Folge von Gedanken, die ihr im Nu klarmachten, wie stark die Einbildung ihre Leiden gesteigert hatte.

Mit einem Schlage schien sie zu begreifen, daß sie in einer Welt abscheulicher Hirngespinste gelebt hatte, die sie irrtümlich als Wirklichkeit angesehen hatte. Das ungreifbare Entsetzen, das jeden Gedanken überschattete, der mit Alnwick in Verbindung stand, mit jedem Raum des Hauses und jedem Gang in den Garten, fiel von ihr ab. Eine helle, von Vernunft bestimmte Hoffnung verdrängte unmerklich die Verzweiflung.

Sie wußte, daß Zamorna noch nicht der ihre und sie noch nicht die seine war, doch er lebte, war in Afrika und dachte an sie. Dort lag sein Brief, lag die Locke, die er sich erst kürzlich abgeschnitten hatte; und als sie sich über das weiche, kastanienbraune Haar beugte, noch einmal auf seine wohlbekannte Handschrift blickte, wurde ihre erregte Seele von Erinnerungen überschwemmt an sein berückendes Lächeln, seine Stimme und sein Gesicht, das alles zu genießen sie allein unter allen Blumen Afrikas auserwählt worden war. Sie empfand wenig Furcht bei dem Gedanken, sich der Führung dieses selbstherrlichen und tollkühnen Wanderers zu unterwerfen.

Die Vorstellung, daß sie nicht seine Gattin sei, kam ihr in der Tat flüchtig in den Sinn, und damit fielen ihr auch bestimmte rücksichtslose und bedenkliche Züge in Zamornas Charakter wieder ein, doch diese Gedanken ließen tiefe Röte in ihre Wangen schießen, und die hochmütige Bewegung, mit der sie den Kopf warf, und die wieder entflammte Begeisterung, die aus ihren Augen funkelte, verrieten nur zu deutlich, daß kein Zweifel, kein Mißtrauen, kein zögerndes Abwägen ihren herrischen Willen nur einen Augenblick hemmen konnten. Alle ihre tiefen Gefühle vereinigten sich zu einem einzigen Begehren. Die aufgestaute Flut hielt inne auf dem höchsten Punkt des Wasserfalls. Daneben wogte Ried, wuchsen Blumen und Weidenbäume – doch welcher Baum, welche Blüte konnten den Sturz aufhalten, der bevorstand?

Zweites Kapitel

Am Rand des Parks von Alnwick fließt der klare Derwent, eingefaßt von sanft abfallenden Wiesen, die im Sommer grün leuchten und von riesigen Ahornbäumen und Ulmen überschattet werden. Doch nun war Winter, und als die Sonne über dem Land aufstieg, lächelte sie kalt auf einen Schauplatz herab, der im Frost glitzerte. Die Zweige der Haselnußsträucher und des Dornengestrüpps am Ufer waren starr und weiß von Rauhreif. Die Erde war hart gefroren, ein kalter Wind kräuselte den Fluß in kleine Wellen.

Vom Münster von Alnwick, dessen massige Türme fern im Sonnenaufgang schimmerten, hatte es gerade neun geschlagen, doch schon seit zwei Stunden war eine weibliche Gestalt, in

Pelze gehüllt und tief verschleiert, auf dem Pflaster vor den Toren des Parks hin und her gegangen.

Beim ersten Schein der Morgendämmerung hatte sich Mary aus ihrem Gemach gestohlen. Ohne Furcht vor dem schneidenden Wind, der den Fluß herabwehte, und den frostigen Nebeln, die ihn verhüllten, war sie zum verabredeten Platz geeilt, solange es noch dunkel war, sie, die zuvor monatelang wie eine empfindliche Treibhauspflanze gehegt und gepflegt worden war.

O, wie lang erschienen ihr die zwei Stunden ihrer morgendlichen Wache. Zuerst, vor Aufregung wie betäubt, spürte sie die durchdringene Kälte der Luft nicht – doch ihre Seele, die durch das lange Leiden so angegriffen war, konnte die Ungewißheit nicht lange ertragen. Sie blickte über den Pfad am Flußufer. Sie blickte über den klaren, blauen Fluß. Alles war still und regungslos. Nur die nackten Sträucher bebten zuweilen ein wenig.

»War alles nur ein schöner Traum?« fragte sie sich, und kaum hatte sie diesen Gedanken ausgesprochen, als die Vermutung in ihrer krankhaften Einbildung beinahe zur Gewißheit wurde. Es lag nicht in ihrer Natur, mit Enttäuschungen fertigzuwerden. Ein heftiger Hustenanfall, ausgelöst durch die Kälte, packte sie. Die Kraft der Seele und des Körpers verließ sie mit einem Mal, und mit dem Wunsch, ja fast in der Erwartung, auf der Stelle zu sterben, setzte sie sich auf einen moosigen Stein und überließ sich einem Ausbruch bitterer Tränen.

Den Kopf auf ihren Knien, hatte sie lange Zeit so dagesessen, von der Last des Kummers überwältigt, der, nachdem er sich eine Weile verflüchtigt hatte, nun mit zehnfacher Gewalt auf ihr lastete, als plötzlich vom Fluß her ein Geräusch zu ihr drang, das wie das stoßweise Eintauchen von Rudern klang. Es kam näher und näher. Dann war es still, und eine rauhe Stimme rief: »Was, zum Teufel, soll das? Willst du den Kahn gegen das Ufer rammen?«

»Zurück!« war die Antwort. »Ich weiß, was ich tue.« Diese wenigen Worte schreckten Mary auf. Wie ein Reh sprang sie über den Pfad den Abhang hinunter, durch das dichte Haselgesträuch und zwischen die Riedgräser und wuchernden Wasserpflanzen, bis sie bis zu den Knöcheln im Wasser stand.

»Lady!« rief jemand, ihr über den breiten Fluß zuwinkend, »halt! Der Fluß ist tief. Wenn's nicht so wäre, würde ich dir raten, mein Liebchen, dich weiter vorzuwagen und zu mir herüberzuwaten.«

»Sei still, Flegel. Das ist eine richtige Lady«, sagte die Stimme, die zuerst gesprochen hatte.

Dann rauschten Wellen, und aus dem Schatten einer kleinen Insel, die mit mächtigen Weiden bestanden war und dicht am Ufer lag, löste sich ein schwer beladenes Boot. An einem Ende lagen ein paar Schiffer auf der Fracht. Am anderen Ende stand, hochaufgereckt und auf ein Ruder gestützt, eine sehr große Gestalt.

»Seht her«, sagte der Mann und übertönte mit seiner klaren, wohlklingenden Stimme das Rauschen des Derwent, »ich werde das Boot wie ein Rennpferd unter das Dickicht treiben!«

Mit einem verwegenen, kraftvollen Schlag teilte er das Wasser und brachte das Boot in einem Schwung bis dicht ans Ufer, ein wenig unterhalb von dem Platz wo Mary stand. Fünf oder sechs Yards entfernt, erblickte sie einen jungen Mann, ungewöhnlich gerade und groß gewachsen, bekleidet mit einem karierten Hemd und weiten Leinenhosen, ohne Schuhe und Strümpfe. Seine knochigen, marmorweißen nackten Füße waren auf die feuchten Planken des Bootes gestemmt. Auch sein Hals war nackt, sein Gesicht mit den schmalen Wangen von fahler Blässe war wild überschattet von einem dunklen, struppigen Bart. Sein dunkles Haar war offensichtlich seit einigen Monaten nicht mehr geschoren worden. In langen, wilden Locken flatterte es im Wind und fiel ihm in den Nacken wie die üppige Mähne eines wilden Pferdes. Seine Lippen umspielte ein unbekümmertes Lächeln, doch aus seinen Augen strahlte eine Grausamkeit, deren jähem, schnellem Blick man sich lieber entzog. Als das Boot näher kam, langsam von der Strömung des Derwent wieder fortgetragen wurde und günstiger Wind sein großes Segel füllte, sah Mary, wie er sich umdrehte und sie mit einem so hungrigen, habichtgleichen Blick ins Auge faßte, während seine Lippen sich zu einem zärtlichen und heiteren Lächeln formten, daß sie, von stürmischen Gefühlen verwirrt und mit heftig schlagendem Herzen, einen Augenblick wie geblendet die Augen schloß.

Als sie wieder aufblickte, war das Boot kaum noch zu sehen. Er war verschwunden, bevor sie genügend Zeit gehabt hatte, ihn zu erkennen. Sein Bild war durch ihre Seele geglitten, und nur ein Wimpernschlag war ihr vergönnt gewesen, es zu fassen und festzuhalten, doch wußte sie, daß er es gewesen war. Sie wußte es, sie hatte es gespürt, und jetzt würde sie heimkehren und mit der strahlenden Vision dieses Morgens weiterleben, bis ihr ein anderes, weniger flüchtiges Bild zuteil werden würde. O, hätte sie doch nur einmal seine Hand fassen, ein einziges Wort von Angesicht zu Angesicht mit ihm sprechen können! Warum war sie nicht vom Ufer aufs Boot gesprungen? Es war nahe genug gewesen. Er hätte sie aufgefangen. Doch dann dachte sie: »Ich werde gewiß bald wieder von ihm hören. Zamorna wird nicht lange in Afrika sein, bis in den abgelegensten Weilern sein Name erklingen wird. Und er liebt mich. Ich weiß, daß er es tut. Seine Augen haben es mir verraten. Also muß ich mich eine Weile mit jenem Blick und zärtlichen Lächeln begnügen...

Aber... da ist noch mein Vater – das Boot ist unterwegs nach Verdopolis. Mein Vater würde ihn aufs neue verbannen, wenn Zamorna erkannt und festgenommen werden würde; und wie kann er es vermeiden, erkannt zu werden? Ich wünschte fast, er sähe weniger eindrucksvoll aus. Er wirkte sehr erschöpft und bleich, doch es waren dieselben herrlichen Züge. Ich wollte, ich könnte ihm folgen... ich muß! Ich muß nach Ellrington Hall gehen. Der Gedanke gibt mir neues Leben. Dort darf ich hoffen, ihn ein zweites Mal zu sehen, und ich kann meinen furchtbaren Vater im Auge behalten. Ich werde noch heute aufbrechen. Alnwick ist ein gespenstisches Verlies. Ich kann nicht länger darin leben.

O, Gott! Beschütze Zamorna, behüte sein Leben, verleih ihm den Sieg, zerschmettere seine Feinde und mach vor allen Dingen, im Leben oder Tod, daß er mich nicht vergißt!«

Die Sonne des siebzehnten Tages des Dezember war untergegangen. Stunden waren vergangen, seit der letzte ihrer Strahlen weit im Westen des großen Atlantik versunken war.

Leser, Du befindest dich in den Olympischen Bergen. Vergiß Alnwick, vergiß den Wintermorgen – verbanne Mary Percy aus Deinen Gedanken. Stelle Dir vor, von allen Seiten umgäbe Dich schwarzes Heideland, überwölbt von der klaren Schwermut einer sternhellen Nacht.

Siehst du dort das düster aufragende Hochland? Von dort zieht sich ein breites Tal hinab, mit Heide bewachsen. Dieses Tal ist im Augenblick voll von den Feuern und Zelten eines Lagers, eines schlafenden Lagers, denn es ist Mitternacht vorbei.

Blick zu jenem Stein hinüber. Jetzt ist er verlassen – nur das Seufzen des Windes ist zu hören. Vor einer Stunde umgab ihn ein Heer, und oben stand Warner, der Rebell.

Ja, wärest Du vor einer Stunde hier gewesen, hättest Du seine mitreißende Stimme hören können, wie sie sich hoch über ein lauschendes Heer erhob und jene Rede vortrug, die man in Angria niemals vergessen wird. Und manch ein junger Soldat, im Tal am Lagerfeuer ausgestreckt, schläft jetzt trotz seiner Erschöpfung immer noch nicht, denn er hört die Stimme seines heldenhaften Anführers und spürt noch die Flamme, die seine Worte in ihm entzündeten.

Trotz der Dunkelheit der Nacht und des kalten Windes, der über die Pässe der Berge pfiff, harrte Warner immer noch an jener Stelle aus.

Seine Offiziere waren gegangen, die Soldaten schliefen, doch er machte sich erst jetzt auf den Weg nach Churchill, seinem Hauptquartier für diese Nacht.

Die kürzeste Strecke wählend, betrat er einen Geröllpfad oder eher eine Schlucht, zwischen zwei heidebewachsenen Abhängen. Vor ihm, etwa eine halbe Meile entfernt, erschienen die Lichter des Dorfes, die am Rande der fruchtbaren Ebene funkelten, die wie ein grüner und waldiger Gürtel um die Füße der Olympischen Berge lag. Alles ringsum schien ruhig und ausgestorben. Kein Mond war zu sehen, und der Sternenhimmel verbreitete einen zitternden Glanz.

Der unerschrockene Rebell schritt furchtlos aus, erfüllt von Gedanken, die bald wie tödliche Pfeile den Feind durchbohrten, bald wieder wie ein Dankopfer zum Himmel aufstiegen. Leichtfüßig und in froher Stimmung sprang er über die Felsen, die seinen Pfad sperrten, leicht wie einer der Rothirsche, die er auf diesen Hochlanden so oft gejagt hatte.

Plötzlich vernahm er im Geröll ein Poltern, als komme jemand näher. Durch das schwache Sternenlicht sprang eine dunkle Erscheinung auf ihn los. Ein kurzes, tiefes Bellen ertönte, und dann sah er sich den Liebkosungen eines gewaltigen und struppigen Hundes ausgesetzt. Wieder und wieder ließ das Tier seine rauhe, volltönende Stimme hören. Als er es zurechtwies, kauerte es nieder, und Warner sah es mit seinem mächtigen Leib dicht am Boden kriechen, als wolle es ihn vorwärts führen.

Warners aufmerksame und erfahrene Ohren belehrten ihn, daß ihm dieses einzigartig tiefe Bellen einmal sehr vertraut gewesen war. Er folgte dem Tier. Sie bogen um eine Windung des Weges, und siehe! ein breiter Lichtstrahl fiel über den Grund der Schlucht. Er kam von einer Lampe, die auf einem bemoosten Granitblock stand, an dem eine, in einen Umhang gehüllte, bewegungslose Gestalt lehnte, die Arme verschränkt, den Kopf auf die Brust gesenkt. Der Hund lief zu ihr hin und kehrte dann zu Warner zurück. Er war nun deutlich zu sehen – ein prachtvolles Tier, riesig groß, löwengleich, mit einem edel geformten Kopf, der Lebhaftigkeit und Klugheit verriet.

Warner kannte das Tier – es war Zamornas liebster Jagdhund, Roswal, der Hirschtöter. Mit Bekundungen der Zärtlichkeit gegen menschliche Wesen war Zamorna sparsam, doch er liebte temperamentvolle Hunde von edler Rasse; oft, wenn er ausgestreckt auf dem Kaminteppich lag, seinen kleinen Augustus in den Armen – das Kind, das nun mit seiner schönen Mutter in ein fremdes Land verbannt war –, hatte er diesem ungestümen Geschöpf gestattet, ihn mit seiner roten Zunge abzulecken, selbst wenn es blutig und schaumbedeckt gerade von der Jagd gekommen war. Wenn der Hund alljährlich mit seinem Herrn zur Jagdzeit nach Warner Hall kam, hatte er ihn mit eigenen Händen gefüttert, liebevoll umsorgt und verhätschelt, bis das Tier mit rasender Liebe an ihm hing und allen anderen mit ebenso rasender Feindseligkeit begegnete.

Warner wußte, daß der Hund seinem Besitzer in die Verbannung gefolgt war – doch wie war das Tier zurückgelangt – warum hatte das Meer Roswal nicht verschlungen? War es möglich, daß diese verhüllte Gestalt etwa... doch nein... sie hatte weder die Statur noch die Haltung. Es war eine schlanke weibliche Gestalt – die gekreuzten Füße waren so zierlich und zart wie die einer Frau. Als die Kapuze des grauen Umhangs vom Wind hochgeweht wurde, kamen üppige Flechten langen, lockigen Haares zum Vorschein.

»Wer seid Ihr?« fragte Warner näher tretend.

»O, Mr. Warner«, sagte sie mit weicher und ernster Stimme. »Ihr kennt mich. Als Ihr Roswal erblicktet, wurden sicher Erwartungen in Euch geweckt, doch dies ist kein freudiges und wundersames Zusammentreffen. Ich bin jemand, darf ich wohl sagen, der Euch in den vergangenen sechs Monaten nie in den Sinn gekommen ist, obgleich Ihr mich Hunderte von Malen gesehen habt, und trotzdem rechne ich Euch zu meinen wenigen Freunden. Machen wir dem Geheimnis ein Ende – seht!«

Der wollene Umhang öffnete sich ein wenig und enthüllte einen schönen Frauenkopf mit schwarzen Locken. Das Licht der Laterne fiel auf ihre Gestalt und hob sie deutlich von der Düsternis ab, die sie umgab – es war ein schlankes Mädchen, stolz und anmutig wie ein junges Reh. Eine goldene Kette, die es auf der Brust trug, schimmerte durch die Falten des Umhanges, und als er von den Schultern fiel, zeichnete sich unter dem enganliegenden Kleid aus schwarzem Satin ihre wohlgeformte Gestalt ab.

Unter den überhängenden Felsen stehend, im Schein des rötlichen Lichtes, das sie und die zerklüftete Schlucht beleuchtete, über der ein versengter, blattloser Baum ragte, während dahinter die weiten Hochlande in tiefster Finsternis ertranken, wirkte sie wie eine außerirdische Erscheinung von Schönheit und Glanz. Doch umgab sie kein Glorienschein, kein himmlisches Lächeln erhellte ihr Gesicht.

Sie sah zu Boden, ihre schwarzen Wimpern und ihre weichen, rosigen Wangen waren naß.

»Madam!« rief Warner, und ein leidenschaftliches Mitgefühl klang in seiner Stimme. »Was ist Ihnen?«

Das Feuer entflammten Gefühls blitzte aus seinen Augen, und mit einer Bewegung unwillkürlichen Begehrens ergriff er die Hand, die ihm freimütig entgegengestreckt wurde.

»Woher kommt Ihr?« fuhr er fort. »Wie seid Ihr hergekommen? Welche Nachrichten bringt Ihr? Miss Laury, jede andere Frau, die ich zu solcher Stunde an einem solchen Ort fände, würde ich für verrückt halten, doch Ihr seid nicht wie die meisten Frauen.«

»Ich hatte es nicht nötig«, sagte sie. »Weder sind meine Geschäfte so wie die der meisten Frauen, noch ist es mein Schicksal. Ich sage Euch, Mr. Warner, ich, die in der Welt nur eine einzige Quelle des Glücks kennt, fühle mich oft ziemlich verzweifelt. Aber ich werde kindisch. Ich kann mich kaum dagegen wehren, zu weinen, wenn ich nun allein bin. Ich habe während der letzten halben Stunde hier auf Euch gewartet und hatte nichts Besseres zu tun, als die Zeit mit albernem Weinen auszufüllen...«

»Und habt Ihr Grund zum Weinen?« fragte er rasch und mit leiser Stimme. »Ist alles vorüber? Ist er tot? Ihr seid Seiner Majestät gefolgt. Ihr traft ihn in Marseille. Ihr habt den Schiffbruch überlebt – er auch? Oder liegt er in diesem Augenblick auf dem Meeresgrund?«

»Mr. Warner«, erwiderte sie, »mein Meister lebt und ist bei bester Gesundheit.«

»Es gibt noch einen Gott!« jauchzte Warner und blickte fromm zum Himmel.

»Sir«, fuhr sie fort, »mein Meister hat die Erde Afrikas betreten. Seine eigenen Banner flattern über ihm. Er hat Euch heute nacht sprechen hören, und die Speere seines Heeres umgürteten ihn wie ein stählerner Zaun.«

Eine Weile sagte Warner kein Wort. Mit glänzenden Augen blickte er hinab auf die weite halbdunkle Ebene, die sich jenseits der Lichter von Churchill erstreckte. Dort lag die Provinz Zamorna, die sich wie ein Garten Eden öffnete und sich in üppiger Schönheit von den Füßen der Olympischen Berge bis zum Meer hinunterzog.

Schließlich sagte er: »Dann sind wir Sieger! Die Geschichte wird unseren Widerstand nicht als das unbesonnene Unternehmen von Rebellen brandmarken. Sie wird unseren Kampf den edlen Widerstand von Helden nennen.«

»Nun«, erwiderte Miss Laury, »ich bin überzeugt, daß die Finsternis des Wirbelsturms tatsächlich zu weichen beginnt, und Ihr, Sir, und ganz Angria, ja, der Westen und der Norden, werden jubeln, wenn das wiedergeborene Licht heraufdämmert. Es wird ein Tag der Freude sein, an dem der Frieden sein weißes Zelt auf diesen lieblichen Auen aufschlägt, unter den Bäumen der Wälder von Arundel und den dunklen Abhängen Eurer Hochlande, Mr. Warner. Ein Tag des Triumphs wird es sein, wenn der letzte tote Feind begraben und der letzte lebende von den fernsten Grenzen verjagt sein wird. Ach, ein Gefühl des Jubels wird mich am Abend dieses Tages überkommen, wenn ich sehen werde, wie auf allen Bergen festliche Freudenfeuer entzündet werden – doch wenn ich am Morgen erwache, werde ich vermutlich wünschen, mich in mein Leichentuch zu hüllen.«

»Warum solltet Ihr, Miss Laury? Ihr habt ein Recht, an Angrias Jubel teilzunehmen.«

»Nein, das habe ich nicht. Ich bin nicht hier geboren. Ich bin bloß ein Anhängsel aus dem Westen. Ihr wißt, Sir, daß mein Gemüt von jener begrenzten, aber hartnäckigen Art ist, daß es nur eine Idee festhalten kann. Und diese Idee liefert mir, solange es sie gibt, den Antrieb für mein Leben, und wenn sie mir geraubt wird, bleibt eine Leere zurück, die mir den Tod als Befreiung erstrebenswert erscheinen läßt. Mit anderen Worten: Mein Meister ist mein Leben und war es viele Jahre lang. Ihr dürft mich wegen meiner starken Selbstsucht nicht hassen, wenn ich Euch bekenne, daß ich während des letzten halben Jahres, als jeder Wind Angrias Weh übers Meer trug und dadurch selbst Frankreich von einem Ende zum anderen erschüttert wurde, überaus glücklich gewesen bin. Ich genoß das Glück der ständigen Gegenwart meines Meisters. Ich ging in der köstlichen Tätigkeit auf, ihm zu dienen. Ich bin ihm gefolgt von Roussillon bis in die Normandie, durch eine Landschaft voll lieblicher Felder, Weinberge und Obstgärten. Mit ihm zusammen fand ich Obdach in Klöstern oder abgelegenen Herbergen oder manchmal in den Sommernächten – so lau wie die des Westens – unter einsamen Hecken, wo die Erde ein weicher Blumenteppich war und wo durch Alleen von Oleander und Limonen das zitternde Mondlicht auf uns fiel.

O, Mr. Warner, sollte ich mich ferner Kriege wegen grämen? Wegen Angria, wenngleich seine Erde mit dem Blut seiner heldenhaften Kinder getränkt wurde? Sollte ich in jenen Stunden Kummer empfinden, da ich dazu ausersehen war, das Haupt des Großen Verbannten auf ein Kissen von Moos und Blättern zu betten, ihm zur Seite leise und tröstend zu singen, irgendeines von den tausend Liedern aus unserem fernen Heimatland? Wie hätte ich weinen oder klagen können, da ich meine Mühen belohnt sah, wenn mein Lied, getragen und traurig, wie meine Mutter es vor langen Jahren sang, um ihn in den Schlaf zu lullen, als er wie ein kleiner Engel in seiner Wiege lag, wohlbehütet im Herzen der Burg Mornington, geborgen in den Wäldern des heiligen Westens! – wenn es die ständige Qual in seinen Augen minderte und die bitteren Gedanken verscheuchte, die sein Herz zerrissen!

Göttlicher Wanderer! Er dachte vom Morgen bis in die Nacht an Angria. Und wenn er den Leiden dieses Landes nachsann, trug sein Antlitz einen sonderbar düsteren Ausdruck. Auch an jenem Tag vor zwei Jahren, als er die Nachricht von den Marterqualen Dongolas erhielt!

Unablässig schmiedete er Pläne, sich seinen kämpfenden Kameraden (denn so nannte er euch alle) anzuschließen, und wollte in die Heimat zurückkehren. Mit dieser Absicht suchten wir alle Häfen an der Nordküste Frankreichs auf, doch bei jedem Schritt heftete sich die höllische französische Polizei mit ihren Bluthunden an unsere Fersen.

Dunkle Gerüchte hatten begonnen, sich auszubreiten, daß ein Fremder unter striktem Inkognito, ein auffällig vornehmer Mann, sich an der Küste herumtrieb, und Fouché, dem das zu Ohren gekommen war, ging diesen Berichten nach, setzte alle Hebel in Bewegung und wendete seine ganze Kraft daran, ihn in die Klauen seiner Häscher fallen zu lassen. Umsonst – Ihr seht, was dabei herauskam –, denn Zamorna hat diesen blutigen Revolutionär übertölpelt. Bevor noch ein weiterer Tag vergeht, wird ganz Afrika wissen, daß Zamorna wieder an der Spitze seines eigenen Heeres reitet.

Der Sieg wird folgen, und danach wird Mina Laury sich davonschleichen in irgendeine dunkle Festung des Eroberers, und er wird nicht mehr an sie denken, vielleicht erst auf seinem Totenbett.

Mr. Warner, der Herzog ist in Ardsley. Wollt Ihr mir folgen? Komm, Roswal!«

Sie nahm die Laterne und eilte rasch und geräuschlos davon. Mit scharfem Auge beobachtete Warner ihre zierliche, feine Gestalt, die so behende über Steinhaufen und vom Sturm umgebrochene Kiefern, die am Boden der Schlucht lagen, hinwegsprang.

Sie kam ihm vor wie ein Irrwisch, eingehüllt in das rötliche

Licht, das die moosbewachsenen Steine kurz erhellte, wie eine flüchtige Erscheinung, die für einen Augenblick aus dem Düster auftauchte und dann, weiterhuschend, verschwand.

»Mein Gott!« rief er, und seine Stimme und sein Blick drückten unverhohlene Bewunderung aus. »Welch ein schönes, hingebungsvolles Geschöpf. Eine Frau wie sie hätte niemals Zamornas Weg kreuzen dürfen. Sie hätte ihrer eigenen Natur zuwidergehandelt, hätte sie nicht vor ihm niedergekniet und ihn angebetet. Möge der Himmel ihr gnädig sein!«

Drittes Kapitel

Ungefähr eine Meile von Ardsley entfernt liegt ein großes Haus, Ardsley Hall genannt, das früher den Jägern, die in den Olympischen Bergen Moorhühner jagten, wohlbekannt war. Manche Jagdgesellschaft, die von der Dunkelheit überrascht worden war, hat es in den trüben Nächten des Oktober und November beherbergt, und es war ein freundlicher Anblick, wenn man in der Dämmerung vom Rande der einsamen Moore seine hellen Lichter schimmern sah.

Damals war es ein prächtig eingerichtetes, gastfreundliches Herrenhaus, der Krieg hat es in eine ausgeplünderte Ruine verwandelt. Dieses Haus wollen wir für eine Weile betrachten.

In der Nacht, die wir im letzten Kapitel beschrieben haben, waren drei Offiziere, die in den überfüllten Wirtshäusern von Alnwick kein Quartier hatten finden können, übereingekommen, das verlassene Haus in Besitz zu nehmen und seine leerstehenden Räume brüderlich unter sich aufzuteilen. Diener waren ihnen aus dem Dorf mit Lebensmitteln und Brennmaterial gefolgt. Im Speisezimmer, das sie gewählt hatten, weil es ihnen von allen anderen Räumen im besten Zustand zu sein schien, hatten sie ein prasselndes Kaminfeuer entzündet. Kaltes Fleisch und Wein waren auf einem Dielenbrett angerichtet, das, mit Pfosten aufgebockt, als Tisch diente.

Die Diener waren fort, die Türen mit den rostigen Riegeln gesichert, und die drei Edelleute (denn solche waren es) hatten sich in ungewohnter Behaglichkeit um das Feuer versammelt. Schau sie Dir an, Leser. Erkennst Du nicht sogleich ihre Gesichter und Gestalten im schwachen, düsterroten Feuerschein? Kennst Du den größten der drei Männer, dessen blondes Haar, nun verfilzt und ungepflegt, Du in anderen Situationen so sorgsam frisiert gesehn hast wie das einer Dame. Diesen *preux chevalier* hast Du oft gesehen – eine der elegantesten Erscheinungen im Salon eines Palastes.

Betrachte nun den schmutzigen gestiefelten und gespornten Schönling, dem ein zottiger Überwurf das interessante Aussehen eines Bären verleiht. Sein Bart ist nicht gestutzt, und aus dem mageren, wettergegerbten Gesicht blickt ein Augenpaar wie das eines halbverhungerten Tigers. Du siehst Lord Arundel vor dir, der aufmerksam das Schmoren einiger Beefsteaks überwacht, die in der Glut liegen.

Ich brauche nicht zu beschreiben, mit welch methodischer Akkuratesse der andere breitschultrige, kräftige junge Mann die Zubereitung des Bratens beobachtet – er ist General Thornton. Der dritte hat einen Umhang aus einem Stoff, der einer braunen Decke sehr ähnlich sieht, mit einem Ledergürtel um seinen Leib geschnürt. Dieser Mann, der inzwischen bis zu den Ohren mit dem Schlamm der olympischen Sümpfe bedeckt ist, dieser tatkräftige, kriegerisch aussehende Stutzer, der mit unbekümmerter Lässigkeit aus einer goldenen Dose schnupft, ist der Viscount Castlereagh, vormaliger Generalstatthalter der Provinz Zamorna.

»So«, sagte Thornton, indem er sich aus der knieenden Haltung aufrichtete, in der er schweigend das Garwerden der Steaks beaufsichtigt hatte, »ich denke, sie sind gut. Nehmt euch also jeder eine Scheibe Haferbrot und ein bißchen Salz, und dann werde ich jedem sein Stück zuteilen. Das ist das deine, Arundel, dies das deine, Castlereagh, alter Junge, und dies das meine.«

»Natürlich das größte Stück«, murmelte der Chevalier vor sich hin, während er seine weißen, scharfen Bulldoggenzähne in das Fleisch schlug.

Thornton entging diese Spitze. Nun, da sich ein gewisses Wohlbehagen bei ihm einstellte – das heißt, er hatte es warm, etwas im Magen und ein Dach über dem Kopf –, begann er in seiner unnachahmlichen Weise die Schultern zu dehnen, die Ohren zu spitzen und eine weise und schulmeisterhafte Miene aufzusetzen.

»Ordentlich gebautes Haus«, sagte er, sich umblickend, »muß ein hübsches Plätzchen für jemanden gewesen sein. Noch gar nicht so alt, würde ich sagen. Vielleicht vor vierzig Jahren gebaut – abgesehen von der ziemlich niedrigen Decke und den arg schmalen Gittern – aber ganz hübsche Fenster, ziemlich luftig, na ja, fehlt überall das Glas – und schöne, gerade Wände, wenn in der Tapete und Farbe nicht überall der Schimmel drinsäße. Möchte wissen, wer hier gewohnt hat?«

»Ein Mann mit Namen George Turner Grey«, antwortete Lord Arundel.

»Turner Grey!« rief Castlereagh. »Warum kommt mir dieser Name so bekannt vor? Wo hab ich ihn bloß schon gehört? O, ich erinnere mich. Es war unten in Douro, vor etwa einem Monat. Wir verteidigten Sunnybank – das heißt, meine Wenigkeit und eine Bande von ungefähr fünfzig verzweifelten und heimatlosen Kerlen, die von der Pest aus Chester vertrieben worden waren. Wir hatten die Kirche und das Pfarrhaus befestigt, so gut wir konnten, und dort traten wir zum letzten Gefecht gegen ein halbes Regiment von Simpsons Teufeln an. Plötzlich gab's Geschrei. Sie hatten die Sakristei in Brand gesteckt, und Panik breitete sich aus, aber der Pfarrer – das war ein harter Bursche, ein Sohn der Streitenden Kirche – beschwor uns in Gottes Namen nicht zu fliehen, sondern die Stellung zu halten.

›Halt!‹ brüllte er, ›haltet aus und denkt an Turner Grey!‹ Es war wie ein Wunder. ›Turner Grey!‹ schrie der Anführer der Rebellen unter meinem Kommando. ›Turner Grey! Kameraden, das sei unsere Losung. Das Blut auf seinem Herd ist noch nicht trocken.‹ ›Vorwärts, im Namen von Turner Grey!‹ kreischten alle wie eine Bande von Teufeln; und wir griffen an, als kämen wir geradewegs aus der Hölle geschossen. Wir jagten den Feind in alle Winde. Also, wer war dieser Turner Grey? Du scheinst etwas über ihn zu wissen, Arundel.«

»Das stimmt«, antwortete der Chevalier, stand auf und kreuzte mit düsterer Miene die Arme über der Brust.

»Das heißt, ich bin mehr als einmal in diesem Zimmer bei ihm zu Gast gewesen. Er hatte die Gewohnheit, in stürmischen Nächten einen Diener ins Moor zu schicken, um schutzsuchende Jäger einzuladen, in seinem Hause zu übernachten. Er war ein Mann mit großzügigen Vorstellungen, der mit Begeisterung an den alten Sitten angrianischer Gastfreundschaft festhielt – voller Geist und Feuer, ein glühender Patriot und seinem Lande ebenso treu ergeben, wie ich es bin. Er führte ein herrlich offenes Haus und kannte keine größere Freude, als gesellig und wie ein Fürst im Kreis zufriedener Gäste zu sitzen. Obgleich er, wie ich sagen darf, keinen Widerspruch gegen seine Befehle duldete und in seiner Wut nachtragend war, war er doch ein Gentleman – so liberal und vornehm, wie ihn alle Welt, bis auf die scheinheiligen Schotten, zu schätzen weiß.

Wenn ich dort war, wurde der Platz am oberen Ende der Tafel stets von seiner einzigen Tochter, Catherine, eingenommen, einem Mädchen um die Neunzehn, eine ausgesprochen angrianische Schönheit – nicht zu vergleichen mit unseren himmlischen westlichen Damen, Castlereagh, sondern blauäugig, kleingewachsen und mit geringelten flachsblonden Locken, fast so wie die meinen.«

»Eingebildeter Fatzke!« rief Castlereagh dazwischen.

Arundel fuhr fort. »Sie hatte einen weißen Hals und eine wunderschöne üppige Figur, ihr Blick war lieblich und ihre Stimme fröhlich und süß, und wenn wir über etwas sprachen, das sie interessierte, war sie sogleich Feuer und Flamme. Wenn, zum Beispiel, von Angria die Rede war, begannen ihre rosigen

Wangen zu glühen, und ihre beseelten Augen blitzten, und mit jener glühenden Unvernunft, die Frauen eigen ist, erhob sie das Land über jedes andere, das es je gegeben hatte, gab oder geben wird. An Patriotismus übertraf sie ihren Vater bei weitem.

Adrian (Gott segne ihn, falls er lebt – der Himmel schenke ihm Frieden, falls er den ewigen Schlaf schläft!), Adrian war wunderbar, verehrungswürdig, kurz, er war für sie genau das strahlende Wesen, das Angria als Herrscher brauchte. Sie hätte alles dafür gegeben, ihm die Hand küssen zu dürfen. Manchmal, wenn sie solchermaßen gut im Zuge war, pflegte ich sie aufzuziehen, indem ich ihr ein paar Kostproben von kleinen Fehltritten ihres Erzengels gab, und dann errötete sie, schürzte die Lippen und sah verlegen, doch herzlich wenig erschüttert drein. Ach, sie war ein munteres, liebreizendes Geschöpf!«

»Was würde deine Edith sagen, wenn sie dich so sprechen hörte?« unterbrach ihn Thornton anzüglich.

Arundel lachte. »Edith«, sagte er, »mit ihren dunklen Locken, ihrer großen Gestalt und ihrer deutlichen, gebieterischen Art hätte dieser lustigen Angrianerin einen Schrecken eingejagt, Catherine hätte wohl zuerst ihre Wichtigkeit verspottet und wäre dann vor ihrem Stirnrunzeln davongerannt – nicht aus Angst allerdings, denn sie war eine aufrechte, kluge junge Dame. Freilich, Thornton, solltest du wissen, daß, obgleich ich ein lebensfroher Mensch bin, mich alles Gelächel der Welt nicht so anrührt, wie Ediths gefühlvolle, anschmiegsame Sanftheit es vermag. Die Hingabe einer Frau, wie es deine ernste Schwester ist, schmeichelt der männlichen Selbstliebe. Gleichwohl, sprechen wir nicht mehr davon. Edith ist in der Verbannung, und eine Tat bleibt noch zu vollbringen: sie wieder heimzuholen in meine grüne Provinz.

Als nun nach der Schlacht von Edwardston Turner Grey erkannte, daß alles verloren war und es die Pflicht jedes Mannes war, der Angria liebte, vor sein Haus zu treten und seine Knechte um sich zu scharen, steckte er ohne viel Federlesens ein Paar Pistolen in den Gürtel, bestieg seinen Gaul und gab für sein ganzes Land die Losung aus, ›in die Stiefel zu fahren und aufzusitzen‹. Ich war dabei, als er zu seinen Pächtern sprach. ›Leute‹, sagte er, ›ich bin euch ein nachsichtiger und großzügiger Herr gewesen, und nun erwarte ich von euch, daß ihr um unseres Landes willen ein paar Monate lang unter meinem Banner mutig fechtet. Ich möchte gern, daß ihr euch in diesem Heiligen Krieg einen Namen macht. Unsere Parole soll sein: Ardsley, immer an der Spitze!‹ Und die Männer von Ardsley handelten nach dieser Parole. Eine bessere Truppe für den Partisanenkrieg, den wir in der Folge führten, habe ich nie gesehen.

Wochenlang kämpften sie in schweren und blutigen Gefechten. Ihr tapferer Führer ließ sie stets an die vorderste Front kommandieren, und so fand einer nach dem anderen den Tod. In einem letzten mörderischen Kampf bei Colnemoss fielen sie bis zum letzten Mann, ›mit dem Rücken zur Schlacht und dem Gesicht zum Feind‹.«

»Und ihr Anführer, was wurde aus ihm?« fragte Castlereagh.

»Er ritt schnurstracks vom Schlachtfeld und schlug, durch Sümpfe und Flüsse stürmend, den kürzesten Weg zu seinen angestammten Bergen ein mit dem verzweifelten Plan, eine neue Truppe auszuheben, um, wie er sagte, die hingemetzelten fünfzig zu rächen, die er kalt in ihrem Blut zurückgelassen hatte. Er erreichte sein Haus, blutbedeckt und außer Atem vom rasenden Ritt, doch er fand es nicht mehr so, wie er es verlassen hatte, friedlich und prächtig, umgeben von schattigen Wäldern und grünem Rasen, sondern verwüstet, geplündert, ein Ort, wo eine zügellose Meute herrschte, kurz: Sein Haus diente einer Kompanie schottischer Fußsoldaten als Unterkunft. Er erfuhr, daß auf seinem Besitz kein Mensch mehr am Leben war, daß seine Bauernhöfe und Hütten niedergebrannt und seine Felder völlig verwüstet waren.

Er fragte nach seiner Tochter. Er hörte eine blutige Geschichte. Die wenigen, die von den Leuten ihres Vaters noch am Leben waren, hatten sich um Miss Grey geschart, um sie zu verteidigen, als die Schotten Ardsley angriffen. Sie hatten das Haus und den Schatz, der sich darin befand, gehalten, so lange sie konnten, doch schließlich erlagen sie der Übermacht. Die Eindringlinge besetzten alle Räume, bis auf einen einzigen – Catherines Gemach, wo sie sich während des Kampfes mit vier getreuen Knechten aufgehalten und sie ermahnt hatte – sie, die letzten, die noch übrig waren –, der Parole ihres Herrn zu folgen und bis zuletzt zu kämpfen.

Der schottische Leutnant kam ans Fenster und schwor, er werde, falls sie sich nicht auf der Stelle bedingungslos ergäben und ihm ihre Herrin auslieferten, Catherine vor ihren Augen erschießen.

›Bleibt standhaft‹, sagte sie, ›rührt euch nicht vom Fleck!‹

Der Rohling hob sein Gewehr und zielte – er spannte den Hahn. Sie rang ihre Hände und rief: ›Gott, verlaß Angria nicht!‹ Er feuerte, und sie fiel.

›Wozu jetzt noch leben?‹ sagte Turner Grey, als er das hörte. ›Ich werde nur noch den Mörder meiner Tochter zur Hölle schikken, und dann habe ich mit dieser Welt nichts mehr zu schaffen.‹

Er ging fort und stand am Tor seines verwüsteten Hauses. Trommeln und Querpfeifen ertönten. Leutnant Wilson ließ seine teuflische Truppe exerzieren. Gerade als ein Befehl von seinen Lippen kam, drang ihm eine Kugel zwischen die Kiefer und zerschmetterte sein Gesicht. Alle Augen flogen zum Tor. Dort stand der Rächer. Er lächelte, als man ihn packte. ›Ich bin bereit‹, sagte er, ›erschießt mich schnell‹.«

»Und haben sie ihn erschossen?« fragte Thornton.

»Nein. Sie schnitten ihm kaltblütig die Kehle durch. Hier, in diesem Zimmer, vor dem Kamin. Als er starb, murmelte er: ›Ihr werdet den Tod von Turner Grey bereuen.‹«

Hier endete die Geschichte; der Erzähler runzelte finster die Brauen und blickte stumm auf die glühende Asche im Kamin. Es ward still. Castlereagh und Thornton sagten kein Wort, sondern verschränkten die Arme vor der Brust und saßen schweigend da.

Welche Gedanken mögen ihnen während dieses Augenblicks durch die Köpfe gegangen sein? Doch die Besinnlichkeit währte nicht lange. Ein klapperndes Geräusch, wie das Hufgetrappel eines näherkommenden Pferdes, war auf dem Pflaster zu hören.

»Wer kann das sein?« sagte Thornton. »Ist es ein Eilkurier aus Churchill, frag ich mich? Hat der Feind einen neuen Vorstoß unternommen?«

»Ich glaube, da reitet bloß jemand am Haus vorbei, weiter nach Pequena«, antwortete Castlereagh. Er hatte diese Worte kaum ausgesprochen, als ein lautes, ständig wiederholtes Klopfen an der Tür das Haus erschütterte. Alle drei sprangen auf die Füße. Bevor sie ein Wort sagen konnten, erscholl ein lauter Ruf, und dann noch einer...

»Was, zum Teufel...«, sagte Arundel, stieß einen Schemel um und schritt zur Tür. Castlereagh und Thornton folgten ihm auf dem Fuß. Thornton sah ein wenig beunruhigt aus.

»Was soll dieser Lärm?« sprach er die Eindringlinge an, die nun noch geräuschvoller an die Tür hämmerten.

»General! General!« riefen zwei oder drei Stimmen. »Kommt durch das Schlüsselloch, wenn Ihr den Riegel nicht lösen könnt... Gute Nachrichten! ... Gute Nachrichten!« Und dann erschollen Hurra-Rufe und Trompetengeschmetter, so laut, daß die Königin der Nacht auf ihrem Thron zusammenfuhr.

»Es interessiert mich nicht, was es ist«, erwiderte Thornton, der, wenn er einmal verärgert ist, nicht leicht zu besänftigen ist. »Ich nenne es ein sehr übles Benehmen, mitten in der Nacht vor der Tür friedlicher Leute solchen Krach zu schlagen. Ich wünsche, Arundel, daß du den Riegel nicht anrührst. Mit meiner Zustimmung kommen sie erst dann rein, wenn sie sich wie gesittete Menschen benehmen.«

Doch auf diese Weise war Arundel nicht zurückzuhalten. In seiner Ungeduld zerschlug er den rostigen Riegel mit seinem Schwertgriff, und als die Tür aufflog, trat er der lärmenden Menge mit einem kräftigen Fluch entgegen.

»Ich werde mir jeden von euch vornehmen, ihr Muttersöhnchen«, rief er, da er mit einem einzigen Blick erkannt hatte, daß der Haufen vor ihm zum größten Teil aus jungen Offizieren und Edelleuten bestand. »Innerhalb von zehn Minuten mache ich euch der Reihe nach fertig, wenn euch kein triftiger Grund für euren Aufruhr einfällt. Jetzt habt ihr meine Neugier geweckt, und wenn ihr sie nicht befriedigt... Welche Neuigkeiten bringst du, Molyneux, du ruheloser Tropf, sag's auf der Stelle! Hast du Nachrichten vom Meer, aus dem Süden, aus der Verbannung? Sprich! Falls es etwas Unwichtiges ist, mach ich dich umgehend kalt, Halunke!«

»Nennt mich nicht Halunke«, erwiderte der tapfere Molyneux. »Verbannung! Welch altmodische Vorstellung. Wir, die wir in der Welt leben, haben Besseres zu tun, als über Verbannte zu schwatzen! Hurra! Nochmal, Jungens – hurra!«

Aufs neue widerhallte das verfallene Haus vom Jubelgeschrei, und wieder war die Trompete zu hören, die den Lärm triumphierend übertönte. Plötzlich sah Arundel, als er in die Nacht hinausspähte, auf der nächstgelegenen Bergspitze der Olympier eine kräftige Flamme emporschießen. Dahinter erblickte er ein zweites, ein drittes und dann ein viertes Feuer. Auch aus der Richtung des Lagers kam ein tiefes Brausen, und in Abständen trug der günstige Wind von Churchill und Ardsley Fetzen kriegerischer Musik herbei.

Arundels Augen blitzten, das Blut schoß ihm ins Gesicht. Er wirkte tief aufgewühlt. »Kann das sein?« sagte er mit leiser, erregter Stimme.

»Was?« fragte Molyneux. »Habt Ihr Zweifel? Ich habe ihn mit meinen eigenen Augen gesehen.«

»Wen gesehen?« fragte Thornton schroff, auf der Stelle eine klare Antwort erwartend. Er bekam sie umgehend:

»Adrian! König von Angria!« antworteten viele Stimmen.

»Ich hoffe, es handelt sich nicht um ein Mirakel«, bemerkte Castlereagh. »War er es selbst, in Fleisch und Blut – nichts von der geisterhaften Sorte, he?«

»Geist!« rief Arundel und fuhr aus einer vorübergehenden Träumerei auf. »Leibhaftig oder als Geist – von dieser Stunde an ist der Kampf gewonnen. Beim Himmel, als dieser Name genannt wurde, schoß mir ein Prickeln durch die Adern, das sogar die Spitze meines Säbels zittern ließ. Molyneux, es ist wahr. Du würdest es nicht fertigbringen, uns eine Lüge aufzutischen.«

»Kommt und schaut selbst! Ich sah ihn vor zwanzig Minuten, als er zwischen Warner und Enara im Stadttor von Ardsley stand, und er war angezogen... noch nie habe ich einen Christenmenschen gesehen, der so gekleidet war... er war vollkommen barfuß (könnt Ihr das glauben, Arundel?), ohne Schuhe oder Strümpfe... doch lassen wir's dabei bewenden.«

»Wie willst du wissen, daß er es war?«

»Weil alle Welt es sagte und weil er seine Nase im Gesicht trug; und Augen wie Untertassen und schwarz wie Kohle, und dann der Bart! Ich geb Euch mein Wort, ich fürchte, wo er war, hat's keine Barbiere gegeben.«

»Wegen deines losen Mauls wird man dich noch einmal hängen, Molyneux. Hat er was gesagt?«

»Ja, ein oder zwei Worte. Ich verwette mein Seelenheil, daß er's war, denn trotz seiner Kleidung, seiner zigeunerhaften Fußbekleidung und seines leichenblassen Aussehens stand er so aufrecht da und schien sich ebenso wohl zu fühlen, als wäre er in Samt und Seide gekleidet; und als er sich vor uns verneigte, bevor er in den ›White Lion‹ ging, winkte er mit seiner Pelzkappe, wie er es mit seinem Federhelm zu tun pflegte, wenn er als gekrönter König an der Spitze eines der prächtigsten Heere der Welt ritt.«

Arundel wollte etwas sagen, doch ihm war, als sei ihm die Kehle versperrt, so daß er zurücktrat und sich einen Augenblick an die Tür lehnte. Plötzlich sprang er vor; in seiner Nähe stand ein Pferd, von dem gerade ein Offizier abgestiegen war; er stellte den Fuß in den Steigbügel, schwang sich in den Sattel, drehte sich um und sagte mit gehetzter Stimme:

»Wir waren nicht dazu bestimmt, für immer in der Finsternis

zu leben. Habt ihr nicht auch alle das Gefühl, daß die Nacht vertrieben worden ist? Mit Vergnügen und Jubel gehe ich nun wieder ans Werk. Krieg, wie wir ihn in der letzten Zeit geführt haben, ist für mich eine eiserne, elende Notwendigkeit gewesen – nun wird er mein Entzücken sein. Kameraden, ich liebe Adrian mit der Liebe von hundert Brüdern. Wenn es um sein Schicksal geht, schere ich mich keinen Deut um das meine. Es war meine Freude und mein Ruhm, in seinen Reihen zu kämpfen und zu wissen, daß sein Auge mit Wohlgefallen auf mir ruhte. Binnen zehn Minuten werde ich ihn wiedersehen, vor seinem edlen Antlitz stehen, und ich werde ihm sagen, daß dieses Schwert, dieser Arm und dieses Herz immer zu seinen Diensten stehen werden und ihm geweiht sind. Dieses Schwert hat nie gezaudert, dieser Arm war nie gelähmt, und dieses Herz hat nie aufgehört, voll stolzer Treue für meinen König, meinen Führer, zu schlagen. Folgt mir, Kameraden!«

Er gab seinem Pferd die Sporen, und es sprang vorwärts. Ungebärdig und schnell stob es in schäumendem Galopp über die Straße. Angefeuert von seinem Beispiel stürmte die Schar hinterdrein; und in kurzer Zeit – schneller, als ich es erzählen kann – lag Ardsley Hall still und verlassen da – draußen brach sich der Morgenschimmer an den Mauern, und drinnen auf den Wänden spielte der Schein des Kaminfeuers, das einsam verlosch.

Viertes Kapitel

Die trübe Wintersonne schickte sich gerade an, mit ihren Strahlen das Frühstückszimmer in Ellrington House zu erhellen. Auf einem damastgedeckten Tisch vor dem Kamin, in dem ein prächtiges Feuer brannte, standen zwei Kaffeetassen aus Porzellan und eine schlichte silberne Kaffeekanne. Auch ein Bündel Zeitungen lag dort, noch frisch aus der Presse.

Neben dem Tisch, in die Seiten einer entfalteten Zeitung vertieft, stand eine Dame in einem Morgenkleid aus grauem

Crêpe – eine schlanke, durchscheinende Gestalt, überaus blaß, wie jemand, der dem Tode nahe oder gerade einer tödlichen Krankheit entronnen ist. Doch an der schönen, unverhüllten Stirn, den anmutigen kastanienbraunen Löckchen und den griechischen Gesichtszügen, ebenso vollendet wie die einer Aphrodite, hättest Du, lieber Leser, mühelos die Tochter von Sir Percy erkannt.

Sie las aufmerksam und begierig und mit heftigem Herzklopfen. Durch das dünne Gewand sah man, wie ihr Busen sich hob und senkte, als ihre Augen die Schlagzeilen in der Morgenausgabe des *Standard* (der ersten konservativen Zeitung in Verdopolis) überflogen. Dort war in großen Buchstaben, kursiv und mit vielen Ausrufezeichen versehen, zu lesen:

GEWALTIGE TRUPPENBEWEGUNGEN IM OSTEN!
RÜCKKEHR ZAMORNAS
SCHLACHT VON ARDSLEY!
NIEDERLAGE DER VEREINIGTEN TRUPPEN,
ARABER UND SCHOTTEN UNTER
SIR JEHU MACTERROGLEN!!
Triumphales Vorrücken der Angrianischen Armee. Räumung der Provinz Angria seitens der Invasoren. Rückzug von Macterroglen nach Verdopolis.
ZAMORNAS PROKLAMATION AN SEIN HEER

Während Miss Percy las, wurde ihre schneeweiße Haut an Hals, Wangen und Schläfen abwechselnd rot und blaß, ihr Atem ging rasch und stockend. Sie ließ die Zeitung sinken, krampfte die Hände zusammen, und als sie sich abwandte, konnte man sehen, daß ihre blitzenden Augen sich plötzlich mit Tränen gefüllt hatten.

»Ich konnte das mit Entzücken lesen«, sagte sie, vor Erregung unwillkürlich laut sprechend, »aber mein Vater – dieser Gedanke bereitet mir Qualen. O, was wird er tun? Wie will er der Lawine entgehen, die sich anschickt, über ihm niederzugehen? Verrat auf allen Seiten – selbst in diesem Hause falsche, korrupte Freunde, und dann solche glühenden, grausamen Feinde – die Königstreuen unnachgiebig, die Angrianer rasend, wild nach seinem Blut dürstend. Und sie rücken vor, angeführt von Zamorna – Zamorna! Der Mann, den er verbannt hat, der Soldat, dem er mitten in seiner unaufhaltsamen Karriere das Heft aus der Hand nahm, der König, den er von seinem geliebten Land fortriß, als dieses unter den Tritten des Eindringlings zermalmt wurde. Und Adrian ist so furchtbar in seiner Rache! Ich fürchte den Ausdruck auf seinem blutleeren Gesicht und seinen verächtlich verzogenen Mund, wenn er meinen Vater erblicken wird.

Und jetzt, in diesem Sturm von Sieg und Rache, wird er keine Zeit haben, an mich zu denken. Ich kann keinen Zutritt zu ihm erlangen, und wenn ich's könnte – würde er mir zuhören, würde er meine Fürbitte gnädig aufnehmen? Alle diese stolzen Männer werden um ihn sein – Warner und Enara und Hartford und Arundel, die mein Vater mit Spott und Hohn zutiefst verletzt hat. Sind sie im Frieden auch großmütig, verwandeln sie sich im Krieg in Bluthunde. Sie hassen und verabscheuen Northangerland, und jetzt stürzen sie mit gebleckten Zähnen auf ihn los. Wie sie sich begierig um den Herzog scharen und ihn anstacheln werden, Rache zu nehmen und, der Himmel weiß, um ihn zu reizen bedarf es wenig! O, er ist ein furchtbares, schreckliches Wesen am Tage seines Zorns. Ich kann mir gut vorstellen, wie er dann aussehen wird: blaß und ernst, mit Augen, deren Blick vollkommene, strenge Befehlsgewalt ausdrückt und die das Lächeln hellerer Stunden zu verleugnen scheinen – so wachsam, jede Nachlässigkeit rasch erkennend, allein auf die Ausführung seiner Pläne bedacht, ein Blick, dem man so schwer nur ausweichen kann!

Doch, horch, mein Vater kommt! Ich werde die Zeitungen verstecken. Ich wage es nicht, sie ihn gerade jetzt sehen zu lassen.« Sie ließ die Zeitungen in der Lade eines Schreibtisches verschwinden. Kaum hatte sie das getan, als die Tür sich öffnete. Doch nicht der Graf von Northangerland trat ein, sondern eine

Dame – eine kleine, zarte Gestalt, gekleidet in rosa Seide und in einen Umhang aus kostbaren Brüsseler Spitzen, die spinnwebgleich über ihre Schultern rieselten.

Bei ihrem Eintritt breitete sie die Arme aus und warf mit einer wilden Geste ihre schwarzen Locken zurück.

»Es ist aus!« rief sie, »es ist vorbei, und wir sind Besiegte, zerschmettert und gefesselt. Ich sehe uns von Schafotten umgeben. Ich spüre die Schärfe des herabsausenden Beils. Ich sehe Ströme von Blut! O, Percy! Doch, wer ist das? – sie sieht aus wie – die Ähnlichkeit ist entsetzlich – sie muß – sie ist seine Tochter!«

Die kleine Dame erstarrte wie eine Wildkatze, die sich zum Sprung bereit macht. Sie heftete ihre großen, hervortretenden schwarzen Augen auf Miss Percy, während ihr ganzer Körper vor Entsetzen zitterte, bis schließlich ein Schaumbläschen auf ihre Lippen trat.

»Du!« sagte sie, und das Wort brach in schrillem, leidenschaftlichem Ton aus ihr hervor. »Du! Ich kenne dich. Sind das nicht prächtige Nachrichten heute morgen? Dein Liebster hat's auf uns abgesehen. Also geh, verkauf deinen Vater – verschachere ihn für ein paar schöne Stunden mit Zamorna. Du weißt, daß er dich als Gattin nicht wollte, doch vielleicht bringst du's zu seiner Mätresse.«

»Wer kann sie sein? Ist die Person bei Verstand?« sagte Miss Percy, und der Hochmut in ihrem Ausdruck konnte nur von Northangerland selbst übertroffen werden.

»Wer kann sie wohl sein? Ich bin die Frau, die mächtig genug war, Northangerland zu fesseln, ihn soweit zu bringen, seine Frau zu verlassen und seinen Freund zu verbannen. Ich hab ihn dazu getrieben, Afrika ein neues Gesicht zu geben. Ich bin Louisa Vernon.«

»Etwas Ähnliches habe ich mir schon gedacht«, erwiderte Mary und ließ sich in der Haltung einer Königin auf dem Sofa nieder. »Ich habe Sie noch nie gesehen. Bis jetzt sind Sie für mich nicht mehr gewesen als ein lästiges Wort, das unangenehm in den Ohren klingt. Nun verlassen Sie das Zimmer – dies ist mein Gemach – ich wünsche nicht, von Ihnen belästigt zu werden.«

»Das Zimmer verlassen?« rief Lady Vernon und nahm ebenfalls Platz. »Miss Mary, oder wie Sie immer heißen, ich möchte, daß Sie begreifen, daß ich eine solche Sprache in diesem Hause nicht gewohnt bin. Es ist das meine. Bin ich nicht Herrin im Hause des Protectors?«

Vor Wut, ihren stolzen Willen derart mißachtet zu sehen, lief die befehlsgewohnte Mary tiefrot an und sagte mit Heftigkeit: »Hinaus! Oder meine Diener werden Sie wegschaffen. Ich werde läuten.«

Sie hatte gerade die Hand nach dem Klingelzug ausgestreckt, als Northangerland eintrat. Bevor er ein Wort sagen konnte, war Louisa bei ihm, umklammerte seinen Arm und stieß, halb schmeichelnd, halb zornig, hervor: »O, Alexander, mein Alexander! Du wirst mich vor jeder Beleidigung bewahren, mich aus jeder Gefahr erretten. Laß nicht zu, daß ich aufs Schafott komme – bitte, nur das nicht. Schau dir meinen Hals an – du hättest es doch nicht gern, wenn das scharfe Beil ihn durchtrennen würde, nicht wahr? Und sie kommen – sie werden mich packen – sie werden mich köpfen. Du lächelst? Bist du froh? Nun, du hast es dir selber zuzuschreiben. Du hast sie hergebracht. Du wolltest nicht auf mich hören und zuschlagen, solange du noch die Macht hattest. Ich wollte, daß du tötest, und du hast ihn bloß in die Verbannung geschickt. Narr, du verdienst es nicht besser – er ist zurück. Ich wünschte, er würde dich packen und erschießen!«

»Vielen Dank, meine Liebe«, sagte der Graf. »Ich kann gute Wünsche brauchen, und es wird mir vermutlich daran nicht fehlen. Nebenbei, was ist der Anlaß für diesen Ausbruch von Zärtlichkeit. Irgendeine besondere Neuigkeit heute morgen?«

Louisa hielt einen Augenblick inne, um Kraft für ihre überwältigende Antwort zu sammeln, und während dieser kleinen Pause flog die Tür auf, daß sie an die Wand krachte. Zwei weitere Frauen stürzten ins Zimmer – die eine, eine große königliche verdopolitanische Dame, gekleidet in das revolutionäre Scharlachrot – die andere, eine dunkelhäutige, lebhafte Ausländerin in fleckenlosem Weiß. In einem Wirbel aufgelöster Locken und fliegender Kleider warfen sich die beiden Northangerland zu Füßen.

Louisa lag in seinem Arm, und einen Augenblick stand er da, umringt von Schönheit – dann weinten alle drei laut und stießen von Zeit zu Zeit unzusammenhängende Wörter des Schreckens und der Bestürzung aus.

»Beim Himmel!« rief der Graf mit einem sorglosen Lachen. »Wie es aussieht, soll ich nun ermordet werden. Wahrlich, das ist zuviel des Guten.« Doch dann fuhr er ernster fort: »Ich will wissen, was das bedeutet. Was ist vorgefallen?«

Louisa und Madame Lalande (die dunkle Dame in Weiß) antworteten lediglich mit Schreien: »Rette uns, rette uns, wir sind verloren!« Sie schienen von ihren eigenen Sorgen ganz in Anspruch genommen.

»O!« schrillte Louisa, »was soll ich tun, wenn sie mich gefangennehmen? Denke an Enara, an den blutgierigen Hartford oder den grausamen Schinder Warner. Man wird mich aufs Rad flechten oder bei lebendigem Leib verbrennen, und ich ertrage keine Schmerzen. Ich hab's nie gekonnt. Schon ein Nadelstich in den Finger bringt mich zum Weinen.«

»Et moi aussi!« heulte die Lalande. »Und diese barbarischen Angrianer hassen die Franzosen. Ich bin schlimmer dran, Percy, als dieses Nichts. Mir muß deine größte Sorge gelten!«

Bei diesen Worten sprang die schöne, verdopolitanische Dame, Lady Greville, aus ihrer knieenden Haltung auf. Ihre Züge – obwohl von einem Hauch von Verwegenheit gezeichnet, der deutlich ihren Sinn für allzu freie Gedanken und Taten bewies, offenbarten eine weit vornehmere Gesinnung als die dunklen, kleinen, selbstsüchtigen Gesichter ihrer Rivalinnen.

Sie stieß Louisa und die kleine Halb-Französin weg, nahm den unschlüssigen Grafen beiseite und sagte: »Mylord, ich werde Euch sagen, was geschehen ist. Achtet nicht auf diese erbärmlichen Kreaturen. Sie denken nicht an Eure, sondern nur an ihre eigenen Sorgen. Mylord, Zamorna ist wieder in Angria aufgetaucht, hat den Befehl über die angrianischen Streitkräfte übernommen, die königstreuen Truppen vereinigt und Simpson geschlagen, der sich in diesem Augenblick im vollständigen Rückzug auf Verdopolis befindet. Bis jetzt ist seine Flucht ein einziges Blutbad gewesen. Der Osten hat sich von den Olympischen Bergen bis zum Gazemba erhoben. Das Landvolk nimmt grausame Rache an seinen Unterdrückern. Zamorna hat eine Proklamation an das Volk gerichtet, von Anfang bis Ende ein Fanal. Er hat den Leuten befohlen, ihre Kornkammern anzuzünden, ihr Vieh zu erschlagen – sie sollen lieber verhungern, als auch nur einen Bissen Nahrung ihren Tyrannen-Teufeln – wie er sie nennt – zu überlassen. Wellington und auch Fidena und die ganze Sippschaft der Königstreuen sind in ihrem Blutrausch kaum noch zu halten, hungrige, gierige Raubtiere. Sie kennen nur ein Ziel: Verdopolis! Rache am republikanischen Verdopolis, und... o, Alexander... nieder mit dem Volksverführer! Tod dem Thronräuber! Blut komme über ihn, der da Blut vergossen hat. Wie könnt Ihr gerettet werden? Ringsum klaffen Abgründe. Keine Brücke führt ins Freie. Werdet Ihr stürzen, fallen, versinken?«

»Ja, wenn es meine Bestimmung ist«, unterbrach Percy. »Und Ihr habt die Wahrheit gesprochen, Georgiana?«

»Ja.«

»Wenn das so ist«, fuhr er fort, »muß ich mich nun natürlich auf meine Freunde verlassen. Ich muß sie versammeln, sie konsultieren, ihnen sagen, daß ich auf ihre Treue baue, sie bitten, mir in den letzten Kampf zu folgen – eine verzweifelte Hoffnung. Meine Freunde – ach! wo sind sie? –, jetzt werden Barras und Dupin und Cuvier und Bernadotte, meine rechte Hand, alle zugleich entdecken, daß ihre Gesundheit eine Luftveränderung nötig hat, daß sie nach dem heilsamen Klima Frankreichs schmachten. Nun wird Montmorenci unversehens klar werden, daß seine körperlichen Gebrechen und häuslichen Mißgeschicke ihn untauglich machen, tätigen Anteil am öffentlichen Leben zu nehmen. Jetzt wird Macara höflich zu verstehen geben, daß seinen bescheidenen Ansprüchen und Gewohnheiten der Ruhestand am besten entsprechen würde. Nun werden mich selbst meine Schutzengel verlassen. Lalande, was soll ich tun, Herzenskönigin?«

»Verlaßt Verdopolis, Mylord. Flieht mit mir nach Frankreich, auf mein Château in der Nähe von Orleans. Dort ruht Euch aus, bis der Sturm sich verzogen hat.«

»Très bien, ma belle! Das ist Euer Spruch. Nun, Vernon, was sagt Ihr?«

»Ich sage, daß ich vor Entsetzen vergehe, daß ich schon spüre, wie meine Glieder auf dem Streckbett gefoltert werden, daß ich mich schon als Gefangene weggeschleppt sehe, eskortiert von Tiger-Kavallerie. O, St. Cloud! Ich wünschte, ich wäre dort. Laß uns auf der Stelle an Bord eines Postschiffs gehen. Dort drüben am Kai ist die »St. Antoine«, fertig zum Auslaufen. Komm, komm, ich werde gehen, so wie ich bin. Hülle mich in deinen Umhang, Alexander. Um Caroline mach dir keine Sorgen – sie ist ein Kind und sicher. Die Feinde werden ihr nichts tun, und was Miss Percy angeht, sie braucht bloß die verschreckte Taube zu spielen und sich vor den Habichten des Krieges an die Brust ihres Liebhabers zu flüchten. Sie wird nun auf ihre Kosten kommen, indem sie diesen aufrührerischen, bluthändigen Détenu liebt!«

Miss Percy, die an einem Fenster gestanden hatte und mit erregten Gefühlen Zeugin dieser Szenen gewesen war, kam herbei, als ihr Name fiel.

»O, Vater«, sagte sie. »Du stehst am Rande des Untergangs, und diese Kreaturen wollen dich hineinstürzen. Du treibst im Meer und kannst nicht schwimmen, weil sie sich an dich klammern.

Ihr Elenden!« fuhr sie fort und geriet in Feuer, während sie sprach. »Sie kümmern sich nicht um dich – ihre eigenen erbärmlichen Sorgen zehren sie auf. Und deine Gefolgsleute – der Troß deiner Sklaven, die dir die Füße geleckt, dein Brot gegessen und verschwendet haben? Anstatt sich um dich zu scharen, machen sie sich aus dem Staub. Sie werden dich verlassen. Im Stich gelassen und allein, wie du bist, kann selbst ich, deine Tochter, dir nicht mein ganzes Herz schenken. Es gab einmal eine Zeit – fast wünschte ich, sie kehrte wieder –, als ich nichts liebte, zu niemandem aufblickte, niemanden verehrte, außer meinen Vater! O, verlasse Verdopolis, rufe das Volk auf, rufe Naughten. Man darf dich nicht verlassen.«

»Das wird man nicht«, erwiderte der Graf, sich erhebend. »Diese Burschen wagen es nicht, sofort zu verschwinden. Eben jetzt ist eine Reihe von Kutschen vorgefahren, und ich höre die Herren im Vorzimmer lärmen und nach einer Audienz verlangen. Ladies, laßt mich allein. Du, Lalande, und du, Vernon, geht nach St. Cloud und nach Orleans. Dich, Georgiana, sehe ich heute abend wieder.«

Als die drei Damen, beim entschiedenen Befehlston seiner Stimme sogleich bezähmt, aus dem Zimmer geglitten waren, wandte sich Northangerland an seine Tochter.

»Mary«, sagte er, »alles dies ist zu einem großen Teil meine eigene Schuld, und ich bin in dieser kritischen Lage nicht unglücklicher als in Stunden tödlicher Ruhe. Also spare deine Tränen, und, was diese Angrianer anbetrifft, tue, was dir beliebt. Ich werde dich nicht zurückhalten. Eines nur: solltest du an einem von ihnen ein besonderes Interesse haben, denke daran, daß du am dritten Finger deiner Hand keinen Ring trägst. Dies sage ich mit Nachdruck – Lebe wohl! – Es würde mir das Herz zerreißen, wenn du das vergäßest.« Mit diesen Worten verließ er den Raum.

Zwei Tage vergingen. Mittlerweile war Simpsons Armee, oder eher, was von ihr übrig war, nach überstürztem Rückzug in Verdopolis eingezogen. Die wilden Banden von Jordans Arabern und die noch wilderen Negerhorden Quashias hatten sich unter seine dezimierten Mannschaften gemischt – besiegte und verwirrte Soldaten. Die Disziplin unter ihnen war am Ende, und binnen kurzer Zeit erschien der Ort, an dem sie Zuflucht gesucht hatten, wie eine eroberte Stadt, die der Plünderung anheimfiel.

Ihr Befehlshaber wurde aufsässig. Die Schrecken, die er miterlebt hatte, dazu die Demütigung, daß er vor denen hatte fliehen müssen, die er mit solch ungehinderter und brutaler Willkür behandelt hatte, machten ihn rasend. Vergeblich versuchte die Regierung seine frevelhaften Leidenschaften zu besänftigen. Vergeblich verdammten oder umschmeichelten sie ihn abwechselnd. Alle, die in seine Nähe kamen, wies er verächtlich zurück – ob Freund oder Widersacher –, und schließlich meuterten seine Offiziere und stellten sich und ihre Truppen unter den Befehl Northangerlands. Auch Richard Naughten schloß sich ihm an, und selbst die Franzosen, von seinen gebieterischen Drohungen beeindruckt, waren, zumindest für den Augenblick, gezwungen, seine Farben als die ihren zu betrachten.

So sah denn dieser mächtige Fels aufs neue, wie er es zuvor schon hundertmal gesehen hatte, die erschreckten Seevögel in Schwärmen um seinen Fuß kreisen; als sie mit gräßlichen Schreien den Sturm ankündigten, der auf dem Meer raste, und als sie unter den Klippen Schutz suchten, dröhnte der düstere Tornado heran.

Ich überlasse es anderen, begabteren Schreibern, den Vormarsch der Königstreuen und den Angriff der Angrianer zu schildern. Eigentlich war es kein Marsch, sondern ein rasches und ungestümes Vordringen. Der Geist, der die Soldaten erfüllte, war der eines verzweifelten Siegeswillens; immer wieder ermahnte sie ihr Anführer, um das verwüstete Land zu trauern, das sie zurückließen und das jahrelanger Frieden nicht in seinen früheren Zustand würde zurückversetzen können; sie sollten sich freuen, weil es, wenn auch entvölkert, dennoch frei sei; sie sollten jubeln, denn sie hätten die erste Frucht der Rache geerntet; sie sollten nicht wanken und nicht weichen, weil die zweite und schwerste Ernte ihnen noch bevorstehe.

Sie waren eine zusammengeschmolzene und abgekämpfte Schar, doch so entschlossen, so eingeschworen und einig, so so befeuert durch die Kraft und den Geist ihres Anführers, daß sie unwiderstehlich waren; und wenn sie durch eine Übermacht erdrückt und überwältigt wurden, hielten sie bis zum letzten Mann und bis zum letzten Blutstropfen durch.

Doch die Beschreibung all dieser Ereignisse möchte ich, wie schon gesagt, jenen überlassen, die besser dazu taugen als ich, um mich wieder mit den Geschehnissen des Privatlebens zu befassen.

Obgleich Verdopolis ein gefährlicher Ort war, bat Northangerland seine Tochter nie, die Stadt zu verlassen, und sie blieb, gleichsam gebannt in der Mitte eines Wirbelsturms, weiterhin in den unruhigen Hallen und lärmenden Salons von Ellrington House und sah zu, wie die Ereignisse sich zuspitzten, das Ende des Unternehmens allmählich näher rückte; abwechselnd jubelte und zitterte sie, und als sie Zamornas Namen in jeder Zeitung las und aus jedem Munde hörte, sann sie im Stillen über die Veränderung nach, die innerhalb von vierzehn Tagen stattgefunden hatte.

Ja, vor vierzehn Tagen war sie allein in Alnwick gewesen, eingeschlossen in seinen verödeten Räumen, halb lebend, halb in einem sonderbaren Traum gefangen; der Krieg war weit fort, nur hin und wieder vernahm man einen Schmerzensschrei, ein Stöhnen der Qual, aus dem verblutenden Angria vom Pesthauch des Windes herübergetragen, wie eine Klage nach seinem verbannten König. Und der Name dieses Königs war vergangen, begraben unter den Wellen, die, wie die Menschen meinten, über ihm rauschten.

Sie dachte an die Nächte, die sie allein in dem großen Zimmer auf einem breiten, prächtigen Bett zugebracht hatte; wie die Stille der Nacht, das matte Schimmern der Lampen, ihren Geist gequält hatten. Sie gedachte der träumerischen Trägheit, die sie anstelle des Schlafs beschlich, wenn vergangene Freuden zu Zweifeln verschwammen, und sie fürchtete, daß die Erinnerung, der sie sich so gern hingab, nichts als ein leeres Trugbild sei. In diesen Augenblicken wagte sie nicht, den Namen Zamornas zu flüstern, damit er sich nicht als ein eingebildeter Klang erweise, der nie an ein menschliches Ohr gedrungen war. Und Zweifel an der Wirklichkeit des Lebens, der Erde, am wechselvollen Himmel und tiefen Meer, legten sich wie trübe Wolken über ihr klares Denken und löschten es für Augenblicke aus.

Dies alles war nun vorüber. Der siegreiche, der gekrönte Zamorna war weniger als zwölf Meilen von ihr entfernt. Afrika, schwankend zwischen Entsetzen und Jubel, widerhallte von seinem Namen. Ja, er erhob sich, einer erneuerten Sonne gleich, über die Berge von Verleumdungen, Hohn und Schande, die seine Feinde als Zeichen ihres Sieges aufgetürmt hatten, um seinen Namen vergessen zu machen.

Und nun dauerte es vielleicht nicht mehr lange, bis er sie wieder in die Arme schloß. Sie würde die Tage ihrer Trostlosigkeit, die kummervollen Nächte vergessen, wenn die himmlische Geborgenheit sie aufnahm, die seine Brust ihr schenkte.

Es war spät und die Nacht stürmisch, als sie über diese Dinge nachsann. Sie war hinaufgegangen in ihr Gemach und hatte sich schlafen legen wollen, doch dann hatten ihre Gedanken zu schweifen begonnen. Den Kopf in die Hand gestützt, saß sie in einem Sessel an ihrem Toilettentisch und war ganz versunken in Erinnerungen und Zukunftsträumereien.

Eine Tür dieses Zimmers öffnete sich auf eine schmale Treppe, die zu einem Nebenausgang führte, durch den man in den Garten gelangte. In der Zeit vor ihrer Heirat hatte sie sich oft dort hinuntergeschlichen, um in dämmrigen Alleen, am mondhellen Springbrunnen oder bei einer schimmernden Marmorstatue Lord Douro zu treffen.

Der sonderbare Zauber, der sie zu ihm hinzog, kehrte in dieser Stunde zu ihr zurück – der rätselhafte und begehrliche Blick, mit dem er sie empfing – seine Gestalt, wenn sie ihn zwischen den Bäumen erblickte. Er stand am Springbrunnen und wartete ungeduldig auf ihr Erscheinen – schweigend, gelassen, entschlossen – dann sein Lachen, wenn sie sich in seine Arme warf, seine Umarmung, seine gemurmelten Worte leidenschaftlicher Zärtlichkeit –

»Gewiß«, sagte sie, als ihr diese Bilder lebendig vor Augen standen, »wird er mich im Taumel des Sieges nicht vergessen. Er wird mich bitten, wieder seine Gattin zu werden. Auf jeden Fall wird er mich sehen wollen.«

Sie hatte die Worte kaum ausgesprochen, als sie ein gedämpftes Knarren hörte, als werde die Tür vorsichtig geöffnet, die vom Garten ins Haus führte. Ein kalter Windstoß fuhr herein und lüftete den Teppich in der Nähe der inneren Tür. Sie hörte deutlich, wie die Tür geschlossen und der Riegel vorgeschoben wurde. Sie hörte ein Hüsteln am Fuß der Treppe. Sie sprang auf. Sie traute ihren Sinnen nicht. Mit ungeheurer Macht überfiel sie ein verwegener Gedanke. Sie wies ihn von sich – »meines Vaters Haus... um diese Zeit... mitten durch Verdopolis... eine Krone, Ehre, Leben... sollte er sie gegen seine Freiheit aufs Spiel setzen? Ich war verrückt, mir das für einen winzigen Augenblick auszumalen.« Das Wunschbild verschwand. Alles war wieder still. Sie ließ sich nieder. Die Geräusche, die sie gehört hatte, waren so undeutlich gewesen – gewiß alles nur Einbildung – aber, still! – in dem schmalen Gang sprach eine Stimme.

»Warte hier, Eugene. Paß auf und halte die Ohren offen. In einer Stunde bin ich zurück.«

Mehr brauchte sie nicht zu hören. Diese Stimme war Musik – vertraute, vergötterte, wunderbare Musik!

Sie sprang zur Tür. Sie stürzte die Treppe hinunter in den kleinen dunklen Vorraum. Eine große Gestalt erwartete sie, kaum erkennbar in der Dunkelheit, in üppigen Pelz gehüllt. Er war's. Sie flog ihm entgegen, und er fing ihren biegsamen Leib auf, barg ihn in den Falten seines Zobels, preßte Mary an sein heißes, pochendes Herz, und beide fanden sich in einem langen, leidenschaftlichen, glühenden Kuß.

NUR DIESEN EINEN AUGENBLICK VON ALLEN

Die Besinnungspause, die Branwell einem Kämpen vor der Schlacht von Evesham gönnt, gehört chronologisch in Charlottes Geschichte »Die Rückkehr Zamornas«. Die revolutionären Truppen unter MacTerroglen haben sich nach einer verlorenen Schlacht in Evesham verschanzt. Die Stadt liegt im Norden Angrias, der Schottland gleicht, so wie der Osten auch für England und der Westen für Irland stehen. Die erwartete Verstärkung aus dem Süden (Ross' und Parrys Land) trifft nicht ein. Dafür umzingeln Zamornas Truppen Evesham. Am 30. Juni 1837 lokaler Zeitrechnung wird die letzte große Schlacht in Angria geschlagen.

Branwell Brontë. Gipsrelief von J. B. Leyland.

BRANWELL BRONTË

Nur diesen einen Augenblick von allen
Laßt mich verharren, bevor ich unverwandt
Ins Glied mich stelle, wo die Hörner schallen,
An Eveshams waldigem Rand.

An der Grenze des Lebens halt ich inne,
Bevor der Kampf mich ganz gewinne,
Dessen Lärm im Ohr erklingt mir schon;
Dieser dumpfe Klang, dessen düsteres Rollen
So viele überwältigt, die fallen sollen –
Des Krieges tiefer, hallender Ton!

Hier steh ich unter den Bäumen allein,
In Schatten und Stille auch,
Und kaum ein lindes Wehn dringt ein
Vom lieblichen Abendhauch.

Und nichts am dämmrigen Himmelszelt,
Ein Wolkenschleier nur, hoch über der Welt,
Alles schlummernd und still und unbesonnt;
Und nichts im Wind der Sommertage,
Nur der Trompete bittersüße Klage,
Die gedämpft erklingt am Horizont.

Und jener sonderbare Ton, der ungewiß
Und hörbar kaum, vernommen wird doch überall;
Durch die Sommererde ein feiner Riß,
Ein Raunen an der Mauern Wall.

(1838)

HENRY HASTINGS

Die Geschichte von Henry und Elizabeth Hastings ist eine der letzten, die Charlotte über Angria schreibt. Sie ist nun 23 Jahre alt. Afrikas brennendes Klima ist auf englisches Maß temperiert; Leidenschaft, Ehrgeiz, gekränkter Stolz und eitle Betriebsamkeit tragen sehr menschliche Züge. Der Dämon Zamorna tritt in den Hintergrund. Die häusliche Situation der unscheinbaren, aber sehr damenhaften Elizabeth ähnelt auf rührende Weise der der Brontës – von den gescheuerten Steinfliesen des Herrenhauses bis zu den Schrullen des Vaters. Über den 22jährigen Branwell scheint sich zu dieser Zeit keiner in der Familie mehr große Illusionen zu machen. Der bezaubernde, hochbegabte kleine Junge war weder ein großer Maler noch ein Dichter, noch ein Musiker geworden – eine Entwicklung, die er zunehmend seiner Umgebung anlastet. Aus Hastings' Großsprecherei klingt Branwells gekränkte Stimme: Auch er wird es der Welt noch zeigen, auch er wird groß herauskommen! »Blackwood's« wird noch von ihm hören! Hier, Sir, lest, was ich geschrieben habe… Charlotte sieht nur allzu klar, aber noch hält sie loyal zu ihm.

Ihre Heldin Elizabeth, bereits in Jane-Eyre-grauer Seide, gleicht ihren späteren Romanfiguren in Aussehen, Haltung, selbst in ihrer Redeweise: Rochesters Braut, die ebenfalls eine Society-Schöne in den Schatten stellt, Lucy Snowe, die Unabhängigkeit in ihrem Beruf findet. Und natürlich fließen Charlottes Erfahrungen als Lehrerin und Gouvernante in das Szenario ein. In ihrem Tagebuch, das sie auf der Schule in Roe Head führte, schrieb sie 1836: »Werde ich die besten Jahre meines Lebens in dieser elenden Knechtschaft verbringen müssen – meinen Zorn über die Faulheit, Gleichgültigkeit und unmäßige, eselhafte Dummheit dieser dickköpfigen Einfaltspinsel mit Macht unterdrückend und dabei gezwungen sein, eine Haltung von Freundlichkeit, Geduld und Aufmerksamkeit anzunehmen?« Wie Jane Eyre, Frances Henry und Lucy Snowe gewinnt auch Elizabeth Hastings bald eine respektablere Schüler-Klientel, und wenn ihr

Herz auch enttäuscht wird, so können wir, die wir einen ausführlicheren Blick auf Sir William Percy werfen dürfen als sie, die junge Frau zu ihrem bündigen »Nein« nur beglückwünschen.

(Henry Hastings ist eine im Manuskript längere Geschichte als die hier gedruckte. Sie erschien in ihrer literarischen Qualität und ihrer Bedeutung als Bindeglied zwischen den Jugendschriften und dem »reifen« Romanwerk von Charlotte Brontë jedoch so unverzichtbar, daß sie mit Streichungen im Text hier eingebracht wurde. Größere Auslassungen sind durch überleitende Texte der Herausgeberin gekennzeichnet. E. M.)

CHARLOTTE BRONTË

Henry Hastings

Vorspiel

»Junger Mann von einnehmendem Äußeren, gepflegten Manieren und höchst vornehmem Charakter wünscht Brot und Lebensunterhalt in größtmöglicher Behaglichkeit und Großzügigkeit und unter dem kleinstmöglichen Aufwand an Arbeit und Plackerei zu verdienen. Aus diesem Grunde erlaubt er sich, die Öffentlichkeit davon in Kenntnis zu setzen, daß es ihm ungewöhnlich gut zustatten käme, wenn man ihm ein Vermögen überließe oder er eine Frau fände, zu deren Vorzügen nicht zuletzt auch eine entsprechende finanzielle Ausstattung zählte.

Für den Inserenten ist weder das Alter dieser Person von besonderem Interesse, noch legt er gesteigerten Wert auf die vergänglichen Reize rein körperlicher Art – welche, nach Meinung der besten Mediziner aller Zeitalter, schon eine kurze Krankheit oder ein höchst banaler Unfall auszulöschen imstande sind.

Im Gegenteil, eine gewisse Unvollkommenheit der äußeren Erscheinung – ein Glied, das seitwärts, horizontal oder schräg von der idealen Linie abweicht, oder selbst das Fehlen eines Körperteils, sei es ein Auge oder eine Zahnreihe – wird für den aufgeklärten und aufrichtigen Unterzeichneten kein ernsthaftes Hindernis darstellen, vorausgesetzt wird nur, daß die betreffende Person ihm glaubwürdig nachweisen kann, daß sie jenen einen großen und ausschlaggebenden Vorzug besitzt, jenes wichtige, unwiderstehliche Zaubermittel: GELD!

Schreiben Sie an C. T. – bei Mr. Surena Ellrington, Nr. 12 Chapel Street, Verdopolis.

P.S.: Zwecklos sind Zuschriften solcher Personen, deren Vermögen – an Bargeld, Grundbesitz oder Wertpapieren – weniger als 20000 Pfund Sterling beträgt. Der Unterzeichnete ist der Ansicht, daß er gut und gern das Doppelte dieser Summe wert ist.«

So lautete das Inserat, das kürzlich in den Spalten einer hauptstädtischen Zeitung erschien. Es stellte den letzten Ausweg für einen ehrbaren und verdienstvollen jungen Mann dar, der, aller Mittel beraubt und ohne Unterkunft, in eine Zwickmühle geraten war (alle Versuche, den Dingen durch weniger gewagte Methoden eine andere Wendung zu geben, waren fehlgeschlagen) und sich genötigt sah, entweder ein Buch zu schreiben oder zu heiraten.

Während der vergangenen sechs Monate habe ich mich, sozusagen, von Schildkrötensuppe und Gänseleberpastete ernährt; ich habe nach Herzenslust in Saus und Braus gelebt. Doch, ach, jetzt sind meine Taschen leer und meine Freuden dahin; ich muß entweder ein Buch schreiben oder eine Frau freien, um die ersteren wieder zu füllen und die zweiten zurückzurufen.

Was soll ich tun? Hymen, der Gott der Ehe, winkt mir einladend mit lodernder Fackel – doch, nein, ich werde von allzu vielen geliebt, um einer einzigen meine Freiheit zu opfern. Faszinierend wie ein Fasan, möchte ich doch so frei sein wie ein Adler. Drum weint nicht, o dunkeläugige Töchter des Westens! Klagt nicht, ihr rotbackigen Maiden des Ostens! Hüllt euch nicht in Sack und Asche, ihr lieblichen Mädchen des sonnigen Südens, und ihr, stolze Jungfrauen des Nordens, trauert nicht auf den Berggipfeln; verschont auch ihr mich, o, ihr Meerjungfrauen des fernen Inselreiches, mit euren Klageliedern! Charles Townsend wird nicht heiraten. Er ist noch zu jung, zu lebenslustig, zu ungezähmt, um sich den ernsten Fesseln des Ehestandes zu unterwerfen. Charles Townsend wird weiterhin der stattliche Junggeselle sein, der Gegenstand der Bewunderung, der verlockende Zankapfel für alle afrikanischen Schönen. Darum nimmt Charles Townsend Feder, Tinte und Papier zur Hand und macht sich daran, ein Buch zu schreiben – obgleich sein charmantes Köpfchen an Ideen ungefähr so arm ist wie seine Börse an Pennies.

»Regardez comme nous allons commencer –«

Erstes Kapitel

Ich habe reinweg vergessen, an welchem Tag des Monats es war, ja sogar in welchem Monat des Jahres – es mag in der letzten Septemberwoche oder in der ersten Oktoberwoche gewesen sein –, als ich, bequem in die Polster einer angrianischen Postkutsche gebettet, in behaglicher Stimmung durch die Tore von Adrianopolis davonrollte, in Richtung der alten Kapitale.

Es war jedenfalls Herbst; die Wälder färbten sich braun, die Zeit der Rebhuhnjagd, denn fortwährend hörte man überall im Gelände das Knallen der Flinten. Ich erinnere mich, daß ich, als wir an Meadowbank vorbeiratterten, dem Landsitz von John Kirkwall, Esquire, Mitglied des Parlaments, bei einem Blick aus dem Kutschenfenster drei oder vier junge Herren im grünen Jägerhabit erspähte, gefolgt von einer kläffenden Meute von Hühnerhunden und einem Wildhüter mit unerfreulicher Visage. Ein Herr, der mir gegenüber saß, bemerkte: »Das ist Mr. Frank Kirkwall.« Dabei lächelte er vieldeutig, als wollte er sagen: »Ein niederträchtiger junger Gernegroß. Ich glaube«, fuhr er fort, »der andere mit der Flinte ist niemand anderer als Lord Vincent James Warner, der jüngste Bruder des Premierministers.«

»Wirklich«, rief eine Stimme neben mir. Im selben Augenblick beugte sich eine Person nach vorn, der ich bislang noch keine Aufmerksamkeit geschenkt hatte, und schob sich beinahe rücksichtslos an mir vorbei, um einen Blick aus dem Fenster werfen zu können. Die Person war eine Dame, und darum konnte ich meinem Ärger über ihre mangelnde Höflichkeit leider keinen Ausdruck verleihen; also wartete ich geduldig, bis sie sich wieder zu setzen geruhte, und sagte dann mit einem schelmischen Lächeln:

»Madam scheinen sich für den Herrn Leutnant zu interessieren.«

»Warum nicht?« gab sie zur Antwort. »Ich habe nicht oft Gelegenheit, berühmte Männer zu sehen.«

»Mir ist nicht bekannt, daß dieser junge Schnösel sonderlich berühmt wäre«, erwiderte ich.

»Gewiß, dagegen sein Bruder, wie Sie wissen«, sagte die Dame, während ihre Augen aufleuchteten, »und ich glaube, daß der Leutnant selbst Offizier im berühmten 19. Regiment ist.«

»Sagten Sie ›berühmt‹, Madam? Nichts als Lumpenpack!« rief der Herr, der zuerst gesprochen hatte.

»Ja, das sind sie«, sagte die Dame, die nicht übermäßig dazu zu neigen schien, der Ansicht eines Gesprächspartners zu widersprechen. »Sie sind wirklich sehr wild und rücksichtslos, in jeder Hinsicht. Jedoch, alles in allem, haben sie enorme Heldentaten vollbracht. Ohne sie wäre Evesham niemals eingenommen worden.«

»Zu nichts nutze, aber Städte stürmen, das können sie«, erwiderte der Herr. »Das ist ein schmutziges Geschäft, wie man's auch nimmt – ein blutiges Geschäft, Madam.«

Sie stimmte ihm abermals zu. »Ja, das ist es. Aber wir haben Krieg, da geht es nicht ohne Blutvergießen ab; und im übrigen haben die Neunzehner noch andere Dinge zu tun, und sie haben nie versagt – behaupten zumindest die Zeitungen.«

»Sie feuchten sich so gut die Kehlen an, bevor sie losbrechen – habe ich sagen hören, Madam –, daß dieses ehrenwerte Regiment im Gefecht dann meistens vollkommen bezecht ist.« Ich erwartete, die Dame würde sich über diese Bemerkung entrüsten, aber sie lächelte bloß.

»In der Tat, Sir! Nun ja, immerhin erfüllen sie ihre Pflicht besser, als die meisten Männer dies nüchtern tun.«

»Ich kann Ihnen sagen, Madam, und ich hab's aus erster Hand, daß bei Westwood, eine halbe Stunde bevor General

Thornton sich selbst an ihre Spitze stellte, um den letzten Angriff anzuführen, jeder Offizier und fast jeder Gemeine so betrunken war, daß er sich kaum im Sattel halten konnte.«

»Schneidig, schneidig«, sagte die Dame, noch immer nicht im geringsten aufgebracht. »Doch dieser Angriff war überaus vortrefflich und erfolgreich. Heißt es nicht, daß Lord Arundel ihnen noch auf dem Schlachtfeld für ihre Tapferkeit dankte?«

»Weiß ich nicht«, erwiderte der Herr kühl, »und wenn er's getan hat, Madam, dann ist Seine Lordschaft nicht viel besser als sie.«

»Nein, gewiß«, sagte sie. »Ich möchte meinen, daß seine Art von Mut der ihren ziemlich ähnlich ist.«

Bis zum Beginn unseres kleinen Plausches hatte mich meine Mitreisende so wenig interessiert, daß ich ihr lediglich einen

Charlottes Porträt von J. H. Thompson aus Bradford. Vermutlich wurde das Bild, das sie mit Anfang 20 zeigt, erst später vollendet, als sie eine bekannte Autorin war. In Kleidung und Haarstil, selbst in der angedeuteten Keckheit des Blicks ähnelt sie ihrer Heldin Elizabeth Hastings.

denkbar flüchtigen Seitenblick geschenkt hatte. Jetzt jedoch faßte ich sie ein wenig genauer ins Auge. Mir fiel auch der heutige Morgen wieder ein. Nachdem wir die ganze Nacht gefahren waren und unser Wagen gerade einen sehr unwegsamen Landstrich durchquerte, verminderten wir plötzlich unsere Geschwindigkeit, weil jemand rief: »Kutsche! Kutsche!« Als ich aus dem Fenster blickte, stellte ich fest, daß wir uns einem kleinen Wirtshaus genähert hatten, das genau dort lag, wo ein Nebenweg, der sich aus den einsamsten Bergen herabschlängelte, auf die große Hauptstraße stieß. Im trüben Licht war undeutlich eine Frauengestalt mit Haube, Umhang und Schleier zu erkennen, die auf der Schwelle des Hauses wartete; ein Dienstmädchen bewachte gewissermaßen ihre Habe, die aus allerlei Schachteln und Bündeln bestand. Das Gepäck wurde auf das Kutschendach gehievt und die Dame ins Innere befördert, wo sie, da sie ziemlich klein und dünn war, mit Leichtigkeit zwischen meiner Wenigkeit und einer kräftigen Frau, die sich in eine Vielzahl von Umhängen eingemummt hatte, Platz fand. Ich konnte nur sehen, daß sie ihrer Begleiterin die Hand gab. Sie sagte etwas, das sich anhörte wie »Wiedersehen, Mary«; als die Kutsche sich darauf in Bewegung setzte, ließ sie sich behaglich hinter meiner Schulter in die Polster fallen, hüllte sich sorgsam in Umhang und Schleier und überließ sich einer höchst ungeselligen und wenig ersprießlichen Schweigsamkeit.

Ein Mensch, der weder Worte noch Blicke mit einem wechselt, erweckt kein Interesse. Nachdem ungefähr vier sterbenslangweilige, wortlose Stunden verstrichen waren, war mir die Anwesenheit der Dame überhaupt nicht mehr bewußt, und ich hätte mich ihrer auch nicht mehr erinnert, wäre ich nicht durch ihr plötzliches Vorrücken zum Fenster, bei dem sie mit ihrem Schalende mein Haar in Unordnung brachte, darauf gestoßen worden. Die wenigen Sätze, die sie in der Folge von sich gab, bewahrten sie davor, auf der Stelle in neuerliche Vergessenheit zu geraten, und obwohl niemand aus ihren Worten Schlüsse auf ihren Charakter hätte ziehen können, waren sie gleichwohl genügend eindrucksvoll, mich ein wenig neugierig zu machen, wer und was die Dame wohl sein könne.

Ich hatte bereits ein oder zwei Versuche unternommen, einen Blick auf ihr Gesicht zu werfen, jedoch ohne Erfolg. Ihre Haube und ihr Schleier schützten sie wirksam vor neugierigen Blicken. Außerdem glaubte ich, daß sie mich absichtlich schnitt, denn obwohl sie sich freimütig mit ihrem Gegenüber, dem barschen, ältlichen Fabrikanten, unterhalten hatte, war es mir selbst noch nicht gelungen, ihr nur eine einzige Silbe zu entlocken. Aus ihrer Stimme schloß ich, daß sie noch jung sein mußte, wenngleich ihre Kleidung von jener verbreiteten schlichten Art war, die zu fast jedem Alter paßte: ein Kleid aus dunkler Seide und ein Umhang aus schwerer Chenille, dazu eine schlicht geputzte Haube aus Stroh – eine anspruchslose, aber einigermaßen damenhafte Garderobe.

Schließlich fand ich, der beste Weg, ihr Geheimnis zu lüften, sei es, ein Gespräch zu beginnen, und ich wandte mich zu diesem Zweck unvermittelt an sie. In der Zwischenzeit, während ich über sie nachgedacht, hatte auch sie, wie ich meinte, sich Gedanken über mich gemacht; und da sie schräg hinter mir saß, hatte sie die Gelegenheit benutzt, während meiner scheinbaren Geistesabwesenheit meine Gesichtszüge höchst eingehend zu studieren. Als ich nun mit einer unerwarteten Bewegung meinen Kopf umwandte, sah ich, daß sie den Schleier zurückgeschlagen hatte und mich mit einem Blick ins Auge faßte, der eine durchdringende, scharfe Beobachtungsgabe verriet.

Ich beteure, daß ich mich deswegen beinahe geschmeichelt fühlte. Freilich gewann ich meine gewohnte Selbstbeherrschung so rasch zurück, daß ich mich durch einen Gegenblick rächen konnte, der, ohne Übertreibung, mindestens von der gleichen Durchschlagskraft war. Die Dame zeigte, daß sie ihr Mienenspiel zu beherrschen wußte; sie errötete nur ein wenig und bemerkte dann beiläufig, indem sie zum Fenster hinausblickte, es sei ein wunderschönes Land, in das wir nun kämen. Sie hatte recht, denn wir befanden uns jetzt in der Provinz Zamorna, und zu beiden Seiten der prächtigen Straße breiteten sich die grünen, fruchtbaren Weiten der Mark aus. Wäre die Lady sehr alt und häßlich gewesen, hätte ich kein weiteres Wort an sie verschwendet; wäre sie jung und außergewöhnlich hübsch gewesen, hätte ich eine Reihe kleiner Aufmerksamkeiten und Komplimente vom Stapel gelassen.

Diese Lady war zwar jung, aber nicht hübsch. Sie hatte eine zarte, ziemlich blasse Haut, dunkles Haar, das in der Mitte gescheitelt und glatt aus der Stirn nach hinten gekämmt war, und flinke, lebhafte Augen von besonderer und keinesfalls alltäglicher Ausdruckskraft.

»Sie sind eine Einheimische, Madam? Aus Angria, schätze ich.«

»Ja«, sagte sie.

»Eine prachtvolle, blühende Nation. Ohne Zweifel sind Sie eine treue Patriotin?«

»O, natürlich«, antwortete sie mit einem Lächeln.

»Nun, es sollte mich nicht wundern, wenn Sie sich sehr für Politik interessierten«, fuhr ich fort.

»Leute, die in abgelegenen Orten wohnen, tun das häufig«, erwiderte sie.

»Sie stammen demnach nicht aus einem besonderen Bezirk, Madam?«

»Nein. Aus dem einsamen Bergland an der Grenze von Northangerland.«

Als sie sprach, erinnerte ich mich an den Ort, an dem sie zugestiegen war, nämlich am Ende des Seitenweges, der aus den unwegsamen Bergen kam.

»Es muß für Sie eine angenehme Abwechslung sein, diese geschäftige und aufregende Gegend zu besuchen«, sagte ich. »Waren Sie schon einmal in Zamorna?«

»Ja. Eine prachtvolle Provinz – die vielen Menschen und der Reichtum.«

»Dann sind Sie gewiß auch der Meinung, darf ich annehmen, daß sie es verdient, daß Ihr tapferer, junger Monarch sie als Titel führt, nicht wahr, Madam? Ich weiß, daß Ihr angrianischen Damen alle sehr königstreu seid.«

»Ja«, sagte sie, »ich glaube schon, daß die meisten Frauen in Angria diese Eigenschaft haben. Doch bin ich der Meinung, daß dies nicht ihr Privileg ist, die meisten afrikanischen Damen bewundern Seine Gnaden, finden Sie nicht?«

»Sie beteuern es jedenfalls immer wieder, und Sie, Madam, machen da gewiß keine Ausnahme.«

»O, nein«, erwiderte sie mit äußerster Gelassenheit. »Auch wenn ich noch nicht das Vergnügen hatte, ihn zu sehen.«

»Vielleicht ist das der Grund, warum Sie so gleichgültig über ihn sprechen. Ich bin erstaunt; alle seine schönen weiblichen Untertanen, mit denen ich bislang darüber gesprochen habe, gerieten in Verzückung.«

Sie lächelte abermals. »Ich habe es mir zum Prinzip gemacht, niemals in Verzückung zu geraten, schon gar nicht in einer Postkutsche.«

»Ausgenommen beim tapferen 19. Regiment«, warf ich vielsagend ein und fuhr dann mit meinem einschmeichelndsten Lächeln fort: »Wird vielleicht ein wackerer Held dieser tapferen Truppe durch Ihr besonderes Interesse geehrt?«

»Sie werden es alle, Sir! Ich mag sie um so mehr, als sie so beschimpft werden.«

»Ah, so«, sagte ich und nahm eine Prise Schnupftabak. »Ich verstehe, Madam. Sie haben nichts dagegen, Männer zu bewundern, wenn sie in der Mehrzahl auftreten, doch Sie lehnen es ab, sich mit der Einzahl zu befassen.«

»Genau«, sagte sie fröhlich. »Es steht mir nicht frei, mich auf Einzelheiten einzulassen.«

»Fahren Sie weit, Madam?«

»Nein, beim Gasthaus ›Spinning Jenny‹ in Zamorna steige ich aus.«

»Werden Sie in der Stadt Freunde besuchen?«

»Ich nehme an, daß ich erwartet werde.«

Diese Antwort war so nichtssagend, daß sie einer Abfuhr

gleichkam. Es war offensichtlich, daß diese junge Frau nicht die Absicht hatte, irgend jemandem Rechenschaft über ihre Gedanken und Pläne zu geben.

»Dann mag sie ihre Geheimnisse für sich behalten«, dachte ich bei mir, ein wenig verstimmt über ihre Zurückhaltung. Also verschränkte ich meine Arme, verfiel in mein früheres Schweigen, und sie tat es ebenfalls.

Gegen Mittag kamen wir in Zamorna an. Da Markttag war, herrschte in allen Straßen dieser geschäftigen Handelsstadt dichtes Gewimmel. Als die Kutsche vor dem Gasthaus hielt, sah ich, daß meine Mitreisende einen besorgten Blick aus dem Fenster warf, als suche sie jemanden, der sie abholte. Ich nahm mir vor, sie im Auge zu behalten, denn meine Neugier war ein wenig angestachelt worden.

Als die Kutschentür geöffnet wurde, sprang ich im Nu auf den Hof und bot ihr meine Hand, um ihr beim Aussteigen zu helfen, aber ein Mann in Livree drängte sich dazwischen und kam mir zuvor. Er grüßte die Lady, indem er an seinen Hut tippte und fragte nach ihrem Gepäck. Sie gab ihm ihre Anweisungen, und binnen fünf Minuten sah ich sie in einen prächtigen Reisewagen steigen. Die Kisten und Handkoffer wurden darin verstaut, die Pferde angetrieben, das Gefährt rollte los. Im nächsten Augenblick war alles vorüber wie ein Traum.

»Sie kann auf keinen Fall eine wichtige Person sein«, dachte ich. »Sie hat in Haltung und Gebaren nur wenig von einer Aristokratin. Dieses unauffällige Aussehen und ihre schlichte, sittsame Kleidung passen kaum zu einer so prächtigen Equipage.«

Charles Townsend beschreibt anschließend – wie üblich aus sicherer Distanz – die Eröffnung der Legislaturperiode im Parlament von Verdopolis. Er führt Sir William Percy ein, einen erfreulich anzusehenden, langbeinigen jungen Mann, der gleichwohl mit einem Taschentuch über dem Gesicht auf seinem Abgeordneten-Platz sitzt und dessen Rede so aufregend wie ein gut geführtes Kontobuch klingt. Auf dem Heimweg plaudert Townsend mit Lord Macara Lofty, dem Führer der Republikaner, über den jungen Percy und dessen Affaire mit einer »Pariser Göttlichkeit«. Lofty lädt Townsend für den folgenden Abend ein.

Zweites Kapitel

Lord Macaras Räumlichkeiten befinden sich im West End in einer Straße mit stattlichen Wohnhäusern, die meist an Parlamentsmitglieder vermietet sind. Da der Abend des nächsten Tages sehr kalt und der Wind heftig war, ließ ich meine Droschke kommen und wurde zur vereinbarten Stunde unter dem imposanten Säulengang seines Hauses abgesetzt. Sein Hausdiener ließ mich ein, und ich wurde durch eine hell erleuchtete Halle und über eine imposante Treppe in einen Salon geführt, der klein, jedoch geschmackvoll eingerichtet war. Das Zimmer erglänzte hell im Schein eines kräftigen Kaminfeuers und vier dicker Wachskerzen, die auf dem Tisch standen.

Ich bemerkte sogleich, daß Macara so aufmerksam gewesen war, für weibliche Gesellschaft zu sorgen. Die Lady war anwesend. Sie saß in einem niedrigen Sessel am Kamin und spielte mit den seidigen Öhrchen eines kleinen Spaniels. Eine Dame, vor allem wenn nur eine im Raum ist, zieht die Aufmerksamkeit immer zuerst auf sich, und ich sah mich nicht eher nach anderen Besuchern um, bis ich Louisa in ihrer Ungezwungenheit ausgiebig gemustert hatte.

»Sitz, Pepin, sitz!« sagte sie, während sie das Hündchen mit einem Stück Bisquit lockte und neckte. Dann änderte sie ihren Ton. »Komm, armes Ding, komm«, und legte dem Tierchen sanft ihre schlanke Hand auf den Kopf und streichelte ihn, bis der Hund ihr in den Schoß sprang. Dort wurde er eine Zeitlang gehätschelt, und die Berührung ihrer Hand war federleicht, während sie zugleich ihren Kopf in gespielter Entrüstung schüttelte, so daß ihre dicken, schwarzen Locken in Bewegung gerieten, sich lösten und anmutig und bereitwillig über Wangen und Nacken flossen. Nachdem sie geraume Zeit mit dieser reizenden Pantomime beschäftigt gewesen war, hielt sie es für angebracht, aufzufahren und meine Anwesenheit zur Kenntnis zu nehmen.

»Lieber Mr. Townsend, wie können Sie mich so erschrecken und sich einfach ins Zimmer schleichen? Bitte, wie lange haben Sie an der Tür gestanden und mich und Pepin beobachtet?«

»Vielleicht fünf Minuten, Madam. Ich weiß, es ist unverschämt, doch Sie müssen mir verzeihen. Das Bild war einfach zu hübsch.«

»Nun«, sagte sie und wandte sich an jemanden in einem anderen Teil des Zimmers, den ich noch nicht bemerkt hatte, »heute abend wollen wir keine Schmeicheleien hören, nicht wahr, Sir?«

»Zumindest nicht von mir, Madam«, antwortete eine Stimme aus einer dunklen Ecke.

»Ich weiß«, fuhr sie fort, »Sie schmeicheln nie.«

»Ich habe seit einiger Zeit darauf verzichtet«, war die Antwort. »Meine Zunge ist aus der Übung.«

»Wahrscheinlich verabscheuen Sie jede Art von oberflächlichem Gerede«, sagte sie.

»Ich bin ein Neuling – ein Anfänger«, erwiderte der Unsichtbare eilig. »Ich verstehe mich nicht darauf.«

»Dann kommen Sie und lernen Sie's«, mischte ich mich ein. »Wer würde, zu Louisa Dances Füßen, lange ein Neuling in der Anbetung der Liebe bleiben?«

»Verflucht, mir ist kalt!« stieß der Mann hervor, erhob sich eilig von dem Sofa, auf dem er sich geräkelt hatte, und schritt zum Kamin.

Während der Gentleman vor dem Feuer seine gespreizten Hände wärmte, betrachtete er mich von Kopf bis Fuß mit einem raschen, scharfen Blick, dessen versteckte Wachsamkeit auf alles andere als eine offene, umgängliche Wesensart schließen ließ. Ich tat so, als blickte ich ihn nicht an, unterzog jedoch gleichwohl aus einem Augenwinkel seine Person und sein Verhalten einer genauen Musterung. Er war ein Mann von muskulösem und kräftigem Körperbau, jedoch nicht groß; er sah, obgleich er noch nicht einmal mittleren Alters war, verbraucht und abgezehrt aus. Sein Haar, wenn auch rabenschwarz und dicht, hatte keinen Glanz. Auf seine Frisur hatte er wenig Mühe verschwendet, denn die Haare fielen in unordentlichen Strähnen über seine Stirn. Seine Kleidung jedoch war manierlich und modisch. Seinem Gesicht nach mußte dieser Mann mit einem diabolischen Gemüt gesegnet sein. Eine solche rasende, argwöhnische Reizbarkeit, wie sie in seinen kleinen, schwarzen Augen glitzerte, hatte ich vorher noch nie gesehen. Die mattdunkle Farbe seiner Haut verstärkte den Eindruck, daß seine stacheligen, überhängenden Augenbrauen sich ständig zu einer finsteren Grimasse zu verziehen schienen.

An den Kamin gelehnt, blickte er Louisa an. Welch ein Gegensatz zwischen diesen beiden!

»Ich habe Seine Lordschaft noch nicht gesehen, Madam; wo steckt er?«

»O, er wird in Kürze erscheinen. Aber mit der Gesundheit des Vicomte ist es zur Zeit wirklich nicht zum besten bestellt; in der letzten Woche hat er sein Bett nur verlassen, um ins Parlament zu gehen.«

»Hm!« sagte der Gentleman; dann, nach einer Pause von einigen Minuten, in deren Verlauf er grimmig ins Feuer blickte, setzte er hinzu: »Verflucht – ich brauche unbedingt einen Schluck!«

Da die Marquise gerade mit ihrem Hund spielte und ihre Aufmerksamkeit ganz von dessen Luftsprüngen in Anspruch genommen wurde, wandte sich der dunkle Fremde an mich, legte seinen Daumen an die Nasenspitze und sagte mit wohltuender Höflichkeit: »Wie steht's mit Ihnen?«

»Weiß nicht«, gab ich zur Antwort.

»Wenn nämlich«, fuhr er fort, »Ihr Fall so ähnlich liegt wie der meine, weiß ich, wo man etwas findet, und wir werden ein Heilmittel einnehmen.«

Ich dankte ihm für sein freundliches Angebot, sagte jedoch,

ich fühle mich recht gut und zumindest für den Augenblick möge er mich mit seiner Medizin verschonen.

»Sie wollen nichts?« fragte er. »Gleichviel, ganz wie Sie wünschen. Jeder nach seinem Gusto, wie man sagt, aber ich brauche unbedingt etwas, ohne das geht's nicht.«

Er ging zur Tür und öffnete sie. Dahinter lag ein Zimmer; ich beobachtete ihn, wie er zum anderen Ende ging, wo über einer Anrichte eine Lampe hing. Dort standen Karaffen und Gläser. Er füllte ein Glas und leerte es. Es folgte ein zweites – ein drittes – ein viertes – bis er die erstaunliche Zahl sieben erreicht hatte. Als er zurückkehrte, wischte er sich mit einem Taschentuch die Lippen ab.

Gerade in diesem Augenblick öffnete sich die Tür und eine Gestalt in Hausschuhen und Morgenmantel betrat gebückt das Zimmer.

»Ich freue mich, Sie zu sehen, Mylord«, sagte der Fremde, der jäh seinen Schritt beschleunigte. »Wie Sie sehen, bin ich Ihrer Einladung gefolgt. Wie ist das Befinden?«

»Leidlich, Mr. Wilson, leidlich. Ihretwegen habe ich mich aufgerafft und bin aufgestanden. Louisa, würden Sie mich bitte zum Sessel führen – ich fühle mich recht schwach.«

»Gewiß, mein lieber Vicomte«, sagte die Marquise, stand auf und geleitete ihren Freund zu einem Sofa vor dem Kamin. Er ließ sich in die Kissen fallen und dankte ihr mit einem sanften, geduldigen Lächeln. Ein Fremder hätte ihn auf den ersten Blick für einen Heiligen halten können. Er war kreidebleich – sein ganzer Körper zeigte völlige Erschöpfung – doch hin und wieder glitzerte Erregung in seinen Augen.

»Was haben Sie seit dem vergangenen Abend angestellt?« fragte ich überrascht.

»O, ich habe mich erkältet. Erkältungen machen mich immer so schwach. Aber es wird mir bald besser gehen, Townsend. Sie und Mr. Wilson kennen einander nicht, glaube ich. Erlauben Sie, daß ich Sie miteinander bekannt mache: Townsend – Mr. Wilson, Wilson – Mr. Townsend.«

Wilson verbeugte sich mit ausgesuchter Unverschämtheit vor mir, ließ sich unmittelbar danach vor dem Feuer nieder, verschränkte die Arme vor seiner breiten Brust und bedachte mich mit einem oder zwei seiner freundlichen, offenherzigen Blicke.

»Mylord«, wandte er sich an Macara, »ich hatte nicht erwartet, weitere Gäste vorzufinden.«

»O, Mr. Townsend ist ein Freund«, erwiderte Lord Macara. »Ich hoffe, Sie und er werden bald auf bestem Fuße miteinander stehen.«

»Sind Sie in der Armee gewesen, Sir?« fragte mich Mr. Wilson. Es war offensichtlich, daß der Mann zu verrückt oder zu benebelt war, um begreifen zu können, wer ich wirklich war. Also verneinte ich ruhig seine Frage, obwohl viele in meinem Freundeskreis beim Militär waren.

Wilson stellt sich Townsend als Geschäftsreisender vor. Er leugnet heftig, Angrianer zu sein, als Townsend ihn auf den typischen Akzent anspricht.

»Es ist der schottische Akzent!« rief er. »Ich bleibe dabei – es ist der schottische Akzent – ich wurde in Rosstown geboren und bin in Rosstown aufgewachsen – und ich werde jedem die Knochen brechen, der es wagt...«

»Mr. Wilson, trinken Sie doch etwas Kaffee«, unterbrach ihn Louisa. Sie stand ein wenig vorgebeugt da, die Tasse in der Hand und ein gewinnendes Lächeln auf den Lippen, und sie verschwendete ihre Reize an den Handlungsreisenden fast im gleichen Maße wie an ihren vornehmen, adligen Liebhaber, den anspruchsvollen Grafen von Northangerland.

Wilson blickte sie an, und indem er die angebotene Tasse nahm, sagte er: »Wäre es Gift, würde ich's trotzdem trinken.«

»Ich hoffe, daß es als Beruhigungsmittel dienen wird«, sagte sie mit einem sanften Lächeln.

»Nein, Madam, als feuriges Reizmittel. Dieser Schluck, von Ihnen kredenzt, macht wieder einen Soldaten aus mir.« Er stürzte den Kaffee hinunter. »Nun«, sagte er und warf ihr einen heißen, schwärmerischen Blick zu. »Ich habe getan, was Sie mir befohlen haben. Ich wünschte, die Aufgabe wäre schwerer gewesen.«

»Ich kann Ihnen eine auferlegen, die Ihnen schwerer fallen wird«, erwiderte sie. »Zügeln Sie Ihr hitziges Temperament und seien Sie wenigstens einmal fünf Minuten still. Sehen Sie, ich versiegele Ihnen die Lippen.« Spaßhaft berührte sie mit ihrem Finger seinen Mund und kehrte lachend zu ihrem Sitz zurück.

»Na, also«, sagte Lord Macara, »ein Verbot, das auf diese Weise verhängt wird, können Sie nicht brechen…«

Townsend nimmt das seltsame Paar näher in Augenschein: die »Sirene«, deren Gesicht ein wenig verwelkt, ein wenig von Ausschweifung gezeichnet, im sanften Lampenlicht aber noch immer reizend anzusehen ist, und den »schuftigen, abgedankten Offizier«, der seinen Familiennamen mit Schande bedeckt hat.

Ich will die Szene nicht weiter ausmalen – es genügt, wenn ich sage, daß ich sah, wie man an diesem Abend den sturzbetrunkenen Wilson in Macaras Kutsche verfrachtete. Ich weiß nicht, wohin sie ihn brachten, denn die Nacht war so kalt und stürmisch, daß ich mir nicht die Mühe machte, ihm zu folgen. Den Vicomte ließ ich in seinem bequemen Sessel zurück, stumm und mit einem höhnischen, undeutbaren Lächeln, das auf seinen Lippen gefror. Louisa war einige Stunden zuvor nach Azalea Bower zurückgekehrt, nachdem sie dem betrunkenen Wilson die gefühlvollsten Aufmerksamkeiten gewidmet hatte. Ich gelangte zu der Ansicht, daß Macara sie beauftragt hatte, den Lockvogel zu spielen, um mittels ihrer Verführungskünste den rücksichtslosen Grobian in seine Gewalt zu bekommen. Während der Unterhaltung im weiteren Verlauf des Abends, als der Wein die Zungen lockerte, hörte ich allerlei Andeutungen über politische Intrigen. Bevor er unter den Tisch fiel, sprach Wilson von seinen Komplizen und Kumpanen. Einen randvollen Humpen in der Hand, verfluchte er in einem Trinkspruch den »Sultan« und seine Anhänger. Er bestand darauf, daß ich mich anschloß, und ich machte keine Einwände, wenn ich auch nicht die geringste Ahnung hatte, wer dieser »Sultan« war – obgleich ich es mir unter Umständen hätte denken können, aber n'importe.

Drittes Kapitel

Townsend ist nach dem Essen vor dem Kamin eingedöst, als er unsanft geweckt wird.

»He!« rief ich aufschreckend. »Lassen Sie die Hände vom Feuer, sonst werde ich Ihnen mit dem Schürhaken den Schädel einschlagen.« Jemand lachte, und als ich erwachte und die Augen öffnete, sah ich, daß das Feuer heller brannte als zuvor und während der letzten Minuten neues Holz nachgelegt worden war. Eine dunkle Gestalt beugte sich über den Kamin und stellte gerade den Schürhaken an seinen Platz zurück.

»Wer sind Sie?« fragte ich.

»Sehen Sie selbst!« war die bündige Antwort. Ich betrachtete die Gestalt und entdeckte zu meiner nicht geringen Überraschung, daß ich einen Polizisten vor mir hatte. Die dunkelblaue Uniform mit roten Aufschlägen, die weißen Handschuhe und der Stock schlossen jeden Irrtum aus.

»Wer hat Sie geschickt, und was wollen Sie?« fragte ich.

»Nur ein paar kurze Fragen«, erwiderte der Mann. »Kein Grund zur Aufregung, Mr. Townsend. Die großen Tiere wollen eine oder zwei Auskünfte von Ihnen. Unterdessen werden Sie, wenn Sie genau hingucken, in mir einen Freund erkennen. Wenn ich Sie nicht schon von früher gekannt hätte, wäre ich nicht so dreist gewesen, Sie plötzlich zu überfallen...«

Der Polizist ist ein alter Bekannter von Townsend namens Ingham. Er holt den Autor zu einem Verhör ab, das von dem

Magistratsbeamten Mr. Moore – dem Vater von Jane – und Sir William Percy geführt wird.

»Nun gut – um zur Sache zu kommen: Wo waren Sie am vergangenen Donnerstag?«

»In Verdopolis.«

»Wo hielten Sie sich am Abend dieses Tages auf?«

»Ich fürchte, ich kann mich nicht erinnern.«

»In diesem Fall kann ich Ihr Gedächtnis vielleicht ein bißchen auffrischen. Sie kennen Clarges Street?«

»Ja.«

»Befinden sich dort nicht vorwiegend Mietshäuser?«

»Schon möglich.«

»Können Sie sich an die Namen einiger der Leute erinnern, an die diese Häuser vermietet sind?«

»Vielleicht, wenn Sie mir bis morgen abend Zeit lassen...«

»Am vergangenen Donnerstag abend waren Sie in einem dieser Häuser.«

»Tatsächlich?«

»Der Hochwohlgeborene Lord Macara hat in dieser Straße eine Wohnung, Mr. Townsend, und dort hielten Sie sich als Gast Seiner Lordschaft am Donnerstag abend auf. Nun fordere ich Sie auf, mir unter Eid zu sagen, welche weiteren Besucher Sie bei diesem Anlaß getroffen haben.«

»Hm!« dachte ich. Das riecht nach einem Verhör. Ich machte eine Pause, überdachte in Windeseile, wie die Dinge lagen, prüfte, ob es von irgendeinem Nutzen für mich sein könnte, Namen zu verschweigen und den edlen Vicomte zu schützen. Ich wog das Für und Wider der ganzen Affaire gegeneinander ab und versuchte sie so gut wie möglich ins Gleichgewicht zu bringen; und als ich nach reiflicher Überlegung nicht entdecken konnte, daß mir der geringste Vorteil erwachsen würde, wenn ich eine Lüge erzählte, beschloß ich, die Wahrheit zu sagen.

»Ich war am vergangenen Donnerstag in Clarges Street«,

sagte ich, »und ich war beim Lord und der Ehrenwerten Miss Dance zum Tee...«

»Dann waren Sie also der einzige Gast?«

»Nein, es war noch eine Art Schoßhündchen anwesend, ein Pudel oder Spaniel mit Namen Pepin...« Sir William unterbrach mich.

»Ich nehme also an, daß Sie und der Pudel eingeladen waren, um Konversation zu machen, Mr. Townsend, und daß der edle Vicomte sich nicht die Mühe gemacht hatte, noch eine dritte Person einzuladen?«

»Warten Sie... da war noch ein sehr ehrenhafter Handelsvertreter...«

»Mit Namen Wilson?«

»Ja, so hieß er...«

»Würden Sie mir den Gentleman beschreiben. War er groß?«

»Ja, im Vergleich zum Pudel...«

»Mr. Townsend, so geht das nicht. Ich muß darauf bestehen, daß Sie meine Fragen vernünftig beantworten. Ich fordere Sie nochmals auf, mir eine Beschreibung von Mr. Wilson zu geben.«

»Wenn das so ist, dann werde ich's tun«, antwortete ich, »und zwar bis ins Detail. Er war ein mittelgroßer Mann mit breiter Brust, einer sehr dunklen Haut, dichtem schwarzen Haar und Schnurrbart. Er war von Ausschweifungen und Lastern gezeichnet, als eine Art Markenzeichen hatte er einen ständig finsteren Gesichtsausdruck; eine bemerkenswert tiefe Stimme für einen Mann unter Dreißig – für so alt würde ich ihn halten – obgleich Trunksucht und schlechter Lebenswandel in seinem Gesicht Spuren hinterlassen hatten, die eher auf einen Sechzigjährigen hätten hindeuten können. Er sagte, er sei Schotte, doch in seinem Aussehen hatte er überhaupt nichts Schottisches...«

»Sprach er viel?«

»Nein.«

»Haben Sie im Verlauf des Abends Wein getrunken?«

»Nur einen Tropfen.«

»Trat Mr. Wilson für Abstinenz ein?«

»Nicht, daß ich wüßte.«

»War er noch ganz nüchtern, als er das Haus verließ?«

»Ich möchte meinen, daß er's am nächsten Tag gegen Mittag gewesen sein dürfte.«

»Wurde er hinausgetragen oder ging er?«

»Wie man's nimmt. Er ging zum oberen Ende der Treppe, kollerte hinunter und wurde zu Lord Macaras Kutsche getragen.«

»Wer begleitete ihn nach Hause?«

»Niemand, außer dem Kutscher.«

»Sahen Sie die Kutsche wegfahren?«

»Ja; was das angeht – ich sah zwei Kutschen. Ich hatte in diesem Augenblick unter den Beschwerden zu leiden, die man das zweite Gesicht nennt.«

Aus der Unterredung mit Townsend schließen Moore und Percy, »ihren Mann« gefunden zu haben. Townsend darf sich verabschieden und wundert sich, daß zwei so gegensätzliche Männer zusammenarbeiten. Moore ist Lord Hartfords »Werkzeug«.

Viertes Kapitel

Wo der Olympia langsam, tief und ruhig dahinfließt, nachdem er die rauschenden Mühlwehre Zamornas hinter sich gelassen hat, begann eine dünne Eisschicht seine Oberfläche zu überziehen. An diesem Abend setzte Frost ein, der die Straße durch das Hartford-Tal bereits so eisenhart gemacht hatte, daß das Räderrollen der wenigen Kutschen, die zu dieser späten Stunde noch unterwegs waren, zwischen den dunklen Wäldern klirrte, als bewegten sich die Räder über Metall. Über dem schwach erhellten Tal aufsteigend, erfüllte ein voller Mond das wolkenlose, windstille winterliche Zwielicht mit einem Frieden, wie ihn der größte Stern nur unvollkommen hätte ausdrücken können.

Doch hier gab es keine sommerliche Weichheit: es war kalt, eisig, eine Nacht aus Marmor; die Kaufleute fröstelten, und sie trieben ihre Einspänner zu schnellerer Fahrt, die Postkutscher stießen erleichtert ins Horn, wenn die Lichter von Zamorna in der Ferne aufblitzten, und vor ihrem inneren Auge sahen sie bereits eine Kanne heißen Biers mit Rum auftauchen.

Ein Mann in einem Umhang kam über die Brücke von Zamorna, schlug den Weg ins Tal ein und folgte geradewegs dem Lauf der prächtigen Chaussee. Er ging hoch aufgerichtet, den Umhang fest um sich geschlagen, und hatte den Hut so weit in die Stirn gezogen, daß die Krempe fast seine Nasenwurzel berührte. Zu beiden Seiten erstreckten sich die Wälder von Hartford, die in einem Einschnitt zwischen ihren dunklen Schattenkulissen den Blick auf den Himmel und den prachtvoll aufsteigenden Mond freigaben – und dieser schaute aufmerksam mit jener Schwermut auf den Wanderer hernieder, die ihm seit der Sintflut eigen ist. Der Mann verlangsamte seinen Schritt ein wenig, als zu seiner Rechten die großen Tore von Hartford Hall auftauchten, und blickte zur langgestreckten Vorderseite und den Flügeln dieses fürstlichen Anwesens hinüber, das sich auf einem weitläufigen Grundstück erhob.

Während Du, lieber Leser, die langen Fensterreihen betrachtest, die im Mondlicht schimmern, die hohen, turmähnlichen Schornsteine und das glänzende Dach, ist der Wanderer weitergeeilt. Wo ist er? Nicht auf der Straße; ist er verschwunden? Folge mir, und wir werden ihn wiedersehen. Er stieg über einen Zauntritt in der Hecke – das Feld dahinter ist abschüssig, grün und weit.

Rasch ging er daran entlang, und dann, mit noch schnellerem Schritt, eilte er durch die weiten, ausgedehnten grünen Auen des Olympia. Nun war er weit von der Hauptstraße entfernt und folgte seinem einsamen Pfad durch die Stille der Wege und Felder. Keine Seele begegnete ihm. Die Herden waren in Pferchen und Ställen; hier gehört zu jedem Gehöft ein riesiges Stück Land, und die Häuser sind weit voneinander entfernt. Dies ist

Lord Hartfords Domäne, die vor einem halben Jahrhundert langfristig verpachtet worden war.

Er war nun vier Meilen von Zamorna entfernt, und die Glocken einer fernen Kirche schlugen die neunte Abendstunde. Er blieb stehen, vielleicht, um zu lauschen, vielleicht um Atem zu schöpfen, bis das Geläut verklungen war. Schließlich stieß er auf ein Feld, an dem sich eine stattliche Allee riesiger alter Bäume entlangzog, zwischen deren Stämmen ein breiter Kiesweg verlief, den die Äste wie eine Kuppel überspannten. Er folgte diesem Weg und gelangte rasch zu einem Haus. Dies war Massinger Hall: ein uraltes, geräumiges Gebäude, das ganz abgelegen inmitten der weiten Felder stand, sehr einsam und imposant, im Hintergrund überragt von Wipfeln voller düsterer Krähenhorste. Die Säulen des Gartentores waren von Steinkugeln gekrönt, ebenso die Giebel des Hauses. Im Garten erhob sich auf dem Rasen eine steinerne Säule mit einem verwitterten Zifferblatt.

Massinger Hall lag so stumm da wie ein Grab; die Fassade war schwarz, ausgenommen die Stellen, wo das Mondlicht das üppige Efeu beschien, das jede Zinne überrankte. Doch es war nicht verfallen; eine friedliche, gemessene Ordnung machte sich überall bemerkbar. Das Haus war lediglich alt, einsam und grau.

Der Mann im Umhang lief vor der Fassade auf und ab, blieb manchmal stehen, als lausche er, und da kein Laut zu hören war und kein Licht aus den geschlossenen, frostbeschlagenen Fenstern drang, nahm er seinen Marsch mit demselben gemessenen Schritt wieder auf. Endlich war aus dem Inneren des Hauses das tiefe Bellen eines großen Hundes zu hören – nicht aus der Nähe, sondern aus einem entfernten Raum auf der Rückseite des Hauses. Bei diesem Geräusch fuhr der Fremde zusammen, offensichtlich befürchtete er, entdeckt zu werden. Im Nu war er um die Hausecke gebogen und stand nun im Schutz des Seitengiebels. Hier fand er endlich Gewißheit, daß das Haus bewohnt war.

Der Giebel hatte nur ein Fenster, fast so groß wie ein Kirchenfenster. Es war hoch, reichte tief herunter und blickte auf den Rasen – und aus diesem Fenster ergoß sich der Widerschein warmen Lichtes auf die Gartensträucher im Umkreis. Jedermann weiß, wie genau das Innere eines beleuchteten Raumes bei Nacht von draußen zu erkennen ist, wenn weder Laden noch Vorhang das Fenster schützen, und als der Fremde sich hinter einem großen Lorbeerbaum niederkniete, dessen Zweige das Gitter teilweise überschatteten, konnte er jeden Gegenstand im Inneren des düsteren Hauses so deutlich erkennen, als befände er sich tatsächlich innerhalb seiner Mauern.

Die dichten Falten des Vorhangs aus schwerem, tiefrotem Wollstoff waren aufgezogen und seitlich befestigt, so daß man in einen langgestreckten Raum blicken konnte, über dessen dunkle Eichentäfelung überall der Widerschein eines Feuers flackerte. Der Raum war mit Teppichen ausgelegt, und in der Mitte stand ein klobiger Tisch aus schwarzglänzendem Ebenholz. Außer dem Kaminfeuer gab es weder Lampen noch Kerzen. Erfüllt von Menschen, hätte dieser Raum durchaus freundlich wirken können, doch heute nacht lag über ihm, wie über ganz Massinger Hall, ein Hauch stolzer Schwermut, wie man ihn sich eindrucksvoller kaum vorstellen kann.

Eine Gestalt trat ans Fenster, kehrte dann wieder um und verschwand fast völlig im Schatten des Raumes. Sie erschien abermals, kam allmählich näher und zog sich ebenso langsam wieder in die entfernte Dunkelheit zurück. Mit gemessenem Schritt ging sie hin und her und durchmaß den alten Salon in seiner ganzen Länge. Nichts war zu sehen als diese einzelne Person, die in dem stillen Haus umherwanderte, das von grenzenlosen Feldern umschlossen war.

Diese Person war eine Frau – eher ein Mädchen von ungefähr neunzehn Jahren. Sie sah aus wie jemand, der allein lebt, denn ihrer Kleidung fehlte die sorgfältige Art und das schmückende Etwas, mit dem Frauen – zumal junge – jenen zu gefallen suchen, mit denen sie Gesellschaft pflegen. Überdies sah sie aus wie jemand, der zuviel allein ist, denn der Ausdruck ihres

Gesichtes war starr und träumerisch. Ob ihre Gedanken, als sie so hin und her wanderte, traurig oder fröhlich waren, kann ich nicht sagen; doch offensichtlich war sie ganz darin vertieft, denn sie hatte Himmel und Erde und alles um sich vergessen, als sei sie von einem Zauber umhüllt. Zweifellos hatte sie die Vorhänge des großen Fensters nicht geschlossen, um ihren fiebrigen Gedanken Nahrung zu geben, denn bei jedem Blick nach draußen sah sie den Mond, der hinter der stummen, großen Säule einer Pappel hervorglitt in einen weiten blauen Himmelsraum. Unter seinen Strahlen breiteten sich bis zum Horizont die riesigen, stillen Weidegründe aus, deren Anhöhen von den prächtigsten Bäumen weit und breit gekrönt wurden.

Endlich erwachte sie aus ihrer Träumerei und bemerkte, daß es spät war, denn irgendwo im Haus hatte eine Uhr vor fünf Minuten zehn geschlagen. Mit einem kurzen Seufzer kehrte sie in die Wirklichkeit zurück, ging zum Kamin, schürte die Glut und machte sich daran, den Vorhang am Fenster zuzuziehen.

Da sie nicht sehr groß war, stieg sie zu diesem Zweck auf einen Stuhl. Doch rasch sprang sie wieder hinunter, denn als sie ihre Hand ausstreckte, um die rote Schnur zu lösen, erschien ein Mann hinter den Zweigen des Lorbeerbaumes und stand plötzlich hoch aufgerichtet auf dem Sims des Fensters.

Die junge Frau wich zurück und blickte zur Tür. In ihrem Gesicht spiegelten sich Schrecken und Verblüffung, doch bevor sie Zeit zum Weglaufen fand, hatte die Gestalt das schwache Hindernis der unverriegelten Glastür durchquert und stand leibhaftig vor ihr.

Überaus umsichtig schloß der Mann das Gitterfenster hinter sich und ließ den Vorhang herab, was ihm aufgrund seiner Größe erheblich leichter fiel als der Lady. Dann nahm er seinen Hut ab, fuhr sich mit den Fingern durch das dichte Haar und sagte gleichmütig: »Nun, Elizabeth, ich glaube, du kennst mich?«

Doch diese ungezwungene Begrüßung schien lange kein Zeichen des Erkennens hervorzurufen. In höchster Verwunderung blickte die junge Frau ihn immer wieder an. Schließlich schien sich eine Überzeugung in ihr zu festigen, und sie geriet in heftige Gefühlsbewegung: das bißchen Farbe, das ihre Wangen überzogen hatte, wich gänzlich aus ihrem Gesicht, und sie sagte mit einer eigentümlichen Stimme, einer Stimme, mit der Wesen aus Fleisch und Blut nur dann sprechen, wenn die stärksten und seltsamsten Gefühle sie bewegen: »Henry! Bist du es wirklich?« Der Mann im Umhang rang sich eine Art Lächeln ab und bot ihr die Hand. Zwei kleine Hände umschlossen sie, die zusammen nicht größer waren als diese eine, und drückten und preßten sie mit ungestümer und erregter Heftigkeit. Das Mädchen sprach erst, als es glaubte, seiner Stimme wieder soweit mächtig zu sein, ohne daß ein hysterischer Beiklang zu hören war. Dann sagte sie, ihm sei gewiß kalt, und zog ihn zum Kamin.

»Ich komme schon, Elizabeth«, sagte der Mann, »werde du nur ein bißchen ruhiger – ich bitte dich, ich weiß wirklich nicht, womit ich diesen Empfang verdient habe.«

»Nein, aber ich kann einfach nicht anders«, sagte sie heftig. »Setz dich – ich hätte nie gedacht, daß du noch lebst – in den Zeitungen stand, du seiest in Frankreich. Warum hast du es um eines Landes willen verlassen, wo du nicht sicher bist? Glaubst du, daß die Polizei irgendeinen Verdacht hat, welchen Weg du eingeschlagen haben könntest? Wie durchfroren du bist, Henry! Heute nacht sind es zwei Jahre her, seit ich dich zum letzten Mal gesehen habe. Bitte, setz dich.«

Auf jeder Seite des Kamins stand ein großer, alter Armsessel, und mit der Erleichterung eines erschöpften Mannes warf er sich in einen davon.

»In den vergangenen drei Nächten habe ich nicht mehr als zwei Stunden geschlafen«, sagte er, »ihre verdammte Polizei verfolgt mich, seit sie meine Fährte gewittert hat...«

»Was? Sie sind hinter dir her?« rief das Mädchen mit furchtsamer Stimme.

»Ja, ja. Aber ich denke, ich habe sie hinters Licht geführt, indem ich hierher gekommen bin. Angria wird man für das letzte Schlupfloch halten, in das der Fuchs sich verkriechen würde. Gib mir einen Schluck Wein, Elizabeth, ich bin fast am Ende.«

Eilig verließ sie den Raum, doch bevor sie die Tür schloß, warf sie noch einen Blick auf sein zerquältes, bleiches Gesicht. Nachdem sie fort war, ließ er den Kopf auf die Lehne des Sessels sinken und gab seinen Leiden durch ein Stöhnen Ausdruck, die Sprache, in der sich die Qual eines starken Mannes äußert. Als er sie zurückkommen hörte, fuhr er auf, straffte sein Gesicht und setzte sich aufrecht. Sie brachte ein Glas Wein, das er ihr aus der Hand nahm und gierig hinunterstürzte.

»Jetzt geht's schon wieder«, sagte er. »Du siehst schrecklich verängstigt aus, Elizabeth – doch, was dich betrifft, bin ich noch genau derselbe Henry Hastings, der ich immer war. Ich könnte mir vorstellen, daß du inzwischen gelernt hast, mich für eine Art Menschenfresser zu halten...« Er sah sie mit jenem Mißtrauen an, das aus dem Bewußtsein der Erniedrigung erwächst, doch sein Argwohn wurde durch den bedeutsamen Blick gemildert, mit dem sie ihm antwortete. Überzeugender als Worte drückte er aus, was sie sagen wollte: »Deine Fehler und du selbst sind für mich zwei verschiedene Dinge, Henry.«

Nun, Leser, in welcher Beziehung stehen diese beiden zueinander? Sie waren kein Liebespaar; sie waren nicht Mann und Frau; sie waren – eine deutliche Ähnlichkeit ihrer Gesichter bewies es – Bruder und Schwester. Keiner von beiden war gutaussehend zu nennen. Der Mann hatte Lebenskraft und Jugend an das Laster verschwendet; dem Blick seiner dunklen, feurigen, tiefliegenden Augen war mehr verlorengegangen als Charme, und sein Gesicht trug die vielfältigen Spuren von Leiden, Leidenschaft und Ausschweifung.

Doch waren noch Spuren einer starken, standhaften jugendlichen Gestalt zu erkennen, eine kühne, soldatisch stolze Art, aus der Selbstbewußtsein und rasches Handeln entsprungen waren und die ihm in besseren Tagen ein Lächeln jener eingetragen, die er wie ein Besessener bewundert hatte. Doch gewiß, lieber Leser, erinnerst Du Dich an das, was ich über Wilson gesagt habe. Ich brauche sein Bild nicht noch einmal auszumalen, denn Hastings war Wilson: genau derselbe heruntergekommene Mann, der sich in Lord Macaras eleganten Räumen in Verdopolis aufgehalten hatte, saß nun im eichegetäfelten Salon von Massinger Hall.

Im Gegensatz zu ihrem dunklen Bruder war Elizabeth hellhäutig, doch hatte ihr Gesicht nur wenig Farbe. Ihre Züge konnte man zwar nicht regelmäßig, jedoch ausdrucksvoll nennen. Sie hatte hübsche braune Augen und eine damenhafte und anmutige Figur. Hätte sie sich der Mode entsprechend gekleidet und ihr Haar gelockt getragen, hätte niemand sie als eine unscheinbare Person bezeichnet. Doch in ihrem braunen Kleid mit dem schlichten Kragen, das Haar über der Stirn gescheitelt, war sie nur eine farblose, wenig anziehende junge Frau, ganz ohne den Schmelz, die Frische und Fülle der Schönheit. Sie sah aus wie ein Mensch von rascher Auffassungsgabe und Redegewandtheit; als der erste innere Aufruhr über das nächtliche Abenteuer sich gelegt hatte, sprach sie in gespielt heiterem Ton mit ihrem Bruder, als wolle sie die bittere Qual vor seinem lauernden Argwohn verbergen, die sein verändertes Aussehen und seine schreckliche, vom Tod überschattete Zukunft in ihrem Herzen geweckt hatten. Als junger Soldat war er voller Hoffnung fortgegangen; welchen Lauf mußte sein Leben genommen haben, daß er zurückkehrte wie Kain, wie einer, der durch die Welt wanderte und auf dessen Kopf ein Preis ausgesetzt war?

»Ich bin nicht so schlecht, wie du glaubst«, sagte Henry Hastings plötzlich. »Ich bin ein Mann, dem man abscheuliches Unrecht zugefügt hat. Elizabeth, ich werde dir eine finstere Geschichte erzählen, über Adams und diesen Gossenjungen und Teufel Lord Hartford. Sie haben mich beneidet – doch ich schätze, daß du auf ihrer Seite bist, also hat es keinen Zweck, es dir zu erzählen...«

»Glaubst du, daß Hartford und Adams mir wichtiger sind als du, Henry? Und weiß ich denn so wenig von dir, um zu glauben, daß du einen Mann erschießen würdest, ohne daß er dich gereizt oder unverschämt herausgefordert hätte?«

»Ja schon – aber davon abgesehen, bin ich ein Fahnenflüchtiger, und in Pendleton ist zweifellos jedermann sehr patriotisch, und es wäre äußerst unkonventionell, einen angrianischen Abtrünnigen nur ein bißchen weniger zu hassen als den Teufel. Mein Vater, zum Beispiel, würde er mich empfangen? Was meinst du?«

»Nein!« die Antwort war kurz und eindeutig; Hastings hätte auch keine Ausflüchte gelten lassen. Die Wahrheit war eine bittere Pille, doch er schluckte sie stumm.

»Es ist mir gleichgültig!« rief er nach einer Pause. »Ich bin immer noch ein Mann, und ein besserer Mann dazu als die meisten von denen, die mich hassen... glaube nur nicht, Elizabeth, daß ich die letzten zwei Jahre mit Jammern und Klagen verbracht habe. Wie ein Fürst habe ich in Paris gelebt, ein gutes Leben, habe im Vergnügen so sehr geschwelgt, daß ein kleiner Schmerz gerade rechtzeitig kommt, um dem Überdruß vorzubeugen. Außerdem wird die Hatz auf mich bald vorüber sein. Ich werde mich in deiner Nähe in Massinger Hall aufhalten, bis die Jagdhunde genarrt aufgeben, und dann schlage ich mich nach Doverham durch, schiffe mich ein und wandere zu einer der Inseln aus. Dort werde ich mir Reichtum erwerben, und wenn ich mir ein schönes Haus und einen Besitz mit vielen Sklaven erarbeitet habe, werde ich fürs Parlament kandidieren. Erst dann werde ich zurückkommen. Nach sieben Jahren außerhalb des Landes können sie mir nichts mehr anhaben. Ich werde im Parlament sprechen. Ich werde den Leuten nach dem Maul reden. Im ganzen Land werde ich ein Höllenfeuer entfachen. Ich werde die Hälfte des Adels wegen seiner brutalen Verworfenheit und Tyrannei anklagen. Falls Northangerland tot ist, werde ich sein Andenken verherrlichen. Das mögen sich meine blutbefleckten Feinde gesagt sein lassen!«

Anstatt die rasende Heftigkeit des Abtrünnigen zu besänftigen oder seiner bösartigen Rachsucht mit Vernunft zu begegnen, ließ Miss Hastings sich von seinen Gedanken anstecken und sagte mit rascher, erregter Stimme: »Du bist auf gemeine Weise verfolgt worden. Man hat dich zur Verzweiflung getrieben – ich weiß es, und ich habe es immer gewußt. Das sagte ich auch an jenem Morgen, als Mr. Warner nach Pendleton kam und meinem Vater erzählte, du seist von einem Kriegsgericht wegen Fahnenflucht aus der Armee ausgestoßen worden. Mein Vater holte sein Testament hervor, und während Mr. Warner zuschaute, strich er deinen Namen durch und enterbte dich für alle Zeit. Mr. Warner hielt das für richtig, doch ich sagte meinem Vater, er habe ungerecht und unnatürlich gehandelt. Da geriet er außer sich, und da er, ebenso wie sein Sohn, immer rasch und jähzornig handelt, schlug er mich in Gegenwart von Mr. Warner nieder. Ich stand auf und wiederholte meine Worte. Mr. Warner sagte, ich sei eine ungehorsame Tochter und vergrößere durch meine Hartnäckigkeit noch den Kummer meines Vaters. Doch ich scherte mich nicht um seinen Tadel, und ein paar Wochen später verließ ich Pendleton. Seitdem habe ich mein Brot mit meiner eigenen Hände Arbeit verdient.«

»Davon habe ich gehört«, erwiderte Hastings, »und das ist vermutlich auch der Grund, warum du hier in Massinger bist.«

»Ja. Das Haus gehört den Moores. Der alte Mr. Moore ist kürzlich gestorben, und sein Sohn, der Rechtsanwalt, wird hier wohnen. Ich hüte für ihn das Haus, solange er mit seiner Tochter in Verdopolis ist. Miss Moore gibt vor, mich überaus zu schätzen, und sagt, ohne mich könne sie nicht leben, weil ich ihrer Eitelkeit schmeichle und ihrer Schönheit keine Konkurrenz mache. Ich bringe ihr Französisch und Italienisch bei, was natürlich sehr angenehm ist.«

»Sag, Elizabeth, kannst du mich hier einen oder zwei Tage verstecken?«

»Ich werde mein Bestes versuchen. Es sind nur zwei oder drei alte Bediente im Haus. O, Henry, du mußt ja völlig erschöpft sein. Du mußt etwas essen und dann auf der Stelle ins Bett. Ich werde veranlassen, daß ein Zimmer für dich hergerichtet wird.«

Während Elizabeth Hastings den Salon verläßt und durch dunkle Flure der entfernten Küche zustrebt, wollen auch wir uns für eine Weile vom Schicksal der Geschwister abwenden. Meine Kerze ist fast heruntergebrannt, und ich muß dieses Kapitel schließen.

Fünftes Kapitel
Sir William Percys Tagebuch

Die Geschichte wird fortgesetzt als Eintrag in Sir Williams Tagebuch, der ihm zunächst eine angenehme Tagträumerei über eine französische Dame anvertraut, ehe es zurückgeht zur Jagd auf Wilson.

Gerade habe ich Ingham, meinen Polizeiinspektor, empfangen. Er sagt mir, nach seinen Ermittlungen sei er ganz sicher, daß Wilson seinen Schlupfwinkel in der Stadt verlassen habe. Meine Burschen haben jedes Mauseloch, in dem er sich verkriechen könnte, ausgeräuchert, so daß er zur Flucht gezwungen wurde – damit haben wir eine wichtige Erkenntnis gewonnen. Es ist leichter, einen Fuchs auf offenem Gelände zu jagen, als in den unterirdischen Gängen, Gruben und Höhlen eines Kaninchenbaus, wie Verdopolis einer ist – ja, oder auch Paris. Nach York Place gefahren, um Moore die Neuigkeit mitzuteilen. Der glattzüngige, undurchsichtige Speichellecker und schurkische Halsabschneider war klug genug, den Fortschritt sogleich zu erkennen. Er rieb sich die Hände und kicherte.

»Nun haben wir ihn, Sir William. Nur noch ein wenig Geduld, ein wenig Zeit, und wir werden ihn hängen sehen…«

Doch welchen Zickzackkurs hat Hastings eingeschlagen? Meine Späher sind überall im Einsatz. Einige habe ich nach Edwardston geschickt, um die Straße nach Osten zu beobachten, einige nach Alnwick, um den Westen im Auge zu behalten, und ein paar nach Freetown, um sich den Norden vorzunehmen.

Sollte er mir entkommen, dann ist er ein Teufel und kein Mensch; doch er ist sehr gerissen, wenn er verfolgt wird. Immer wieder, wenn die Häscher ihm schon ganz dicht auf den Fersen waren, hat er einen Haken geschlagen und ist entwischt. Ich frage mich, welchen Reiz der elende Halunke am Leben finden kann, daß er derart daran klebt. In Paris trieb ich ihn mehr als einmal in die Enge, bedrängte ihn so sehr und drückte ihn an die Wand, daß er am Rand des Hungertodes gewesen sein muß. Der Mann hätte sich längst die Kehle durchgeschnitten, wenn man ihn in Ruhe gelassen hätte. Doch während andere versuchen, ihm das Leben zu rauben, zwingt ihn seine aufsässige Natur, diesen wertlosen Besitz bis zuletzt zu verteidigen.

Als ich heute über ihn nachdachte, fiel mir ein kleiner Vorfall ein, der mir später vielleicht von Nutzen sein könnte, sein Versteck aufzustöbern. Vor einigen Monaten kam es mir abends plötzlich in den Sinn, in die Oper zu gehen. Während ich in meiner Loge saß, überzeugt davon, in meiner Gala-Uniform einen hinreißenden Anblick zu bieten, bemerkte ich, daß sich ringsum eine leichte Erregung breitmachte. Zwischen Geflüster und bewunderndem Gemurmel hörte ich immer wieder die Worte: »Das ist angrianische Schönheit!« Man möge mich tadeln, doch war es nicht verständlich, daß ich im ersten Augenblick dachte, ich sei gemeint?

Die Worte »Sie machen mich erröten!« lagen mir schon auf der Zunge, und ich begann darüber nachzudenken, ob es wohl angebracht sei, so viel höfliche Aufmerksamkeit durch eine dankbare Verneigung zu würdigen, als ich entdeckte, daß die Köpfe und Augen der Trottel nicht mir zugewandt, sondern auf eine mir genau gegenüberliegende Loge gerichtet waren, wo eine junge Frau inmitten einer Schar höchst ehrenwerter Dandys saß, denen nur noch die Schwänze für die denkbar hübschesten Affenkonterfeis fehlten.

Die junge Dame leuchtete in Spitzen und Seide – sie hatte ausreichend Federn am Hut, um einem arabischen Strauß zum Fliegen zu verhelfen. Die freizügige Entblößung von Hals und

Armen machte überdeutlich, daß sie wußte, wie weiß und rund und vollendet sie waren, als sei Phidias von den Toten auferstanden, um sie aus dem reinsten Stein der Marmorbrüche von Paros herauszumeißeln.

Und die Perlen, die sie angelegt hatte, bewiesen, daß sie ein sicheres Gefühl dafür besaß, wie wirkungsvoll der Gegensatz zwischen dem schimmernden, warmen Fleisch und dem kalt glänzenden Schmuck war. Sie hatte eine Nase wie Alexander der Große, und ihre großen blauen, königlichen Augen erstrahlten in jener Selbstverzückung, wie sie eine Frau glühend in ihrem Herzen verspüren muß, die sich selbst zu ihrer eigenen göttlichen Schönheit beglückwünscht. Die Natur hatte sie mit einer üppigen Haarpracht beschenkt, und die Kunst hatte diese in eine Fülle langer goldglänzender Seidenlöckchen verwandelt.

Ohne Zweifel: Sie war ein prachtvolles Raubtier. Ich kenne kaum ein Gesicht oder eine Gestalt in Afrika, die an ihrer Seite nicht verblaßt wären; und tatsächlich hatte sie eine blasse Folie für ihren diamantenen Glanz bei sich, nämlich einen kleinen Schatten, dicht an ihrem Ellenbogen, der hin und her gestoßen wurde von Männern, die sich wie Heiden um den Altar ihres Götzenbildes scharten.

Während ich sie betrachtete, trat Townsend in meine Loge.

»Haben Sie gesehen, wie prachtvoll Jane Moore heute abend aussieht?« fragte er mich.

»Ja«, antwortete ich, »sie läßt die Hälfte des weiblichen Adels vor Neid vergehen. Doch wen, um Himmels willen, hat sie dort an ihrer Seite, Townsend? Wer könnte dieses farblose Geschöpf sein? Jemand, den sie für einen Abend gedungen hat, um sich in ihrer Gegenwart selbst besser zur Schau stellen zu können?«

Townsend blickte durch sein Opernglas.

»Meinen Sie diese blasse, zu klein geratene junge Frau, in langweiliges Grau gekleidet wie eine Quäkerin und mit der Frisur à la Victoria Delph? Kein Zeugnis von großartigem Geschmack, wie? Ich denke, ein paar Locken wären nicht schlecht, um ihr eigenartiges Gesicht ein wenig zu beleben.

Doch ich bin mir nicht sicher... ihre Kleidung scheint mit Bedacht gewählt: weißes Schultertuch, einfaches Silberband im Haar...« Ich unterbrach ihn.

»Wissen Sie, wer sie ist, Townsend? Ist sie irgendeine Erbin, deren Vermögen so viel Reiz besitzt, daß er den der Person überflüssig macht?«

»Ich glaube kaum; wie Sie bemerkt haben werden, scharwenzelt nicht ein einziger Mann um sie herum. Hätte sie nun aber Moneten, wäre die Hälfte der Schar junger angrianischer Spitzbuben, die mit ihren Komplimenten Miss Moore bedrängen, mit ihren Gedanken bei der Dame, die über die dicke Börse verfügt. Jetzt, da das Mädchen zu uns herüberblickt, fällt mir ein, daß ich sein Gesicht schon einmal gesehen habe. Ich bin sicher. Ja, ich bin sicher, daß es in einer Kutsche auf der angrianischen Straße war. Ich reiste ein Stück mit ihr zusammen, und ich erinnere mich, daß ich sie nach dem, was sie sagte, für eine ziemlich spitzzüngige und gescheite Person hielt.«

»Haben Sie ihren Namen erfahren?«

»Nein.« Hier endete unser Gespräch, denn ich konnte an einer Frau dieser Art kein besonderes Interesse finden.

Ein oder zwei Tage später jedoch war ich bei Thornton zum Dinner. Es war ein großes Ereignis für die Angrianer anläßlich der Eröffnung der verdopolitanischen Saison, zu dem sich alles, was Rang und Namen hatte, einfand, und ich kam, wie es mir gelegentlich unterläuft, zu spät. Als ich den Saal betrat, hatte man bereits Aufstellung genommen, um ins Speisezimmer zu gehen. Die erste Dame, die ich sah, war Jane Moore, und drei Herren boten ihr gleichzeitig den Arm. Während ich sie bei ihren Bemühungen beobachtete, hatten die anderen Damen Herren gefunden, die sie zu Tisch geleiteten. Wahrhaftig, ich war der letzte in der langen Reihe von Federn und Roben, und mit Entsetzen und Verwirrung bemerkte ich, daß keine andere Tischdame für mich übrigblieb als das nämliche kleine, unscheinbare Geschöpf, das ich in der Oper gesehen hatte: der farblose, gedrückte Schützling von Miss Moore.

»Nun gut«, dachte ich, »soll sie doch allein gehen, bevor ich ihr meinen Arm biete.« Ich tat so, als sei sie Luft, folgte unbefangen den übrigen, und mit all der Selbstverständlichkeit und Kühle, die mir zu eigen sind, nahm ich am untersten Ende der Tafel meinen Platz ein.

Sie kam mir verstohlen nach; unterhalb des meinen gab es noch einen einzelnen Stuhl, und da dieser als einziger frei war, sah sie sich genötigt, darauf Platz zu nehmen. Gleichviel, an meiner anderen Seite hatte ich ein hübsches, nettes Mädchen, Augusta Lonsdale, zur Nachbarin, und eine der vornehmen Seymour-Damen saß mir gegenüber. Nachdem ich den Entschluß gefaßt hatte, meine Nachbarin zur Linken weder durch ein Wort noch durch einen Blick zur Kenntnis zu nehmen, fühlte ich mich sehr behaglich.

Die Mahlzeiten werden bei den Angrianern stets von viel Gelächter und angeregter Unterhaltung begleitet, und die Gesellschaft war in außerordentlich fröhlicher Stimmung. Wenn ich zum anderen Ende der Tafel blickte, sah ich viele herrliche Frauen, das Glitzern der Juwelen und das Funkeln strahlender Augen. Man animierte sich gegenseitig zum Trinken und tauschte quer über die Tafel mit nicht enden wollender Höflichkeit Komplimente und Verbeugungen aus. Damen neigten die Köpfe, um die Schmeicheleien der Herren zu hören, die neben ihnen saßen, und ich, für meinen Teil, traktierte Miss Augusta Lonsdale mit den ausgesuchtesten Komplimenten über ihren Teint und die Lieblichkeit ihres Lächelns.

Als das Vergnügen auf seinem Höhepunkt war, fügte es sich, während ich nach einem Diener Ausschau hielt, der Gemüse servierte, daß mein Blick unglücklicherweise auf das kleine Wesen fiel, das nicht zu sehen ich beschlossen hatte. Sie aß nichts, sie lauschte niemandem; nicht eine Seele richtete das Wort an sie. Ihr Blick ruhte auf einem großen Schlachtengemälde, das sich in diesem von Lampen hell erleuchteten Raum eigenartig düster und schrecklich ausnahm.

Ich erlaubte mir nicht, zu erraten, welche Gedanken ihr durch den Kopf gingen, doch irgend etwas in den wogenden Rauchwolken, in den wehenden Mähnen und wilden Augen der angreifenden Pferde, in den blutigen menschlichen Gestalten, die sie mit ihren Hufen zertrampelten – irgend etwas hatte ihr die Tränen in die Augen getrieben. Es war freilich wahrscheinlicher, daß sie sich selbst einsam und vernachlässigt fühlte. Nichts kommt jener Bitterkeit gleich, die das menschliche Herz erfüllt, wenn es sich allein und verachtet fühlt, während ringsum Hunderte in den Himmel gehoben und vergöttert werden.

Ich glaube, ich hätte sie ansprechen sollen, doch eine innere Stimme sagte mir: »Jeder hat seine eigene Bürde zu tragen. Mag sie den Kelch leeren, den das Schicksal ihr bestimmt hat.« Es gab noch etwas, das mich in meinem Sinneswandel bestärkte: Dieses perfekte Bild eines vernachlässigten menschlichen Wesens, das sich von der hohlen Welt, die da mit ihrem selbstsüchtigen Glanz vor ihm funkelt, abwendet, um sich in die Betrachtung dieser grausigen Ansicht des Krieges zu vertiefen, gefiel mir. In den Staubwolken und Pulverdämpfen der Schlacht, die durch die Luft wehten, schien sie etwas zu finden, das ihr innerstes Wesen berührte.

Ich wollte den Zauber nicht brechen, indem ich versuchte, ihren Kummer zu zerstreuen. Als eine Träne von der Wimper auf ihre Wange tropfte, zog sie sogleich das Taschentuch, um sie wegzuwischen, und dann, nachdem sie wieder zur Besinnung gekommen war, gab sie ihrem Gesicht einen gleichgültigen Ausdruck. Als sie sich von dem Gemälde abwandte, wirkte sie gedankenverloren und fremd in der übrigen Gesellschaft.

Ich gab mir Mühe, den Anschein zu erwecken, ich sei von der angeregten Unterhaltung mit Augusta Lonsdale ganz in Anspruch genommen, damit ihr verborgen blieb, daß sie noch kurz zuvor Gegenstand einer eingehenden Prüfung gewesen war.

Nach dem Essen, als die Damen sich in den Salon zurückzogen, war ich wie üblich unter den ersten, die ihnen folgten. Ich hasse es, über der Karaffe zu hängen, es ist eine unfeine, viehische Angewohnheit. Den ganzen Abend über beobachtete ich Miss Moores Schützling sehr aufmerksam, doch entdeckte ich keine weitere Eigenart, an der ich Gefallen fand. Man zollte ihr nun mehr Aufmerksamkeit: etliche Damen sprachen mit ihr, und sie beteiligte sich mit ziemlicher Redegewandtheit und Schicklichkeit an der Unterhaltung. Sie stimmte zu, vertrat ihre Meinung und hörte sich mit geziemendem Interesse an, was andere zu sagen hatten. Sie bat Miss Moore zu singen, gerade als diese darum gebeten zu werden wünschte. Sie ging die Liste jener Lieder durch, mit denen Jane ihre großartige, protzige Stimme am wirkungsvollsten zur Schau stellen konnte. Und kaum hatte die Lady zu singen begonnen, zog sie sich vom Klavier zurück, ging aus dem Salon und überließ das Feld den Verehrern, die sich um Jane drängten.

Binnen zwei Stunden war sie zum Liebling des weiblichen Teils der Gesellschaft geworden; niemals blickte sie einen Mann an und schien auch nicht einmal den Wunsch zu haben, Aufmerksamkeit zu erregen. Dennoch, wenn man dieses Geschöpf genau betrachtete, war es mitnichten häßlich. Ihre Augen waren sehr schön und schienen alles ausdrücken zu können. Sie hatte eine reine, glatte Haut und Hände, zart wie die einer Fee; ihre Füße und Fesseln hätten zu einer Ballerina gepaßt, doch ihr Gesicht trug eine Maske, die mit dem übrigen Bild nicht übereinstimmte. Ihre Bewegungen waren beherrscht und zurückhaltend; ihr mangelte es an Offenheit, Ursprünglichkeit und Freimut.

Bevor der Abend zu Ende ging, gelang es mir, ihren Namen in Erfahrung zu bringen: Sie war Elizabeth Hastings, die Schwester jenes teuflischen Henry.

Seitdem habe ich sie nicht mehr gesehen – bis heute hatte ich sie vergessen. Doch dann kam mir die Idee, daß ich, falls es mir gelänge, sie aufzuspüren, durch geschicktes Vorgehen vielleicht einen nützlichen Hinweis auf ihren Bruder erhalten könnte. Ich werde Miss Moore einen Besuch machen und ihr ein paar unverfängliche Fragen nach ihrem Schützling stellen, wobei ich danach trachten werde, tadelnde Bemerkungen einzustreuen und mir den Anschein von Verachtung und Gleichgültigkeit zu geben. Ein sorgsamer Ährenleser findet gutes Korn, wo ein Narr vorbeigeht und bloß Spreu sieht.

Sechstes Kapitel

10. Februar. Verbrachte den ganzen Morgen auf einer bequemen Chaiselongue in Miss Moores Boudoir. Wieviel Klugheit liegt darin, die Dinge behutsam anzupacken: Ich spann meine Fäden im Gemach einer Lady, inmitten von Samt und Daunen. Jane Moore versteht es zweifellos, die Männer zu fesseln. Sie verfügt über das, was die Welt ein ausgesprochen heiteres Gemüt nennt. Eine heitere Seele, die sich in einem schönen Gesicht spiegelt, ist ein himmlischer Anblick, und Jane strahlt eine gewisse Einfachheit aus, die ohne Verstellung auskommt. Sie weiß nichts von der menschlichen Natur; sie dringt nicht in das Wesen ihrer Mitmenschen ein; sie hängt ihr Herz nicht voller Leidenschaft an einen Gegenstand, wenn die Trennung von ihm schädlich sein könnte; sie hat nichts von jener tiefen sinnlichen Überempfindlichkeit, die gewisse Naturen unter undeutbaren Gefühlen erschauern läßt: Bei zufälligen Veränderungen am Himmel oder auf der Erde, bei einer zarten Tönung der Wolken, dem Zittern des Mondlichts auf den Wellen, einem alten, riesengroßen Baum, dem Geräusch des vorüberziehenden Nachtwindes oder bei irgendeinem anderen kleinen Naturereignis, das eher als verwirrend denn als sinnvoll empfunden wird.

Sei's drum! Zum Henker mit Gefühl und Schwärmerei! Ich scherte mich einen Pfifferling um sie, als Jane sich aus ihrem Fauteuil am Kamin erhob, in ihrer ganzen anmutigen Größe vor mir stand, mir die Hand entgegenstreckte und sagte: »Guten Morgen, Sir William.« So, wie diese frischen Lippen mit einem aufrichtigen Lächeln und süßer Stimme meinen Namen aussprachen, gefiel er mir noch einmal so gut.

»Nehmen Sie am Kamin Platz, Ihnen ist gewiß kalt.« Ich setzte mich, und binnen zwei Minuten waren wir mitten im freundlichsten Geplauder, das man sich vorstellen kann.

Jane erkundigte sich, ob mir warm genug sei, läutete und ließ, zu meinem Wohle, noch mehr Kohlen bringen. Dann wollte sie wissen, wann ich nach Angria zu gehen gedächte, und gab ihrer Hoffnung Ausdruck, daß ich, wann immer ich in die Nähe von Zamorna käme, ihrer Familie gewiß einen Besuch abstatten werde, vorausgesetzt, man sei zu Hause.

»Sie sind noch nie in unserem neuen Haus gewesen«, sagte sie. »Sie wissen, daß wir nach dem Tode meines Großvaters von Kirkham Lodge weggezogen sind.«

»Ja«, sagte ich, »aber Sie wohnen noch in der Gegend, vermute ich?«

»O, ja, auf dem Familiensitz in der Nähe von Massinger – es ist ein altes, seltsames Haus – aber Papa hat vor, es abzureißen und einen richtigen Landsitz zu bauen. Ich bin darüber ein wenig bekümmert, denn die Leute in Zamorna werden bestimmt sagen, es geschähe aus Hochmut.«

»O, Sie sollten auf Neider nichts geben«, erwiderte ich und machte dann, um das Thema zu wechseln, eine Bemerkung über die Schönheit einer bemalten Vase, die auf dem Kamin stand. Sie zeigte vortreffliche Abbildungen einer griechischen Landschaft mit Ruinen und Olivenbäumen und verschwommenen Bergen im Hintergrund.

»Ist sie nicht schön?« sagte sie und nahm die Vase herunter. »Die Schwester des armen Hauptmanns Hastings hat das gemalt. Übrigens, Oberst, es ist sehr grausam von Ihnen, den jungen Hastings zu jagen, was Sie, wie ich gehört habe, tun – er war so ein kluger, temperamentvoller Bursche.«

»Ja, er bewies sein Temperament, als er Adams grausam ermordete«, antwortete ich.

»Adams war nicht halb so nett wie Hastings«, entgegnete Jane. »Er war sehr arrogant. Ich bin der Meinung, daß er den armen Hastings schändlich beleidigt hat. Ich habe Adams einmal getroffen und sagte, als ich heimkam, zu Papa, ich hielte ihn für einen hochmütigen und unangenehmen Menschen.«

»Dann glauben Sie also, daß sein Untergebener recht daran tat, ihm das Hirn zu durchlöchern?«

»Nein, das war nicht recht. Aber es ist ein Jammer, daß Hastings deshalb sterben soll. Ich wünschte, Sie würden seine Schwester kennen, Oberst, sie würde Ihnen sehr leid tun.«

»Seine Schwester – wer ist sie? Doch wohl nicht dieses überaus farblose Mädchen, das ich eines Abends an Ihrer Seite in der Oper sah?«

»Wenn Sie sie kennen würden, Oberst«, gab sie zur Antwort, »würden Sie sie nicht farblos nennen.« Und mit reizendem Ernst fuhr sie fort: »Sie ist so gut und so klug. Sie weiß nahezu alles, und sie ist ganz anders als die meisten Leute. Ich kann gar nicht sagen, wie...«

»Liebe Miss Moore«, sagte ich, »sie ist nicht die Person, die meine gesteigerte Aufmerksamkeit erregt. Ist sie wirklich Ihre Freundin?«

»Ich werde es Ihnen nicht sagen, Oberst, weil Sie so spöttisch über sie sprechen.« Ich lachte.

»Ich darf also annehmen, daß dieses Schmuckstück Ihnen unentwegt mit ihrem mörderischen Bruder in den Ohren liegt? Gewiß erzählt sie Ihnen Geschichten von seiner Tapferkeit, seinem Genie und seinen Leiden, nicht wahr?«

»Nein«, sagte Jane, »das ist eine sehr merkwürdige Sache, über die ich mich schon oft gewundert habe. Sie erwähnt ihn nie. Und ich wage es nicht, auf ihn zu sprechen zu kommen, denn sie hat ihren eigenen Kopf, und sollte sie einmal gekränkt werden, würde sie mich sofort verlassen.«

»Verlassen? Lebt sie denn bei Ihnen?«

»Sie ist gewissermaßen meine Gouvernante«, sagte Miss Moore. »Ich lerne bei ihr Französisch und Italienisch. Sie ist in Paris zur Schule gegangen und spricht sehr gut Französisch.«

»Von woher stammt die Familie Hastings?« fragte ich.

»Sie kommt aus Pendleton, oben in Angria; ein ziemlich

rauhes und wildes Land, ganz anders als Zamorna. Ein gesellschaftliches Leben gibt es dort überhaupt nicht, und das Land ist kaum urbar gemacht. Ich habe die Gegend einmal zu Pferde durchquert, als ich zu einem Besuch bei Sir Markham Howards war. Über die Hochmoore und Berge war ich ziemlich erstaunt, Sie können sich das nicht vorstellen: Kaum ein grünes Feld, keine Bäume und schrecklich steinige Straßen.

Ich machte einen kurzen Besuch im Hause des alten Hastings. Dort lebt man nicht so, wie wir es gewohnt sind – er gilt als Gentleman, und seine Familie ist eine der ältesten in diesem Teil des Landes. Er saß in der Küche – die sie dort das Haus nennen. Alles war wunderbar sauber, der Boden fast so blank gescheuert wie dieser Marmor, und unter dem Rauchfang brannte ein großes Feuer wie in unseren Herrenhäusern. Trotzdem, es sah sonderbar aus; Mr. Hastings war derb gekleidet und hatte seinen Hut auf dem Kopf. Er sprach mit starkem angrianischen Akzent und noch breiter als General Thornton, doch er gefiel mir sehr gut und war sehr gastfreundlich. Er nannte mich ein liebes Mädchen und sagte, ich sei in Colnemoss-Tarn ebenso willkommen wie der lichte Tag.«

»War Hauptmann Hastings damals zu Hause?« fragte ich.

»Nein. Es war kurz nach seinem Eintritt in die Armee, als jedermann ihn rühmte und bei Festessen und Versammlungen seine Lieder gesungen wurden. Aber Elizabeth Hastings war zu Hause, und in dieser einfachen Umgebung wirkte sie derartig elegant und damenhaft. Und obgleich sie in ihrer geistigen Feinheit recht anspruchsvoll ist, glaube ich wirklich, daß sie dieses öde Heideland und das alte Herrenhaus weit mehr liebt als Zamorna oder selbst Verdopolis. Ist das nicht seltsam?«

»Sehr seltsam«, sagte ich. Jane fuhr fort.

»Ich habe mich oft gefragt, was sie wohl bewogen haben mag, Pendleton zu verlassen und sich in die Welt zu begeben. Papa glaubt, daß der alte Mr. Hastings der Grund ist, daß er irgend etwas gegen Henry gesagt oder unternommen hat, denn der alte Hastings ist ein ungemein halsstarriger, jähzorniger Mann; freilich, alle Mitglieder der Familie Hastings sind leidenschaftliche Naturen. Elizabeth ist seit zwei Jahren nicht mehr zu Hause gewesen, und jetzt lebt sie allein in Massinger Hall, unserem alten Haus. Es liegt so abseits, und die alten Zimmer sind so düster – ich frage mich, wie sie das erträgt...«

Der letzte Satz von Miss Moore enthielt genau das, was ich zu erfahren wünschte, so daß es nicht notwendig war, meinen Besuch noch länger auszudehnen. Nach ein paar Minuten warf ich einen letzten Blick in ihr freundliches, hübsches Gesicht, gab ihr die Hand, verabschiedete mich mit einer Verbeugung und verließ sie. Was soll ich sagen: Als ich nach Hause kam, fand ich Ingham vor, der mich mit einer wichtigen Neuigkeit erwartete. Seine Nachforschungen hatten zweifelsfrei ergeben, daß der Halunke Wilson in östlicher Richtung verschwunden war. Die Parole heißt also Angria. Morgen werde ich aufbrechen; und was Massinger Hall betrifft, habe ich vor, mir das Haus von innen zu betrachten, bevor noch die Sonne zweimal untergegangen ist.

(Schluß von Sir Williams Tagebuch.)

Siebtes Kapitel

Die stillste Zeit eines Wintertages ist oft der Nachmittag, besonders dann, wenn die Trostlosigkeit von Schnee und Sturm der Behaglichkeit eines warmen Herdes und eines schützenden Daches zusätzlichen Wert verleihen. Gegen Ende eines stürmischen Tages, kurz bevor die Schatten des Zwielichtes sich über der Welt auszubreiten begannen, saßen Hauptmann Hastings und seine Schwester im eichegetäfelten Salon von Massinger Hall vor dem Kaminfeuer. Hastings lauschte auf den Schneesturm, der eintönig an dem großen gotischen Fenster vorbeijagte, und nach einem langen Schweigen sagte er: »Auf Boulshill wird hoher Schnee liegen...« Der Mann war in düsterer Stimmung, und dies galt auch für seine Schwester, denn beide gehörten nicht zu den heitersten, mildesten oder sanftmütigsten Menschenkindern. Der Mann sah fortwährend die Schrecken eines gewaltsamen Todes vor sich, und die Frau mußte sich eingestehen, daß sich in der Person ihres einzigen Bruders Mörder, Geächteter, Deserteur und Verräter zusammenfanden.

»Und du glaubst, daß eine Fürsprache zu deinen Gunsten beim Gericht nichts ausrichten könnte?« fragte sie, indem sie ein Gespräch wieder aufnahm, das sie vor einigen Minuten begonnen hatten.

»Ich glaube, daß das Gericht sich aus lauter Schurken zusammensetzt, die den Strick verdient haben«, entgegnete Henry mit tiefer, rauher Stimme.

Bevor ich in meiner Erzählung fortfahre, will ich einen Augenblick verweilen, um auf den Charakter von Hauptmann Hastings einzugehen. Das 19. Regiment, dem der Abtrünnige einst als Offizier angehörte, hatte mit ihm einen Mann aus seinen heillosen, verwegenen Reihen entlassen, der wie kein zweiter dazu bestimmt war, die besondere Art von Ruhm zu bestätigen, den diese Truppe allenthalben geerntet hat. Zu Beginn seiner Laufbahn stellte er genau die Sorte Ruhmesanwärter dar, wie man sie dort gerne sah. Bevor das Laster ihn mit seiner Fäulnis ansteckte, war er ein starker, tatkräftiger, athletischer Mann, dem das gesunde Leben in den heimischen Bergen von den leuchtenden dunklen Wangen abzulesen war, mit einem immer wachen, verwegenen Mut in den Augen. Sein Hochmut fegte schwächere Geister hinweg und verhalf ihm im Verein mit einem scharfen Verstand, zu einem Schwarm törichter Gefolgsleute.

Aber dieser Mann war aufsässig, selbstsüchtig und nachtragend. Er hatte die besonders angenehme Eigenschaft, daß er, wenn jemand ihm einen Gefallen erwiesen hatte, sogleich zu dem Schluß gelangte, daß man als Gegenleistung einen Akt gemeiner Unterwerfung von ihm erwartete; die Folge war, daß er die Hand, die ihm Gutes tat, regelmäßig biß. Da rückten seine früheren Gönner von ihm ab, zuckten die Achseln und zogen sich angewidert zurück, während Hastings ihren Rückzug mit Haßgeheul und Trotz beantwortete. Auf diese Weise ruinierte er sein öffentliches Ansehen: Jene, die bereits befördert worden waren, schworen beim Abgrund der Hölle, eher leibhaftig zu Beelzebub zu fahren, als zuzulassen, daß Hastings auch nur einen Zoll vorankäme. Kein Zweifel, daß diese aristokratischen Schwüre sich alle zu gegebener Zeit erfüllen würden – doch unterdessen glaubte der Hauptmann, schlau wie er war, er könne ihnen zuvorkommen. Weil der Ehrgeiz ihn nicht rasch genug ins Pandämonium beförderte, sattelte er die Flügelrosse der Sinneslust, um ein wenig nachzuhelfen.

Seine Leidenschaften waren von Natur aus heftig, und seine Einbildungskraft steigerte sich leicht zum Fieber. Leidenschaft und Fieber leisteten ganze Arbeit, besonders wenn die Raserei des Rausches sie zu einem Galopp vorwärtspeitschte, mit dem die apokalyptischen Reiter, die zum Harmagedon donnerten, es niemals hätten aufnehmen können. Seine Ausschweifungen waren in aller Munde. Die Leute hörten mit Entsetzen davon: Selbst die Helden des 19. Regiments hoben ihre heiligen Hände, richteten bei einigen seiner Eskapaden die Augen gen Himmel und riefen: »Verdammt, das schlägt dem Faß den Boden aus!«

Eines Tages während des Cirhala-Feldzuges stand Hastings irgendwo auf Wache, als ein Mann in der Uniform eines Offiziers vorbeiritt. Er brachte sein Pferd zum Stehen und sagte: »Hastings, sind Sie's?«

»Ja«, sagte dieser und blickte nicht vom Kolben seiner Flinte hoch, auf den er sich stützte, denn er erkannte die Stimme und auch die Person, und es verdroß ihn, daß jemand in seine Nähe kam, den er notwendigerweise durch eine Ehrenbezeugung würde grüßen müssen. Jedoch, der Reiter war allein, und da sonst niemand Zeuge seiner Erniedrigung werden konnte, ließ sich Hastings dazu herab, seine Kopfbedeckung zu lüften.

»Sie gehen vor die Hunde, Hastings, wie ich sehe«, sagte der Reiter. »Woraus, zum Teufel, sind Sie eigentlich gemacht, was meinen Sie? Aus Fleisch und Blut ... ?«

»Aus Teufelswerk, wenn ich nach dem urteile, was ich fühle«, antwortete der Verworfene mit der Miene einer kuschenden Bulldogge.

»Haben Sie die Absicht, aufzuhören?« fuhr der Frager fort.

»Im Augenblick habe ich keine Pläne dieser Art.«

»Nun, vielleicht haben Sie recht«, sagte der Reiter, der gelassen sein nervöses Pferd bändigte, das ungeduldig gegen den Zwang der Zügel aufbegehrte. »Vielleicht haben Sie recht, mein Junge. Für Sie würde es sich kaum noch lohnen, jetzt aufzuhören, denn Sie sind ein verlorener, erledigter Halunke.«

Hastings verbeugte sich. »Vielen Dank, mein Herr – das ist, bei Gott, die Wahrheit.«

»Früher hatte ich Vergnügen an Ihnen«, fügte der Ratgeber hinzu. »Ich hielt Sie für einen prächtigen, vielversprechenden Burschen, der zu allem zu gebrauchen war. Jetzt sind Sie nur noch ein armer Teufel – nicht mehr!«

»Auch das, bei Gott, ist die Wahrheit«, war die Antwort. Der Reiter beugte sich einen Augenblick aus dem Sattel nach vorn, legte Hastings die Hand auf die Schulter, und während sein Gesicht ungewöhnlich ernst wurde, stieß er hervor:

»Der Teufel soll Sie holen, Sir!« Darauf gab er seinem Pferd die Sporen und raste davon.

Es war Abend, als dieses Gespräch stattfand. Am nächsten Morgen erschoß Hastings Oberst Adams.

(Und nun will ich zu Percys Tagebuch zurückkehren.)

Achtes Kapitel

18. Februar. Das »Stancliffe« ist ein wirklich hübsches und gemütliches Gasthaus. Ich fühle mich immer wie ein König, wenn ich im Obergeschoß in der Stube sitze, die auf das Gerichtsgebäude blickt. Die Reise von Verdopolis nach Zamorna war scheußlich kalt; sehr feuchter und trüber Tag; kam ungefähr gegen Mittag an; fühlte sehr menschenfreundliche und mildtätige Regungen, als ich in den besagten Raum geführt wurde, wo

ein ordentliches Feuer und ein hübscher kleiner Imbiß auf mich warteten, wie ihn das Auge mit Wohlgefallen aufgetragen sieht. Nachdem ich den heilig-rasenden Hunger gestillt hatte, begann ich zu überlegen, ob ich befehlen sollte, frische Pferde vor meine Kalesche zu spannen, um nach Massinger weiterzufahren. Doch ein einziger Blick aus dem Fenster erledigte alles: treibender, prasselnder Regen; schneidender, trostloser Wind; sonnenlose Düsternis am Himmel; vor Nässe schimmernde braune Straßen, durchklappert von Holzpantinen und von Regenschirmen überdacht.

»Nein, das hat keinen Zweck«, sagte ich zu mir selbst. »Ich erlaube heute jedem, der mich dabei ertappt, wie ich schwärmerisch nach alten Schlössern suche, mir die Ohren abzuschneiden.« So machte ich es mir denn umgehend auf dem Sofa bequem, das in der Nähe des Kamins stand, und nahm mir vor, mit der Hilfe der letzten Nummer von »Rockwood's Northern Magazine« und einem Glas trefflichen Madeiras, in Griffnähe auf einem Podest plaziert, einen Nachmittag zu verbringen, der zugleich angenehm und nützlich sein sollte. Nun, zwei Stunden lang ging alles ungewöhnlich gut. Das Feuer brannte ruhig und hell, der Raum war still, die Elemente heulten und stöhnten noch höllischer draußen vor dem Fenster; ich versuchte mir eine köstlich alberne Geschichte zu Gemüte zu führen und war gerade im Begriff, in einen himmlischen Schlummer hinüberzugleiten, als es – poch, poch – an der Tür klopfte: irgendein Unhold aus dem Tartarus machte sich bemerkbar.

Ein Diener überbringt eine Botschaft, die Sir William nach Hartford Hall beordert.

Nachdem ich die Nachricht überflogen hatte, konnte ich mich nicht enthalten, einen Pfiff auszustoßen, und gleichzeitig hatte ich die Eingebung, zu läuten und ein Pferd für mich satteln zu lassen. Es dauerte nur eine Viertelstunde, und ich, der ich noch kurz zuvor unter der einschläfernden Wirkung einer blödsinnigen Geschichte eingedöst war, fand mich auf dem Rücken eines Pferdes wieder und raste über die Brücke von Zamorna wie eine Waschfrau, die einen Reiterangriff anführt.

Als ich nach Hartford Hall kam, sah ich, daß vor dem Eingang eine Kutsche stand, begleitet von vier meiner Polizisten zu Pferde, als Postillons verkleidet. Einer von ihnen war Ingham. Er lüftete die Mütze.

»Man kann ihn meilenweit riechen, Sir«, sagte er. Ermutigt durch diesen nützlichen Hinweis, stieg ich ab und eilte ins Haus, um Genaueres zu erfahren. Als ich durch die Halle ging, bemerkte ich, daß die Tür zum Speisezimmer geöffnet war, also ging ich hinein. Der Große Kreole hatte gerade sein Abendessen beendet und war dabei, ein Glas Wein hinunterzustürzen, als ich eintrat. Seine Handschuhe und sein Hut lagen auf einem Tisch, und neben ihm stand sein Diener, den Umhang über dem Arm, und wartete darauf, ihm beim Anziehen behilflich zu sein.

»Aha, Percy«, rief er mit grollener Baßstimme, sobald er meiner ansichtig wurde. »Ich hoffe, der Schurke ist so weit, daß wir ihn endgültig erledigen können. Fielding, ist mein Umhang bereit?«

»Ja, Mylord.«

»Möchten Sie Wein, Sir William? Fielding, die Kutsche ist bereit, nehme ich an?«

»Ja, Mylord.«

»Sie haben nichts anderes Dringendes vor, nehme ich an, Sir William. Zeit ist kostbar. Fielding, haben die Polizisten ihren Whisky bekommen, wie ich es befohlen habe?«

»Ja, Mylord.«

»Ich habe Kutsche und Verkleidung erst heute morgen auftreiben können, Sir William. Ich habe sofort einen Plan gemacht. Fielding, hast du meine Pistolen geladen?«

»Ja, Mylord.«

»Gegen einen Halunken wie ihn, der zum äußersten entschlossen ist, muß man sich wappnen. Bei Gott, sollte er Widerstand leisten oder Ärger machen – eine Kleinigkeit genügt, und ich blase ihm das Lebenslicht aus. Fielding, meinen Umhang. Hilf mir hinein.«

»Ja, Mylord.«

»Bei Gott, ich wünschte bloß, er würde mir den notwendigen Vorwand liefern. Ich werde es ihm gründlich besorgen. Ha, ha! Vorausgesetzt, er erspart mir die Mühe einer Gerichtsverhandlung, werde ich ihn ein wenig schneller von allen Schmerzen befreien. Sir William, sind Sie bereit?«

»Ja, Mylord.«

Der Baron leerte ein weiteres Glas Rotwein, dann zog er seine Handschuhe an, drückte seinen Hut bis zu den dicken, schwarzen Augenbrauen herunter, als wolle er die darunter flackernden Augen halb verdecken. Mit einem ungewohnten Lächeln, das zum Teil auf den Wein, zum Teil auf den erregten Jagdtrieb, der Blut gewittert, zurückzuführen war, schritt er aus der Halle, und ich folgte ihm.

Bevor ich in die Kutsche stieg, ging ich zu zweien von meinen Unschuldslämmern hinüber und fragte, ob sie ihr Spielzeug, sprich Feuerwaffen, bei sich hätten, denn ich wußte, daß der Hirsch seine Hörner gebrauchen würde, wenn er in der Klemme saß. Die lieben Knaben zeigten mir jeder ein Paar Knaller, die sie sich vor die Brust gesteckt hatten. Ich war befriedigt und nahm seelenruhig an der Seite meines vornehmen Freundes Platz. Wie freundschaftlich fühlte ich mich zu ihm hingezogen, nun, da unsere Interessen so vollkommen gleich waren, besonders als ich ihm ins Gesicht blickte und sah, wie er die Lippen zu einem teuflischen Grinsen verzog und die Zähne gegen den Regen bleckte, der uns mit heftigen Güssen in die Gesichter peitschte, als wir durch den Park wirbelten.

Der Abend senkte sich nun herab, und alle Wälder im Tal neigten sich unter der Düsternis schwerer Wolken und bogen sich in dem fürchterlichen Wind. Als wir uns den Stadttoren näherten, schwangen die Flügel krachend auf; Lichter schimmerten im Haus des Torwächters und waren im nächsten Augenblick verschwunden. Vorwärts donnerten wir durch Regen,

Sturm und Nebel. Alle fünf Minuten belegte Hartford seinen Kutscher mit Flüchen und befahl ihm, die Pferde noch mehr anzutreiben. Diese Fahrt werde ich so schnell nicht vergessen. Ich verspürte eine fremde, blutrünstige Erregung; Wälder und Berge rollten in der trüben Dämmerung vorbei, aus der die Lichter der vereinzelten Häuser im Tal blitzten, während der prasselnde Regen ungestüm alles überflutete und der angeschwollene und brausende Olympia ein wahnsinniges Wettrennen mit uns auszutragen schien.

Hartford berichtet Sir William, daß ein Wildhüter Hastings bei Massinger Hall gesichtet hat. Daher die heiße Spur.

Das Rauschen von Bäumen über uns und das Auftauchen riesiger, schwärzlicher Stämme, die wie ein langer Säulengang die Straße säumten, verrieten uns, daß wir uns dem Haus näherten. Jetzt widerrief Hartford seine früheren Befehle an Johnson und wies ihn an, langsam zu fahren, was dieser um so lieber tat, als die Straße mit einer dicken Schicht Blätter bedeckt war, die man seit dem letzten Herbst nicht weggeräumt hatte; die Räder glitten mit einem stumpfen, gedämpften Geräusch darüber hin, das im Lärm von Wind, Regen und ächzenden Zweigen kaum zu hören war.

Plötzlich hielt die Kutsche, und als ich aufblickte, gewahrte ich die verschwommenen Umrisse eines Tores, dessen Pfosten von Kugeln gekrönt waren, und dahinter eine Gruppe von Schornsteinen und eine Giebelspitze, die über den Bäumen aufragten.

»Da wären wir!« rief Hartford und sprang so gierig und beutehungrig aus der Kutsche wie der ungezähmteste Tiger des Dschungels.

»Haben Sie die Handschellen?« fragte ich ruhig und beugte mich zu Ingham hinüber.

»Ja, Sir, und eine Zwangsjacke.«

Sir William provoziert den Lord, indem er herumtrödelt, sich sorgsam einknöpft und nachschaut, ob auch sein Riechfläschchen parat ist.

Einer der vier Polizisten sollte vor dem Haus postiert werden, ein anderer auf dessen Rückseite, um Eingang und Ausgang zu blockieren; die restlichen zwei wollten wir mit ins Haus nehmen. Ich führte meine Männer auf ihre Posten; alle Gartenwege waren dunkel und naß. Das Haus lag still, nicht ein Lichtstrahl fiel aus den Fenstern.

Nachdem meine Männer ihre Befehle empfangen hatten, schlich ich um das Haus zu Lord Hartford. Er wartete auf der Treppe zur Vordertür auf mich; ich konnte kaum seine dunkle, vermummte Gestalt erkennen, die dort wie ein Kobold stand.

»Alles in Ordnung?« fragte er.

»Ja«, erwiderte ich. Er hob den Türklopfer, ließ ihn gegen die Tür fallen, und sein Dröhnen erweckte drinnen ein langes, hohles Echo. In den folgenden Minuten vergaß ich völlig, daß Regen mich durchtränkte, stürmischer Wind und tiefe Dunkelheit mich umgaben. Eine Tür wurde geöffnet, und man hörte einen sehr leichten, doch schnellen Schritt, mit dem jemand rasch den Gang hinauflief; dann folgte ein zweiter und ein Geräusch von Tritten, als stiege jemand eine Holztreppe hinauf; dann eine Pause, minutenlange Stille. Hartford begann wieder seinen Monolog grimmiger Verwünschungen.

»Schätze, sie verstecken den Burschen in irgendeinem Loch«, sagte er und klopfte noch einmal, diesmal stärker. Nach zwei Minuten hörten wir, wie der Riegel zurückgeschoben wurde; eine Kette rasselte. Die schwere Tür drehte sich kreischend in den Angeln, und ein Dienstmädchen mit einer Lampe stand vor uns. Der Blick, mit dem sie uns musterte, sagte deutlich: »Wer macht hier mitten in der Nacht bloß so einen Lärm?«

»Ist Miss Hastings zu Hause?« fragte ich.

»Ja, Sir.«

»Können wir sie sprechen?«

»Kommen Sie bitte, Sir.« Und mit einem noch immer verdutzten Gesicht führte uns das Mädchen über einen langen Flur, öffnete eine seitliche Tür und bat uns einzutreten. Sie ließ die Lampe auf dem Tisch stehen, schloß die Tür und verschwand.

Über dem Raum lag der frostige Hauch eines Grabgewölbes. Er war wie ein Empfangszimmer eingerichtet – doch ohne Feuer auf dem blinkenden Stahlrost, ohne Kerzen im Kronleuchter, dessen Prismen wie eisige kristallene Stalaktiten von der Decke hingen. Der Spiegel zwischen den Fenstern sah aus, als habe sich seit einer Ewigkeit kein menschliches Antlitz darin betrachtet; das Sofa, die Sessel, das große Klavier standen herum wie totes Inventar, das nie benutzt wurde.

Als der Türknauf sich drehte, wandte ich mich um. Ich sah eine junge Frau ins Zimmer treten, sie knickste vor mir und Lord Hartford und stand dann vor uns, mit den Fingern nervös an einer Uhrkette spielend, die sie um den Hals trug. Ihre Augen waren mit einem forschenden Blick auf uns gerichtet, doch schien sie zu ahnen, worum es ging.

»Wir möchten uns ein paar Minuten mit Ihnen unterhalten, Miss Hastings«, sagte Hartford, schloß die Tür und wies auf einen Stuhl, während der grausame Hochmut des verderbten, alten Wüstlings, sobald er eines Weiberrockes ansichtig wurde, sich umgehend in mildes, gönnerhaftes Gehabe verwandelte.

»Ich nehme an, daß ich mit Lord Hartford spreche«, sagte sie, wobei sie eine noble Gefaßtheit zeigte, obgleich das typische weibliche Zittern ihrer schlanken weißen Hände mir verriet, daß ihre Ruhe nur äußerlich war.

»Ja, Madam, und ich möchte Sie so rücksichtsvoll behandeln, wie ich kann. Ich bitte Sie, regen Sie sich nicht auf – setzen Sie sich – «

»Nur gut, daß ich ein Riechfläschchen mitgebracht habe«, dachte ich, denn das nervöse Geschöpf hatte bereits seine aufgesetzte Beherrschung verloren und begann elend auszusehen. Sie nahm auf dem Stuhl Platz, den Hartford ihr brachte.

»Ich bin über Ihrer Lordschaft Besuch bloß überrascht. Ich bin nicht aufgeregt. Es gibt nichts, das mich aufregen könnte.«

Sie sprach mit gespielter höflicher Zurückhaltung.

»Ich verlasse mich auf Ihre Vernunft«, sagte der Lord zuvorkommend. »Ich bin sicher, daß Sie die Mitteilung, die ich Ihnen machen muß, mit der notwendigen Fassung aufnehmen werden. Es schmerzt mich, daß Sie zufällig die Schwester eines Mannes sind, der nach dem Gesetz für vogelfrei erklärt worden ist. Aber die Gerechtigkeit muß ihren Lauf nehmen, Madam, und es ist nun meine schmerzliche Pflicht, Ihnen mitzuteilen, daß ich heute nacht hier bin, um Hauptmann Hastings festzunehmen, der des Mordes, der Fahnenflucht und des Landesverrats beschuldigt wird.«

»Wird sie nun ohnmächtig?« fragte ich mich, doch weit gefehlt – nein, sie sprang auf wie ein Reh, das den Klang der Jagdhörner vernimmt.

»Aber Henry Hastings ist nicht hier«, sagte sie, trat einen Schritt vor Hartford und sah ihm ins Gesicht, als wolle sie ihn herausfordern. Der Lord, der weiterhin nachsichtig blieb, schüttelte den Kopf.

»So geht das nicht, Miss Hastings«, sagte er, »das hilft Ihnen nicht. Es ist nur natürlich, daß Sie Ihren Bruder schützen wollen, doch ich weiß genau, daß er hier ist, und ich habe alles vorbereitet. Vier Polizisten haben das Haus umstellt, die Türen werden bewacht. Nehmen Sie sich zusammen. Bleiben Sie hier bei Sir William Percy. Ich werde meinen Auftrag durchführen, und binnen zwei Minuten ist alles vorbei.« In Miss Hastings Augen tanzten zornige Funken.

»Haben Sie etwa die Absicht, das Haus zu durchsuchen?« fragte sie.

»Ja, Madam, jede Ritze, von der Halle bis zum letzten Rattenloch.«

»Und jede Ritze des Hauses, von der Halle bis zum letzten Rattenloch, steht zu Ihrer Verfügung«, erwiderte sie. Hartford ging zur Tür.

»Ich werde Euer Lordschaft natürlich begleiten«, fuhr sie fort, ging rasch zum Tisch, nahm die Lampe und folgte ihm, wobei sie mich auf sehr unhöfliche Weise im Dunklen zurückließ. Ich hörte, wie Hartford im Flur stehenblieb.

»Miss Hastings, Sie dürfen mich nicht begleiten.« Dann gab es eine Pause. »Ich muß Sie in den Salon zurückgeleiten.«

»Nein, Mylord...«

»Ich muß...«

»Tun Sie es nicht«, sagte sie in flehendem Ton. »Ich werde Ihnen jedes Zimmer zeigen.« Aber Hartford blieb stur. Sie sah sich zum Rückzug gezwungen. Doch noch immer gab sie nicht auf; sie wich bloß zurück, als der Baron auf sie zuging, ein wenig eingeschüchtert durch seine imponierende Größe und seinen drohenden Blick. An der Tür zum Salon blieb sie stehen und sah ihm entgegen.

»Wollen Sie mich dazu zwingen, andere Maßnahmen zu ergreifen?« fragte er. Er legte eine Hand auf ihre Schulter. Das genügte. Sie floh vor ihm ins Zimmer. Hartford schloß die Tür, und sie blieb zurück, die Augen auf die nackte Täfelung gerichtet. Mechanisch stellte sie die Lampe auf den Tisch zurück; dann rang sie die Hände und warf einen gequälten, wilden Blick auf mich.

Nun war die Reihe an mir, mich ihrer anzunehmen, und da ich ihren Charakter kannte, wußte ich, wie ich es anfangen mußte. Ich sah, daß sie über wenig Seelenstärke, wohl aber über den Anschein von Mut verfügte: das Ergebnis überreizter und fiebriger Gefühle. Vor mir stand ein Wesen, voll von heftigen Empfindungen, die im alltäglichen Ablauf des Lebens unter schüchterner Besonnenheit und gewandtem Benehmen schlummerten. Nun jedoch, da ihren Gefühlen alsbald der Todesstoß versetzt werden sollte, da sich seltsam erregende Vorgänge um sie ballten, da der Vulkan in ihrem Inneren kurz vor dem Ausbruch stand, bemühte sie sich noch immer, den Anschein von Zurückhaltung und Anstand zu wahren.

Sie nahm in einiger Entfernung von mir Platz und drehte ihr

Gesicht vom Licht weg, um meinem Blick zu entgehen, mit dem ich jeder ihrer Bewegungen folgte. Ich ging zu ihrem Stuhl.

»Miss Hastings, Sie sehen sehr erregt aus. Wenn es Ihr Herz erleichtert, dürfen Sie bei der Durchsuchung zugegen sein. Ich habe die Befugnis, Ihnen die Erlaubnis zu erteilen. Es tut mir leid für Sie, armes Kind.« Als ich zu ihr sprach, wandte sie sich mehr und mehr von mir ab. Sie stützte die Stirn in die Hand, und bei meinen letzten Worten konnte sie ein kurzes Schluchzen nicht unterdrücken. Sie zitterte am ganzen Leib und ließ ihrer Verzweiflung freien Lauf. Doch schnell überwand sie ihre Schwäche und dankte mir für mein Mitgefühl.

»Darf ich gehen?« fragte sie. Ich erlaubte es ihr, und im Handumdrehen war sie verschwunden.

»Aber ich muß ihr folgen«, dachte ich, und ich mußte kräftig ausschreiten, um sie einzuholen. Die Räume im Untergeschoß waren offensichtlich bereits durchsucht worden. Wir hörten die Tritte der Polizisten in der Vorhalle über unseren Köpfen dröhnen. Sie eilte die alte Treppe hinauf, als hätte sie Flügel. Am oberen Ende trat Hartford ihr in den Weg. Mit finster gerunzelter Stirn und ausgestrecktem Arm gebot er ihr Halt, doch sie schlüpfte unter dem Hindernis hindurch, kam Ingham zuvor, der gerade eine Zimmertür öffnete, und huschte mit dem Ruf »Henry, das Fenster!« an ihm vorbei ins Zimmer. Sie schlug die Tür zu, stemmte sich mit aller Kraft von innen dagegen und versuchte, sie zu verriegeln, um dem Mörder Zeit zum Entkommen zu verschaffen.

»Dieses verflixte Weib!« dachte ich. »Diese Hexe! Das kommt dabei heraus, wenn man sich von weiblichen Tränen rühren läßt.«

Ich kam Ingham zu Hilfe. Die Verzweiflung verlieh ihr solche Kraft, daß sie seinem Druck kurze Zeit widerstehen konnte. Ich stemmte mich mit Fuß und Hand gegen die Tür; ihr schwacher Arm konnte nicht standhalten. Die Wucht des Rückpralls schleuderte sie zu Boden. Meine Helfer und ich stürzten ins Zimmer. Es war dunkel, doch am Fenster sahen wir den schwarzen Umriß eines Mannes, der wie ein Rasender an den Bolzen und Riegeln riß, die das alte Gitterfenster sicherten. Alles war wie ein böser Traum.

»Packt ihn!« donnerte Hartford. »Nehmt eure Pistolen! Schießt ihn nieder, wenn er Widerstand leistet...« Ein Blitz zuckte durch das dunkle Zimmer – ein Krachen – aus einer der Pistolen hatte sich ein Schuß gelöst. Dann ertönte ein zweites, lauteres Krachen – das Fenster flog aus dem Rahmen, Stäbe und Glas zersplitterten. Der kalte, heulende Sturm fegte durch die leere Fensteröffnung. Hastings war verschwunden.

Ich warf einen Blick hinunter, um zu sehen, ob ich ihm folgen könnte, doch unter mir gähnte ein bodenloser schwarzer Abgrund. Ein Sprung müßte die Beine wie ein Teleskop in den Leib rammen. Ich schrie einen Befehl nach draußen. Mit zwei Sätzen überwand ich die Treppe, eilte zur Vordertür, und gefolgt vom Geräusch vieler trampelnder Füße stürzte ich aus dem Haus. Der Kampf war bereits in vollem Gang.

Ich sah zwei Gestalten, die einander in tödlichem Handgemenge umklammert hatten. Dann zuckte ein feuriger Blitz zwischen ihnen auf, und das ohrenbetäubende Krachen eines Pistolenschusses zerriß die Luft. Das Knäuel ringender Körper entwirrte sich, die Arme des einen lösten sich vom Leib des anderen, und ein schweres Gewicht fiel ins Gras. Der Sieger stand auf und sprang wie ein Panther davon – doch er war umzingelt und gestellt; die drei anderen Polizisten schnitten ihm den Weg über den Rasen ab und machten seiner Flucht ein Ende. Er war zu betäubt, um weiterzukämpfen, und während zwei Männer ihn in die Knie zwangen und festhielten, legte ihm der dritte Handschellen an, die bekanntlich leichter zu schließen als abzustreifen sind.

Gerade als der letzte Akt vorüber war, kam der Mond in dieser Nacht zum ersten Mal hinter einer Wolke zum Vorschein. Er war im Abnehmen begriffen, doch die schwindende Scheibe gab genügend Licht, um mir das Gesicht zu enthüllen, das zu sehen mich verlangte. Der Mann erhob sich gerade und warf den Kopf zurück.

Ein finsterer Ausdruck – kalt, blaß und wild – lag auf dem Gesicht des Mannes, den ich achtzehn Monate verfolgt und schließlich blutig zur Strecke gebracht hatte, jenes verwegenen, verzweifelten Bösewichtes Henry Hastings aus Angria!

Neuntes Kapitel

Der zweite Teil des Manuskripts schließt von der Chronologie her nicht unmittelbar an den ersten Teil an. Ob ein Zwischenstück aus Charlottes Feder bestand, ist nicht sicher. Möglicherweise bezieht sie sich direkt auf eine Geschichte, die Branwell drei Monate vorher geschrieben hat: »Love and Warfare«. Darin landet Hastings im Osten Angrias am Wilson Creek mit französischen Truppen, massakriert die Einwohner einer Farm und zieht nach Verdopolis, wo er einen Anschlag auf Zamorna verübt. Die Kugel prallt jedoch an einem Orden auf seiner Brust ab, und Hastings wird verhaftet. Charlottes Geschichte setzt mit einer Audienz ein, die Königin Mary Elizabeth gewährt. Sir William ist Beobachter der Szene; der Erzähler ist wiederum Charles Townsend.

Als sie das königliche Frühstückszimmer betrat, waren ihre Augen blind von heißen Tränen, so daß sie kaum wahrnehmen konnte, in welchen Bezirk allerfeinsten Glanzes sie ihren Fuß gesetzt hatte. Jedoch sah sie vor sich einen Tisch, an dem eine Lady saß. Nachdem sie sich den lästigen Tränenschleier aus den Augen gewischt hatte, erkannte sie, daß die Lady mit einigen losen Blättern, die wie Noten aussahen, beschäftigt war. Während sie die Noten durchblätterte, unterhielt sie sich mit einem Mann, der hinter ihrem Stuhl stand. Es war Sir William Percy, der, als seine fürstliche Schwester das Eintreten von Miss Hastings nicht zur Kenntnis zu nehmen schien, kühl bemerkte: »Die junge Frau wartet. Wollen Eure Hoheit mit ihr sprechen?«

Ihre Hoheit hob den Kopf; beileibe nicht rasch, wie das die

niederen Stände tun, wenn man ihnen sagt, jemand erheische ihre Aufmerksamkeit, sondern mit einer ruhigen, bedächtigen Bewegung, als sei es eine Selbstverständlichkeit, daß jemand warten müsse, ehe sie ihn mit ihrer Aufmerksamkeit ehre. Die Augen Ihrer Gnaden waren sehr groß und rund. Sie richtete sie auf Miss Hastings, ließ sie kurz auf ihrer Gestalt ruhen und wandte sie wieder ab.

»Eine Schwester von Hauptmann Hastings, sagt Ihr«, bemerkte sie, zu ihrem Bruder gewandt.

»Ja«, erwiderte er. Ihre Gnaden blätterte in den Seiten eines neuen Notenbündels, legte es bedächtig hin und betrachtete die Bittstellerin aufs neue. Miss Hastings hielt diesem Blick stand, und da ihr Eigensinn geweckt war, hätte sie fast ihre Lippen verzogen, um ihren Trotz zu zeigen. Doch als sie nun der blonden Prinzessin gegenüberstand, spürte sie, wie sich ihre gereizte Stimmung unter dem Einfluß dieser schönen Augen nach und nach veränderte. Sie mußte, wie schon tausendmal vorher, die blendende Allmacht der Schönheit anerkennen und die Erniedrigung persönlicher Bedeutungslosigkeit schmecken.

»Treten Sie näher«, sagte die Herzogin. Miss Hastings machte nur einen kleinen Schritt, denn noch immer konnte sie den Befehlston kaum ertragen.

»Sagen Sie mir, was Sie in Ihren augenblicklichen Umständen von mir wünschen, und ich werde sehen, ob ich Ihnen behilflich sein kann.«

»Ich nehme an«, erwiderte Miss Hastings mit niedergeschlagenen Augen und leiser, schneller Stimme, doch in keiner Weise bittend, »ich nehme an, daß Ihrer Königlichen Hoheit die Situation von Hauptmann Hastings bekannt ist. Meine augenblicklichen Umstände lassen sich aus seiner Situation folgern...« Und sie brach plötzlich ab.

»Ich verstehe Sie nicht ganz«, entgegnete die Herzogin, »ich dachte, Sie kämen als Bittstellerin...«

»Ja«, war die Antwort. »Doch vielleicht habe ich falsch gehandelt. Vielleicht wäre es besser gewesen, Königliche Hoheit nicht mit meiner Bitte zu belästigen. Ich weiß, daß den Großen oft banal vorkommt, was einfachen Menschen wichtig erscheint.«

»Ich versichere Ihnen, daß ich den Fall Ihres Bruders nicht ohne Aufmerksamkeit verfolge. Möglicherweise habe ich bereits alles getan, was ich tun konnte, um einen teilweisen Erlaß seiner Strafe zu erreichen.«

»Dafür bin ich Euer Gnaden zu Dank verpflichtet; wenn freilich Euer Gnaden getan haben, was möglich war, können Euer Gnaden nichts mehr tun. Es wäre also vermessen von mir, Euer Gnaden weiterhin zu belästigen.«

Die Herzogin schien ein wenig verwirrt. Verdutzt blickte sie auf das widerborstige kleine Etwas, das vor ihr stand, und ließ sich nicht dazu herab, das Gespräch fortzusetzen, ehe Miss Hastings sich nicht zu weiteren Erklärungen durchrang.

Der jungen Frau, die immer schon zu raschen und heftigen Gefühlsumschwüngen neigte, wurde indessen klar, daß sie nicht den richtigen Weg eingeschlagen hatte, wenn sie ihr Ziel erreichen wollte, um ihres Bruders willen einen günstigen Eindruck zu machen.

»Welch eine Närrin bin ich«, dachte sie bei sich selber. »Den besten Teil meines Lebens habe ich damit zugebracht, zu lernen, wie man die schlechten Angewohnheiten und die Eitelkeiten der Aristokraten in seinen Vorteil ummünzt; und jetzt, da meine Fertigkeit mir Nutzen bringen könnte, bin ich fast so weit, wegen meines verletzten Stolzes, alles mit einem Schlag zunichte zu machen. Komm, besinne dich auf dich selbst, bevor die schöne Dame ihren Lakaien befiehlt, dir die Tür zu zeigen.

Sie näherte sich also dem Stuhl, auf dem die Königin von Angria Platz genommen hatte, richtete den Blick auf die Hoheit und sagte mit der entschiedenen Ernsthaftigkeit in Stimme und Haltung, die ihr eigen waren:

»Wollen Königliche Hoheit die wenigen Worte hören, die ich zu sagen habe?«

»Ich sagte bereits, daß ich sie hören wolle«, war die hochmütige Antwort – sie sollte Miss Hastings zeigen, daß man große Leute nicht mutwillig mit Bagatellen belästigen darf.

»In der Sache meines Bruders«, fuhr die Bittstellerin fort, »habe ich nichts zu seiner Entlastung vorzubringen. Seine Verbrechen sind ihm nachgewiesen worden. Ich möchte Euer Gnaden lediglich bitten, sich daran zu erinnern, was er war, bevor er strauchelte; wie warm sein Herz für Angria schlug; welche kühnen Taten er für sein Land vollbracht hat. Es ist nicht vonnöten, Euer Königlichen Hoheit von der Tatkraft zu erzählen, die Hauptmann Hastings auszeichnet, von seiner kraftvollen, zupackenden Begabung, die ihn über die meisten seiner Zeitgenossen erhob. Es gab eine Zeit, da sein Name in aller Munde war, und das ist Beweis genug.«

»Ich weiß, daß er ein tapferer und tüchtiger Mann war«, unterbrach die Herzogin, »doch ändert das nichts an der Tatsache, daß er auch ein sehr gefährlicher Mann ist.«

»Ist mir erlaubt, Eurer Königlichen Hoheit zu antworten?« fragte Miss Hastings. Die Herzogin deutete ihr Einverständnis durch ein leichtes Neigen des Kopfes an.

»Dann möchte ich Euer Gnaden zu bedenken geben, daß sein Mut und seine Tapferkeit die beste Gewähr gegen schändliche Niedertracht und Heimtücke sind. Sollte meines Bruders König sich bereit finden, ihn zu begnadigen, würde er durch diesen Akt seinem Land einen höchst tauglichen Untertanen zurückgewinnen.«

»Einen tauglichen Untertanen!« wiederholte die Herzogin. »Einen Mann ohne Heimtücke! Sind Sie sich darüber im klaren, daß das Leben des Königs durch den verräterischen Anschlag eben jenes Mannes bedroht worden ist, für den Sie jetzt um Gnade flehen? Sie wissen, daß Hauptmann Hastings nahe daran war, zum Königsmörder zu werden...«

»Aber der Anschlag schlug fehl«, sagte Miss Hastings bittend, »und es waren Verwirrung und Verzweiflung, die Hastings dazu trieben...«

»Genug!« sagte die Herzogin. »Ich habe Sie nunmehr angehört, und ich glaube, daß Sie nichts mehr vorbringen können, das den Fall in einem neuen Licht erscheinen ließe. Ich werde Ihnen sagen, was ich denke. Ich halte das Schicksal von Hauptmann Hastings für bedauerlich, doch ich glaube, daß er ihm nicht entrinnen kann. Sie scheinen entsetzt. Ich weiß, es ist natürlich, daß Sie so empfinden, doch sehe ich keinen Nutzen darin, Ihren Erwartungen neuen Auftrieb zu geben, indem ich falsche Hoffnungen wecke. Um offen zu sein – ich habe mich bereits mit all meinem Einfluß für Hastings verwendet. Als man meinen Wünschen nicht entsprach, wurden mir Gründe genannt, auf die ich nichts zu entgegnen wußte; darum schwieg ich. Wenn ich auf diese Sache erneut zurückkommen werde, wird dies mit einigem Zögern geschehen, weil ich weiß, daß man eine einmal gefällte Entscheidung nicht widerrufen wird. Gleichwohl verspreche ich, es noch einmal zu versuchen. Sie brauchen mir nicht zu danken. Sie dürfen sich entfernen.« Und sie wandte sich von Miss Hastings ab. Ihre arrogante Miene drückte unmißverständlich aus, daß sie nicht die Absicht hatte, weiter zuzuhören, was auch immer noch gesagt werden würde.

Ihre demütige Untertanin sah sie einen Augenblick an. Es war schwer zu sagen, was ihre dunklen, glühenden Augen ausdrückten: Unwillen, Enttäuschung und Scham schienen die vorherrschenden Empfindungen zu sein. Sie spürte, daß ihre Worte bei der Herzogin von Zamorna nicht verfangen hatten, daß sie den falschen Ton angeschlagen und gleich zu Anfang einen schlechten Eindruck gemacht hatte. Sie hatte ihrem Bruder eher geschadet als genützt. Vor allem aber spürte sie, daß sie in den Augen von Sir William Percy auf unübersehbare Weise versagt hatte. Verzweifelt verließ sie das Audienzzimmer.

Nach Elizabeths Abgang plaudern Bruder und Schwester noch eine Weile. Aus Gehässigkeit erzählt William, daß Zamorna ein Techtelmechtel mit Jane Moore hatte. Indessen erhält Lord Hartford einen Brief, der ihn sehr erbittert.

Zehntes Kapitel

An Lord Hartford
Oberst im 19. Regiment der Infanterie
Richter am Militärgericht zu Zamorna

Mylord,

Ich habe Seiner Majestät Befehl erhalten, Ihnen die folgende Entscheidung, gebilligt von Krone und Kronrat, zu unterbreiten, den Gefangenen Hastings betreffend, zur Zeit befindlich in Euer Lordschaft Obhut im Bezirksgefängnis von Zamorna. Man wünscht, daß Euer Lordschaft unverzüglich folgendermaßen verfahren: Dem Gefangenen sind die weiter unten genannten Artikel zur Kenntnis zu bringen, und er ist, falls er sich mit ihnen einverstanden erklärt, in Freiheit zu setzen, vorbehaltlich der im folgenden genannten Klauseln:

Erstens: Er hat ein volles Geständnis darüber abzulegen, welcher Art seine Verbindung zu den anderen Personen war, die, wie er selbst, mit der Strafe der Ächtung belegt worden sind.

Zweitens: Er muß alles, was er über die Pläne und Absichten dieser Personen weiß, darlegen.

Drittens: Er muß erklären, wann er diese Personen zum letzten Mal gesehen hat, und außerdem den Ort nennen, wo sie sich nach seiner Meinung jetzt aufhalten könnten; des weiteren, inwieweit sie in das letzte Blutbad im Osten verwickelt waren oder mit der Landung französischer Truppen bei Wilson Creek zu tun haben; ob diese Personen Verbindungen zu irgendwelchen ausländischen politischen Umstürzlern unterhalten. Weiterhin soll er Auskunft darüber geben – dieser Punkt ist von Euer Lordschaft als besonders wichtig anzusehen –, ob die Höfe der südlichen Staaten eine geheime Korrespondenz mit den angrianischen Abtrünnigen unterhalten und ob sie diesen, direkt oder indirekt, irgendeine Unterstützung haben zuteil werden lassen.

Sollte Hastings sich bereit erklären, diese Fragen in einer

Seine Majestät und den Kronrat zufriedenstellenden Weise zu beantworten, ist das über ihn ausgesprochene Todesurteil wie folgt umzuwandeln: Er wird seines Ranges als Offizier der angrianischen Armee enthoben, aus dem 19. Regiment ausgestoßen und hat als gemeiner Soldat Dienst zu tun.

Sollte Hastings, nachdem ihm eine halbe Stunde Zeit zur reiflichen Überlegung eingeräumt worden ist, sich weigern, alle oder eine bestimmte dieser Fragen zu beantworten, wollen Eure Lordschaft Sorge tragen, daß das Urteil ohne Verzug vollstreckt wird. Seine Majestät wünschen in Sonderheit, daß Euer Lordschaft dem allerhöchsten Befehl in diesen Punkten unverzüglich nachkommen werden, da sie der Meinung sind, daß es höchste Zeit ist, diese Affaire zu einem Abschluß zu bringen.

In Anbetracht der Sorge, die die allgemeine Verantwortung Euer Lordschaft bereiten möge, hat die Regierung Anweisung gegeben, daß Sir William Percy als Beisitzer in der Verhandlung der Sache an Euer Lordschaft Gericht teilnehmen wird.

Ich habe die Ehre zu verbleiben
als Euer Lordschaft gehorsamer, untertäniger
Diener,
H. F. Etrei
Beauftragter der Armee im Parlament
Verdopolis, den 18. März 1839

Es war Dienstag, der 19. März. Der Tag war schön, der Himmel von strahlendem Blau, die Sonne schien heiß, und fern am Horizont türmten sich die silbernen Wolken auf, welche die raschen Schauer des Frühlings ankündigen. Vor einer Stunde hatte es geregnet, doch die frische Brise hatte das Naß getrocknet, und nur hier und dort war eine glitzernde Lache auf dem sauberen Straßenpflaster zurückgeblieben. Man könnte erwähnen, daß auf dem Land das Gras sich grün färbte, die Bäume mit Knospen übersät und die Gärten mit goldenen Krokussen gesprenkelt waren, doch die Stadt Zamorna und ihre Bürger hatten mit diesen ländlichen Freuden wenig im Sinn. Dienstag war Markttag; die Halle der Tuchhändler und die Geschäftshäuser waren bis zum Platzen mit Kunden gefüllt. Im »Stuartville Arms«, »Wool-Pack« und »Rising Sun« hatte man alle Hände mit den Vorbereitungen für die jeweiligen Festessen zu tun, und die Kellner spürten beinahe ihre Füße nicht mehr, so vielen Wünschen nach Brandy, Gin mit Wasser und Flaschenbier mußten sie nachkommen.

Kein Zweifel, daß im gegenüberliegenden Gerichtsgebäude eine wichtige Sache verhandelt wird, denn die Türen sind von einer respektablen Menge schwarzer, grüner und brauner Gehröcke mit Samtkragen und schwarzen und graubraunen Biberhüten umlagert. Überdies kommt alle naselang eine Persönlichkeit aus dem Rathaus, steigt eilig die Treppe hinunter und strebt quer über den Platz dem »Stancliffe« zu, wo sie ungeduldig nach Wein ruft. Nachdem sie das Gebrachte heruntergestürzt hat, eilt sie mit derselben Geschwindigkeit zurück, wobei ihr alle zugleich eine Gasse freimachen, die sie, zutiefst von ihrer eigenen Wichtigkeit und Würde überzeugt, durchquert, ohne nach rechts oder links zu schauen. Nachdem sie das Gebäude betreten hat, wird die Tür sogleich wieder geschlossen, und für die neidischen Zuschauer bleibt nur der kurze Blick auf einen Schutzmann, der drinnen mit seinem Stock Wache hält.

An dem besagten Morgen befand auch ich mich in der Menge, die die Türen des Gerichtes umlagerte, und ich glaube, ich stand geschlagene vier Stunden am Fuß einer breiten Treppe und blickte zu den mächtigen, hohen Säulen hinauf, die das Dach der Vorhalle trugen. Seit neun Uhr tagte dort im Inneren des Gerichtsgebäudes das Kriegsgericht. Ganz Zamorna wußte, daß Henry Hastings, der Abtrünnige, zu dieser Stunde einer strengen Vernehmung unterworfen wurde, von deren Ausgang es abhing, ob er leben oder sterben würde. In diesem Augenblick nahm der grimmige Hartford auf dem Richterstuhl Platz. Der listenreiche Percy war Beisitzer, der über das Protokoll wachte, jedem Geheimnis nachspürte und unbarmherzig auf der Frage beharrte, die man gern geklärt sehen wollte. Ringsum sind die Mitglieder des Kriegsgerichtes versammelt, während sich die wenigen Gentlemen, die den Vorzug genießen, Zeuge der Verhandlung zu sein, auf Bänken niedergelassen haben; und dann ist da noch der Gefangene Hastings. Vergessen wir nicht: In diesem Augenblick wird seine geistige Folter vollzogen. Ein breiter Strahl von Sonnenlicht liegt auf den Mauern des Gerichtsgebäudes. Die säulengeschmückte Front und das prächtige Dach erheben sich vor dem wolkenlosen Himmel. Doch wenn Judas Hastings seine Seele an eine Schar von Teufeln verkauft, die über ihn zu Gericht sitzen, welchen Gedanken könnte er an das heitere Tageslicht verschwenden?

Townsend und andere Zuschauer spekulieren über Hastings Aussage; dann öffnen sich die Türen, und das Gericht schreitet zu Stancliffes Hotel hinüber.

Dann die Rufe: »Da ist Hastings!« Und als ich hinaufblickte, trat ein Mann aus dem Schatten der Vorhalle, schwarzgekleidet, den einreihigen Mantel über der breiten Brust fest zugeknöpft, den Hut tief in die Stirn gezogen. Es wäre übertrieben zu sagen, ich hätte sein Gesicht gesehen; und doch erhaschte ich einen flüchtigen Eindruck, als er einen Augenblick seinen Kopf hob und einen schnellen Blick über die Menge warf. Dieser Blick drückte etwas aus, das man rasch erkennt und lange in Erinnerung behält: das argwöhnische Mißtrauen eines bösartigen Mannes, der von anderen nur Haß erwartet, und die eiserne Zähigkeit eines Rachsüchtigen, der entschlossen ist, die anderen ebenso zu hassen. Er hatte die Zähne zusammengebissen, seine Miene war eine dunkle, finstere Maske. Er kam mir wie jemand vor, dessen Seele von Abscheu über sich selbst gequält wird. Ein Polizist stieg in die Droschke. Dann folgten Hastings und ein zweiter Polizist. Die Droschke fuhr ab. Kein Laut war zu hören, weder Beifall noch Schmähung.

»Er ist ein Judas, darauf wette ich mein Leben«, sagte ich. Es waren keine zwei Stunden vergangen, da wußte ganz Zamorna, was die Verhandlung erbracht hatte. Hastings hatte die Bedingungen angenommen: Er hatte eine Unmenge von Beweismaterial gegen seine sogenannten Freunde geliefert, dessen Inhalt, bis jetzt noch geheimgehalten, sich binnen kurzer Zeit aus den künftigen Maßnahmen der Regierung würde ablesen lassen. Er hatte seinen Hauptmannsrang abgelegt, hatte die gestreifte Jacke und den roten Gürtel eines gemeinen Soldaten angezogen; und als Gegenleistung war ihm das Leben geschenkt worden. Ein Leben ohne Ehre, ohne Freiheit, ohne Bedeutung. So begann die neue Laufbahn von Henry Hastings, dem jungen Heißsporn, dem Soldaten und Poeten aus Angria! »Ach, die Helden sind gefallen!«

Elftes Kapitel

Sir William Percy hält, wie sein Vater, sehr hartnäckig an Ideen fest, an kleinen Grillen seiner Phantasie, die ihm lieb geworden sind, und je unwahrscheinlicher es ist, daß sie etwas Gutes hervorbringen – für den, der sie hegt, oder für andere –, desto sorgsamer werden sie gepflegt und noch planmäßiger verfolgt. Northangerland ist sein Leben lang ein Kind gewesen, das dem Regenbogen nachjagte, und in welch tiefe Abgründe hat diese Leidenschaft ihn oft gestürzt! Wie oft hat sie ihn von seinen ernsten Zielen abirren lassen!

Sir William, eine kühlere und weniger phantasievolle Natur als sein Vater, hat sich dieser Leidenschaft nie bis zum Wahnsinn hingegeben – verglichen mit Northangerland ist er ein Mann aus Marmor – doch selbst Marmor ist imstande, unter einem merkwürdigen Zauber zum Leben zu erwachen, wie die Statue des Pygmalion. Sir William ist eine launenhafte Natur. Einerseits kann das lieblichste Antlitz ihm nicht mehr entlocken als eine Sottise über die weibliche Eitelkeit; andererseits genügt ein flüchtiger Ausdruck auf einem gewöhnlichen Gesicht, ein kurzer, nicht einmal bedeutender oder strahlender Glanz in einem Auge, seine Aufmerksamkeit zu fesseln und ihn in schwärmerisches Sinnen verfallen zu lassen, nur weil diese Eindrücke zufällig mit bestimmten bereits vorhandenen wunderlichen Vorstellungen in seinem eigenen launenhaften Gemüt übereinstimmen. Doch hat sich einmal eine Vorstellung dieser Art in ihm festgesetzt, ist ihm der Same dieser Art von Vorliebe einmal eingepflanzt – Neigung, Zärtlichkeit, man nenne es, wie man wolle –, so erweist sich sein Herz als ein fruchtbarer Nährboden, diesen Keim festzuhalten, lange zu nähren, ihn insgeheim, doch stetig zu hegen, bis mit der Zeit eine festverwurzelte Leidenschaft daraus geworden ist.

Obgleich Sir William vollauf mit den Auseinandersetzungen in den Sitzungen des Kabinetts beschäftigt war und in einer Atmosphäre der Unruhe lebte, behielt er gleichwohl seine kleine private Marotte im Blick: diese Verirrung des Geschmacks, dieses kleine, tröstliche Vergnügen – seine Schwäche für Miss Hastings. Er hatte sie aus den Augen verloren und wußte nicht, wo sie war. Nach der Audienz bei seiner königlichen Schwester hatte er sich nicht der Mühe unterzogen, ihr nachzuspüren. Das letzte Bild, das er von ihr hatte, war das ihres schmerzgeröteten Gesichtes, mit dem sie das Audienzzimmer verlassen hatte.

Der warmherzige junge Mann mußte innerlich lächeln, wenn er daran dachte, welch kalte, gleichgültige Miene er aufgesetzt hatte, als er hinter dem Stuhl der Königin stand. Damals wußte er, daß sie sich nicht mehr an ihn wenden, daß sie fortan selbst seinem Schatten aus dem Weg gehen würde, voller Furcht, der leiseste Annäherungsversuch könne als unwillkommene Belästigung empfunden werden. Er wußte, daß sie, wenn irgend möglich, Verdopolis noch in derselben Stunde verlassen würde, und er ließ zu, daß sie ohne ein Abschiedswort von ihm fortging.

Trotzdem, Miss Hastings ging ihm nicht aus dem Sinn; er mußte noch immer lächeln, wenn er an ihren Schneid dachte; es machte ihm immer noch Freude, sich die schnellen Blicke vorzustellen, die sie ihm zugeworfen hatte, als er mit ihr sprach, Blicke, in denen er so leicht ihre Gedanken lesen konnte, die sie, tief im innersten Herzen, verborgen glaubte. Jedesmal, wenn er eine zierliche Gestalt sah, einen kleinen Fuß, ein kluges, schmales Gesicht, überkam ihn das unbestimmte Gefühl, etwas Angenehmes zu erblicken, bei dem er gern verweilte. Darum durfte er Miss Hastings auf keinen Fall aufgeben. Nein, irgendwann würde er sie wiedersehen. Die Gelegenheit würde sich schon ergeben. In einem war er sich ganz sicher: Er brauchte nicht zu befürchten, daß ihr Bild entschwand.

So geschah es, als er nach Zamorna zurückgekehrt war und sich vergewissert hatte, daß sie noch immer dort war, daß er müßige Augenblicke nutzte, sich im stillen Gedanken darüber zu machen, wie, wann und wo er mit ihr wieder in Verbindung treten sollte. Er hielt es für wenig nützlich, bei diesem Unterfangen in überstürzter, geradliniger Weise vorzugehen. Es durfte nicht so aussehen, als suche er sie. Er mußte bei irgendeiner Gelegenheit wie zufällig mit ihr zusammentreffen. Außerdem mußte man ihr Zeit lassen, über das Schicksal ihres Bruders hinwegzukommen. Er würde ein paar Tage verstreichen lassen, bis die Aufregung über die Gerichtsverhandlung sich gelegt hatte und der Abtrünnige sich in einiger Entfernung von Zamorna und auf dem Marsch zu den ihm bestimmten Quartieren und Kameraden jenseits der Grenzen der zivilisierten Welt befand. Danach würde Miss Hastings recht allein in der Welt stehen, ohne Freunde und Beziehungen und nicht verwirrt durch eine Vielzahl von Bemühungen um ihre Aufmerksamkeit. Lägen die Dinge so, schätzte Sir William, wäre ein zwangloses, zufälliges Zusammentreffen mit einem Freund schon ein besonderes Ereignis. Wenn er sie sorgsam im Auge behielte, würde er zweifelsfrei in der Lage sein, den Dingen genau die Richtung zu geben, die seinen Absichten dienlich war.

Eine oder zwei Wochen verstrichen. Wie alle Sensationen war auch Hastings' Prozeß schnell in Vergessenheit geraten. Hastings selbst war verschwunden: Unter den Klängen von Pfeifen,

Trommeln und Hörnern war der verlorene Glücksritter fortmarschiert und hatte als Eindruck zurückgelassen, was er einst gewesen – ein Mann, der doch in Wahrheit nichts anderes war als ein Ungeheuer. Es war sehr sonderbar, aber seine Schwester dachte trotz all seiner Schande nicht einen Deut schlechter von ihrem Bruder. In den Augen seiner Angehörigen ist es persönliche Gemeinheit, nicht öffentliche Schande, die einen Mann erniedrigt. Miss Hastings hörte, wie ihn jedermann verfluchte, sah ihn in jeder Zeitung gebrandmarkt. Trotz allem war er für sie derselbe Bruder, der er immer gewesen war, und sie wertete seine Taten von ihrem höchstpersönlichen Standpunkt aus. Als er fortging, hatte sie die jubelnde Hoffnung (die sie ungeteilt genießen konnte, weil niemand sonst sie hegte), daß seine zukünftigen Taten die Verleumdungen seiner Feinde auf überzeugende Weise vergessen machen würden. Doch im Grunde wußte sie, daß er ein Erzschurke war. Die menschliche Natur ist voller Widersprüchlichkeiten; natürliche Zuneigung läßt sich niemals aus dem Herzen reißen, wenn sie dort einmal richtig Wurzeln geschlagen hat.

Nachdem die Zeit der Aufregung vorüber war, begann Miss Hastings, zufrieden, daß ihr Bruder das Gefängnis lebend verlassen hatte und ihr die bereits beschriebene, beruhigende seelische Gewißheit erwachsen war, daß er der beste Mann auf dieser Erde sei, sich umzuschauen und Überlegungen anzustellen, wie sie ihr Brot erwerben könnte. Die meisten anderen hätten von sich gesagt, sie steckten in der Klemme, allein inmitten der betriebsamen Stadt Zamorna. Sie jedoch ging mit Bienenfleiß ans Werk, besann sich auf ihre Geschicklichkeit und damenhaften Manieren, wandte sich an die wohlhabenden Kaufleute in der Stadt und den Adel auf den Landsitzen in der Umgebung und beeindruckte sie mit ihrem Feingefühl, ihrer Auffassungsgabe, mit Proben ihrer Bildung; und innerhalb von vierzehn Tagen hatte sie eine Schar von Schülerinnen gewonnen, genug, um sie nicht nur vor Not zu bewahren, sondern sie auch mit den Mitteln zu versehen, die zu einem behaglichen und kultivierten

Leben notwendig sind. Sie hatte sich bald zu ihrer Zufriedenheit eingerichtet, war unabhängig und niemandem Rechenschaft schuldig.

Die Morgenstunden verbrachte sie in ihrem Salon, umgeben von ihren Schülerinnen; sie mühte sich nicht bis zum Überdruß ab, gähnenden, aufsässigen Kindern die trockenen Anfangsgründe des Wissens zu vermitteln – eine Tätigkeit, die sie haßte, für die sie wegen ihres heftigen, reizbaren Naturells völlig ungeeignet war; sie unterwies vielmehr solche Mädchen, welche die Grundlagen der Bildung bereits beherrschten. Sie las vor, kommentierte, erklärte und überließ es der Klasse, zuzuhören oder nicht. Sollte ihr Unterricht nicht anschlagen, blieb ihr das angenehme Bewußtsein, daß die Schande die Schülerinnen und nicht die Lehrerin treffen würde. Die kleine würdevolle Gouvernante gewann rasch beträchtlichen Einfluß auf ihre Zöglinge, viele von ihnen Töchter der wohlhabendsten Familien der Stadt. Sie beherrschte die Kunst, den jungen Damen durch Proben ihrer überragenden Geistesgaben jederzeit Ehrfurcht und Respekt einzuflößen, um dann durch ihre freundliche, wohlwollende Art ihre Herzen zu gewinnen.

Rasch schuf sie sich einen großen Freundeskreis, wurde in die elegantesten Häuser Zamornas eingeladen und erlangte aufgrund ihrer Tüchtigkeit, Bildung, verbindlichen Art und überaus korrekten und feinen Umgangsformen einen untadeligen Ruf. Natürlich vergrößerte sich die Zahl ihrer Schüler, und sie war so erfolgreich, wie es sich eine kleine Frau, die fünf Fuß groß und noch nicht zwanzig Jahre alt ist, nur wünschen kann. Sie sah gut aus, und sie kleidete sich gut: wenn möglich noch einfacher als früher, indes mit großer Sorgfalt und ausgesuchtem Geschmack. Sie schwirrte so lebhaft durch die Welt wie eine Biene. Kein Zweifel also, daß sie glücklich war.

Nein – die Vorteile sind in dieser Welt gerecht verteilt.

Sie hatte eine Menge Geld, Scharen von Freunden, war bei guter Gesundheit, und überall hegten die Leute eine hohe Meinung von ihr. Doch dieses anspruchsvolle, stolze Geschöpf glaubte, daß es noch immer nicht auf einen einzigen Menschen gestoßen war, der ihr geistig ebenbürtig und darum ihrer Liebe wert war. Was ihre aufgeblasenen Freunde für sie empfanden, war im übrigen Hochachtung und nicht Zuneigung, und sie gehörte zu denen, die Hochachtung geringschätzten. Sie legte keinen Wert darauf, sie zu erwerben, und doch wurde sie ihr überall zuteil. Sie sehnte sich glühend nach einer wärmeren, engeren Bindung. Ohne diese konnte sie nicht leben, doch dieses Gefühl erwachte nie und wurde ihr auch nicht entgegengebracht.

Ach, sie sehnte sich nach Henry, nach Pendleton, nach dem Anblick der Warner-Berge.

Manchmal, wenn sie abends allein war und im Dämmerlicht durch ihren hübschen Salon ging, dachte sie so sehnsuchtsvoll an die Heimat, bis sie in heftiges Weinen ausbrach, denn sie war überzeugt, sie nie wiederzusehen. Ihr Heimweh war so stark, daß, wenn sie durch die Vorhänge ihres Erkerfensters zum dämmrigen Himmel blickte, sich in ihrer Einbildung die blauen Umrisse des Hochlandes über den Horizont malten, geradeso, als blicke sie in Colnemoss aus dem Fenster des Wohnzimmers. Der Abendstern stand über dem Kamm von Boulshill, und die Felder erstreckten sich zu seinen Füßen. Kehrte sie dann in die Wirklichkeit zurück, mit ihren Häusern, Lampen und Straßen, war sie aufs höchste erregt. Ein Laut im Hause schien dem Geräusch zu gleichen, mit dem ihr Vater seinen Stuhl näher an das Feuer in der Küche zog; ein anderer Laut rief ihr das Winseln oder Bellen von Henrys Jagdhunden, Hektor und Juno, ins Gedächtnis. Dann wieder meinte sie Henrys Schritte im Flur zu hören oder das Geräusch, mit dem er sein Gewehr in die Ecke stellte. Alles war ein Traum. Henry war ein anderer, sie war eine andere, und jene Zeiten waren für immer vergangen. Einst war sie der Liebling ihres Bruders und ihres Vaters gewesen; sie hatte den einen verloren und den anderen verlassen. In solchen Augenblicken sehnte sich ihr Herz nach dem einsamen alten Mann in Angria, daß es beinahe brach. Doch eingefleischter Stolz läßt sich nicht leicht unterdrücken. Sie würde nicht zu ihm zurückkehren.

Wenn die Dämmerung sich vertiefte und das Feuer, das mit klarer roter Flamme brannte, einen stillen Glanz über die Tapeten verströmte, bewegten sich ihre Gedanken auch sehr oft in eine andere Richtung. Die Schwärmerin träumte von Sir William Percy. Sie erwartete, nie mehr von ihm zu hören. Sie errötete, wenn sie daran dachte, daß sie einen Augenblick lang sogar die vermessene Vorstellung gehegt hatte, sie bedeute ihm etwas. Aber dennoch hing sie der Erinnerung an seine Stimme, seinen Blick und seine Worte mit einer Heftigkeit schwärmerischer Empfindung nach, von der sehr wenige Menschen in dieser Welt sich eine entfernte Vorstellung machen können. Jedes Wort, das er gesprochen hatte, war in ihrer Seele aufbewahrt wie ein Schatz; jedes davon konnte sie genau wiederholen, sich sein Gesicht so deutlich ausmalen, als sei es lebendig, seine beweglichen Falkenaugen, seine charakteristische Haltung. Es war immer ein besonderer Tag in ihrem Leben, wenn sie eine Anekdote über ihn erzählen hörte oder seinen Namen in der Zeitung erwähnt fand. Diese Artikel bewahrte sie auf, und wenn sie allein war, las sie sie immer wieder aufs neue. In einem Artikel wurde erwähnt, daß er sich unter jenen Offizieren befinde, die am bevorstehenden Feldzug im Osten teilnehmen würden. Daraufhin entzündete sich ihre leicht erregbare Einbildungskraft, und sie stellte sich schon jetzt die Gefahren, Märsche und ruhmreichen Taten vor. In hundert Situationen sah sie ihn vor sich: Am Rand der Schlacht, auf langem, mühseligem Marsch, auf der Rast am unwegsamen Flußufer. Ihr schien, sie wache über seinen Schlummer unter dem Mond der Wüste – oder dem Blätterdach des Dschungels, das seine üppigen Schatten über ihn warf. Ohne Zweifel glaubte sie, der junge Husar träume dann von einer Frau, die er liebte – von irgendeinem schönen Gesicht, das ihn in den Salons der Hauptstadt bezaubert hatte und das sich nun über sein hartes Lager neigte.

Mit diesem Wissen kam die Kraft,
Die brach der Träume Flut,
Denn sie ertrug das Bild nicht mehr,
Auf dem ihr Blick geruht.
Sie schwor den Träumereien ab,
Wollt' Leben suchen, rasch und wild,
Wohl wissend, daß in Williams Traum
Kein Raum war für ihr Bild.

Solcher Art waren Miss Hastings' Träumereien, und so ungefähr lauteten die Worte, die sich wie von selbst in ihrer Seele zu einem Lied zusammenfanden, Worte, die weder gesprochen noch gesungen wurden. Bis jetzt wagte sie nicht, sich ihre Verzückung einzugestehen. Einmal nur unterbrach sie ihren Gang durch den Salon, blieb am Klavier stehen, legte ihre Finger auf die Tasten, spielte ein paar Töne einer wehmütigen Melodie und summte die letzten Zeilen. Jäh zog sie die Hand weg, und indem sie den Deckel des Instrumentes zuwarf, machte sie eine entschiedene Bemerkung über unverzeihliche Verrücktheit, zündete eine Kerze an und eilte, zumal es inzwischen elf Uhr abends geworden war, die Treppe zu ihrem Schlafzimmer hinauf, als würde sie von einem Alptraum verfolgt.

Zwölftes Kapitel

An einem milden, ruhigen Nachmittag war Miss Hastings zu einem Spaziergang aufgebrochen. Sie hatte das geschäftige Zamorna bereits hinter sich gelassen und ging langsam über die Girnington-Chaussee. Längs der Straße zogen sich die hohe Mauer und die Bäume hin, die einen Herrensitz umschlossen; in der Ferne verlief sich die Straße im weiten, stillen Land. Hin und wieder rollte eine Kutsche oder galoppierte ein Reiter vorbei, doch sonst lag über der Gegend wie über dem Tag ein heiterer Frieden. In ihr Umschlagtuch gehüllt und mit dem Schleier vor dem Gesicht wanderte Miss Hastings in der behaglichsten Gemütsverfassung, die sie sich wünschen konnte, gemächlich dahin. Ihr stand der Sinn nach Stille, und niemand sollte sie durch ein Gespräch stören; nach Tagträumen war ihr zumute, in völliger Freiheit wollte sie sich ganz ihrer Phantasie überlassen. Die Kutschen, die ihr von Zeit zu Zeit begegneten, versetzten sie in einen Zustand unbestimmter Erwartung. Jedesmal, wenn sie näher kamen, hob sie den Blick in der ziellosen Hoffnung, jemanden zu erblicken, doch sie wußte kaum, wen – vielleicht ein Gesicht aus dem fernen Pendleton.

Diesen Weg war sie zuvor schon oft gegangen, und bald bog sie in einen Nebenweg ein, einen ausgetretenen, sandigen Pfad zwischen Feldern unter einem grünen Heckendach. Je weiter sie wanderte, desto tiefer wurde die Stille. Die Hauptstraße blieb hinter ihr zurück, das Gefühl völliger Einsamkeit verstärkte sich. Die ruhige Nachmittagssonne schien einen weicheren Glanz auszustrahlen. In einem entfernten Feld hob ein Vogel immer wieder an zu singen, dessen Stimme sich zu jubelnder Reinheit aufschwang, um dann wehmütig zu verstummen.

Sie kam an ein altes Tor; die Steinpfosten waren verwittert und grau, die hölzernen Latten zerbrochen, und daneben wucherten üppige Sträucher. Dieses Tor führte auf eine große, abgeschiedene Wiese, oder besser, auf viele hintereinander liegende Wiesen, denn der in das Gras getretene Pfad führte weiter über Zauntritte und durch Tore von Wiese zu Wiese bis zum Horizont. Es war Miss Hastings zur Gewohnheit geworden, stundenlang durch diese Auen zu streifen, denkbar glücklich, sich ihrem krankhaften Hang, Luftschlösser zu bauen, hingeben zu können, nur hin und wieder aufgeschreckt, wenn sie in der Ferne das zornige Brüllen eines der großen Girnington-Stiere hörte, die diese Gegenden unsicher machten.

Als sie an das Tor kam, blieb sie, ohne näher hinzusehen, stehen, um es aufzuhaken. Doch es stand offen, und sie ging hindurch. Erschrocken blieb sie stehen: Am Torpfosten lagen ein Herrenhut und ein Paar Handschuhe, und daneben hatte sich ein Spaniel zusammengerollt, als bewache er die Gegenstände. Als sie näher kam, sprang der Hund hoch und stieß ein kurzes, nicht sehr wütendes Bellen aus. Sein Instinkt schien ihm zu sagen, daß der Eindringling ungefährlich war. Von einer Stelle, ganz in der Nähe, ertönte ein leiser Pfiff, doch kein menschliches Wesen war weit und breit zu sehen. Der Spaniel gehorchte dem Befehl, winselte und legte sich wieder hin. Miss Hastings ging weiter. Kaum hatte sie den Fuß auf die Wiese gesetzt, als unmittelbar hinter ihr ein emphatischer Ausruf ertönte: »Ich traue meinen Augen nicht!«

Sie fuhr herum. Zu ihrer Rechten war eine Hecke von Haselsträuchern, unter der alle Arten von Gräsern und Kräutern grün und weich wucherten. In ganzer Länge auf diesem Bett aus Grün hingestreckt, beschienen von der sinkenden Sonne, erblickte sie eine männliche Gestalt, barhäuptig und mit einem aufgeschlagenen Buch in der Hand, in dem er vermutlich gelesen hatte, obgleich sich seine Augen nun von den Seiten gelöst und auf Miss Hastings gerichtet hatten. Es war helles Tageslicht, und den Mann, der nun von Kopf bis Fuß zu sehen war – Gesicht, Stirn, Schnurrbart, blaue Augen und so weiter –, kennen meine Leser natürlich: Sir William Percy, kein Irrtum war möglich, obgleich ich, wie ich freimütig gestehe, nicht scharfsinnig genug bin zu erraten, was ihn dazu getrieben haben könnte, in diesem abgelegenen Winkel dem ländlichen Leben zu frönen.

Miss Hastings, die, wie meinen Lesern bekannt ist, von ihm gewisse schwärmerische Vorstellungen hegte, war ob dieses unerwarteten Zusammentreffens nicht wenig erschrocken. Ungefähr fünf Minuten lang wußte sie wenig zu sagen und war vollauf damit beschäftigt, zu Verstand zu kommen und sich eine Entschuldigung für das auszudenken, was Sir William, wie sie schaudernd dachte, als eine unerwünschte Störung empfinden mußte. Währenddessen stand der ländliche Ritter von seinem Lager auf, versah sich mit seinem Hut und kam mit einem Lächeln und einem Blick auf sie zu, die alles andere als Verärgerung über ihre Gegenwart verrieten.

»Nun, haben Sie nicht ein einziges Wort zu sagen? Wie erschrocken Sie aussehen, und leichenblaß sind Sie auch! Ich hoffe, ich habe Sie nicht erschreckt.«

»Nein, nein...« – mit erregter Stimme, »es ist nur so ungewöhnlich, jemanden in dieser Gegend zu treffen...« – und sie fürchte, Sir William möglicherweise gestört zu haben – es täte ihr leid – sie hätte, als der Spaniel bellte, die Lage erkennen und sich rechtzeitig entfernen sollen.

»Entfernen? Von wem? Haben Sie vor Carlo Angst gehabt? Ich dachte, er hätte Sie sehr freundlich begrüßt. Auf mein Wort, ich glaube, das Tier hatte genügend Verstand zu wissen, daß der Fremde nicht einer von denen war, deren Anblick seinem Herrn mißfallen hätte. Wäre es eine große männliche Vogelscheuche in Jacke und Hose gewesen, wäre er ihr an die Kehle gegangen.«

Der Klang von Sir Williams Stimme flößte Miss Hastings wie durch Zauberkraft wieder das Gefühl des Vertrauens ein, das sie früher erlebt hatte, wenn sie sich mit ihm unterhielt. Auch ihr Herz und ihr Puls schlugen schneller, Wärme strömte durch ihre Adern und überzog ihr bleiches Gesicht rasch mit einem rötlichen Hauch.

»Ich habe mich nicht vor Carlo gefürchtet«, sagte sie.

»Vor wem dann; doch wohl nicht vor mir?« Sie sah zu ihm auf. Ihre natürliche Stimme und Art, die ihr abhanden gekommen waren, kehrten zurück.

»Ja«, sagte sie schnell, »vor Ihnen habe ich mich gefürchtet und vor nichts sonst. Es ist so lange her, seit ich Sie gesehen habe, daß ich dachte, Sie hätten mich vergessen und dächten, ich hätte keinen Anlaß, erneut Ihren Weg zu kreuzen. Ich erwartete, einen kalten und stolzen Mann anzutreffen.«

»Aber, nicht doch, ich werde so warm sein, wie Sie nur wollen. Was den Stolz angeht, schätze ich, sind Sie nicht gerade die Art von Mensch, der dieses Gefühl in meinem Herzen hervorruft.«

»Dann hätte ich vielleicht besser von Verachtung sprechen sollen: zweifellos zeigen Sie Stolz gegenüber Gleichgestellten oder Höheren. Mit mir haben sie gleichwohl in höflicher Weise gesprochen, was ich zu schätzen weiß, da es mich unglücklich macht, verachtet zu werden.«

»Darf ich fragen, ob Sie ganz allein hier sind?« fragte Sir William, »oder befindet sich Ihre Begleitung in der Nähe?«

»Ich bin allein. Ich gehe immer allein spazieren.«

»Hm, ich bin ebenfalls allein; und es ist in höchstem Maße unschicklich für eine junge Frau wie Sie, ganz allein in solcher Gegend inmitten abgelegener Felder umherzuwandern. Ich nehme mir die Freiheit, Ihnen meinen Schutz anzubieten, bis Sie Ihren Spaziergang beendet haben, und werde Sie dann sicher nach Hause geleiten.«

Miss Hastings machte Ausflüchte. Es gehe nicht an, Sir William solche Umstände zu machen. Sie sei es gewohnt, selbst auf sich aufzupassen. Sie habe nichts auf der Welt zu fürchten. Sir William antwortete darauf, indem er ihren Arm nahm.

»Ich werde Sie meinem Befehl unterwerfen«, sagte er. »Ich weiß, was das Beste ist.« Als sie sah, daß sie ihm auf diese Weise nicht entrinnen konnte, wies sie bittend auf die späte Stunde hin; es sei vernünftiger, unverzüglich umzukehren.

»Nein«, sagte Sir William, der vorhatte, sie noch eine halbe Meile weiter zu führen. Dann war es ihr unmöglich, vor Dunkelheit nach Zamorna zurückzukehren, und da er bei ihr war, brauchte sie keine Furcht zu haben. So gingen sie denn weiter, und Miss Hastings überlegte geschwind, ob sie wirklich etwas Unrechtes tat. Sie kam zu dem Schluß, daß dies nicht der Fall war, sondern daß es unverzeihlich und unsinnig wäre, diesen Augenblick des Glücks, den der Zufall ihr geschenkt hatte, nicht wahrzunehmen. Im übrigen hatte sie niemanden auf der Welt, der an ihr etwas auszusetzen haben könnte, niemanden, dem sie Rechenschaft schuldig war, weder einem Vater noch einem Bruder. Sie war ihre eigene Herrin, und sie war sicher, daß es Frömmelei und Prüderie wäre, Böses anzunehmen.

Nachdem sie ihre Bedenken ausgeräumt und sich ganz dem unbändigen Entzücken, das ihr Herz schneller schlagen ließ, überlassen hatte, schlug sie einen so leichten und schnellen Schritt an, daß Sir William alle seine Kräfte aufbieten mußte, um an ihrer Seite zu bleiben.

»Gemach, gemach«, sagte er endlich. »Bei einem Spaziergang wie diesem lasse ich mir gern Zeit. Man kann nicht zugleich rennen und sich gemütlich unterhalten.«

»Der Nachmittag ist wunderschön«, erwiderte Miss Hastings, »und das Gras auf diesen Wiesen so grün und weich, daß ich mich ausgelassener fühle als gewöhnlich, doch Ihnen zu Gefallen werde ich langsamer gehen.«

»Sagen Sie mir doch«, fuhr Sir William fort, »was Sie in Zamorna tun und wie Sie vorankommen.«

»Ich bin Lehrerin und habe zwei Klassen zu je zwölf Schülerinnen. Meine Ansprüche sind hoch – sehr hoch –, und ich kann mich über mangelnde Nachfrage nicht beklagen.«

»Aber haben Sie genug Geld? Leben Sie in angenehmen Verhältnissen?«

»Ja, ich bin so reich wie Krösus. Zum ersten Mal in meinem Leben habe ich vor, mit dem Sparen anzufangen, und wenn ich zweitausend Pfund zusammen habe, werde ich meine Tätigkeit beenden und wie eine feine Dame leben.«

»Sie verstehen es ausgezeichnet, für sich selber zu sorgen. Ich dachte damals, wenn ich Sie einen oder zwei Monate unbeaufsichtigt und sich nach besten Kräften abmühen ließe, würden Sie in finanzielle Verlegenheit oder in Schwierigkeiten kommen und über die Hand eines Freundes froh sein, die Ihnen weiterhülfe; aber irgendwie schaffen Sie es unerträglich gut allein.«

»Ja, ich wünsche nicht, jemandem verpflichtet zu sein.«

»Ich bitte Sie, verschonen Sie mich mit solchen stolzen Reden. Sie wissen selbst, daß das Glück ewig wechselhaft ist, und die besten von uns können Rückschläge erleiden. Am Ende könnte ich doch noch über Sie triumphieren.«

»Aber wenn ich Sixpence nötig hätte, wären Sie der letzte Mensch, den ich darum bitten würde«, sagte Miss Hastings, mit einem Ausdruck von Schelmerei zu ihm aufblickend, der ihr durchaus eigen war, der aber nur selten in ihren Augen aufschimmerte.

»Wirklich, junge Dame? Sehen Sie sich vor; treffen Sie keine übereilten Entschlüsse. Wären Sie gezwungen, jemanden um etwas zu bitten, wären Sie froh, zu dem Menschen gehen zu können, der Ihnen mit der größten Bereitwilligkeit helfen würde. Und Sie würden kaum hilfsbereitere Hände finden als die meinen. Ich sage Ihnen offen, daß es mir ein Vergnügen wäre, Sie ein wenig zu demütigen. Ich habe nicht vergessen, daß Sie sich weigerten, jenes lächerliche kleine Kreuz anzunehmen.«

»Ach«, sagte Miss Hastings, »damals wußte ich so wenig von Ihnen, daß es ganz unmöglich gewesen wäre, Geschenke von Ihnen anzunehmen.«

»Aber jetzt kennen Sie mich besser, und ich habe das Kreuz bei mir. Wollen Sie es annehmen?« Er zog das grüne Schächtelchen aus der Westentasche, nahm das Schmuckstück heraus und reichte es ihr.

»Ich möchte es nicht«, sagte sie.

»Hm«, sagte Sir William. »Irgendwann werde ich mich rächen. Welch ein Unsinn!« Er sah wütend aus, was bei ihm nicht oft vorkam.

»Ich hatte nicht die Absicht, Sie zu kränken«, bat Miss Hastings, »aber es würde mich verletzen, irgend etwas Wertvolles von Ihnen anzunehmen. Ein kleines Buch oder Ihre eigenhändige Unterschrift, eine Kleinigkeit oder einen Kiesel würde ich nehmen, aber keinen Diamanten...« Die Zuneigung, die in diesen Worten lag, war so schmeichlerisch und wurde zugleich mit solcher unbewußten Schlichtheit hervorgebracht, daß Sir William ein Lächeln nicht unterdrücken konnte. Seine Stirn glättete sich.

»Immerhin wissen Sie ein Kompliment zu erwidern«, sagte er. »Ich bin Ihnen verbunden, ich fing an, mich für einen ungeschickten General zu halten, denn, welche Manöver ich vollführte, welche Taktik ich auch wählte – die Festung zeigte sich nicht einen Augenblick lang verwundbar. Nicht ein einziges

Bollwerk konnte ich erobern. Wenn jedoch ein Freund in der Zitadelle ist, wenn das Herz für mich spricht, ist alles gut.« Miss Hastings spürte, wie ihr Gesicht unangenehm heiß wurde. Ein paar Minuten lang war sie verwirrt und wußte auf Sir Williams sonderbar metaphorische Ausführungen nichts zu erwidern. Aus dem Augenwinkel warf er ihr einen seiner scharfen Seitenblicke zu, und als er feststellte, daß sie ein wenig bestürzt war, pfiff er ein paar Töne und tat so, als sei er mit dem Spaniel beschäftigt; als er sich nach einem weiteren Seitenblick davon überzeugt hatte, daß die Röte von ihren Wangen gewichen war, nahm er ihren Arm ein wenig fester und setzte, das Thema wechselnd, die Unterhaltung fort.

»Einsame, stille Wiesen sind das hier«, sagte er. »Dieses ganze Land hat etwas Weltabgeschiedenes. Ich kenne es gut, jeden Feldweg, jedes Tor und jeden Zauntritt.«

»Dann sind Sie also früher schon hier gewesen?« fragte Miss Hastings. »Ich habe oft gehört, Sie seien ein großer Spaziergänger.«

»Ich bin bei Tag und bei Nacht hier gewesen; ich habe diese Hecken in strahlendem Sonnenschein gesehen, wie heute, und im Mondlicht, wenn sie dunkle Schatten werfen. Gäbe es Feen, hätte ich sie oft hier getroffen, denn solche Einöden sind ihre liebsten Schlupfwinkel: Fingerhut und Glockenblumen, grünsamtenes Moos, Pilze, die auf den Wurzeln von Eichen sprießen, hundert Jahre alte Dornsträucher, von Efeu überwuchert – alles genauso wie in den Feenmärchen.«

»Und was haben Sie hier gemacht?« fragte Miss Hastings. »Was hat Sie dazu getrieben, zu früher und später Stunde allein umherzustreifen? Wollten Sie sehen, wie die Dämmerung sich über diese Pfade senkt oder wie der Mond über dem grünen Wiesenhang dort aufsteigt? Oder kamen Sie, weil Sie unglücklich waren?«

»Ich möchte Ihnen mit einer Gegenfrage antworten«, erwiderte Sir William. »Warum streifen *Sie* so gern allein umher? Sie tun es, weil Sie Ihren eigenen Gedanken nachgehen wollen, und genauso hielt ich es auch. Es war nie meine Gewohnheit, mich jedermann mitzuteilen, besonders nicht darüber, was mir am meisten Vergnügen bereitet, also brauchte ich keinen Gefährten. Ja, ich träumte dann von irgendeinem namenlosen Wesen, das ich mit dem Gemüt, dem Gesicht und der Gestalt ausstattete, die ich glaubte lieben zu können. Ich wünschte mir immer ein Geschöpf mit empfindsameren Sinnen und wärmerem Herzen als jene, die ich ringsum erblickte. Ich glaubte von mir, daß ich ein leidenschaftlich Liebender sein könnte – träfe ich nur auf eine Frau, die jung und anmutig wäre und über mehr Geist verfügte als die stumme Kreatur.«

»Sie müssen vielen solchen Frauen begegnet sein«, sagte Miss Hastings, die vor diesem Gespräch nicht zurückschreckte, denn sein vertraulicher Ton schlug sie wie ein Zauber in seinen Bann.

»Ich bin vielen hübschen Frauen begegnet; und auch einigen klugen. Ich habe sogar eine oder zwei kennengelernt, von denen ich eine gewisse Zeit glaubte, sie zu lieben. Doch nach ein paar Tagen, höchstens nach einer Woche, war ich ihrer überdrüssig. Ihre schalen Reize ennuierten mich, und ich wandte mich wieder meiner erträumten idealen Braut zu. Einmal jedoch stürzte ich mich bis über beide Ohren in eine rasende Leidenschaft, die einem wirklichen Menschen galt – aber das ist vorbei.«

»Wer war sie?«

»Eine der schönsten und berühmtesten Frauen ihrer Zeit. Unglücklicherweise war sie vergeben. Für ein Lächeln von dieser Frau hätte ich sterben mögen; ich hätte die Folter erduldet, um ihre Hand zu fassen oder ihre Lippen berühren zu dürfen. Und um ihre Liebe zu erlangen, das Recht, sie in die Arme schließen und ihr mein ganzes Herz zu Füßen legen zu können, meine Glut erwidert zu sehen, ihre Zuneigung zu mir im Ton ihrer lieblichen ernsten Stimme zu vernehmen – hätte ich, wäre ich vom Teufel selbst dazu aufgefordert worden, mein Seelenheil verkauft und mich dazu bereit gefunden, das Teufelsmal auf beiden Händen zu tragen.«

»Lebt sie in Angria?«

»Ja. Bitte, fragen Sie mich nicht weiter, denn ich werde Ihnen nicht antworten. Kommen Sie, reichen Sie mir Ihre Hand. Ich werde Ihnen über diesen Zaun helfen. So! Nun haben wir die Wiesen hinter uns. Sind Sie schon einmal hier gewesen?«

»Noch nie«, sagte Miss Hastings, sich umblickend. Die Gegend war ihr nicht vertraut. Sie waren zu einer anderen ausgefahrenen und verkrauteten Straße gelangt. Weder ein Haus noch ein menschliches Wesen waren zu sehen; doch unmittelbar vor ihnen erhob sich eine Kirche mit einem niedrigen Turm, umgeben von einem kleinen Friedhof, über den ein paar Grabsteine und viele grasüberwachsene Hügel verstreut waren. Ungefähr vier Meilen entfernt zog sich eine Bergkette hin, deren Kämme dunkel mit Heidekraut bewachsen waren, die von der untergehenden Sonne in Purpur getaucht wurden. Miss Hastings' Augen leuchteten auf, als sie die Hügel erblickte.

»Welches Hochland ist das?« fragte sie.

»Ingleside und die Scars«, erwiderte Sir William.

»Und welche Kirche ist das?«

»Scar Chapel.«

»Sie sieht alt aus. Wann, glauben Sie, ist sie erbaut worden?«

»Sie gehört zu den ältesten in Angria. Eigentlich verstehe ich überhaupt nicht warum, zum Teufel, man an einer Stelle wie dieser eine Kirche gebaut hat, wo es überhaupt keine Menschen gibt.«

»Gehen wir auf den Friedhof?«

»Gern, wenn Sie möchten. Sie sollten sich dort ein wenig ausruhen, denn Sie sehen müde aus.«

In der Mitte der Einfriedung stand eine uralte knorrige, finstere und gewaltige Eibe. Im Schatten des grimmigen alten Wächters befand sich das einzige Grabmal dieses Friedhofs.

»Setzen Sie sich hierhin«, sagte Sir William, mit seinem Stock auf das Denkmal deutend. Miss Hastings trat näher, doch bevor sie auf dem Sockel Platz nahm, erweckte sein Aussehen ihre Aufmerksamkeit. Das Grabmal bestand aus Marmor, nicht aus Stein; es war schlicht und schmucklos, doch hob es sich in strahlender Weiße von dem Rasen rundum ab. Auf den ersten Blick schien die Platte keine Inschrift zu tragen, doch bei genauerem Hinsehen ließ sich ein Wort entziffern: RESURGAM. Nichts sonst, kein Name, weder Datum noch Alter.

»Was ist das?« fragte sie. »Wer liegt hier begraben?«

»Eine berechtigte Frage«, entgegnete Sir William, »doch wer, glauben Sie, kann sie Ihnen beantworten? Ich habe manches Mal vor diesem Grab gestanden, wenn die Uhr vom Kirchturm Mitternacht schlug, manchmal bei Regen und Dunkelheit, manchmal im klaren, zitternden Licht der Sterne. Ich stand da, blickte auf dieses eine Wort und grübelte über dem Geheimnis, das es zu bergen schien, bis ich fast wünschte, der Leichnam würde sich erheben und meine vergeblichen Fragen beantworten.«

»Und haben Sie das Geheimnis dieses Grabes nie gelüftet?«

»Nun, zum Teil...«

»Dann erzählen Sie mir, was Sie wissen«, sagte Miss Hastings. Sie sah Sir William mit einem Ausdruck an, der ihm verriet, welch zauberische Wirkung, welch unergründlichen Reiz dieser zarte, vertrauensvolle Austausch von Gefühlen hatte. Er war berückender als die offene Sprache der Liebe. Sie brauchte nicht zu erröten oder zu zittern. Sie brauchte nur seinen Worten zu lauschen, um zu fühlen, daß er ihr vertraute, daß er sie für würdig erachtete, ihr seine halb-schwärmerischen Gedanken zu eröffnen, die er vielleicht noch nie einem Menschen mitgeteilt hatte. Diese Empfindungen beruhten möglicherweise auf Einbildung, doch sie waren süß und wurden im Augenblick weder von Zweifeln noch von bösen Ahnungen getrübt.

»Bitte, setzen Sie sich«, sagte Sir William, »und Sie werden erfahren, was ich weiß. Wie ich sehe, lieben Sie alles, was nach Romanze klingt.«

»Das ist wahr«, antwortete Miss Hastings. »Und Sie lieben es ebenso, Sir William – nur, daß Sie sich ein wenig schämen, es einzugestehen.«

Er lächelte und fuhr fort: »Nun denn. Den ersten Hinweis in

dieser Geschichte erhielt ich durch einen höchst bemerkenswerten Zufall...«

Sir William hatte auf einem Jagdausflug den Herzog von Zamorna an dem einsamen Grab der Rosamund Wellesley überrascht, die »Seine Majestät nicht klug, sondern allzusehr liebte«. Als Zamorna ihrer müde geworden war, hatte sie sich das Leben genommen.

»Nun, Elizabeth, was sagen Sie zu dieser Geschichte?«

»Es scheint, daß der Herzog von Zamorna sie nie vergessen hat und ihrer noch gedachte, nachdem sie gestorben war«, erwiderte Miss Hastings.

»O, welch ein Trost! Der Herzog von Zamorna als edler, stolzer Gottmensch, wie? Der Teufel soll ihn holen!«

»Nach allem, was ich über den Herzog von Zamorna gehört habe, ist er ein Erzschurke; doch das sind, nach meiner Erfahrung, die meisten Männer von Bedeutung.«

»Wurden Sie je der Ehre teilhaftig, Seine Majestät leibhaftig zu erblicken?« fragte Sir William.

»Nie.«

»Aber Sie haben seine Portraits gesehen, die ihm alle sehr ähnlich sind. Bewundern Sie ihn?«

»Er ist schön, zweifellos.«

»O, natürlich, er ist mörderisch, teuflisch schön: diese Augen, diese Nase, diese Locken, dieser Schnurrbart! Und dann sein Körperbau! Umwerfend! Und sein Brustkasten – zwei Fuß breit! Bis jetzt habe ich noch keine Frau getroffen, die den Wert eines Mannes nicht mit der Elle abgemessen hätte.«

Miss Hastings sagte nichts, sondern blickte nur zu Boden und lächelte.

»Ich bin außerordentlich gereizt und unzufrieden«, knurrte Sir William.

»Warum?« fragte Miss Hastings, noch immer lächelnd.

Sir William seinerseits gab keine Antwort; er pfiff bloß ein, zwei Melodien. Nach einem Augenblick des Schweigens warf er einen aufmerksamen, prüfenden Blick in die Runde. Dann wandte er sich an seine Begleiterin.

»Sehen Sie, daß die Sonne untergegangen ist und es dunkel wird?« fragte er.

»Tatsächlich«, rief Miss Hastings und sprang sogleich auf. »Wir müssen nach Hause zurückkehren, Sir William. Ich hatte es ganz vergessen – wie konnte ich nur so die Zeit verstreichen lassen?«

»Beruhigen Sie sich«, sagte der junge Baron, »nehmen Sie noch für ein paar Minuten Platz. Ich möchte sagen, was ich zu sagen habe.« Miss Hastings gehorchte.

»Haben Sie bemerkt«, fuhr er fort, »daß um uns alles still ist, daß die Dämmerung sich vertieft, daß nur der aufsteigende Halbmond sein Licht spendet?«

»Ja.«

»Wissen Sie, daß es im Umkreis von zwei Meilen kein Haus gibt und daß Sie vier Meilen von Zamorna entfernt sind?«

»Ja.«

»Ist Ihnen bewußt, daß Sie und ich in dieser Dunkelheit und Einöde ganz allein sind?«

»Ja.«

»Hätten Sie sich vertrauensvoll mit jemandem in eine solche Lage begeben, der Ihnen nichts bedeutet?«

»Nein.«

»Ich bedeute Ihnen also etwas?«

»Ja.«

»Wieviel?« Eine Pause trat ein – eine lange Pause. Sir William drängte nicht ungeduldig auf eine Antwort. Er saß bloß da, behielt Miss Hastings ruhig und aufmerksam im Auge und wartete auf eine Antwort. Schließlich sagte sie mit sehr leiser Stimme: »Sagen Sie mir zuerst, Sir William Percy, wieviel ich Ihnen bedeute.«

»In diesem Augenblick mehr als jede andere Frau der Welt.«

»Sei's denn«, war die innige Erwiderung, »ich bete Sie an.

Und das ist ein Bekenntnis, das zu widerrufen mich der Tod nicht zwingen könnte.«

»Nun, Elizabeth«, entgegnete Sir William, »beantworten Sie mir eine letzte Frage und haben Sie keine Furcht vor mir. Ich werde mich wie ein Gentleman benehmen, wie Ihre Antwort auch ausfallen mag. Sie haben gerade gesagt, alle Männer von Bedeutung seien Schurken. Ich bin ein Mann von Bedeutung. Wollen Sie meine Geliebte sein?«

»Nein.«

»Sie sagten, daß Sie mich anbeten.«

»Das tue ich, grenzenlos. Aber nie werde ich Ihre Geliebte sein. Ich könnte es nicht; das Elend des Selbsthasses würde mich überkommen.«

»Das heißt«, erwiderte der Baron, »daß Sie die Verachtung der Welt fürchten.«

»Ja. Die Verachtung der Welt ist etwas Entsetzliches, und insbesondere müßte ich fürchten, daß drei Menschen sich von mir abwenden würden: Mein Vater, Henry und Mr. Warner. Lieber würde ich sterben, als von ihnen verachtet zu werden. Ich verspüre einen heimlichen Triumph bei dem Gedanken, daß ich, obwohl völlig auf mich selbst angewiesen, niemals eine Handlung begangen oder ein Wort gesagt habe, die meinen Charakter nur einen Augenblick in ein schiefes Licht hätten bringen können! Mein Vater und Mr. Warner nannten mich starrsinnig und reizbar; aber beide sind stolz auf die Art, wie ich mich allein und rechtschaffen durchs Leben schlage. Henry, mag er auch ein unzähmbarer Wanderer sein, würde sich umbringen, wenn er erführe, daß seine Schwester das Ausmaß der Schande noch vergrößerte, die er dem Namen Hastings zugefügt hat.«

»Sie würden also um meinetwillen nichts aufs Spiel setzen?« fragte Sir William. »Sie würden in meiner vollkommenen Liebe und meinem tiefen Vertrauen wirklich keinen Ersatz für die Gunst der Welt finden? Macht es Ihnen kein Vergnügen, mit mir zu sprechen, an meiner Seite zu sitzen, wie Sie es jetzt tun, Ihre

Hand in die meine zu legen?« Tränen traten in Miss Hastings' Augen.

»Ich wage nicht zu antworten«, sagte sie, »weil ich weiß, daß ich etwas Verzweifeltes sagen würde. Ich kann mich gegen meine Liebe zu Ihnen ebensowenig wehren wie der Mond dort gegen sein Scheinen. Wenn ich als Ihre Dienerin mit Ihnen leben könnte, wäre ich glücklich. Aber als Ihre Geliebte! Das ist ganz unmöglich.«

»Elizabeth«, sagte er, sah ihr in die Augen und legte seine Hand auf ihre Schulter, »Elizabeth, deine Augen strafen dich Lügen. Sie sprechen die Sprache einer leidenschaftlichen, phantasievollen Seele. Sie verraten nicht nur, daß du mich liebst, sondern auch, daß du ohne mich nicht leben kannst. Folge der Stimme deines Herzens und laß mich dich in dieser Stunde als die meine betrachten.«

Miss Hastings blieb stumm, doch sie machte keine Anstalten, nachzugeben. Es war der Widerstreit zwischen leidenschaftlicher Liebe und Gefühlen, die entsetzt vor dem leisesten Gedanken an Schändlichkeit zurückwichen, die sie zu stummer Qual zwangen. Sir William wähnte sich kurz vor dem Ziel.

»Ein Wort genügt«, sagte er, »ein Lächeln, ein Flüstern. Du zitterst. Lehne dich an meine Schulter. Wende dein Haupt dem Mondlicht zu und schenke mir einen einzigen Blick.«

Das Licht des Mondes zeigte, daß ihre Augen in Tränen schwammen. Der Baron, der diese Tränen irrtümlich für Anzeichen schmelzenden Widerstandes hielt, versuchte sie fortzuküssen. Wie ein Geist entschlüpfte sie seinem Griff.

»Wenn ich noch einen einzigen Augenblick bleibe, Gott allein weiß, was ich sagen oder tun werde«, sagte sie. »Leben Sie wohl, Sir William. Ich beschwöre Sie, mir nicht zu folgen. Die Nacht ist hell. Ich fürchte nichts, nur mich selbst. In einer Stunde werde ich in Zamorna sein. Leben Sie wohl, für immer, denke ich!«

»Elizabeth!« rief Sir William. Sie zögerte einen Augenblick. Sie konnte nicht gehen. In diesem Moment zog eine Wolke vor dem Mond vorbei; nach zwei Minuten leuchtete sein Licht wieder hell. Sir William starrte zu dem Fleck hinüber, auf dem Miss Hastings zuletzt gestanden hatte. Sie war verschwunden.

Das Tor zum Friedhof fiel zu. Er murmelte einen schrecklichen Fluch, doch er machte keine Anstalten, ihr zu folgen. Stundenlang verweilte er dort, wo sie ihn verlassen hatte, festgewurzelt wie die alte Eibe, deren schwarzes Geäst sich über ihm ausbreitete. Er dürfte dort eine ruhige Nacht verbracht haben: Kirche und Gräber und Baum – stumm wie der Tod. Nur Lady Rosamunds Grabmal verkündete im Mondlicht: »Ich werde auferstehen.«

(1839)

Im letzten Kapitel wendet sich die Autorin noch einmal Zamornas häuslichem Leben zu. Der Herzog hat beträchtlich an dämonischem Charme verloren. Im Gespräch mit Zenobia, die ihm ihren Kummer über Percys Eskapaden gesteht, erweist er sich als autoritärer Langweiler und nutzloser Ratgeber. Seine Frau Mary, die sich über seine Affaire mit Jane Moore das Herz schwer macht, beschwichtigt er mit Lügen und Scherzen und dem Anwurf, ihre Nerven seien nicht die besten. Nach einigen warmen Küssen ist sie versöhnt. Das herzogliche Paar zieht sich zurück, die Kerze auf dem Toilettentisch brennt nieder. »Männer sind verdammte Tiere«, sagt Zamorna selbstgefällig. Charlottes Fazit daraus: Nur Frauen wie Elizabeth Hastings, die auf ihrer persönlichen Integrität bestehen, sind gegen ihre Demütigungen gefeit.

EIN LETZTES MAL: ANGRIA

In ihrem dreiundzwanzigsten Lebensjahr nimmt Charlotte Abschied von Angria, dreizehn Jahre lang hat sie ihr Leben mit dem Tagtraum geteilt. Die Obsession, die sie in Roe Head fast zerrissen hat, als sie am hellichten Schultag Stimmen hörte und Gesichter sah, ist einer milderen Stimmung gewichen. Die Welt draußen verlangt nach Vernunft und Nüchternheit. Fast klingt ihr »Farewell…« wie eine einsichtige Verlautbarung an fremde Leser. Und doch behält Charlotte sich den endgültigen Abschied noch vor. »Für eine Weile« will sie das Fieberklima verlassen, die Phantastereien verbannen. Sie sollten ihre einsamen Stunden noch Jahre später füllen und in ihren Romanen geläutert und vermenschlicht zu großer Literatur wiederauferstehen.

CHARLOTTE BRONTË

Ein letztes Mal: Angria

»Inzwischen habe ich eine große Anzahl von Büchern geschrieben und mich lange Zeit mit denselben Figuren, Schauplätzen und Themen befaßt. Ich habe meine Landschaften in allen Wechselspielen von Schatten und Licht gezeigt, die der Morgen, der Mittag und der Abend – die aufgehende, die mittägliche und die untergehende Sonne – ihnen zuteil werden lassen. Manchmal habe ich die Luft mit dem weißen Wintersturm erfüllt; Schnee hat die Arme der Buchen und Eichen schwarz gegen seine Helle gemalt und die Parks der Niederungen oder die Pässe in den wilden Bergen verweht. Immer wieder haben dasselbe Haus in seinen Wäldern, dasselbe Hochland mit seinen Tälern die weichen Farben des mattgetönten Mondlichtes im Sommer angenommen, und in der wärmsten Juninacht haben die Bäume ihre reichgefiederten Wipfel über die blumenüberhauchten Lichtungen gewölbt. Mit den Personen ist es ebenso. Meine Leser sind mit einer Reihe von Gesichtern vertraut gemacht worden, welche sie zunächst im Profil, dann von vorn, dann im Umriß und schließlich als fertiges Gemälde erblickt haben – nur durch den Wechsel von Gefühl, Stimmung oder Alter unterschieden; von Liebe erhellt, von Leidenschaft überhaucht, von Kummer verdüstert, von Entzücken entflammt; grübelnd und jubelnd, in Leid und Verachtung und Wonne; mit dem sanften Hauch der Kindheit, der Schönheit und Fülle der Jugend, der Kraft der Mannesjahre und den Furchen des gedankenvollen Verfalls. Doch wir müssen etwas Neues beginnen, denn das Auge ist des Bildes müde, das oft wiedergekehrt und nun so vertraut ist.

Doch, Leser, dränge mich nicht zu sehr; es ist kein Leichtes, die Bilder aus meiner Vorstellung zu verbannen, in denen sie so lange zu Hause waren; sie waren meine Freunde, meine vertrauten Gefährten, und ich könnte ohne große Mühe die Gesichter, die Stimmen, die Handlungen jener beschreiben, die bei Tage meine Gedanken bevölkerten und die sich nicht selten des Nachts auf sonderbare Weise sogar in meine Träume stahlen. Wenn ich von ihnen scheide, habe ich beinahe das Gefühl, auf der Schwelle eines Hauses zu stehen und seinen Bewohnern Lebewohl zu sagen. Wenn ich mich mühe, neue Insassen heraufzubeschwören, meine ich in ein fremdes Land geraten zu sein, wo jedes Gesicht mir fremd und der Charakter des ganzen Volkes ein Rätsel ist, das zu lösen es vieler Mühe und das in Worte zu fassen es großer Begabung bedarf. Trotzdem – ich sehne mich danach, für eine Weile das glühende Land zu verlassen, in dem wir allzulange verweilt haben, über dem der Himmel flammte und beständig das Glühen des Sonnenunterganges lag. Der Geist möchte ablassen von der hitzigen Erregung und sich nun einem kühleren Bezirk zuwenden, wo die Morgendämmerung grau und nüchtern heraufzieht und der neue Tag, zumindest für eine Zeit, wolkenverhangen ist.«

GONDAL – *»Wie könnt' ich wieder leben in der trostlosen Welt?«*

»Ich fütterte heute morgen Rainbow, Diamond und Snowflake (die Tauben) beziehungsweise Jasper, den Fasan. Branwell ging zu Mr. Driver hinunter und brachte die Nachricht, daß Sir

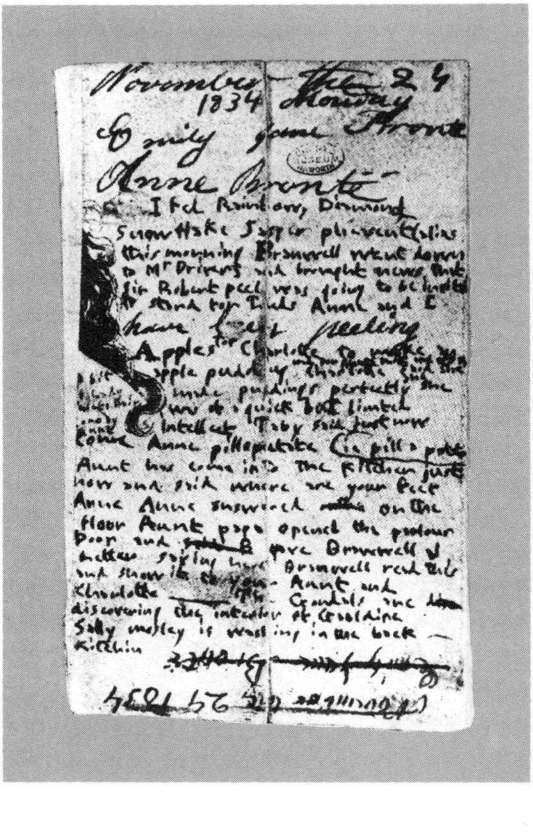
November the 24
1834 Monday
Emily Jane Bronte
Anne Bronte
I fed Rainbow, Diamond
Snowflake Jasper pheasent (alias)
this morning Branwell went down
to Mr Drivers and brought news that
Sir Robert peel was going to be invited
to stand for Leeds Anne and I
have been peeling
Apples for Charlotte to make an
apple pudding Charlotte said she
made puddings perfectly she
was of a quick but limited
intellect Taby said just now
Come Anne pillopatate (ie pill a potate
Aunt has come into the Kitchen just
now and said where are your feet
Anne Anne answered on the
floor Aunt papa opened the parlour
Door and gave Branwell a
letter saying here Branwell read this
and show it to your Aunt and
Charlotte — The Gondals are
discovering the interior of Gaaldine
Sally mosley is washing in the back
Kitchin

Robert Peel aufgefordert werden soll, für Leeds zu kandidieren... Taby sagt gerade: Komm, Anne, pell die Kartoffeln. Tante ist in diesem Augenblick in die Küche gekommen und sagte: Wo hast du deine Füße, Anne? Anne antwortete: Auf dem Boden, Tante. Papa öffnete die Tür zum Salon, gab Branwell einen Brief und sagte: Hier Branwell, lies das und zeig es Deiner Tante und Charlotte. Die Gondals erforschen das Innere von Gaaldine. Sally Mosley wäscht in der hinteren Küche...«

Dieses Tagebuchblatt der 16jährigen Emily, dem Anne eine gezeichnete Locke hinzugefügt hat: »Ein wenig Haar von Lady Juliet«, enthält eine der wenigen konkreten Anspielungen auf ihr Tagtraumland Gondal, die die beiden jüngeren Brontës

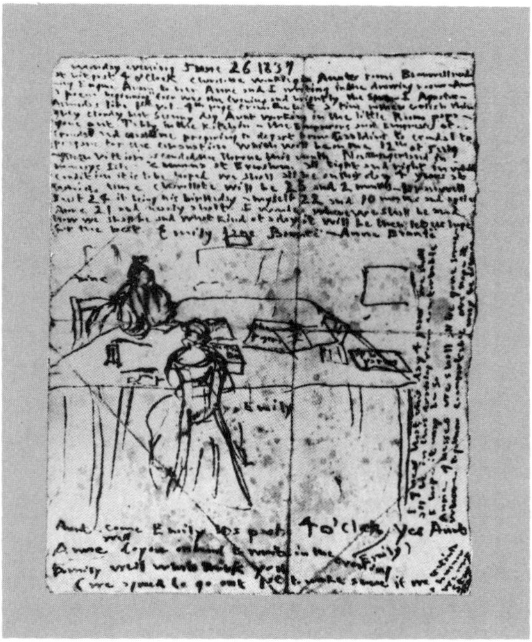

Zwei von Emilys Tagebuchnotizen, vom 24. November 1834, dem Anne eine gemalte Locke von Lady Juliet aus Gondal beigefügt hat, und vom 26. Juni 1837, die die Schwestern zusammen am Wohnzimmertisch schreibend zeigt. »Wir beschlossen, erst spazierenzugehen, um sicher zu sein, daß wir in die richtige Stimmung kommen.«

hinterlassen haben. Drei Jahre später schreibt Emily: »Kurz nach vier Uhr. Charlotte arbeitet in Tantes Zimmer. Branwell liest ihr ›Eugene Aram‹ vor – Anne und ich schreiben im Salon. Anne fängt ein Gedicht an. ›Schön war der Abend und strahlend die Sonne‹ – ich ›Augusta Almedas Leben‹. Papa ist ausgegangen. Taby in der Küche. Die Herrscherinnen und Herrscher von Gondal sind im Begriff, von Gondal nach Gaaldine abzureisen, um sich auf die Krönung vorzubereiten, die am 12. Juli stattfindet. Königin Victoria bestieg in diesem Monat den Thron. Northangerland auf Monkeys Insel – Zamorna in Evesham. Alle gut beieinander.«

Emily Brontë, von der Charlotte schrieb, sie sei nicht aus biegsamem oder gewöhnlichem Material gewesen, die später eine Sphinx der Literatur und von Arno Schmidt »die Titanide« genannt wurde, trug mit 19 Jahren ein offenbar zufriedenes, munteres Gemüt, in dessen innerer und äußerer Ökonomie die Vorgänge im Pfarrhaus, in der englischen Politik, in dem geschwisterlich-benachbarten Angria und dem eigenen Traumreich ein selbstverständliches Miteinander führten. Sie pellte die Kartoffeln und dachte sich eine Geschichte aus; sie nannte ihre zahme Gans Victoria nach der jungen Königin; sie lief mit Anne übers Moor und »war« Ronald Macalgin, Henry Angora, Juliet Augusteena und all die anderen Prinzen, Amazonen und Entdecker.

Die »Bücher«, Biographien und Chroniken, die Emily und Anne über Gondal schrieben, sind verschollen. Möglicherweise haben die Schwestern sie selbst zerstört, als ihr gemeinsames Dichten und Weben nicht mehr ungetrübt verlief. Gondal und Gaaldine, die beiden großen Inselreiche, bleiben auch 150 Jahre nach ihrem Auftauchen in den Köpfen von Emily und Anne ein zuverlässiges Rätsel.

An Versuchen, ihre Historie zu rekonstruieren, hat es indessen nicht gefehlt. Der Enthusiasmus, mit dem die Brontë-Forschung dabei vorgegangen ist, erlaubte nur am Rande die Frage, wie relevant eigentlich ein Wissen um die chronologischen Vorgänge für eine Würdigung des poetischen Werks der beiden jüngeren Brontës ist. In den 44 Gedichten, die Emily als »Gondal Poems« in ein eigenes Heft schrieb, hat sie sich literarischen Figuren anverwandelt – und dabei »A. G. Rochelle« eine ihrer bewegendsten persönlichen Aussagen, das Überkommen durch eine Vision, die Berührung mit dem Absoluten in den Mund gelegt.

»Gondal«, schreibt Rosalind Miles, »ist durch Emily Brontë gegangen wie Wein durch Wasser und hat die Farbe ihrer Gedanken verändert.« Hinter seiner Maske spricht sie oft mit eigener und fremder Stimme zugleich. So entsteht eine Woche nach Annes Abreise »in Stellung« ein Gedicht über den Verlust einer geliebten Person – sein Autor ist die Gondal-Figur »R. Gleneden«. Anne hat ihr Leben genauer getrennt. Sie schrieb 23 Gondal-Gedichte, meist unter den Pseudonymen Alexandrina Zenobia, Lady Geralda oder Olivia Vernon und wandte sich innerhalb des großen, vorgegebenen Rahmens eigenen Favoriten zu. Im »wirklichen Leben« verfaßte sie über 30 Gedichte, darunter auch Kirchenlieder und Hymnen – eine Form der Aussage, die Emily nicht schätzte: »Kreaturen stammeln Lob / oder heulen über ihre hoffnungslosen Tage / mit rasendem Mund.«

Beider Gedichte, die zeitlich keiner Chronologie folgen, oft ohne Titel blieben oder mit kryptischen Kürzeln überschrieben wurden, dazu die Tagebuchzitate, zwei Listen von Annes Hand mit Namen und Orten sowie ein Papierstreifen, auf dem Emily Namen, Haar- und Augenfarbe einiger ihrer Figuren notiert hat, sind die Stützen, auf denen so verdienstvolle Frauen wie Fannie E. Ratchford, Helen Brown, Joan Mott, Winifred Gérin, Laura Hinkley und Charlotte Maurat ihre Gondal-Theoriegebäude errichtet haben. Da jedoch nur wenige Elemente tatsächlich tragfähig sind, führen kühn eingezogene Behauptungs-Pfeiler umgehend auf den reizvollen, gleichwohl schwankenden Boden der Spekulation. Und da jede Phantasie ein wenig anders arbeitet, fällt das Haus von Forscherin zu Forscherin unterschiedlich aus: hier Flachdach, dort Spitzgiebel. (Man wage einmal den Vergleich mit der »Sturmhöhe«. Wie aussichtsreich wäre der Wiederaufbau ihres »Plots« anhand der Initialen der Hauptfiguren und ihrer Dialoge?)

Soviel scheint immerhin gesichert: Gondal, eine rauhe Insel im Nordpazifik mit Mooren, Bergen und Seen, wird von zwei rivalisierenden Königshäusern beherrscht: Angora und Exina. Edle und Finsterlinge bevölkern wie in Angria das Reich, aber anders als in der afrikanischen Glaswelt gibt es in Gondal keine glitzernden Salons, keine raffinierte Intrige, kein müßiges Flirten. Wie Heathcliff in der »Sturmhöhe« stehen die Gondals allein – archaisch, kriegerisch, freiheitsliebend und hoch-patriotisch, eher personifizierte Leidenschaften als leidenschaftliche Personen und ohne den Charme und die Ironie der Beaus und Belles aus Angria. Die Prinzen von Angora und Exina stechen eines Tages in See und entdecken Gaaldine, eine Insel im Südpazifik. Emily am 24. November 1834: »Die Gondals erforschen das Innere von Gaaldine.« Ihre Zwistigkeiten nehmen sie mit in das neue Land, das in fünf Königreiche unterteilt ist: Alexandia, Almedore, Elseraden, Ula, Zelona und eine Provinz Zedora. Hauptrivalen sind dort Julius Brenzaida und Gerald Exina. Königin über Gondal ist Augusta Geraldine Almeda – A.G.A. –, und schon teilen sich die Ansichten. Ist A.G.A. identisch mit Rosina Alcona, einer weiteren Hauptfigur, der König Julius in Liebe verbunden ist? Beide Frauen sind schön, stark, leidenschaftlich und einigermaßen skrupellos. A.G.A. hat den jungen Fernando de Samara verlassen und in den Kerker geworfen. Dort nimmt er sich das Leben (»Erleuchte deine Hallen!«). Die Anhänger des Hauses Exina planen eine Rebellion gegen Julius. Der König marschiert aus, um die Aufständischen zu strafen. Auf dem Feldzug wird er ermordet (»König Julius verließ das südliche Land«). Aus den folgenden Kriegswirren geht Augusta/Rosina (?) siegreich hervor. Sie erobert den Thron von Gondal zurück, aber ihr Leben ist freudlos. Noch 15 Jahre nach Julius' Tod trauert sie um den Verlorenen. (»In kalter Erd'« und »Schlaf – du erquickst mich nicht«). Auf der Heide von Elmor wird sie schließlich Opfer einer alten Blutrache. Douglas, ihr Mörder, flieht in die Berge und tötet seine Verfolger durch eine Felslawine (Douglas' Ritt). Eine neue Generation aus Gondal und Gaaldine zieht in den Krieg. Anne am 31. Juli 1845: »Emily ist dabei, das Leben des Kaisers Julius aufzuschreiben... Die Gondals sind zur Zeit in einer traurigen Lage. Die Republikaner sind ganz oben, doch die Königlichen sind nicht ganz besiegt. Die jungen Monarchen sind mit ihren Brüdern und Schwestern noch im Palast der Unterweisung.«

Aus dieser Gondal-Zeit stammt die Ballade »Julian M. und A. G. Rochelle«, die in großer Länge die Begegnung eines jungen Adeligen mit seiner Jugendfreundin im Verlies der elterlichen Burg zum Thema hat. 16 Strophen lang knirschen Türangeln, klirren Ketten, fegen goldene Locken die kalten Steinfliesen, bis die Sprache plötzlich Flügel bekommt, die nicht nur die Seele der Gefangenen aus ihrem Kerker tragen, sondern auch ein überaus durchschnittliches Gedicht auf die Höhen der Poesie.

So war Emily immer dann am stärksten, wenn sie auf ihre eigene Imagination vertraute, die Metaphern aus dem Horrorkabinett des zeitgenössischen Schauerromans und die aufgesetzte, trotzige, melodramatische Manier, die sie sich von dem bewunderten Kollegen Byron entliehen hatte, hinter sich ließ. Ihre glücklichste Inspiration zog sie aus der Natur, dem stürmischen Himmel über der Heide, den grauen Herden in den farnigen Tälern, dem Westwind, dem vollen Mond, die sie ins Symbolische erhob. Arthur Symons schreibt über ihre Poesie: »In den Gedichten wie auf dem Moor gibt es Raum, Wind und den Geruch der Erde – und es gibt Raum zum Alleinsein.« In dieser Freiheit des Alleinseins, des Ausschreitens, des Höhenflugs und der Imagination wurzelt Emily Brontës Kunst. Sie ist größer als Gondal.

Emily Brontë
F. de Samara an A. G. A.

1.
Erleuchte deine Hallen! Es neigt sich der Tag;
Und ich bin fern und einsam und zag –
Kalt bläst mir der beißende Nordwind entgegen,
Und öd unterm Himmel ist mein Lager im Regen!

2.
Erleuchte deine Hallen – und denk nicht an mich;
Das Antlitz ist nun fort, das so verhaßt für dich –
Möge leuchten dein Aug' und ungetrübt scheinen,
Denn nie, niemals mehr begegnet es dem meinen!

3.
Die verlass'ne Heide ist dunkel, in den Lüften Stürme wehn;
Meinen einzigen Wunsch hab ich geatmet in ein letztes heißes
Flehn –
Ein Gebet, das sich befreite, wenn es auch lange schlief;
Es setzte mein Herz in Flammen, doch blieb verborgen tief.

4.
Und nun soll es geschehen, eh' sich der Morgen zeigt:
Ich will nicht mehr erleben, wie dort die Sonne steigt.
Nur eines bleibt mir noch – dein Bildnis zu beschauen;
Und dann mag sich erweisen, ob ich nur Gott kann trauen!

5.
Seh ich Dich nun? Dein schwarzschimmerndes Haar,
Die strahlend weiße Stirn, dein Lächeln himmlisch klar!
Du wendest deine Augen – ich möchte sie nicht sehn;
Ihr dunkler Todesblick – er ließe mich vergehn.

6.
Fahr hin, Betrügerin! Die Hand ist naß von Blut indessen;
Mein Herzblut fließt, um Gnade zu erkaufen – und Vergessen!
O, könnt' dies arme Herz am End' zurück dir geben
Ein Stück von jener Qual, mit der verlischt mein Leben!

7.
O, könnt' ich sehn, wie deine Lider in bitt'rem Schmerz sich schließen;
Zu schwer, das Naß zu bergen, zu streng, um überzufließen;
O, könnt ich nur dem stolzen Herz dieselben Wunden schlagen,
So wär' mein Los mir leicht, die Qual ließ' sich ertragen!

8.
Wie düster wird die Nacht! Und Gondals Winde wehn;
Das Tal, wo sie erwachen, ich werd es nie mehr sehn –
Ich spür ihn im Gesicht – »Wo wilder Sturm schweifst du umher?
Haben wir zwei Wanderer auf Erden keine Heimat mehr?

9.
Dein Hauch muß meine todeskalte Stirn nicht kühlen;
Doch zieh ins ferne Land und laß sie fühlen
Den letzten Wunsch, mein bitt'res Joch
Sag ihr, *mein* Leid sei nun vorüber, das *ihre* komme noch.

10.
Müßige Worte – müßige, rasende Gedanken! Niemand hört meinen Schrei –
Meine verzweifelten Flüche ziehn mit dem Wind vorbei –
Und könnte sie mich sehen, sie lächelte vielleicht,
In gleichgültigem Stolz und spräche Hohn so leicht!

II.

Doch wenn sie mich auch haßt – mein Abschiedsblick es sagen muß
Daß Leidenschaft noch brennt und atmet in diesem letzten Gruß.
Gewonnen hat die Tyrannin, mein Herz in Ketten liegt;
Unterworfen hab ich das Leben, doch die Liebe blieb unbesiegt!

(1. November 1838)

Emily Brontë

Lied

König Julius verließ das südliche Land,
Froh flatterten Banner und Mähnen,
Sein Gefolge, das jubelnd zur Seite ihm stand,
Wird heimkehren unter Tränen.

Laut erscholl der Triumphgesang,
Das Trommelgedröhn zu durchdringen,
Doch weit in der Ferne hörte man bang
Eine Totenglocke erklingen.

Auf seinem Schwert, so blank von Siegen,
Ein unsichtbarer Rost schon lag,
Die Sonne sinkt, kaum daß sie gestiegen,
Der Abend kommt, bevor es Tag.

Während noch wankt manch Fürstenthron,
Die Völker harren in Furcht und Sorgen,
Ist dicht an seiner Seite schon
Der tückische Dolch verborgen.

Ein sicheres Ziel die Waffe fand,
Der Tod hat ein Herz aus Stein,
Und als sein Ruhm am höchsten stand,
Büßt Macht und Leben er ein.

20. April 1839

Emily Brontë

R. Alcona an J. Brenzaida

1.

In kalter Erd', und ein Grabhügel aus Schnee, dir zugemessen!
Weit, weit entrückt, kalt in der düstren Gruft!
Hab ich, mein einzig Geliebter, zu lieben dich vergessen,
Getrennt durch der Zeit alles verschlingende Kluft?

»Der Nordwind« – Zeichnung von Emily

2.

Nun, wenn ich allein, schweifen meine Gedanken
Nicht mehr über die Berge an Angoras Strand;
Es ruhn ihre Flügel, wo Farnkräuter und Ranken
Dein edles Herz bedecken, das ewige Ruhe fand.

3.
In kalter Erd' und fünfzehn Male schmolz
Der Winter von den braunen Hügeln in den März
Unvergeßlich bleibst du dem Herzen, das stolz
dich bewahrt nach Jahren voll Trauer und Schmerz!

4.
Geliebter der Jugend, verzeih, wenn ich deiner vergesse,
Während der Strom der Zeit mich treibt ohne Ruh'n:
Ernstere Wünsche drängen, Hoffnungen, die nicht ich ermesse
Wollen dein Bild verdunkeln, doch nie ihm Unrecht tun.

5.
Keine andere Sonne hat je mir Licht gegeben,
Kein andrer Stern schien je auf mich herab:
Mein ganzes Glück empfing ich durch dein liebes Leben,
Mein ganzes Glück sank mit dir in das Grab.

6.
Doch als die Tage goldener Träume von mir gingen
Und selbst Verzweiflung keine Macht gewann,
Da lernte ich, wie man das Leben zwingen
Und ohne Freuden stärken, nähren kann.

7.
Da dämmt' ich nutzloser Leidenschaft Tränen,
Vom Sehnen nach dir macht' ich die junge Seele frei,
Verbot ihr voll Strenge, dir nachzueilen, zu wähnen,
Daß jenes Grab bereits das meine sei!

8.
Selbst jetzt erlaub ich keine Sehnsucht dem Herzen,
Hab mir die lustvolle Qual der Erinn'rung verstellt;
Tränk ich nur einmal aus dem Born dieser göttlichen Schmerzen,
Wie könnt' ich wieder leben in der trostlosen Welt?

3. März 1845

Emily Brontë

A. G. A.

Schlaf – du erquickst mich nicht,
Erinnerung brennt im Herzen;
Meine Seele lebt ohne Licht
Und kennt nur Schmerzen.

Der Schlaf bringt mir nur Weh;
Jene, die der Tod mir geraubt,
Und die ich nie wieder seh,
Umstehen mein Haupt.

Ohne Hoffnung läßt mich die Nacht;
Sie kommen im tiefsten Traum,
Und ihre Bilder, aus Trauer gemacht,
Verdunkeln den Raum.

Umsonst ich um Stärke fleh,
Um neuen Kampfesmut,
Nur umso dunkler wird die See
Und wilder der Wellen Wut.

Kein Freund mir im Schlaf erscheint
Um Tröster und Helfer zu sein;
Mir zum Hohn sind alle vereint,
Und ich bleib in Verzweiflung allein.

Schlaf – du bindest nicht mein Herz
An diese qualvolle Welt. Wozu?
Nur noch vergessen will ich den Schmerz
In des Todes ewiger Ruh.

November 1837

Emily Brontë

Douglas' Ritt

Wohlan, rückt zusammen zum Kreise,
Und dämpft der Orgel ernste Weise;
Und löscht die Lampe, schürt's Feuer gut,
Daß strahlender leuchte die Flackerglut;
Vom Fenster zieht den Samtvorhang,
Damit wir hören des Nachtwindes Sang;
Denn Sturmgebraus kann wohl begleiten
Ein Lied aus alten, bewegten Zeiten –

Lied

1.
Welcher Reiter hat in Gobelrins Schlucht
Gespornt sein keuchendes Roß,
Und flog dahin, wo kein Mensch ihn sucht,
So rasch wie ein Geschoß?

2.
Im Fels sah ich der Hufe Spur,
Als er aus der Ebene ritt;
Ich hörte tief unten das Echo nur,
Das folgte seinem Tritt.

3.
Durch Fels und Heid, die Klipp' hinauf
Der schwarze Renner springt;
Er achtet nicht des Flusses Lauf,
Der aus der Tiefe klingt.

4.
Mit offnem Haar und bloßem Haupt,
Vom Mantel kaum bedeckt,
Reitet sein Herr; der Adler schraubt
Empor sich aufgeschreckt.

5.
Die Gemsen fliehn mit zagem Schrei
Vom stillen Felsenort,
Sie bleiben stehn – er zieht vorbei;
Sie äugen – er ist fort.

6.
O, tapfres Roß, halte nicht ein!
Deine Spuren gefunden sind –
Voran, sonst wird alles vergebens sein;
Der Tod kommt wie der Wind.

7.
Ist's Donner, der aus Wolken schallt,
Aus denen der Regen bricht?
Oder sprang der Wind aus dem rauschenden Wald,
Dort unten so drohend und dicht?

8.
Als das Tal passiert, hält ein das Tier
Auf grauem Felsengestein –
Was ist dir, Roß? Willst du gerade hier
Deinem Meister treulos sein?

9.
Nein, schon ist der Renner neu erweckt
Und richtet stolz sich auf,
Mit zitterndem Leib und schaumbedeckt,
Setzt fort er den rasenden Lauf.

10.
Horch! Durch den Pass mit schauriger Wut
Naht das schwellende Gebraus!
Doch wer will trotzen der tiefen Flut,
Dem tödlichen Wasser voraus?

11.
Sie schritten durch eine dunklere Flut,
Die solche Gefahren wagen;
Sie kämpften gegen heißere Glut,
Und sollten hier verzagen?

12.
Ihre Herzen sind stark, ihre Waffen sind gut,
Ob sie fallen oder siegen;
Sie stürzen sich in die schäumende Flut,
Und sind bald ans Ufer gestiegen –

13.
»Auf, kühne Männer, noch einmal Mut,
Zu queren die Schlucht zwischen Steinen,
Und Douglas soll unsrer Königin Blut
Bezahlen uns mit dem seinen!«

14.
Ich höre in der finsteren Klamm
Ihre nahenden Tritte hallen;
Hoch oben liegt ein Kiefernstamm,
Über die Schlucht gefallen.

15.
Die schwanke Brücke, die kein Pferd betritt,
Versperrt des Gesetzlosen Pfad;
Dort ist er gestellt nach langem Ritt,
Wie ein Tier, dem der Jäger naht.

16.
Warum lächelt er, als er unten tief
Die Häscher erblickt, die steigen?
Der mächtige Stamm, er legt sich schief
Und beginnt sich langsam zu neigen.

17.
Sie schaun hinauf, denn durchs Himmelsblau
Stürzen jähen Schattens Boten;
Doch Douglas kennt sein Ziel genau –
Er muß nicht fliehn die Toten.

11. Juli 1838

Emily Brontë
Julian M. und A. G. Rochelle

[...]
»Doch sage ihnen, Julian, ich werd' nicht tragen
Jahr um Jahr Verzweiflung, Weh und Zagen;
Ein Bote der Hoffnung kommt jede Nacht zu mir,
Verheißt mir ewige Freiheit für kurzes Leben hier.

Er kommt mit westlichen Winden, wenn die Abendlüfte gehn,
Wenn in des klaren Himmels Dunkel die Sterne dichter stehn;
Wehmütig tönen die Winde, der Sterne Heer sich feurig vermehrt,
Traumbilder steigen und ziehn, deren Sehnsucht mich verzehrt –

Unsägliche Sehnsucht, die mich in späteren Jahren gequält,
Als Freude vergällt ward durch Furcht, die künftige Tränen gezählt;
Als ich nicht wußte, ob im Herzen der Strahl der Wonne
einem Gewitter entstammte oder der Sonne.

Dann senkt sich ein Hauch von Frieden und tiefer Stille herab;
Die zehrenden Schmerzen schwinden, die heiße Ungeduld fällt ab;
Lautlose Musik, unfaßliche Harmonie das Herz erhellt,
Die ich mir nie erträumt, bis ich entsagt' der Welt.

Dann tut sich Unsichtbares auf, seine Wahrheit sich mir enthüllt;
Der äußeren Welt bin ich entrückt, doch meine Seele fühlt,
Daß sie ihrer Heimat nah; nur noch ein Sammeln zum Schwung –
Dann mißt sie des Abgrunds Tiefe und wagt den letzten Sprung!

O, schrecklich das Erwachen, furchtbar der Qualen Gewicht,
Wenn die Ohren wieder hören und die Augen sehn das Licht,
Wenn wieder die Pulse schlagen, und das Denken sich wieder regt,
Und die Glieder die Kette spürt, die sich um sie legt!

Doch achte ich nicht der Schmerzen, die Folter schreckt mich nicht;
Je wilder die Qualen wüten, um so eher kommt des Segens Licht;
Und käm er als Höllenfeuer oder als Glanz aus des Himmels Raum,
Und sei es gar der Todesbote, bleibt göttlich doch der Traum!«
[...]

9. Oktober 1845

Anne Brontë
Der Abschied

1.

Das braune Roß stand aufgezäumt,
Den Herrn erwartend, der noch säumt,
Der waldige Park, so hell und grün,
Lag leuchtend da im Morgenglühn,
Das Laub der Espen auf der Wiese
Tanzt zitternd in der Morgenbrise.
Des Schlosses Tor stand offen weit,
Sein Herr zum Ausritt gerüstet war,
Sein schönes Weib gab ihm Geleit,
Mit samtdunklen Augen und schwarzem Haar.
Lächelnd nahm er ihre weißen Hände
Und sprach: »Unsre Zeit ist hier zu Ende;
Mein Roß, es will nicht länger stehen
Und wiehert laut, mich anzutreiben.
Adieu, bis wir uns wiedersehen,
Mein Lieb, ich kann nicht länger bleiben.«

2.

»Du darfst«, sprach sie, »so rasch nicht fort,
Ich lasse dich nicht ziehn.
Die Schatten in jenem Tale dort
Beginnen ja erst zu fliehn.
Noch immer liegen tief und lang
Sie auf betauter Au,
Und kaum begann der Vögel Sang
Zu grüßen des Morgens Blau.
Drum weile noch und eile nicht«,
Bat sie mit lächelndem Gesicht.

3.
Er lächelt' auch und sprach kein Wort,
Küßt ihre Wangen immerfort
Und schloß sie fest an seine Brust.
Dann saß er auf mit einem Satz,
Und durch des Parkes Morgenlust
Trieb er sein Roß zu schneller Hatz.
Sie stand am Tor dort voller Gram
Und blickt ihm nach, so lang er nah,
Bis schnellen Ritts zum Wald er kam,
Und sie ihn nicht mehr sah.
Doch eh' sie gänzlich ihn verlor,
Winkt' er ein letztes Mal, bevor
Er vorwärtsschoß und allzubald
Verschwunden war im fernen Wald.

4.
Die Lady lächelt' sinnend nur
Und seufzte einmal bloß,
Doch auf den Wangen keiner Blässe Spur
Und das Auge tränenlos.
»Tausend Blumen lieblich sind«,
Sprach sie, »erblüht im grünen Revier,
Doch bevor sie welken im kühlen Wind,
Ist mein Liebster wieder bei mir.
Die Blätter leuchten frisch und grün
Im Sommersonnenschein,
Und lang bevor sie herbstlich glühn,
Mein Herr zurück wird sein!« –
Ach, schöne Lady, sag es nicht,
Du kennst ja nicht des Leids Gewicht,
Das wird deine Bürde sein.

5.
Die Blumen werden welken, die Blätter fallen,
Und der Winter wird dunkeln in deinen Hallen;
Der liebliche Frühling wird das Land überziehn
Und Bäume und Blumen aufs neue blühn,
Und viele Jahre werden vergehen,
Doch du wirst deinen Liebsten nicht wiedersehen.
Er wird nicht kommen, weintest du noch so sehr,
Wirst niemals lächeln zu seiner Wiederkehr.

9. Juli 1838

Der Zeichnung der aufgestörten jungen Frau im Wald gab Anne den Titel: Wie bitte?!

1.
Die Herrin von Alzernos Hallen
Wartet auf ihren Gemahl;
Der Amsel Lied, des Kuckucks Schallen
Vermindern nicht ihre Qual.
Sie lächelt nicht bei des Sommers Schein
Und nicht bei des Winters Prangen;
Sie trauert, daß sie noch immer allein,
Obgleich drei Jahre vergangen.

2.
Ich kannte sie, als ihr Auge war hell,
Ich kannte sie, als ihr Schritt war schnell
Und wie der eines Rehes so weich,
Und als ihre Wangen den Rosen gleich,
Ihre Stimme voll und klar
Und ihr Lächeln so wonnig war.

3.
Doch nun ist ihrer Augen Glanz
Unter vielen Tränen verborgen;
Ihrer Füße geschmeidiger Tanz
Gelähmt von Furcht und Sorgen;
Von hohlen Wangen wich das Rosenlicht;
Mit leiser Trauerstimme sie spricht,
Und ihr Lächeln ist nur ein Schimmer
Von Sonnenlicht, das winters weht
Als schwacher Strahl durch trübe Wolken,
Und das im Nu vergeht:
Es hat keine Freude, läßt nichts erblühn,
So daß wir von Sommertagen schwärmen,
Wenn der Himmel klar und die Felder grün,
Und der Sonne Strahlen uns wärmen.

4.
Gewartet hat sie drei Jahr' ihres Lebens,
Noch immer hoffend, er werde erscheinen,
Doch Hoffen und Bangen waren vergebens
Und ihr Wachen und Klagen und Weinen;
Und mögen ihre Locken zu ergrauen beginnen,
Mag ihr überm Warten das Leben verrinnen,
So kehrt zu ihr und zu seinem Glück
Ihr edler Herr doch nie mehr zurück.

5.
»Das Schlimmste zu wissen, wär ein Gewinn«,
Sprach sie, »dann könnt' ich verzagen.
Diese endlose Furcht, dies Hoffen ohne Sinn,
Sind mehr als ich kann ertragen!« –
»Dann hoffe nicht und weine nicht,
Seiner Liebe mußt du glauben:
Es könnte nur des Todes Gericht
Solch treues Herz dir rauben;
Eliza, nie hätte er ohne Not
Dich überlassen solchem Verzehren;
Gewiß ist er tot, denn allein der Tod
Könnt' ihn hindern, heimzukehren.«

6.
So sprach ich zu ihr, denn es schien
Das Herz mir zu brechen im Stillen,
Als ich sie so dahinsterben sah
Um ihres Alzerno willen.
Doch mehr zu sagen, fehlt' mir der Mut,
Obgleich ich wußte nur allzu gut,
Wann und wo er verblichen.
Denn als seine Lebensgeister wichen,
Lag sein Haupt in meiner Hand,
Seine dunklen Augen mir zugewandt

Mit qualvollem, herzzerreißendem Blick,
Bis starr sie wurden und leer –
O, den Blick eines Sterbenden,
Vergißt man niemals, niemals mehr –!

Alexandrina Zenobia
10. Juli 1883

ANHANG

ANMERKUNGEN

Eine romantische Erzählung

Maimoune, eine Fee aus den Märchen aus 1001 Nacht, Tochter von Damriel, dem König der Schutzgeister.

Charakterbilder der berühmtesten Männer der Gegenwart

Der Herzog von Wellington war im Januar 1828 zum Premierminister ernannt worden. Die Partei der Whigs und die aufstrebende Mittelklasse der Fabrikbesitzer forderten eine Wahlreform. Nach traditionellem Recht waren zwar viele kleine Wahlbezirke durch einen adeligen Grundherrn im Parlament vertreten, nicht jedoch die großen Industriestädte wie Birmingham, Leeds, Manchester oder Bradford. Obwohl es auch in der Partei der Torys Sympathisanten für eine Parlamentsreform gab, wie etwa Robert Peel, war der Herzog von Wellington nicht der Mann, der Reformen zuneigte. Ein zweiter Krisenpunkt englischer Politik war Irland, zu Beginn des Jahrhunderts eine vergessene, ausgebeutete Kolonie. Der irische Abgeordnete im englischen Parlament, Daniel O'Connell, hatte mit seiner Kampagne der katholischen Emanzipation in Irland gewaltigen Zulauf. Wellington, der einen Bürgerkrieg fürchtete, überzeugte 1829 die Torys, in der Frage der katholischen Emanzipation nachzugeben, also katholische Abgeordnete im rein protestantischen Unterhaus zuzulassen und die drückendsten Gesetze für Katholiken abzuschaffen. Die Frage der »Home Rule« für Irland war damit nicht geklärt.

Der Groß-Schutzgeist Tallii, auch Tally – Charlotte selbst.

Ein Tag in Parrys Palast

Lady Emily – in der ›Altsprache der Jungen Männer‹ – »Aumly«. Im Manuskript ist Emily gestrichen und durch Aumly ersetzt.

Captain John Ross – König von Rosses Land, Annes Held.

Briefe eines Engländers

In den späteren Briefen ist Scott der Empfänger, James Bellingham der Schreiber der Briefe.

Bei der Absender-Adresse London handelt es sich offenbar um einen Flüchtigkeitsfehler des Autors.

Die Personallage auf seiten der drei Bösewichter ist nicht ganz durchsichtig. Bei dem Riesen könnte es sich um Pigtail handeln. Ned Laury ist kein Franzose, sondern Ire und steht in den Diensten der Familie Wellesley. S. auch »Das Geheimnis«.

Branwell bezieht sich offenbar auf den Fall von Hare und Burke, die beiden Mörder, die ihre Opfer an den Chirurgen Dr. Knox verkauften. Burke wurde im Januar 1829 gehängt. Das Geschäft der »Einsacker«, die jüngst Beerdigte wieder ausgruben und an die Anatomen verkauften, war im 19. Jahrhundert nicht unüblich.

Horresco reverence – Die Feder sträubt sich.

Bobadill – nach Recherchen von Lloyd Evans ein Offizier Wellingtons, nach William Holtz eine Figur in der Komödie »Jedermann hat seine Schwächen« von Ben Jonson (1572[?]–1637).

Die Jibbel oder Djebel Kumrii heißen an anderer Stelle auch Mondberge.

Die Gruppe du Mange – wahrscheinlich keine historische Anspielung, sondern eine Ableitung aus ›Le parti du manche‹, d. h., die richtige Hand am Griff haben, bzw. auf seiten der Macht zu stehen.

Das Geheimnis

Zamornas Gratifikation kann sich sehen lassen. Sie ist zehnmal höher als die Stanleys. Das Pfund Sterling, seit 1817 dargestellt durch den Sovereign, enthielt 20 Schilling zu 12 Pence. Zu Beginn des 19. Jahrhunderts kostete ein Laib Brot einen Schilling, ein Pfund Tee 7 Schilling und 8 Pence. Ein Handwerker verdiente um die 17 Schilling in der 64-Stunden-Woche, ein Landarbeiter nicht mehr als 9 Schilling.

Mein Hausherr – der Autor der Geschichte ist Charles Wellesley, der bei Surena Ellrington logiert.

Seit seiner Einführung als Dr. Hume Badey und Branwells »Briefen eines Engländers« hat Sir Alexander Hume auf Badey Hall in Wellingtonsland einen bemerkenswerten sozialen Aufstieg hinter sich.

Mina sollte den Marquis in den kommenden Jahren noch besser kennenlernen. Sie wird ihm eine ebenso treue Geliebte wie sie Marian eine treue Zofe war.

Bei dem Haus in Harley Street handelt es sich offenbar um einen Herrenclub, in dem gespielt und getrunken wurde. Gewagteres ist in Verdopolis kaum vorstellbar. Captain Gordon gehört später zur Partei Northangerlands.

»In stolzer Haltung…« – Oliver Goldsmith »The Traveller«.

Alexander I. auf seinem Thron im Gebirge – Northangerland bezieht sich auf den Staatsstreich, den er 1832 gegen die Zwölf führte. Branwell beschreibt in einer späteren Serie von »Briefen eines Engländers« eine Schlacht zwischen den Truppen von Alexander Sneaky und Northangerland.

Mein Angria und die Angrianer

Lady N. – Lady Northangerland

Zamorna – Hauptstadt der gleichnamigen Provinz im Königreich Angria, Wirtschaftsmetropole.

John Greenwood war Organist in Keighley, drei Meilen von Haworth entfernt, und ein bekannter Musiker.

Thorncliffe – eine Verballhornung von Thornton, dem Geburtsort der vier jüngeren Brontës. Ebenso Howard – Haworth.

Abey Sudbury Figgs – ein Abraham Sunderland war Musiklehrer im Brontë-Haushalt. Emilys Tagebucheintrag vom 24. November 1834 informiert uns, daß Mr. Sunderland erwartet werde, und daß sie und Anne ihre Hausaufgaben noch nicht gemacht hätten, »bei denen es um B-Dur geht«.

Lily Hart – Heldin einer gleichnamigen Geschichte von Charlotte. Während Rogues

Rebellion, die Branwell in den »Briefen eines Engländers« beschreibt, gewährt sie dem Herzog von Fidena und dem Marquis von Douro Unterschlupf. Zum glücklichen Ende heiratet sie Fidena.

Georgiana und Eliza – nicht von ungefähr werden »Jane Eyres« hochmütige Kusinen Reed dieselben Vornamen tragen.

Lady Helen Victorine Gordon – Zamornas erste Frau, stirbt bei der Geburt ihres Sohnes Ernest Edward Fitzarthur.

Die Rückkehr Zamornas

Ellringtons Halbjahresrechnung von 25 Pfund für Vollpension in seinem Haus kann nicht unverschämt genannt werden. Der Pfarrer Brontë verdiente z.B. 200 Pfund im Jahr. Anne bekam 1840 als Gouvernante 50 Pfund per annum. Charlotte erhielt 500 Pfund Honorar für ihren Roman »Jane Eyre«.

Lord Richton war ein Pseudonym Branwells. Im Oktober 1835 hatte er ein Manuskript beendet, in dem er die politischen Wirren nach der Schlacht von Loango beschreibt.

Die Rede, die in Angria niemals vergessen werden wird, schrieb Branwell im Dezember 1837: Warners Appell zur Restauration Zamornas auf den Thron von Angria. Daß Charlotte sich so häufig auf Branwells Geschichten bezieht, zeigt, wie eng die Geschwister in dieser Phase zusammenarbeiteten.

Zamorna mit seinem kleinen Augustus in den Armen – Der Kinderreichtum Zamornas und Marys erfordert ein eigenes Studium. Neben zwei Söhnen aus vorausgegangenen Ehen, zählt die Familie von drei bis fünf Söhnen und eine Tochter, die jedoch unter verschiedenen Namen und Titeln auftreten. Der Jüngste, hier Augustus, hieß an anderer Stelle Arthur.

»Ich bin nur ein Anhängsel aus dem Westen« – Mina Laury stammt aus dem westlichen Wellingtonsland, aber die Ursprünge ihrer Familie reichen bis nach Irland. Ihr Vater, Sergeant Ned Laury, war einer der Veteranen, die Wellington von seinem Feldzug in Europa als Siedler nach Afrika gebracht hatte. Zamorna spricht an anderer Stelle von ihren milesischen Augen – nach dem sagenhaften spanischen König Milesius, dessen Söhne um 1300 vor Christus Irland eroberten.

»Frankreich, von einem Ende zum anderen« – Mina Laury hatte sich unerkannt in Frenchiesland an Bord der »Rover« geschlichen. Da diese Insel Buonapartes mit ihrer Hauptstadt Paris dem wirklichen Frankreich nachgebildet ist, liegt die Vermutung nahe, daß Zamorna und Mina vor der afrikanischen Küste und nicht in Europa ihr Exil erlebten.

Burg Mornington – Wellingtons Sitz in den Bergen von Ellibank. Mina ist eine Jugendgefährtin Zamornas, ihre Mutter war sein Kindermädchen.

Dongola ist die Hauptstadt der angrianischen Provinz Etrei. Branwell schrieb die Geschichte »Das Massaker von Dongola«.

Kastanienbraune Locken – In »Mein Angria und die Angrianer« waren Marys Haare noch blond – aber n'importe.

Détenu – Gefangener

Henry Hastings

Louisa Dance, Geliebte von Northangerland und zeitweise auch von Macara Lofty, trägt den Titel Marquise aus ihrer ersten Ehe mit Richard, Marquis von Wellesley, einem Bruder des Herzogs von Wellington.

»Der Sultan« ist Zamorna, auf dessen Leben Hastings einen Anschlag plant, angestachelt von Macara Lofty.

Pendleton ist der Geburtsort der Hastings. Pendle Hill ist ein Berg in der Nähe von Haworth.

Victoria Delph – eine reiche Erbin in Verdopolis und Mätresse Northangerlands.

Die Ladies Seymour sind Kusinen Zamornas.

Colnemoss Tarn – das Moor, auf dem die Hastings leben. Colne ist wiederum ein Ort in der Nähe von Haworth.

Pandemonium – die Hauptstadt der Hölle in Miltons »Das verlorene Paradies«.

Harmagedon – Vgl. Offenbarung des Johannes, Kap. 16, Vers 16 über die letzte Weltenschlacht zwischen den Mächten des Guten und des Bösen.

Pantinen (in Yorkshire pattens) sind Holzschuhe auf kleinen Stegen. Im Haushalt der Brontës trug Tante Branwell »pattens« gegen die kalten Steinfußböden.

Tartaros – der Abgrund, in den Zeus seine Feinde stürzte.

Der große Kreole – Lord Hartford.

»Ach, die Helden sind gefallen« – Vgl. 2. Samuel 1, Vers 19.

»Im übrigen hatte sie niemanden auf der Welt, der an ihr etwas auszusetzen haben könnte, niemanden, dem sie Rechenschaft schuldig war, weder einem Vater noch einem Bruder.« Vgl. auch »Jane Eyre«, Kapitel 27: »Denn du hast ja keine Verwandten und Bekannte, deren Gefühle du durch ein Zusammenleben mit mir verletzen würdest.«

»Das dumme kleine Kreuz« – Sir William bezieht sich offenbar auf ein Geschenk, das er Elizabeth in dem fehlenden Teil des Manuskripts machen wollte.

Gondal

Eugene Aram – Roman von Edward Bulwer Lytton, erschienen 1832.

»Schön war der Abend ...« Im Gegensatz zu »Augusta Almedas Leben« ist Annes Gedicht erhalten. Sie signierte es am 1. Juli 1837 und gab ihm den Titel »Alexander und Zenobia«.

ANGRIA:
Personen und Orte

Adrianopolis, Hauptstadt des Königreichs Angria am Fluß Calabar, um das der Herzog von Zamorna nach einem siegreichen Feldzug die Glasstown-Föderation erweitert. 150 Meilen von der alten Hauptstadt Verdopolis entfernt gelegen.

Alford, Dr., Zamornas Hofarzt in Adrianopolis.

Alnwick, Familiensitz der Percys.

Ardrah, Arthur Parry, Marquis von, Percys Verbündeter gegen Zamorna, Erbe von Parrys Land.

Arundel, Frederick, Graf von, Gouverneur der Angria-Provinz Arundel, Pate von Zamornas Zwillingssohn Victor Frederick, verheiratet mit Edith Sneachie (oder Sneaky), Princess Royal von Sneachisland.

Bud, John, Captain, bedeutender politischer Autor und Zeitgenosse des Herzogs von Wellington, Vater von Sergeant Bud, einem unsauberen Anwalt (ein Pseudonym von Branwell).

Castlereagh, Frederick Stuart, Vicomte Lord, Graf von Stuartville, Freund Zamornas, Gouverneur der Angria-Provinz Zamorna.

Dance, Lord George (auch Vernon), zweiter Ehemann von Louisa Vernon.

De Lisle, Frederick (oder Sir Edward), Portraitmaler in Verdopolis.

Douro, Marquis von, s. Wellesley, Arthur Augustus Adrian.

Ellrington, House, Stadtresidenz der Northangerlands in Verdopolis.

Ellrington, Surena, Verwandter von Zenobia Ellrington, wahrscheinlich ihr Bruder, Tuchhändler, Vermieter von Räumlichkeiten an Charles Townshend.

Ellrington, Zenobia, kultivierte Salonlöwin, in jungen Jahren in den Marquis von Douro verliebt, später mit Alexander Percy, Graf von Northangerland, verheiratet. Zenobia war der Name der antiken Königin von Palmyra, die sich Königin des Ostens nannte.

Enara, Henry Fernando, »der Tiger«, Kommandeur der angrianischen Streitkräfte, Freund Zamornas.

Evesham, Stadt in der Provinz Edwardstown am Fluß Cirhala. General Thornton besiegt die dort verschanzten Republikaner.

Fidena, John, Herzog von, Führer der Konstitutionalisten (Zamornas Armee).

Flower, Sir John, Vicomte Richton, Botschafter von Verdopolis in Angria (ein Pseudonym von Branwell).

Glasstown, »das große«, erbaut von den Zwölf mit Hilfe ihrer Schutzgeister an der Mündung des Niger, später Verreopolis, dann endgültig Verdopolis. Der Herzog von Wellington, Parry, Ross und Sneaky hatten in ihren Königreichen je eine eigene Glasstown. Der Mittelpunkt der Föderation war jedoch Great Glasstown.

Greville, Lady Georgiana, Mätresse Northangerlands.

Guadima, Name für den Niger, an dem Verdopolis erbaut wurde.

Hartford, Edward, Lord, General, Edelmann aus Angria, Konflikt mit Zamorna über dessen Geliebte Mina Laury. Später Bewerber um Jane Moore. Vorgesetzter von Hauptmann Henry Hastings.

Hastings, Elizabeth, Schwester von Henry Hastings, Gesellschafterin von Jane Moore.

Hastings, Henry, Hauptmann, Soldat und Autor aus Angria, den der Suff und sein unausgeglichenes Temperament ins Unglück stürzen. (Ein Pseudonym von Branwell).

Hume, Marian, Zamornas zweite Frau. Mutter von Arthur Julius Wellesley, Lord Almeida. Tochter von Dr. Alexander Hume Badey. Stirbt an gebrochenem Herzen, als Zamorna sie wegen Mary Percy verläßt.

Laury, Mina, Zofe in Zamornas Haushalt, ehe sie seine Geliebte wird. Folgt ihm ins Exil. Tochter von Sergeant Ned Laury, einem Gefolgsmann Zamornas.

Lofty, Lord Macara, Anführer der Republikaner, Bruder des Grafen von Arundel, Opiumesser.

MacTerroglen, Sir Jehu, General der Aufständischen unter Alexander Percy.

Maxwell, senior und junior, Zamornas Diener.

Montmorency, Hector Matthias Mirabeau, Adeliger aus Angria, im Laufe von Percys Niedergang ebenfalls entmachtet.

Morley, Babbicombe, Minister in Angria, ein Pedant und Langweiler, »die Blindschleiche unter den Schlangen«.

Moore, Jane, angrianische Schönheit der besseren Gesellschaft, Tochter des Rechtsanwalts und Magistratsmitglieds Mr. Moore.

Naughty, Richard, (Young Man Naughty), Tunichtgut, wie der Name schon sagt. Freund und Rivale von Ned Laury. Als Richard Naughten (oder Mange) führt er die niederen Stände gegen Zamorna.

Northangerland, Graf von, s. Alexander Percy.

Parry, Sir William Edward, einer der zwölf Gründerväter, König von Parrys Land. Sein lebendes Vorbild war der Polarforscher Sir William Edward Parry (1790–1855), den Emily sich als Helden ausgesucht hatte.

Percy, Alexander, von Branwell eingeführt, begann er seine literarische Karriere als Rogue, der Schuft; von Anbeginn Gegenspieler Zamornas. Führer der Republikaner, revoltierte schon gegen die vier Könige der Glasstown-Föderation. Verbündete sich kurzfristig mit Zamorna, als dieser Percys Tochter Mary Henrietta heiratete. In seiner Ehe mit Zenobia Ellrington nimmt er den Titel Vicomte Ellrington an. Später der Graf von Northangerland. Nach Verrat an seinem Schwiegersohn, nach Bürgerkrieg, Exil und Rückkehr Zamornas, wird er entmachtet, aber aus Familien-Anhänglichkeit auf seinem Gut Alnwick geduldet. (Percy, Graf von Northumberland, ist in Shakespeares »Richard II« ein Verräter des Königs.)

Percy, Edward, Bruder von Mary Percy, und, wie sein Bruder William, vom Vater Alexander Percy verstoßen. Erfolgreicher Geschäftsmann und Fabrikbesitzer. Handelsminister von Angria. Die größte Industriestadt Edwardston ist nach ihm benannt. Verheiratet mit Maria Sneachie. Ungehobelt und hochmütig.

Percy, Lady Helen, Mutter von Alexander Percy.

Percy, Henry, jüngster Sohn von Alexander Percy. Verstoßen und ertrunken.

Percy, Maria, Lady Percy, geborene Maria Sneachie, Frau von Edward Percy.

Percy, Mary Henrietta, Northangerlands Tochter und dritte Frau Zamornas. Opfer der gespannten Familienbeziehungen. Drei bis fünf Söhne, eine Tochter.

Percy, Sir William, Bruder von Edward Percy. Im Gegensatz zu ihm eine eher verträumte Figur. Als Dandy macht er Elizabeth Hastings den Hof. In den früheren

Schriften mit Cecilia Seymour verheiratet.

Quashia, Quamina, Sohn von Sai-Too-Too, dem König der Aschantis, der in der Schlacht von Coomassie gegen die Glasstown-Föderation umkommt. Der Herzog von Wellington adoptiert den Jungen, erfährt in der Folge aber wenig Dankbarkeit. Erbitterter Feind Zamornas. (Quashia war der Spottname für Schwarze schlechthin).

Rosier, Eugene, Zamornas französischer Diener.

Ross, John, Captain, einer der Zwölf, König von Rosseland, Annes Held. Der wirkliche J. R. war der britische Seefahrer und Entdecker Sir John Ross (1777–1856), Begleiter Franklins bei der Suche nach der Nordwest-Passage.

Rossendale Hill, Ort der entscheidenden Schlacht gegen die Aschantis, in der der Herzog von York, der erste König der Zwölf, fällt.

S'Death, auch Robert King, Schurke in vielfacher häßlicher Gestalt in den Diensten Alexander Percys.

Sneaky, Maria (auch Sneachie), Tochter von Alexander I. König von Sneachiesland, Schwester von Edith Sneachie. S. Percy, Maria.

Soult, Alexander, Marquis von Marseille, Herzog von Dalmatia, bekannt als »Der Reimer«, ein Dichter aus Glasstown, später Botschafter Angrias in Verdopolis, ein enthusiastischer junger Herr, dessen Gefühle ihn oft »über alle Grenzen der Vernunft und der Höflichkeit« hinwegtragen. – Der historische Soult war ein französischer General, der gegen Wellington im Spanienkrieg kämpfte. (Ein Pseudonym Branwells).

Sydney, Edward Stanley, Sohn des Herzogs von York und einer spanischen Dame namens Zorayda. Als romantischer Held hat Charlotte nicht lange Verwendung für ihn. In seiner Ehe mit Julia Wellesley wird er langsam zur komischen Figur.

Thornton, Sir Wilkin, General, eine rustikale Figur, die mit Yorkshire-Akzent spricht. Sohn von Alexander Sneaky, Aufpasser des jugendlichen Charles Wellesley. Gouverneur der Provinz Calabar. In späteren Jahren mit Julia Wellesley verheiratet. Residenz in Thornton Hotel (Stadt) oder Girnington Hall (Land).

Townshend, Charles (auch Townsend), eine Spielart von Charles Wellesley (ein Pseudonym Charlottes).

Tree, Captain, Dichter in Glasstown, Vater von Sergeant Tree, dem Verleger und Buchhändler, bei dem alle eminenten Werke erscheinen. (Ein Pseudonym Charlottes).

Verdopolis, Glasstown in französisch-griechischer Übersetzung, ab 1830.

Vernon, Louisa (auch Dance), ehemalige Opernsängerin, verheiratet mit einem Bruder des Herzogs von Wellington, danach mit Lord Vernon (Dance); Mätresse von Percy und Mutter seiner Tochter Caroline Vernon; Typ der ewigen Kokotte mit nicht ganz einwandfreien Beziehungen zu Lord Macara Lofty.

Warner, Warner Howard, Oberhaupt eines schottischen Clans, Nachfolger des gestürzten Northangerland als Premierminister von Angria, unerschütterlich aufrichtig und Zamorna ergeben.

Wellesley, Arthur, als zwölfjähriger »einfacher Trompeter« segelt er mit den zwölf Gründervätern nach Afrika. Jahre später kehrt er nach England zurück, um gegen Napoleon zu kämpfen. Als Herzog von Wellington regiert er schließlich wieder in der Glasstown-Föderation. Er war Charlottes Kinderschwarm, der allmählich zugunsten seines Sohnes, des Herzogs von Zamorna, abdankte.

Wellesley, Arthur Augustus Adrian, ältester Sohn des Herzogs von Wellington, im

Lauf seiner Karriere Marquis von Douro, Herzog von Zamorna, König von Angria, Kaiser Adrian. Charlottes Lieblingsheld, ein Künstler, Soldat und Herzensbrecher von erstem Rang. Der wirkliche Herzog von Wellington hatte einen Sohn, dessen Titel aus dem Spanienkrieg rührte, der Stadt Zamora am Duero.

Wellesley, Lord Charles Albert Florian, Zamornas jüngerer Bruder, Chronist seiner Taten, tritt als flotter, ironischer junger Mann oder als vorlautes Kind auf. (Ein Pseudonym Charlottes).

Wellesley, Lady Isabella, Herzogin von Seymour, Tante von Zamorna, mit schönen Töchtern gesegnet, von denen Cecilia William Percy heiratet.

Wellesley House, Stadtresidenz Zamornas in Verdopolis.

Wellesley, Julia, Zamornas Cousine; erste Ehe mit Edward Stanley Sydney, zweite Ehe mit General Thornton, »ein großes, strammes Mädchen« mit rabenschwarzen Locken.

Wellesley, Rosamund, Cousine und Geliebte Zamornas; von ihm verlassen, nimmt sie sich das Leben.

Zamorna, s. Wellesley, Arthur Augustus Adrian.

BENUTZTE LITERATUR

ALEXANDER, CHRISTINE: The early Writings of Charlotte Brontë, Basil Blackwell, Oxford 1983.

BEER, PATRICIA: Reader, I married him, Macmillan Press, London and Basingstoke, 1974.

BRONTË, ANNE: The Poems of Anne Brontë, ed. by Edward Chitham, Macmillan Press, London and Basingstoke, 1979.

Brontë, Charlotte: A Leaf from an unopened Volume, ed. by Charles Lemon, The Brontë Society, Haworth 1986.

BRONTË, CHARLOTTE: Five Novelettes – Passing Events, Julia, Mina Laury, Captain Henry Hastings, ed. by Winifred Gérin, The Folio Press, London 1971.

BRONTË, CHARLOTTE: Jane Eyre, deutsch von Helmut Kossodo. Hrsg. von Norbert Kohl, Insel Verlag, Frankfurt 1986.

BRONTË, CHARLOTTE: Legends of Angria, ed. by Fannie E. Ratchford, Kennikat Press, Port Washington, New York, London 1973.

BRONTË, CHARLOTTE: The Professor – Tales from Angria – Emma, ed. by Phyllis Bentley, Collins, London and Glasgow, 1954.

BRONTË, CHARLOTTE: The Twelve Adventurers and other Stories, ed. by Clement Shorter, Hodder and Stoughton, London 1925.

BRONTË, CHARLOTTE: The Juvenilia of Jane Austen and Charlotte Brontë, ed. by Patricia Beer, Penguin Books, Harmondsworth 1986.

BRONTË, CHARLOTTE: Two Tales – The Secret, Lily Hart, ed. by William Holtz, University of Missouri Press, Columbia and London 1978.

BRONTË, CHARLOTTE AND PATRICK BRANWELL: The Miscellaneous and Unpublished Writings, ed. by Thomas James Wise and John Alexander Symington, Basil Blackwell, Oxford 1936.

BRONTË, EMILY: Gondal Poems, ed. by Helen Brown and Joan Mott, Basil Blackwell, Oxford 1938.

BRONTË, EMILY: The complete Poems, ed. by C. W. Hatfield, Columbia University Press, New York 1941.

BRONTË, EMILY: Sturmhöhe, deutsch von Ingrid Rein, Reclam, Stuttgart 1986.

BRONTË, PATRICK BRANWELL: The Poems of Patrick Branwell Brontë, ed. by Tom Winnifrith, Basil Blackwell, Oxford 1983.

BRONTË SISTERS: Poems, EP Publishing, Rowman and Littlefield 1978.

BRONTË SOCIETY: Transactions, 1950, 1951, 1962, 1965, 1983, 1984, 1985, 1986.

BROWN, HELEN AND MOTT, JOAN: The Gondal Saga, Sonderdruck der Brontë Society, Transactions 1937.

CHITHAM, EDWARD AND WINNIFRITH, TOM: Brontë Facts and Brontë Problems, Macmillan, London and Basingstoke 1983.

DELAFIELD, E. M.: The Brontës, their Lives recorded by their Contemporaries, Ian Hodgins 1979.

DU MAURIER, DAPHNE: The infernal world of Branwell Brontë, Avon Books, New York 1960.

DUTHIE, ENID L.: The foreign Vision of Charlotte Brontë, Macmillan, London and Basingstoke, 1975.

EWBANK, INGA-STINA: Their proper Sphere, Edward Arnold Pub., London 1966.

GASKELL, ELIZABETH: The Life of Charlotte Brontë, Penguin Books, London 1975.

GÉRIN, WINIFRED: Anne Brontë, Allen Lane, London 1976.

GÉRIN, WINIFRED: Branwell Brontë, Hutchinson, London 1961.

GÉRIN, WINIFRED: Charlotte Brontë, the Evolution of Genius, Oxford University Press, 1967.

GÉRIN, WINIFRED: Emily Brontë, Oxford University Press, 1979.

HARRISON, ELSIE G.: The Clue to the Brontës, Methuen, London 1948.

LANE, MARGARET: The Brontë Story, Fontana/Collins, Glasgow 1979.

LLOYD EVANS, BARBARA AND GARETH: Everyman's Companion to the Brontës, J. M. Dent & Sons Ltd., Melbourne and Toronto 1982.

LOCK, JOHN AND DIXON W. T.: A Man of Sorrow, Thomas Nelson and Sons, London 1965.

Maurat, Charlotte: The Brontë's Secret, Constable, London 1969.

Maynard, John: Charlotte Brontë and Sexuality, Cambridge University Press 1984.

Moglen, Helene: Charlotte Brontë the self Conceived, Norton Library, New York, 1978.

Ratchford, Fannie E.: The Brontë's Web of Childhood, Columbia University Press, New York 1941.

Sadoff, Dianne F.: Monsters of Affection, John Hopkins University Press, Baltimore and London, 1982.

Schmidt, Arno: Angria & Gondal. Der Traum der taubengrauen Schwestern, in: Nachrichten aus dem Leben eines Lords, Fischer Taschenbuch Verlag, Frankfurt 1975.

Scott, Peter James M.: Anne Brontë, a new critical assessment, Vision and Barnes, London 1983.

Smith, Anne: The Art of Emily Brontë, Vision Press, London 1976.

Spark, Muriel (Hrsg.): The Brontë Letters, Macmillan, London and Basingstoke 1966.

Spark, Muriel and Stanford, Derek: Emily Brontë, her Life and Work, Peter Owen, London 1960.

Wilks, Brian: The Brontës, Hamlyn, London, New York, Sidney, Toronto 1975.

Winnifrith, Tom: The Brontës, Macmillan, London and Basingstoke 1977.

Winnifrith, Tom: The Brontës and their Background, Macmillan, London and Basingstoke, 1937.

Wise, James and Symington, Thomas: The Brontës, their Lives, Friendships and Correspondence, Basil Blackwell, Oxford 1932.

Wocker, Karl Heinz: Königin Victoria – die Geschichte eines Zeitalters, Claassen, Düsseldorf 1978.

QUELLENNACHWEIS

Die Texte wurden folgenden Werken entnommen:

BRONTË, ANNE: The Poems of Anne Brontë, ed. by Edward Chitham, Macmillan Press, London and Basingstoke, 1979.

BRONTË, CHARLOTTE: Two Tales – The Secret, Lily Hart, ed. by William Holtz, University of Missouri Press, Columbia and London, 1978.

BRONTË, CHARLOTTE AND PATRICK BRANWELL: The Miscellaneous and Unpublished Writings, ed. by Thomas James Wise and John Alexander Symington, Basil Blackwell, Oxford 1936.

BRONTË, CHARLOTTE: The Juvenilia of Jane Austen and Charlotte Brontë, ed. by Patricia Beer, Penguin Books, Harmondsworth, 1986.

BRONTË, EMILY: The complete Poems, ed. by C. W. Hatfield, Columbia University Press 1941.

BRONTË, PATRICK BRANWELL: The Poems of Patrick Branwell Brontë, ed. by Tom Winnifrith, Shakespeare Head Press, Basil Blackwell, Oxford 1983.

Ich danke Dr. Christine Alexander und dem Verlag Basil Blackwell für die vorgezogene Abdruck-Genehmigung ihrer Transkription von »Ein Tag in Parrys Palast« aus »An Edition of the Early Writings of Charlotte Brontë 1826–1832«. *E. M.*

BILDNACHWEIS

Abbildungen auf dem Einband: Die Bucht von Glasstown, Lithographie von John Martin (The Temptation), koloriert von Charlotte Brontë. (Brontë Society)

Vorsatz: Karte der Glasstown-Föderation von Branwell Brontë. (British Library)

S. 350: Der Nordwind. Zeichnung von Emily Brontë nach einem Stich von W. Finden. Aus: Winifred Gérin, Emily Brontë. Oxford University Press (Felicity Craven)

Alle anderen Abbildungen: Archiv der Brontë-Society, Haworth.